《实用礼仪学》编委会名单

主　编　徐爱琴

副主编　方年根　陈烈荣

编著者　（以姓氏笔画为序）

方年根　阮叶萍　许　红

劳　静　陈烈荣　张文恺

沈伟峰　沈备娟　姜晓燕

徐爱琴　董凯峰　蒋笑燕

滕贺圆

现代礼仪丛书

实用礼仪学

RITE

徐爱琴 \ 主编
方年根 陈烈荣 \ 副主编

浙江大学出版社
ZHEJIANG UNIVERSITY PRESS

图书在版编目（CIP）数据

实用礼仪学／徐爱琴主编．—杭州：浙江大学出版社，2005.9
ISBN 7-308-04470-X

Ⅰ.实...　Ⅱ.徐...　Ⅲ.礼仪－基本知识
Ⅳ.K891.26

中国版本图书馆 CIP 数据核字（2005）第 110110 号

责任编辑　阮海潮　叶　抒
封面设计　张作梅
出版发行　浙江大学出版社
（杭州天目山路 148 号　邮政编码 310028）
（网址：http://www.zjupress.com）
（E-mail：zupress@mail.hz.zj.cn）
经　　销　新华书店
排　　版　浙江大学出版社电脑排版中心
印　　刷　杭州杭新印务有限公司
开　　本　787mm×960mm　1/16
印　　张　19
字　　数　372 千
版 印 次　2005 年 9 月第 1 版　2006 年 9 月第 3 次印刷
印　　数　6001—8500
书　　号　ISBN 7-308-04470-X/K·139
定　　价　25.00 元

礼仪是人类文明的标尺，它是一个人、一个组织乃至一个国家和民族内在的精神文化素养的显示，也是协调人际关系的约定俗成的行为规范。每个人只要置身于社会，无论做什么事情，从政还是经商、日常工作还是出入重要场合、居家还是外出，均离不开礼仪。礼仪虽是生活小节，但它不仅可以展现一个人的风度与魅力，还体现了一个人的内在精神风貌、个人学识及文化素养。知礼懂礼、守礼行礼，是一个人立足社会的基本前提，是人们成就事业、获得美好人生的重要条件。《公民道德建设实施纲要》中也明确提出了“明礼诚信”的要求。因而掌握交往礼仪，融洽人际关系，注重仪表形象，成为每个人人生旅途中的一门必修课。

我国素有“礼仪之邦”的美誉，讲“礼”重“仪”是我们民族的优秀传统。但随着时代的发展，以及人与人之间、国与国之间交往的日益频繁，东西方文化的交流与碰撞，使得世界各地的礼仪与习俗不断地融合与发展。因此，要正确地应用礼仪，必须认真地学习、了解符合时代精神的礼仪知识。作为一个有理想、有追求的现代人，只有注重礼仪的自我修养，不断学习礼仪，并在社会交往中自觉地运用礼仪规范，尊重别人和其他民族的礼仪习俗，方算知书达礼，方称得上是一个有教养的人。只有严格要求自己，才能做到“举止文明，处世得体”，方可“有礼走遍天下”，方能在构建和谐社会的大舞台上有所建树。

正是基于上述目的，我们在继承优秀的礼仪传统的基础上，结合多年的礼仪教学工作经验和当今礼仪发展的新趋势，根据礼仪行为规范自身的规律性，坚持理论性与实践性、知识性与应用性相统一的基本原则，编写了这本《实用礼仪学》。本书内容涵盖了礼仪概述、个人礼仪、家庭礼仪、社交礼仪、学校礼仪、公务礼仪、通讯礼仪、网络礼仪、医院礼仪、节庆礼仪、涉外礼仪、习俗礼仪、文书礼仪等礼仪的方方面面，重点突出实用性，内容丰富，语言通俗，可读性强，可作为高校和各类高(中)等职业技术院校素质教育的教材，也是相关人士学习礼仪知识、掌握礼仪技能的参考工具书。

本书由徐爱琴主编，方年根、陈烈荣副主编，参加本书编写的作者有徐爱琴(第一、二、三章)，张文恺(第四章)，滕贺圆(第五章)，姜晓燕、阮叶萍(第六章)，徐爱琴、蒋笑燕(第七章),许红、沈备娟(第八章),沈伟峰、董凯峰(第九章),方年根(第十、十一章),劳静(第十二章),陈烈荣(第十三章)。全书最后由徐爱琴、方年根负责统改定稿。

本书在编写过程中,广泛参考了国内外许多学者的有关论著,浙江大学出版社编辑阮海潮先生对本书的写作和出版给予了热情的关心与支持,在此一并致以诚挚的谢意。由于时间紧、任务重,书中疏漏之处难免,敬请专家和读者批评指正。

编　者

2005 年 7 月于杭州

第一章

绪论

礼仪是人类所特有的,是人的社会化的重要内容之一。礼仪是人类文明的表现形式之一,它同文字、绘画及其他文明表现形式一样,都是人类文明进步的重要标志。礼仪是人类历史发展中逐渐形成并积淀下来的一种文化,在传统文化中占有突出的地位。随着经济社会的快速发展和人际交往的日益频繁,礼仪在现代生活中更显其重要性。

礼仪这门学科具有十分丰富的内容和复杂的结构。为了正确地理解和把握一系列礼仪规范,有必要首先阐明礼仪的概念与本质、礼仪的起源与历史演变、礼仪的功能与基本原则和礼仪修养等问题。

第一节 礼仪的概念与本质

一、礼仪的概念

中国自古就是一个讲究礼仪的国度,素有"礼仪之邦"的美誉。"礼仪"一词,很早就被作为典章制度和道德教化来使用了。但最早时的"礼"和"仪"常常是分开使用的。在古代典籍中,"礼"主要有三层意思:一是等级制度及与其相适应的礼节,二是尊敬和礼貌,三是礼物。"仪"在古汉语中也有三层意思:一是指容貌和外表,二是指礼节和仪式,三是指准则和法度。将"礼"与"仪"连用始于《诗经·小雅·楚茨》:"为宾为客,献酬交错,礼仪卒度,笑语卒获。"此外,《周礼》中也有关于礼仪的说法:"凡国之小事,治其礼仪,而掌其事。"

中国古代的"礼仪"从本质上讲是道德教化,它不仅仅指表面的形式,更主要的是指道德的内涵。礼仪是道德的重要内容,又是道德的重要表现形式。《礼记·礼器》说:"三代之礼一也,民共由之。"这里的所谓"礼",虽然主要指统治阶级的典章制

度，但也包含了交际礼俗的成分。

在现代社会，礼仪是人们在社会交往中，彼此用以规范行为、沟通思想、交流情感、互尊互敬和促进了解的形式，是约定俗成的准则，是一个民族道德修养和文明程度的外在表现。现在国内学者一般认为，礼仪是指人们在社会交往中所形成的相互表示敬意和友好的行为规范与准则，体现为礼貌、礼节、仪表、仪式等具体形式。礼貌是指人们在社交活动中互致问候、相互亲和、慰问祝愿等约定俗成的形式；仪表是指个人的外表，包括相貌、容颜、身姿、体态、着装、服饰等状况；仪式是指在一定场合、按规定程序进行的规范化的活动，一般都较正式和庄重。

在欧洲，"礼仪"一词最早见于法语的"Etiquette"，原意是"法庭上的通行证"。作为法庭，无论是在古代还是在现代，为了展示司法活动的威严性，保证审判活动能够合法有序地进行，总是既安排得庄严肃穆，又要求所有进入法庭的人员必须十分严格地遵守法庭纪律。例如，按照《中华人民共和国刑事诉讼法》和《人民法院组织法》等法规规定，为了保证法庭的特有气氛和特殊秩序，开庭之前应由书记员当庭宣读法庭纪律，这些纪律包括：不准大声喧哗，未经审判长许可不准提问，未经法庭许可不准摄影、录像等等。

古代的法国法庭也有类似的规定，但不是当庭宣读，而是将其写在或印在一张长方形的"Etiquette"即通行证上，发给进入法庭的每一个人，作为其入庭后必须遵守的规矩或行为准则。由于在社会交往中，人们只有遵守一定的规矩和准则，才能体现人之所以为人的特有风范，才能保证文明社会得以正常维系和发展，所以，当"Etiquette"一词进入英文后，便有了"礼仪"的涵义，意即"人际交往的通行证"。后来，经过不断的演变和发展，"礼仪"一词的涵义逐渐变得明确起来，并独立出来。现在，在英语中，具有"礼仪"意义的单词主要有以下四个：

Courtesy　指谦恭有礼的言语或举动，即处处合乎时宜而又动人的文雅举止和风度，对他人表示尊敬或尊重的有礼貌的行为等。

Etiquette　主要有三层涵义：一是专指礼仪，即有良好的教养并按照权威的规定在社交或正式场合中遵守一定的规矩和礼节；二是指礼节，即惯例或习惯所规定的行为准则；三是指规矩，是对同行业人士的行动、行为或实践活动起约束作用的规矩的总称，尤其指处理他们相互间关系的成规或规则。

Protocol　指一种刻板的、在外交和军事等特定领域内实行并被长期公认的相处准则，如规定对上级的绝对尊敬，对应有的优先次序的严格遵守，以及礼仪活动实施程序的严格执行等等。

Rite　该词有两种意思：一指仪式和典礼，特别是指有重大意义的宗教、宫廷、社会或部族所举行的仪式，如宗教的礼拜式等；二是泛指由习俗、惯例和仪式构成的礼仪活动或一系列此类行为。

结合古今中外人们对于礼仪的认识和描述，我们可以给礼仪下这样一个定义：

从广义上看，礼仪是一个社会的典章制度；从狭义上讲，所谓礼仪，指的是人们在社会交往中由于受历史传统、风俗习惯、宗教信仰、时代潮流等因素的影响而形成，既为人们所认同，又为人们所遵守，以建立和谐关系为目的的各种符合礼的精神、要求的行为准则或规范的总和。礼仪的上述定义主要表达了以下两层涵义：

第一，礼仪是一种行为准则或规范。同时，礼仪准则或规范是一定社会中的人们约定俗成、共同认可的。在社会实践中，礼仪往往首先表现为一些不成文的规矩、习惯，然后才逐渐上升为大家认可的，可以用语言、文字、动作进行准确描述和规定的行为准则，并成为人们有章可循、可以自觉学习和遵守的行为规范。

第二，礼仪是实现社会和谐、融洽人际关系的重要手段和途径。孔子云："礼之用，和为贵。"讲究礼仪是为了实现社会交往各方的互相尊重，从而达到人与人之间关系的和谐。在现代社会，礼仪可以有效地展现施礼者和受礼者的教养、风度与魅力，它体现着一个人对他人和社会的认知水平、尊重程度，是一个人的学识、修养和价值的外在表现。一个人只有在尊重他人的前提下，才会被他人尊重，也只有在这种互相尊重的过程中，人与人之间的和谐关系才会逐步建立起来。

二、礼仪的特性

礼仪有自己独具的特性，因此在了解礼仪的涵义之后，有必要进一步把握礼仪的特性，从而才能更深刻地理解礼仪的本质，认识纷繁复杂的礼仪现象和礼仪规范，更好地为我们的礼仪实践服务。礼仪的特性主要包括以下几个方面：

1. 规范性

礼仪规范的形成不是人们抽象思维的结果，而是人们在社会实践中，特别是人际交往的实践中所形成的惯常行为模式。一方面，礼仪是一定社会或一定阶级的共同生活对人们的行为所提出的要求，这种要求是人们在长期反复的生活实践中形成，并通过某种风俗、习惯和传统的方式固定下来的；另一方面，它又是一定社会或一定阶级对这种社会要求和生活实践的认识，通过一定社会的思想家们把这种要求和认识集中概括出来，见之于人们的生活实践，便形成人们普遍遵循的行为准则。礼仪与法律规范、政治规范、宗教规范、道德规范等都属于行为规范，但礼仪又不同于其他行为规范。礼仪属于作用相对较弱的行为规范，违反礼仪规范，只构成失礼。失礼本身一般不会引起责任，对方通常的反应是拒绝回答并投以轻蔑的目光，而不会去追究其责任。

2. 多样性

社会生活的内容是异常丰富复杂的，每一位社会成员都要扮演多重社会角色：一个人在家庭中可能是丈夫、是父亲，而到了单位可能是领导，去商店购物又成为顾客，到电影院又是观众等等。不同场合有不同的人际关系，因而也就产生了各种不同的礼仪要求。所以，社会生活的多样性，决定了礼仪形式的丰富多彩。家庭生活中有夫妻之礼、父子之礼；社会交往中有各种社交礼仪；学校生活中有师生之礼、同学之礼；各种职业也都有自己的职业礼仪。另外，宗教礼仪、国际交往中的礼仪，也都是礼仪内容的重要组成部分。随着社会的发展，礼仪的内容必将更趋丰富。

3.历史继承性

礼仪是一个民族或一定地域的人们在长期的历史发展过程中逐渐形成并世代相传的文化传统。礼仪是人们心理习惯的积淀，这种积淀在人们心理中形成了一定的观念定势、思维定势、价值标准定势，并通过实践活动表现出来。正因为如此，使得现代文化与传统文化有着剪不断的联系，现代文化中隐含着传统文化的基因。中国的礼仪文化从产生至今，经过几千年的传承和发展，不仅构成了中华民族精神文化的一个重要组成部分，同时也形成了中华民族自己的礼仪文化心理。这种礼仪文化心理是以反映中华民族文明水平、道德风貌和礼仪修养为本质特征的，是中华民族优秀礼仪文化的心理积淀。

当然，礼仪也存在革新的问题。事实上，每一个民族的礼仪文化，都是在本民族固有礼仪文化的基础上，通过不断吸收其他民族的礼仪文化而不断发展起来的。现代中华礼仪就是以中华传统礼仪文化为核心，在广泛吸收东西方礼仪文化的基础上形成和发展起来的。

4.差异性

礼仪的差异性就是礼仪的民族性和地域性。由于各民族的文化传统、宗教信仰等方面存在差异，导致了礼仪规范的差异。即使是同一民族，在不同地区、不同国度，由于生存环境、文化氛围的不同，具体的礼仪规范也千差万别。这首先表现在同一礼仪形式在不同民族或不同地域有着不同的意义。如在阿拉伯地区，男性之间手拉手走路是一种友好和相互尊重的表示，但在美国却会被看成是同性恋者。在一些阿拉伯国家，女性严禁向丈夫以外的男人显露肌肤，妇女出门要身披长衣，头戴面纱，这被视为有教养、懂礼仪的表现，否则会被视为淫邪。而在许多西方国家，女性在男性面前展现身体的某些部位，并不失礼，相反，还会被视为对男性的尊重和有性感的美。在日本，鞠躬礼被广泛使用，是尊敬对方的表示。而在有些国家，鞠躬是屈辱的象征。其次，礼仪表现形式具有差异性。同样意义的礼仪在不同的民族、不同的地区，可能有不同的表现形式。如朋友相见，为表示欢迎和友好，有的握手，有的拥抱，有的亲吻，有的击掌。尽管形式多种多样，但其意义是一样的。再次，礼仪的差异性还表现为同一礼仪形式，在不同场合，对不同对象，有着不同的意义。同样是握手，男女之间力度就应不同，新老朋友之间亦应有差别。又如老人抚摸孩童的头，表示对孩童的关心和爱护；反过来，孩童若抚摸老人的头则是极不礼貌的。

礼仪的差异性，并不否定礼仪的共同性。特别是现代社会，人们的交往范围日益扩大，交往频率日益加快，导致了礼仪向趋同的方向发展。如见面握手，打招呼用“你好”等已成为世界性的礼仪形式。

5. 社会性

礼仪产生于人类社会之初，并将贯穿于人类社会的始终。它不像政治、法律那样，只存在于阶级社会，而是与人类社会共始终的，只要有人类社会，就会有礼仪。尽管在阶级社会，不同的阶级会对礼仪有所选择，使某些礼仪带有明显的阶级色彩。但从本质上讲，礼仪是超阶级的，它是人们在社会生活中相互交往或表达愿望的形式和手段。礼仪渗透于各种社会关系之中，只要有人和人的关系存在，社会就有作为人的行为准则和规范的礼仪存在。

三、礼仪的本质

礼仪是一个涉及面十分广泛的概念。这不仅指其涉及的领域广阔，而且也包含丰富具体的表现形式。从古代到今天，从国内到国外，礼仪都在广泛地发生着作用，并随着历史的发展，时代的前进，也不断地在变化着内容和形式。但是，万变不离其宗，礼仪有其相对稳定的内涵和基本的要求，这就是礼仪的实质。

礼仪的实质，是对他人的尊重，即尊敬、敬重，表现为人们对自己从事的活动有一种敬重，以及人们对与活动有关的对象产生的一种尊敬。孟子曾说“尊敬之心，礼也”；《辞海》也认为，礼，本谓敬神，引为敬人。由此衍生出的礼貌、礼节、仪表、仪式无不围绕一个“敬”字并逐步具体化、规范化。汉字的繁写体“禮”就是用“豊”(祭祀用品)来“示”敬的。而把礼仪作为一种治国方略，形成一种法定的制度，乃是要求人们去敬神、敬国、敬统治者。所以《礼记·曲礼》开宗明义的第一句话就强调“毋不敬”。

礼仪与道德范畴相联系，是建立在特定基础之上的上层建筑的一部分。“仓廪实，而后知礼节”，讲礼重仪只是在生活丰裕的太平盛世才是可能的，战火连年，哀鸿遍野，自然谈不上要求人们“温、良、恭、俭、让”。这不仅为礼仪之邦的我国历史所证明，也为世界其他各国的社会发展所证明。礼仪必然随着社会经济基础的变化而变化。同是见面致礼，就有作揖、跪拜、鞠躬、握手、拥抱等不同的时代痕迹和地域差别。随着改革开放的逐步深入，新的道德观念和礼仪习惯也必然会不断产生，这是时代要求。

礼仪是人类活动的外部表现形式，是社会文明程度的标志。礼仪规范的内涵依据是道德标准。礼仪本身是一种既具有内在道德要求，又具有外在表现形式的行为规范，通过谦恭的态度、文明礼貌的语言、优雅得体的举止等方面表现出来，是人的内在文化修养、道德品质、精神气质和思想境界的体现，没有内在的修养，外在的形式就失去了根基。

礼仪与道德是形式与内容，现象与本质的关系。道德是人的内心世界，礼仪是人的外部行为。一个人的道德好坏是难以直接看出来的，所谓知人知面难知心。但一个人的道德可以通过他的行为表现出来，凡符合道德的行为都是合乎礼仪的行为,凡是违反道德的行为都是非礼的行为。道德是礼仪的内在本质,礼仪是道德内在本质的外化;道德是礼仪的内容,礼仪是道德的载体;道德与礼仪是须臾不可分离的。道德教育不能仅仅凭说教,它要通过礼仪行为来实践道德,最后达到道德的境界。这就是古人所说的"由礼达仁"、"一日克己复礼,天下归仁焉"的意思。

尊重他人是道德修养的重要内容。道德是一定社会用来调整人与人之间以及个人与社会之间关系的行为规范的总和,是一种依靠社会舆论、人们的信念、习惯、传统和教育等起作用的精神力量。在人类的社会交往中,存在着十分复杂、方方面面的各种关系,每个人的行为都必然对其所处的关系产生一定的影响。为了维护社会关系和社会秩序的稳定和发展,就需要对彼此的关系进行调整。尊重他人,体现了人类彼此相处、相互交往、建立社会、推动历史的必然要求。尊敬别人应该成为我们发自内心的道德准则。有了这种修养,人才会有正确的行为,因而才会自觉地贯彻礼仪规范。没有这样的思想认识,没有这样的道德修养,即使装出一副十分有礼的样子,也仍然是无礼的,事实上,也不可能长久摆样子表演下去,因为这违背了礼仪的本质要求。

虽说道德修养是礼仪表现的基础和本质,但本质的外化既有真相,又有假象。生活中常有些人,由于不懂得如何恰当地表示真诚的尊敬之意,往往事与愿违,造成失礼甚至无礼的结果,导致别人的误会、反感,影响交往的正常进行和目标的顺利实现。因此,注重了礼仪本质的道德修养,还要注意礼仪规范的养成。

第二节　礼仪的产生与历史演变

一、礼仪起源的观点概述

关于礼仪的起源问题,古往今来一直是人们颇为感兴趣的问题,可以说是智者见智,仁者见仁。中国古代思想家们对礼仪起源问题的看法主要有以下几种:

(1)与天地并生说,即礼超乎人类,天生礼,礼本于天地。

(2)根源于人性说,即礼产生于人的本性,人本性中的辞让之心便是礼之端。

(3)起源于调节欲与物之矛盾说,即当欲望的无限性与社会名利的有限性发生矛盾时,圣人制礼,以驯服人性之恶,使欲不穷于物,人各安其位。

(4)本于婚姻说,礼本于婚姻,是婚姻的需要。

(5)出于隐隐约约饮食之道说,即礼产生于人类饮食这一最基本的生存需要中。

(6)起源于乱世说,即社会混乱,圣人制礼以制乱。

(7)起源于习俗说,"礼出于俗","礼从俗"。

(8)生于义失之后说,即礼产生于道德仁义、忠信之品格失掉之后,此时不得不

"礼义以为记"。

(9)源于家长制说,即礼起源于家长制,是划分尊卑贵贱的需要。

除了上述说法外,还有定命说、礼出于义说等。

目前,有关礼仪起源的流行观点主要有以下几种:

(1)礼仪起源于祭祖说,即礼起源于祭祖,它是原始人祭祀祖先的一种仪式规则,后来才逐渐发展成为调整人们相互间关系的风俗习惯。

(2)礼仪起源于原始社会的风俗习惯说,即礼是由原始社会的风俗习惯演变而来的,进入阶级社会以后,由所谓的"圣人"加以改造,变成系统的礼。

(3)礼仪起源于父权制说。这种观点与古人的礼起源于家长制的说法相似。

(4)礼仪起源于人际交往的需要,并在不断的人际交往过程中逐渐形成和发展。

我们认为,礼仪起源于人类之初的原始社会。促成礼仪产生的因素是多种多样的。首先,在原始社会,由于生产力水平极为低下,人类处于愚昧状态,认识世界的能力极为有限,在绝大多数情况下,人们一切生活资料的来源均依赖于自然。低水平的认识能力使人类无法对自然现象作出科学解释,更谈不上掌握和利用自然规律,因而对自然产生崇拜感和恐惧感,并由此形成了人类早期的宗教与祭祀活动。伴随这些活动的宗教礼仪也就应运而生了。如古人为了增加财富,祭祀大地、山川湖泊;出猎要举行仪式;作战前要占卜等。其次,同一部族成员在共同的采集、狩猎、饮食生活中使用的习惯性语言和动作成为人们日常劳动和生活方面的礼仪,不同部族的成员,彼此间为了求得信任、谅解、协作而经常使用的一些语言、表情、体态,逐渐成为人们对外交际方面的礼仪。另外,婚姻的存在及其形态的发展,产生了婚姻方面的礼仪。等级关系的出现,又引发出政治方面的礼仪。与现代社会相比,原始社会的生活尽管异常简单,但人类社会的各种基本社会关系已经产生,因而各种礼仪均已萌芽。

二、礼仪的历史演变

无论是国内还是国外,礼仪文化源远流长。揭示礼仪的起源及其历史演变有利于我们更深刻地把握礼仪的本质,全方位地了解礼仪文化,并通过对传统礼仪文化的扬弃,更好地指导我们现实的礼仪实践。在我国,历代统治阶级几乎都推崇"礼治"。礼仪在中国既是人们生活、交往的方式,又是阶级产生后统治阶级治国平天下的手段。从历史发展的脉络看,中国礼仪演变的过程大致可分为以下几个阶段:

1.礼仪的起源阶段

礼仪起源于原始社会。据考古学、民俗学等方面的材料证明,我国原始社会的社会生活中已经形成了颇具影响的礼仪规范。原始的宗教礼仪、婚姻礼仪等已具雏形。其中,敬神礼仪更为突出。汉语中的"礼",本身就含有敬神的意思。《说文解字》中认为礼最初源于原始宗教信仰,是原始人用来事神致福的。

据考证,距今约50万年前的北京山顶洞人就有了礼的观念和实践。山顶洞人缝制衣服以遮羞御寒,把贝壳串起来,挂在脖子上以满足审美需求。族人死了,要举行宗教仪式,并在死人身上撒赤铁矿粉。这种宗教仪式便包括了参与者在活动过程中的交际礼仪。我国东北的鄂伦春族在解放前仍沿袭着原始社会的一些礼仪规范,如相信万物有灵,崇拜熊,打来熊后大家要大哭一场,吃完熊肉后也要大哭一场,并对熊骨进行天葬。

到了新石器时代晚期,人际交往礼仪已初步形成。半坡遗址和姜寨遗址提供的民俗资料表明,当时的人们在交往中已经注重尊卑有序、男女有别了。在家庭中,家庭成员按照长幼男女席地而坐:老者坐上边,年小者坐下边;男子坐左边,女子坐右边。他们用两根中柱把主室分为两个半边,右边是女柱,左边是男柱。男女成年时在各自的柱子前举行成年仪式。这种礼仪在今天的纳西族中仍被传承着。

炎黄五帝时期,礼仪已渐至严密,且逐渐被纳入礼制的范畴。这一时期是我国原始社会后期,是私有制、阶级和国家逐渐形成的时期,因而反映在礼仪上,也是由氏族社会的交际礼仪向阶级社会的交际礼仪逐步过渡的时期。历史上有过"礼理起于大一,礼事起于遂皇,礼名起于黄帝"之说。《商君书·画策》载:"神农之世,男耕而食,妇织而衣,刑政不用而治,甲兵不用而王。神农既没,以强胜弱,以众暴寡,故黄帝为君臣上下之仪,父子兄弟之礼,夫妇匹配之合,内行刀锯,外用甲兵,故时变也。"足见当时社交礼仪之盛。尧舜时代,国家已具雏形。同时,民间交往礼仪得到进一步发展,延续几千年的拜、揖、拱手等礼仪,此时已广泛运用于社交活动之中了。

2.古代礼仪的成熟阶段

大约在公元前21世纪到公元前771年的夏商周三代,我国传统礼仪进入了飞速发展以至成熟的时期。从夏朝建立起,随着生产力的发展,社会文化也得到了较大的发展。在这一阶段,奴隶主阶级为了维护本阶级的利益,巩固自己的统治地位,修定了比较完整的国家礼仪和制度,内容涵盖政治、宗教、婚姻、家庭等各个方面,提出了极为重要的礼仪概念,确定了崇古重礼的传统,奠定了华夏礼仪传统的基础。

夏商周三代的礼仪在典籍中记载很多,且有大量出土文物可以佐证。这时,礼仪的思想基础是对天帝、鬼神、天命的迷信。但由于已经进入阶级社会,所以更加突出了君臣、父子、兄弟、亲疏、尊卑、贵贱等等级关系,而且形成典制传统。

中国历史上第一部记载"礼"的书籍——《周礼》出现于西周时期。尽管人们对传世的《周礼》和《仪礼》是否为周公所作存在争议,但大家都公认《周礼》和《仪礼》及其释文《礼记》这"三礼"为中国最早的礼制百科全书。《周礼》偏重政治制度,《仪礼》偏重行为规范,《礼记》偏重对礼的各个分支作出符合统治者需要的理论说明。这"三礼"标志着中国古代礼仪进入成熟时期,中国后世的礼仪深受"三礼"的影响。

周礼包括吉礼、凶礼、军礼、宾礼、嘉礼五类。《周礼·地官·大司徒》记:"以五礼防万民之伪而教之中。"即周代以五礼规范百姓的行为。其中吉礼十二项,凶礼五项，军礼五项，宾礼八项，嘉礼六项，共计36项。实际上周礼极其繁博，正如《礼记·礼器》所载："经礼三百，曲礼三千。"即礼的大项有300条，小项有3000条。这些礼是统治阶级内部的一种行为规范，具体规定了各级贵族在政治、经济、军事、外交以及日常生活方面的行为准则。

3. 古代礼仪的变革阶段

这一阶段约在公元前771年到公元前221年的春秋战国时期，也是我国奴隶制向封建制转变的过渡时期。该阶段社会经历了深刻的变革，奴隶制逐渐走向崩溃、封建制代之而起。与此相适应，三代之礼也经历着历史的变革。孔子、孟子、荀子等思想家在理论上阐述了礼的起源、本质、功能等问题；第一次全面而深刻地阐述了社会等级秩序的划分及其意义，以及与之相适应的礼仪规范、道德义务。

孔子是儒家学派的创始人，孔子主张复兴周礼。孔子站在奴隶主阶级的立场，将奴隶制开始崩溃、封建制开始兴起的春秋时代，看作是"礼坏乐崩"、"邪说暴行"不断发生的大乱局面。他认为要制止这种局面，就必须恢复周礼的权威。但孔子要求复兴周礼，并不是主张完全因袭周礼，而是对周礼作出一定的补充和发展。他的主要礼仪思想包括以下内容：

第一，认为礼是判断社会成员言行标准的基本准则。他曾说："君子敬而无失，与人恭而有礼，四海之内，皆兄弟也。""礼之用，和为贵。"

第二，认为礼是治国安邦的基本法度。"治国不以礼，犹无耜而耕"，故孔子提倡"为国以礼"。

第三，礼是个人践行的自觉要求。孔子很注重践行，对人也"听其言，观其行"。《论语·乡党》和《礼记·典礼》中都记有孔子平时谨慎守礼、遵守社会公德和社会秩序的表现，他要求人们做到"非礼勿视，非礼勿听，非礼勿言，非礼勿动"。对不讲"礼"的人他指责说："鹦鹉能言，不离飞鸟……人而无礼，虽能言，不亦禽兽之心乎？"

第四，他把"仁"作为礼的内容，他认为"克己复礼为仁"，要制止奴隶制的崩溃，恢复统治秩序，就要正名。所谓正名，就是"君君、臣臣、父父、子子"（《论语·颜渊》），即处在君这个地位的人，应该具备君这个名称应有的品行，得到君这个名称的人所应有的对待；处在臣这个地位的人，应该具备臣这个名称的人所应有的品行，得到臣这个名称的人所应有的对待，等等。

孟子继承和发展了孔子的"礼治"理论，提出了适合地主阶级理想的"仁政"学说。其中心内容是主张"以德服人"，即"德治"。孟子认为，像恭敬、辞让这样的礼节，是人生来就有的。他给人性以善的价值规定。他说："恻隐之心，仁之端也；羞恶之心，义之端也；辞让之心，礼之端也；是非之心，智之端也。凡有四端于我者，智皆扩而交之矣，若火之始燃，泉之始达。"因此，人要达到礼的标准，根本问题是主观反省，尽可能减少自己的各种欲望。

荀子认为"国无礼则不宁"，礼是"国之命"，"人无礼而不生"。他十分注重建立

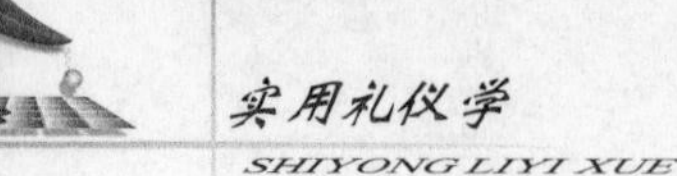

新的封建等级制度，提出了“隆礼”、“重法”的主张。他把“礼”看成是检验尺寸的法度，检验重量的权衡，检验曲直的绳墨，检验方圆的规矩。他认为，“礼”的中心内容是“分”和“别”，即区别贵贱、长幼、贫富等等级。他说：“礼者，贵贱有等，长幼有差，贫富轻重，皆有称(恰当)者也。”(《荀子·富国》)“礼”就是要使社会上每个人在贵贱、长幼、贫富等等级中都有恰当的地位。这种等级制度，不是奴隶制下完全按照宗族血缘关系的世袭等级制，而是根据新的封建生产关系，按照地主阶级的标准建立起来的等级制。荀子还认为，礼是法的根本原则和基础，也是做人的根本目的和最高理想。

纵观这一时期的关于“礼”的思想，可以看出，孔子、孟子、荀子对“礼”的涵义的理解非常宽泛。在这个时期，“礼”涵盖了全部道德的内容，并成了统治阶级的“统治术”。孔孟等思想家的礼仪思想，构成了中国传统礼仪文化的基本精神，对古代中国礼仪的发展产生了重要而深远的影响，奠定了古代礼仪文化的基础。

4.封建礼仪阶段

这一阶段大约从公元前221年的秦、汉时期到公元1911年的清末。随着封建制度的确立，封建礼仪也随之形成，封建社会的强盛时期，封建礼仪得到强化，随着封建社会的衰退，封建礼仪进入衰落阶段。封建礼仪形成于秦汉时期，这一时期礼仪的重要特点是尊君抑臣、尊父抑子、尊夫抑妻、尊神抑人。西汉中期的汉武帝刘彻为了加强集权，巩固汉家天下，开始推崇儒术，重用儒生，使儒学的政治地位急剧提高。

秦王暴政，二世即灭。西汉的唯心主义思想家董仲舒在总结秦王朝覆灭的教训时认为，重法轻德是导致秦亡的重要原因。他要求统治者采取德治和法治两种手段，并着重以封建的仁义道德去教化人民，“罢黜百家，独尊儒术”，把以孔子为代表的儒家思想定为封建社会的统治思想。儒家提倡君君、臣臣、父父、子子，提倡仁、义、忠、信。董仲舒在此基础上进一步提出了“三纲”、“五常”之说。“三纲”即君为臣纲、父为子纲、夫为妻纲，“五常”即仁、义、礼、智、信。他把天地阴阳的自然法则套搬到社会生活中，认为“三纲”和“五常”都是“天”的意志的表现，“道之大源出于天，天不变，道亦不变”。在漫长的封建历史时期，董仲舒的这一学说一直被奉为人们的日常行为的礼仪准则。它一方面起着调节、整合、润滑人际关系的作用，作为一种无形的力量制约着人们的行为，使人们循规蹈矩地参与社会生活；另一方面，它又成为妨碍人类个性自由发展、阻挠人类平等交往、窒息思想自由的精神绳索。自此以后，神权、君权(后扩延为政权)、父权(后扩延为族权)、夫权构成一体，成为两千年来禁锢人们思想的四大枷锁。在董仲舒的理论指导下，儒家的礼学向束缚人们思想的封建礼教发展了。儒学从此被神秘化、庸俗化，融进了统治阶级的思想，成为统治阶级维持统治秩序、加强专制主义、镇压人民反抗的御用工具。到了唐代，社会昌盛，礼仪也有所改革和发展，但仍基本沿袭旧礼。宋朝时，礼仪又有了长足的发展，封建礼教也发展到又一高峰。宋代礼的发展有两个特点：一是程朱理学的出现，二是礼仪向家庭迅速扩延。程朱理学的代表人物朱熹的主要思想是天理论。其理论认为，自然界天地万物无不体现天理，人性本质是天理的体现，“三纲五常”也是天理的体现，统治者制定的政礼是治理国家的根本手段，也是天理的体现。元清两朝，少数民族入主中原，给古老的中华传统礼仪带来冲击。但从整体上看，少数民族礼仪思想从未占据主导地位，而是被融于中华传统的礼仪之中。

清朝末期，封建礼仪日渐衰落，西方文化大量涌入中国，传统礼仪文化和规范逐渐被时代所抛弃。科学、民主、自由、平等等观念和与之相适应的礼仪标准得到传播和推广。

5.现代礼仪阶段

中国的现代礼仪是在反帝、反封建的基础上兴起的。大约始于1911年民国初期至现在，这是中国现代礼仪的形成和发展时期。这一时期大致经历了两个阶段：

一是半封建半殖民地时期的礼仪，1840年鸦片战争后，中国沦为半封建半殖民地社会。延续几千年的封建礼仪，加上西方传入的资本主义道德观和行为方式，构成了独具特色的“大杂烩”式的礼仪，诸如见了皇帝呼“万岁”，见了洋人问“你好”；有人长袍马褂，有人西装革履。特别是新文化运动的兴起，直接为现代礼仪的发展创造了条件。

二是1949年新中国成立，新型的社会关系和人际关系的确立，标志着中国的礼学和礼仪进入了一个崭新的历史时期。人民当家作主，人与人之间同志式的互助合作关系代替了等级对立关系。虽然在一段时期内，优良的民族传统、良好的礼仪礼俗被作为“封资修”货色扫进垃圾堆，但是，改革开放的大潮又使礼仪获得了新的生命，一些优秀的西方礼仪被融入，现代礼仪的发展又有了广阔的天地。

三、中国现代礼仪的特点

社会的发展和进步，必然引起礼仪文化和礼仪规范的变革。当今中国，经济迅速发展，精神文明水平日益提高，礼仪的发展变化也开始具有了一些新的特点：

1.礼仪形式趋简，方式趋于现代

现代的生产方式和生活方式要求人们高效率、高强度地工作和生活。传统礼仪种类繁多、形式复杂，已不能适应快节奏的社会生活的需要。因而礼仪形式向简单、快捷的方向发展便成为历史的必然。以见面礼为例，从跪拜到作揖，发展到现在的以握手、点头、微笑等方式表达感情，在传统拜年的形式上增加了电话拜年、短信拜年等形式，体现了社会文明的进步。

2.交际礼仪和职业礼仪日渐丰富

在现代社会，人际交往日趋频繁，特别是近些年来，市场经济的发展促使整个社会交往空前活跃。人们的交际范围越来越广，交往频率越来越高，从而使交际礼仪

有了很大发展。此外，服务业的崛起，导致职业礼仪日渐兴盛，礼仪小姐、礼仪先生等有专业化的趋势。职业礼貌用语随处可闻，职业礼仪遍及各行各业，礼仪修养已成为职业人士必不可少的素质之一。

3.外来礼仪文化与规范日渐增多

随着科技的发展、对外交往的增加和世界全球化发展趋势，世界在变小，地球在变小。大量的外国礼仪文化和礼仪规范涌入中国，成为当今中国礼仪文化的一个重要组成部分。尤其是对外交往领域，已广泛地吸收和引进了外来的礼仪规范，使得当代中国礼仪异彩纷呈。

4.礼仪品位不断提高

礼仪方式日益现代化。传统礼仪中，由于受人们物质文化水平的制约，在许多方面品位不高，甚至有的所谓礼仪实为粗俗之举。而在当今中国，随着社会的日益开放和人们科学文化素养的普遍提高，许多礼仪从内容到形式都在不断革新，总的趋势是更加健康、文明、科学。

第三节　礼仪的功能与基本原则

尽管在漫长的人类历史长河中，礼仪的内容和形式一直在发生着变化，但它始终是人类社会生活不可或缺的要素之一。礼仪作为一种行为规范或行为模式，在人类社会生活的各个方面都发挥着重要作用，这是毋庸置疑的事实。多种多样的礼仪活动和丰富的礼仪规范都要以遵守礼仪的基本原则为前提。

一、礼仪的功能

清初思想家颜元曾就礼仪的价值作过如下描述："国尚礼则国昌，家尚礼则家大，身尚礼则身正，心有礼则心泰。"礼仪的功能是多方面的，主要表现在以下几个方面：

1.礼仪具有维护和美化社会公众形象的功能

讲究礼仪有助于塑造良好的社会公众的形象，包括个人形象、组织形象和国家形象。国家形象是一个国家在国际事务和国际交往中通过特定的外交标志和外交行为而树立起来的形象。一个国家在国际舞台地位的高与低，在世界范围内威望的高与低，在处理国际事务中能力的大与小，除了取决于这个国家的经济实力之外，还取决于该国在国际上的整体形象。一个声名狼藉的国家在国际事务中是不可能得到国际社会的尊重与信任的。礼仪是树立国家良好形象的重要手段。在国际事务中，礼仪的最突出表现是无论问题有多严重，代表国家的个人行为都不能过激。最典型的表现是外交辞令的使用，不卑不亢是外交礼仪中的典型方式。

一个单位拥有良好的组织形象，犹如拥有了一笔无形的财富，为单位的生存、发展创造了种种便利，提高社会地位，被社会所认同。所谓组织形象，它主要可用“知名度”和“美誉度”两项指标来表示。知名度即指社会公众对一个组织了解的程度，而美誉度则体现了社会公众对一个组织信任和赞许的程度。知名度高并不意味美誉度高，它可以“誉满全球”，也可以“臭名远扬”，因而一个组织要拥有良好的组织形象，应当是知名度和美誉度并驾齐驱。它通过组织内员工的仪表规范、言论谈吐、行为方式和仪式、仪典体现出来，形成一个“人和”的氛围，以自身形象的完善和完美留给公众深刻印象。

现代社会是一个快节奏的社会。在社会组织如云、激烈竞争的时代，人们处理事情、了解事物，往往缺乏耐心和时间，故组织的外显形象便显得尤为重要。很多组织团体都明显地认识到了这一点，例如在组织开张开业时的隆重而热烈的庆典，公关人员在外事交往中大方得体的举止、在社交场合款款而行的风度，都能给人以最直观、最鲜明的印象。

个人形象是指一个人通过自己的言谈举止在他人心目中树立起的关于对其个人的评价。个人形象的树立和维护同样离不开社交礼仪。每一个人都生活在一定的社会关系网络之中，都要与他人发生一定的交往，都要以一定的身份参加各种不同内容和形式的公共活动，出现于各种不同的公众场合中。个人在公众场合中的表现以及给公众留下的印象，就是自身的公众形象。良好的公众形象不仅是公民尊严和修养的体现，也是进一步发展各种社会关系的重要条件。而要树立良好的公众形象，就必须讲求礼仪。

一个人以何种形象呈现给公众，归根到底是由他在公众场合的具体作为决定的。要赢得别人的尊重，自己首先要尊重别人。所以，举止得体、以礼待人，才能给人留下良好的印象，赢得公众的好感和尊重。革命先驱孙中山先生和周恩来总理就是这方面的典范。

2.礼仪具有促进人际交往的功能

自古以来，无论在西方还是在中国，礼仪就是人际交往的润滑剂，讲礼、守礼能促进人际交往。古人在这方面给我们留下了许多以礼结交、以礼待友的佳话，至今仍给人以深深的启迪。在现代社会中，由于人际交往更为密切和频繁，无论是一般性的私人交往，还是工作中的人际交往，都需要遵循和符合一定的礼仪规范。从心理学的角度讲，人际交往之初，由于交往的双方相互之间还不是十分了解，因此不可避免地会彼此产生某种戒备心理或距离感。如果交往双方在交往之初都能做到施之以礼、还之以仪，则可以消除当事人之间的心理隔阂，拉近双方的距离。另一方面，每个人都有获得他人尊重的心理需求，而相互尊重又是良好的人际交往的根本条件。中国古代的跪拜、作揖礼，现代的握手、微笑礼以及西方人见面时的拥抱、亲吻礼等，无疑都是向对方表示友好的方式。初次见面的好感，往往成为以后双方能否继续交往、建立友谊的关键。礼仪能使人与人之间的交往更和谐，它是化解矛盾、增强感情的有效催化剂。当我们用"礼"规范自己的言行时，一方面，体现了说话人的谦虚和美德；另一方面，也激发了对方尊重他人的意识，共同营造出一个文明友好的氛围。

礼仪同时还促使人们按照社会公认的行为模式去生活和交往，要求人们非礼勿视、非礼勿动，造就和谐统一的良好人际关系。俗话"好话一句三冬暖，恶语一言三春寒"，说的就是这个道理。现代社会里，人际关系日益复杂，由于利益的冲突，人际交往中发生一些矛盾和纷争是不可避免的。出现矛盾纷争以后，首先应当发扬"礼让"的美德。如果不是什么原则问题，当事双方应相互谦让以化解矛盾、平息事态。即便是原则性问题，也应以理服人，以礼感人。我国民间向来就有利用节日或喜庆典礼等时机化解矛盾、消除隔阂的习俗。如平素两人有矛盾，互不往来，到春节时，甲到乙家给乙拜年，乙方感激而还礼，双方从此就可能言归于好。人们耳熟能详的"将相和"的典故便是一个古人讲究礼让、调解矛盾的典型例子。

随着物质生活的日益丰富，社会组织对建立良好的人际交往关系的需求也越来越高了。近年来悄然兴起的礼仪电报、礼仪鲜花、礼仪贺卡、礼仪广告等，便是一个明证。礼仪，作为一种个人与个人，组织与组织间交往的润滑剂，已越来越显现出其不可或缺的地位。

3.礼仪具有促进事业成功的功能

现代社会，无论是政治的竞争、经济的竞争、军事的竞争还是科学技术的竞争，归根结底是人的素质的竞争。而人的礼仪修养是人才素质的重要组成部分。在人们社会交往的举手投足之间，是否拥有礼仪，能否讲文明、懂礼貌，已成为衡量人们文明修养水平的尺度。礼仪能提高个人文明水准，是促进个人事业成功的必备条件。个体形象代表着组织形象，因而个体形象的成败得失也直接关系到组织礼仪的成败得失。

人类社会实质上是一个由种种复杂的社会关系所构成的网络体系。每一个组织或个人都需要经常面对和处理各种不同的社会关系。从一定意义上讲，能否妥善处理好这些关系，直接决定着事业的兴衰成败，大至国家大事，小至个人生活，无不如此。美国著名成人教育家卡耐基曾经说过这样一句话：一个人事业的成功，只有15%是由他的专业技术所决定，另外的85%则要靠人际关系。而礼仪正是建立、巩固和改善各种社会关系的基本要素之一。对于一个组织来讲，领导者礼贤下士无疑是网罗人才、谋取事业成功的重要条件；对个人来说，举止文明、待人有礼，无疑会赢得他人尊重，这当然会有利于个人事业的发展。历史上有名的"三顾茅庐"的故事，对此作了最好的注解。刘备的三顾之仪，至诚至义，令人感动。有感于刘备的知遇之恩，诸葛亮欣然出山，辅佐刘备成就了大业。可见，礼仪在事业成功中的作用是不可缺少的。

4.礼仪具有规范个人行为和推动社会和谐的功能

礼仪从古至今都是衡量一个人文明程度的准绳,规范和约束人们的社会行为。在社交中,人们相互鞠躬、握手、拥抱、献花等,这不仅是对交往对象表示善意和尊敬的一种形式,而且还反映着一个人的精神面貌、道德情操、气质修养,以及处理问题时的应变能力。在社交场合,人们按照礼仪所规定的要求进行交往,有助于相互间的沟通和形成共识。礼仪作为一种共同遵守的行为规范,还执行着对人际关系的整合和疏导功能,如守时守约、讲究仪容仪表、尊老爱幼等。礼仪潜移默化地熏陶着人们的心灵,使人们在社会生活中时时处处注意自己的言行,养成良好的文明习惯,彬彬有礼,努力成为一个受人欢迎的人。

礼仪是推动精神文明建设的一种好形式,它是从精神文明建设的角度出发,通过仪表、举止和讲究礼貌、执行礼节来体现和培育社会人。古往今来,在社会生活中,人们常常把礼仪看作是一个国家、一个民族文明程度的重要标志,看作是一个民族精神面貌和凝聚力的体现,看作是一个人道德水准高低、有无教养的尺度。中华民族作为具有悠久历史和优秀文化的伟大民族,礼仪蕴含着丰富的文化内涵,我们建设社会主义的精神文明,不能割断历史,对民族传统文化要取其精华,去其糟粕,并结合时代的特点加以发展。随着改革开放的深入,我国与世界各国的交往无论在广度上还是深度上,都有了前所未有的发展。在全方位对外开放的新形势下,在国际交往的礼仪方面也存在着一个与世界接轨的问题。继承和发扬民族优秀的礼仪文化传统,并根据时代的特点,创造出更加符合当代需要的礼仪文化,以提高全民族的文明程度,促进社会的和谐发展。

二、礼仪的基本原则

礼仪的基本原则,是指行礼致仪时应遵循的一些基本要求。具体的礼仪规范内容庞杂,又因民族、地域的不同而存在很大的差异。但无论何人、何时、何地,在行礼致仪时都有些需要共同遵循的基本原则。现实生活中,不合乎某地域、某民族的礼仪规范常能为人们所谅解,但如果违反了礼仪的基本原则,则可能会引起对方的不满甚至抗议,导致关系的恶化。因此,礼仪的基本原则是礼仪研究中的一个重要课题。

中国古代的礼仪,虽然多为繁文缛节,但却在历史的长河中形成了一整套基本的原则。有的学者把我国古代礼制的主要原则概括为:①"礼大于一"原则,即礼的合法性、神圣性原则;②"礼尚往来"原则,即"往而不来非礼也,来而不往亦非礼也"(《礼记·曲礼》);③"报本返始"原则,该原则专指祭、丧方面与神明之间的"礼尚往来",要求礼越隆重,用物应越质朴;④"立中制节"原则,所谓"立中",就是追求"中道",无过无不及,"制节"就是对人的行为设置一个限度;⑤象征原则,即用象征手法制礼。中国古代的制礼原则对现代礼仪仍有一定影响。

社会发展到今天,社会关系的内容和性质已发生了很大的变化。与此相适应,产生了新型的礼仪原则,即现代礼仪原则。它一方面来源于现实生活中的礼仪规范,是现实生活中礼仪规范的提炼和概括;另一方面,又不是现代生活中礼仪规范的简单重复,或以是否为多数人遵行为标准。礼仪的基本原则应当是具体的礼仪规范的升华,因而具有普遍的指导意义。礼仪的外在形式与现象的特性,是确立礼仪基本原则的依据之一。

世界各国、各民族、各地区的礼仪千姿百态,各有特点,但仍然有一些共同的东西。礼仪的基本原则,主要反映了礼仪的共性,即它能为绝大多数人所接受和遵行,具有普遍性。此外,作为基本原则,应有"基本"的特点,即各种礼仪规范和行为应共同遵守的基本准则。普遍性、基本性是确立礼仪原则的依据之一。现代礼仪的基本原则主要有以下四点:

1.平等原则

平等原则是现代礼仪的首要原则。交往的双方互相平等、互相尊重,是现代礼仪最深刻的内涵。离开平等这一原则,任何形式上的"礼仪"都会显得苍白而虚伪。现代礼仪中的平等原则,是指以礼待人,有来有往,既不能盛气凌人,也不能卑躬屈膝。具体表现在礼仪具有往返性和相当性,即交际的双方都应以礼相待,礼尚往来,而且双方所执之礼,应该大体相当。平等原则是现代礼仪的基础,是现代礼仪有别于以往礼仪的最主要的原则。

平等原则的适用范围非常广泛,从家庭到组织,从亲朋到公众,从国内到国际,都存在着平等问题。在家庭内部,存在着夫妻平等、长幼平等的问题,应反对封建的家长制和男尊女卑、夫为妻纲等落后思想;在社会组织中,同事之间、领导和群众之间、上下级之间,都应当平等相待,相互尊重,既要反对上级对下级的颐指气使,也要反对下级对上级的阿谀逢迎,低三下四;在亲朋中,应以礼待人,礼尚往来,反对排定座次,论等分级;在公众形象中,应自尊而不自傲,自信而不强奸民意;在国内事务中,坚持建立同志式的平等人际关系;在对外交往中,坚持平等互利原则,国家不分大小、不分强弱,一律平等。

2.尊重原则

社会交往中的各种礼仪,实质上体现的就是对对方的尊重。尊重对方是建立友谊、加深交往、发展关系的前提。现代礼仪中的尊重原则,是指致礼施仪时要体现出对他人真诚的尊重,而不能藐视他人。尊重,是现代礼仪的实质。礼仪本身从内容到形式都是尊重他人的具体体现。人际交往中的傲慢言行和蔑视他人的态度,通常都会被视为缺乏礼貌、没有教养的表现。尊重他人,是赢得他人尊重的前提。古人云"敬人者,人恒敬之",只有相互尊重,人与人之间的关系才会融洽和谐。

尊重他人是礼仪的重要原则。与人交往,不论对方职务高低、身份如何、相貌怎样、才能大小,只要与之打交道,必须做到:尊重习俗、重视对方、维护他人自尊、尊重他人的思想观点和个性。做到礼遇适当、寒暄热烈、赞美得体、话题投机,让人感到他在你心目中是受欢迎的和有地位的,从而得到一种心理上的满足,感到与你交往的心情很愉快,这样才可能深入沟通,建立感情,达到目的。

3.宽容原则

宽容意味着要有容人之雅量和多替他人考虑的品德。一个充满宽容精神的社会,将有助于人们独立思考和个性的自由弘扬,也是社会和谐的重要条件。就个人而言,宽容是获得友谊、扩大交往的基本要求。

现代礼仪的宽容原则,是指宽以待人,不过分计较对方礼仪上的得失。严以律己,宽以待人,这是为人处世的较高境界,也是具备较高修养的表现。每个人由于自己所处的环境、国度、信仰、情感、个性等方面的不同,反映到礼仪上,可能具有自己的特点。如果对此不加以尊重,一味地要求他人服从自己的意愿或按自己的要求敬礼施仪,那么势必影响彼此间的沟通与交往。现实生活中,有不少这样的人,品质良好但不善言辞,或为人诚实但不拘小节,或动机善良却又失之粗俗等等。与这些人相处,更应坚持宽容原则。孔子所说的"宽则得众",正是这个道理。

宽容他人是礼仪的重要原则。在交往中,必须做到:第一,尊重习俗,即要做到"入乡随俗"。这既是对他人的尊重,也是宽容大度的表现。入乡随俗,可以给人以亲切感、友善感,还可以避免不必要的麻烦。第二,理解他人,体谅他人,对他人的礼仪行为不求全责备。俗话说"金无足赤,人无完人"。现实生活中的人,没有十全十美的。表现在礼仪方面,有些人擅长于礼仪交际,说话办事滴水不漏;有些人则不熟悉礼仪知识,行事粗俗。第三,虚心接受他人对自己的批评意见,即使批评错了,也要认真倾听。俗话说"人非圣贤,孰能无过"。有了过错后允许他人批评指正,才能得到大家的理解和尊重。有时,批评者的意见是错误的,但只要不是出于恶意,就应以宽容大度的姿态对待。特别是在工作中,更应注意这个问题。

4.适度原则

适度原则是指人们在施行礼仪的过程中,必须在熟悉礼仪准则和规范的基础上,注意各种情况下人际关系的距离,把握与特定环境相适应的人们彼此间的交往尺度,以建立和保持健康、良好、持久的人际关系。

所谓度,是一定事物保持自己量的限度、幅度、范围,是和事物的质相统一的限量。任何度的两端都存在着极限或界限,亦即关节点和临界点,度就是关节点范围内的幅度,在这个范围内事物的质保持不变,突破关节点,超出这个范围,事物的质就发生变化。适度的礼仪,也就是要根据礼仪的行为准则和道德规范,把交往中的言行举止控制在礼仪规范所要求的范围之中,合乎事理,恰如其分。

遵循适度原则有多方面的要求:第一,感情适度。在与人交往时,要彬彬有礼,不要低三下四;要热情大方,不要表现轻浮。第二,谈吐适度。在与人交谈时,要热忱友好,不要虚伪客套;要坦率真诚,不要言过其实;还要做到该讲的讲,不该讲的不讲。第三,举止适度。在与人相处时,要优雅得体,不要矫揉造作;要尊重习俗,不要粗俗无礼。第四,装扮适度。在社交场所,衣着打扮要与个人的身份、地位、所处的环境、自身条件、穿戴时节相适应。

第四节 礼仪修养

所谓礼仪修养,主要是指人们为了达到一定的社交目的,按照一定的礼仪规范要求,并结合自己的实际情况,在礼仪品质、意识等方面所进行的自我修炼和自我改造。

礼仪修养是礼仪活动的一种重要形式,是现代礼仪不可忽视的一个十分重要的问题。在社会生活中,人们的礼仪不是自发形成的,主要是靠后天在交往实践中自觉修养得来的;不是一蹴而就的,而是在交往实践中逐渐学习、积累而成的。因此,在具体阐述一系列礼仪规范之前,首先探究礼仪修养问题,对于我们自觉地把握礼仪规范和自觉地进行礼仪实践,具有十分重要的意义。

一、礼仪修养的基本特征

礼仪修养是人在礼仪品质、意识等方面的自我锻炼和自我改造。由于人不仅与社会存在着广泛的联系,而且有高度的自觉能动性,因此,礼仪修养必然是一个错综复杂的过程。根据人们的礼仪修养经验,可以看出礼仪修养具有以下几个基本特征:

1.实践性

礼仪修养具有强烈的实践性,主要包括两个方面:一是礼仪修养必须适应当时社会实践的客观状况和客观要求。不同时代,不同社会,对于礼仪的要求是有差别的。因此,我们所进行的礼仪修养,必须与中国特色社会主义和现代社会发展的实践状况和要求相适应。二是礼仪修养必须注重自己实际,践行礼仪规范。礼仪修养不能只停留在主观的范围内,只有亲身经受礼仪实践,才能使自己的礼仪水平不断得到提高。

2.多重性

礼仪的认识是整个礼仪修养过程的前提。但是,从整个社会来看,人类的交往关系和礼仪问题是错综复杂的。从个人来看,由于个人所处的环境、所受的影响以及所具有的生活经验、知识水平不同,因而礼仪认识也会有所不同。因此礼仪修养的内容侧重点也就不一样。譬如,初学礼仪的人可以把日常礼仪规范作为自我修养的重点;参加公务工作的人可以把公务礼仪作为自我修养的重点;参加商业工作的人可以把商务礼仪作为自我修养的重点等等,从而使礼仪修养表现出多端性。

3. 渐进性

任何人的礼仪水平从根本上来说都是可以通过礼仪修养来提高的，但又不会是立即提高的。只有通过不断努力，循序渐进，才能逐步提高礼仪水平。《荀子·劝学篇》说："故不积跬步，无以至千里；不积小流，无以成江河。"礼仪的养成，必须从点滴小事做起，从大处着眼，小处着手，寓礼仪于细微之中，然后逐步扩展，最后使礼仪在自己身上达到"完全"的地步，使自己成为一个时时处处都恪守礼仪的人。

二、礼仪修养的内涵

1. 道德修养

道德作为人类社会中以善与恶的标准来调节人们之间相互关系的行为规范，礼仪是道德的外在表现形式。衡量一个人的道德品质的高低，礼仪是一根重要的标尺。因此，一个人要形成一种高尚的道德品质，就应从日常生活中遵从交际礼仪规范这一基础的层次做起。正如孔子所说的："质胜文则野，文胜质则史。文质彬彬，然后君子。"孔夫子强调外在的礼仪和内在的道德品质应有机统一，只有"诚于中而形于外"，才能称得上君子。

2. 文化修养

一方面，文化知识对一个人品格的塑造有着很大的影响。另一方面，文化对人们的行为规范、生活方式也有着很大的影响。穿衣戴帽，各有所好，这不仅表现一个人的志趣，而且更是一种文化的体现。正如南甜、东辣、西酸，并不表现为不同地区的人在口味上的生理差异，而主要是饮食文化传统培养起来的一种习惯。人们长期生活在某一种文化氛围中，长期受到影响和熏陶，其心理、性格、行为势必也要带上这种文化的特色。如日本人的集团意识，美国人的个人主义，德国人的理性，法国人的浪漫。因此，不同的民族、不同的国家之间的社交礼仪有明显的差异。社交知识和经验能使人的社交行为更符合社会的风俗和习惯，使人懂得什么可以做，什么不可以做，以及如何去做。相反，不广泛了解社交知识有时会带来很多麻烦。例如邀请外国朋友赴宴，必须先了解他们的饮食禁忌，美国人吃牡蛎而不吃蜗牛，法国人吃蜗牛而不吃蝉，秘鲁人吃蝉而不吃鱼，犹太人吃鱼而不吃猪肉，印度人吃猪肉而不吃牛肉，俄国人吃牛肉而不吃蛇……作为主人如果事先不懂有关知识，难免会在宴会场合失礼。

3. 心理素质修养

据心理学专家的调查发现，每个人初次参加社交活动，都会有一定的恐惧心理而影响交往。我们可以采用训练方法，从主观上学会调节控制自己的心理活动状态，努力克服社交中可能出现的不良心理，诸如害羞、胆怯、恐惧、自卑等，做到修养有素，无论何时何地都在社交中保持沉着冷静，泰然自若的良好状态，以便争取主动，完美自如地运用社交礼仪形式。

4.行为习惯修养

一个人做到一时一事有礼并不难,难的是时时事事都能做到有礼有节,这有赖于习惯的力量。19世纪英国名将惠灵顿说过:"习惯是第二天性。"人们常常有这样的经验,做某件事,尚未经过仔细权衡思量,便习惯性地做完了。可见习惯的力量是很大的。在礼仪修养方面,有着良好礼仪习惯的人往往知"礼"行"礼",究其原因,习惯使然。习惯一旦养成便具相对稳定性,因此要改变已经养成的坏习惯是很难的。大多数人都意识到不良习惯会给人留下极为恶劣的印象,但真要彻底改掉还需有决心和毅力。意志薄弱的人若一次又一次宽恕自己"下不为例",就必然会一次又一次变成坏习惯的俘虏。要养成良好的礼仪修养需要坚定自觉地用良好的行为习惯矫正不良行为习惯,让良好的行为习惯在社交活动中发挥积极的作用。

5.美学修养

美是人们创造生活、改造世界的能动活动及其在现实中的实现或对象化。美是一个感性具体的存在,它一方面是一个合规律的存在,体现着自然和社会发展的规律,另一方面又是人的能动创造的结果。

礼仪也是一种美。礼仪在客观上就具有能引起人们愉悦等情感反映的属性,因而具有美的价值。礼仪一方面具有鲜明的形象性,另一方面又具有社会功利性。它还凝结着人类的理想、智慧和创造力量,具有有利于人类生存和相处、有利于社会进步和发展的性质。这也就是说,礼仪能使人感到完美,使人产生兴奋的情绪,并进而产生积极的态度和行为;礼仪也能使人们感受到美,从而易于使交往对象产生认同感,获得交往的成功。而缺乏礼仪则会使人感到粗俗和丑陋,使人产生厌恶和远离的情绪,从而导致消极的态度和行为。

礼仪之美也是千姿百态的,主要有仪表美、精神美、言行美、环境美等,这些基本的方面,构成了礼仪美的整体形象。我们所进行的礼仪修养,包含着美的修养,这是我们在礼仪修养过程中应该加以重视的。

三、礼仪修养的一般过程

1.提高礼仪认识

提高礼仪认识是进行社交礼仪修养的起点,也是实现社交礼仪修养其他环节的前提和基础。提高礼仪认识是将礼仪规范逐渐内化的过程。通过学习、评价、认同、模仿和实践过程,逐渐学习、构造、完善自己的社交礼仪规范体系,并以此来评价他人的行为,调整自己的社交。

丰富自己的礼仪知识。如学一点礼仪史,掌握一些伦理学、心理学、公共关系学等方面的一般知识,还可通过日常的浏览、学习,了解社会习俗和风土人情,积累各方面的社会知识,这些对于开阔眼界,提高礼仪认识是大有裨益的。

2. 陶冶礼仪情感

光有礼仪认识还不够，只有得到感情上的认可才会使人"心甘情愿"，甚至"情不自禁"地去遵循礼仪规范。如果没有真挚的情感，即使凭理智去遵循礼仪规范，也会显得勉强，不自然。礼仪不是摆谱，做花架子，而是需要真诚。如果缺乏对他人的关心、重视、尊重，一切礼仪都将变成毫无意义的形式。陶冶情感，包括两方面的内容：一是形成与应有的礼仪认识相一致的礼仪情感；二是要改变与应有的礼仪认识相抵触的礼仪情感。比如日本的许多企业很注重培养员工对公司的热爱，工人过生日、生孩子，经理会送上礼品，并亲自前往祝贺。工人可以骂经理，或在专设的出气室向仿造的经理模型揍上几拳，踢上几脚。这大大减少了员工的抵触情绪，加强了职工对公司、企业的感情，上下级之间的相处也更加融洽了。

3. 锻炼礼仪意志

要想使遵循礼仪规范变成自觉的行为，没有坚韧不拔的意志是办不到的。日本各航空公司的空姐在上岗之前要在教官的指导下进行六个月左右的微笑训练，训练在各种乘客面前、各种飞行条件下始终保持微笑，这种微笑的艺术若非苦练不能成功。礼仪规范实际遵循起来，需要你有足够的勇气和毅力来克服来自本身情绪的干扰，始终保持良好的礼仪。只要意志坚定，使礼仪行为始终如一，时间一长，别人便会慢慢了解。比如：假若在领导面前"直率"，而在同事面前"客气"，同事就会认为你在出风头；假若在同事面前"直率"，而在领导面前"客气"，无疑会被别人骂成"马屁精"。但只要"直率"是一贯的，尽管一时别人会说成"狂妄"，但日子一久，别人就会了解你的性格并习惯你的直率。在这种情形里，只有坚定的意志才能保证人们克服困难，排除干扰，使其礼仪行为从一而终，并取得良好的效果。因此，礼仪修养除了要提高礼仪认识、陶冶礼仪情感之外，还要注意锻炼自己的礼仪意志。

4. 养成礼仪习惯

社交礼仪修养达到的最终目标，就是要人们养成按礼仪要求去做的行为习惯。以日本人行鞠躬礼为例，他们一天到晚都在弯腰、鞠躬。据东京的一家报纸调查统计，百货商店、旅馆、饭店的服务员平均每人每天要向顾客鞠近1000个躬，电梯服务员则平均每人每天要向乘客鞠躬2560次。日本人即使在电话里与人问安与道别、承诺、请求时，也会不自觉地鞠躬。对他们来说，弯腰鞠躬已成习惯。又如养成控制自己声调表情的习惯，日积月累也能收到意想不到的效果。在社交礼仪修养过程中，通过一些看得见的礼仪训练，使人们通过模仿、学习提高自己的实际操作能力，进而养成良好的礼仪习惯，对以后的社交礼仪实践将有所裨益。

5. 明确角色定位

在现实生活中，每个人总处在一定的位置上，扮演一定的社会角色，说话办事应符合"剧本"的安排。如到别人家中拜访，一定要"客随主便"，不可喧宾夺主，未经许可不能在别人家里随便乱翻乱动，不可像在自己家里一样到处乱窜。如果一个人不能按角色的要求找到自己的位置，不懂得遵循与各自的身份相符合的礼仪规范，就会被人视为缺乏教养或素质不高，那么，他在交际生活中必然是个不受欢迎的人。在交往中，根据交际的需要、对象、环境、时间的变化等扮演好与自己的身份与地位相等的角色；并随时随地注意角色的调整与转换。比如，在父母长辈面前，我们大可扮演撒娇耍赖、淘气、讨便宜的孩子角色；然而走进单位，走向社会再撒娇、耍赖等就行不通了。有一德国专家到日本工作，需往返东京、大阪之间，公司秘书派了专车接送。为了让专家欣赏日本的圣山——富士山，秘书特意安排专家坐在司机旁边的位置，自己坐在后排，结果专家非常生气，拂袖而去。原来，司机旁边的位置一般是助手、接待或陪同人员坐的，这个礼仪规范在西方非常普及。它的产生可能是基于安全考虑，在大多数车祸或遭袭击时，首先受伤害的是坐在前排的人。由此，我们即可看出，在社交活动中遵循次序规范是非常必要的，尤其是在宴会活动中，无论是中餐还是西餐，席位的安排都是有较严格的礼仪规范，举行正式宴会时更是一点也马虎不得，"将就"不得。如果有人不按席位安排就坐，可能因此得罪他人。

四、礼仪修养的方法

在中国伦理史上，许多伦理学家都非常注重修养的方法。孔子及其弟子曾参就有所谓"内省"、"自讼"、"吾日三省吾身"的习惯。在礼仪修养方面，必须强调实践的作用，与实践相联系是礼仪修养的根本方法。

1.知行统一，重在实践

知而不行叫做"惰"，行而无知谓之"盲"。"知"就是学习、掌握包括社交礼仪规范在内的各种理论知识，"行"就是积极实践，知与行是相互促进的。礼仪关键在于运用，在运用实践中，人们才能比较准确地认识到自己在礼仪知识方面的欠缺，认识到自己的行为习惯与社会礼仪要求不协调或相抵触的地方，从而促使自己有意识地及时补充"新鲜血液"，改进不足。同时通过社交实践还可以开阔视野，拓宽知识面。在社交活动中往往能学到许多书本上学不到的知识，"问渠哪得清如许，唯有源头活水来"，要想不断丰富发展自己的礼仪知识，实践永远是取之不尽、用之不竭的"源头活水"。所以我们要坚持知行统一，重视实践，在学习社交礼仪知识的基础上，再进一步向实践学习。

2.比较借鉴，非礼莫行

古人云："三人行，必有我师焉。"在社交生活中，我们应善于从他人的言谈举止中发现、挖掘他人的优势与长处，比如他们在生意场上善于应酬、谈吐不俗、举止稳重、衣饰得体等等。这种榜样形象而具体，我们应"以人为镜"，在比较鉴别的基础上取长补短，完善自己，这对塑造个人形象大有好处。

3.自觉自省，旨在提高

任何事物发展的根本原因在于其内部，礼仪修养也不例外。没有高度的自觉性，修养可能只是迫于外力的推动和压力仅仅是做做样子，流于形式，而养成良好的礼仪习惯只能是一句空谈。在某种意义上，礼仪修养本身是一个自我认识、自我解剖、自我教育、自我改造和自我提高的过程。自觉性是通过自省的形式体现出来的。自省是一种经常化的自觉的自我检查，是培养礼仪习惯的重要途径。“日省其身”，“有则改之，无则加勉”，也是我们提倡的修养方法。如果能把这种方法与实践活动相结合，那么对于礼仪修养是大有益处的。坚持这一修养方法，往往能严于律己，知错就改，达到防微杜渐，经一事长一智的效果。

第二章

个人礼仪

所谓个人礼仪,就是指社会个体的生活行为规范,是一种文明行为标准,是对个人仪表、举止、言谈等方面的具体规定。随着现代社会人际交往的日渐频繁,人们越来越重视个人礼仪。在交往中,人们都希望被别人喜欢,受别人欢迎,希望拥有文雅的仪风和脱俗的仪态。从表面上看,一个人的穿着打扮、言谈举止都是无足轻重的细节,但"细微之处见精神",个人的穿着打扮、言谈举止无时无刻都在体现这个人的文化修养。有些人给人温文尔雅、彬彬有礼的感觉,而有的人则给人以粗俗不堪、令人厌恶的感觉。对个人而言,个人礼仪是文明行为标准;就国家而言,个人礼仪属一种社会文化,是构成社会文明的基本要素,也是一个国家文化与传统的象征。从古至今,中国就十分崇尚"礼",极为重视礼仪教化,一切以礼为治,以礼为教,礼是治国教化的经典。个人礼仪所形成的约束力,对一个社会的净化与美化起着积极的作用。可以说,个人礼仪从侧面反映了一个社会的文明程度。

教养体现于细节,细节体现素质。"行为心表,言为心声",个人礼仪是一个人道德修养、文化修养、教养良知等精神内涵的外在表现。个人礼仪的核心是尊重他人,与人友善,表里如一,内外一致。个人礼仪从内容上,包括仪表礼仪、体态礼仪和语言礼仪三部分。

第一节　仪表礼仪

生活中,我们常说的"第一印象"多半来自一个人的仪表,在人际交往的初期阶段,仪表是最能引起对方注意的。一般人都有这样的思维定势:总以为仪表端庄、穿戴整齐的人比不修边幅者有教养。虽然我们不主张"以貌取人",但实际上,人们总是通过观察对方的仪容、服饰来判断对方的精神状态和文明程度,进而确定他的社会地位和身份,仪表成为一种身份的特征。因此,"以貌取人"也存在着一定的合理性。仪表虽然是一个人的外表，但仪表是一种无声语言，在一定意义上反映出一个人的修养、性格、社会地位等特征，在初次交往中给人鲜明的印象。

一、仪容修饰礼仪

仪容即人的容貌，是个人仪表的重要组成部分之一，它由发式、面容以及人体所有未被服饰遮掩的肌肤等内容所组成，都需要保养和美化，在人的仪表美中占有举足轻重的地位。

容貌之美，一方面得之于自然，另一方面则来自于内在的精神灌注。自然素质即长相，往往来自于遗传，而个性神情则主要靠后天自身的塑造。随着时光的流逝，仪容也要发生变化，然而，人们可以用科学的、艺术的手法使自己的仪容更具美感。以下我们从头发、面容等方面入手，简单地介绍个人仪容的修饰礼仪。

1.头发美化

头发是一个人仪容的重要组成部分，包括护发和美发两个方面。头发整洁、发型大方是个人礼仪对头发美的最基本的要求。

(1)护发。人们都希望自己有一头乌黑、光亮、柔软的秀发，要使头发健康秀美，必须用科学的方法护理。

①清洗头发。头发应当适时清洗。洗发可以去除落在头发上的灰尘和头皮的分泌物，有助于头发的生长和健康。尤其是油性头发，更应勤洗。一般一周洗两三次。洗发时，应根据自己的发质选择不同的洗发用品，要轻揉发根，洗完后最好自然风干，也可以在洗发过程中适当选用护发素。

②梳理头发。梳理头发不仅能使头发整齐美观，而且也是一种健美运动。它可以促进头部的血液循环，使头发根部的营养输送到发茎、发梢部分，可以保持头发的光泽和柔软。梳理头发时，要轻重适度，防止损伤头皮。

③按摩头部。按摩头部是增进头发健康的重要手段，有利于促进头部的血液循环，促进头发生长，防止头发脱落。按摩时，将十指分开，从前向后做环状揉动，反复多次。按摩后会产生头皮发热和紧缩的感觉。

(2)美发。发型的设计与选择也是仪容美的重要部分。有位美容学家说："发式是人的第二面孔。"合适的发型会使人容光焕发、风度翩翩，体现和谐的整体美。通常，在选择发型时应注意以下几点：

第一，发型首先要与脸型相协调。各种脸型的差异对发型的要求也有所不同。椭圆脸是比较标准的脸型，发型可以比较随意；圆脸型宜将头顶部的头发梳高，使脸部视觉拉长，头发分线最好中分；长脸型可将前边的"刘海"向下梳，遮住额头，以减少脸长度，发分线采用侧方法；方脸型可在颈部结优雅的低发髻，并让头发披在两颊以减少脸的宽度，发线侧分，并使分线向头顶斜伸；菱形脸型可选择蓬松的大波浪型，以增加侧面量感，头发遮住颧骨，增加脸型柔和感，发线侧分，自眉上斜伸向外；

大脸型不可梳过于蓬松的发型,可使头发自然伏贴遮住两颊,以减少脸宽,或可将头发剪短,全部向后梳,不要分线。

第二,发型要与体型相协调。发型作为人体的组成部分,应该根据不同体型选择适合自己的发型。体型瘦高者,可留长发、直发或大波浪的卷发,而不宜盘高发髻或将头发削剪得太短。体型高大者,短直发可酌情选择,长波浪、中长发、束发、盘发也可酌情选择。体型矮小者应选择精致的短发型,或将头发高盘于头顶。体型矮胖者,可选择有层次的超短发型。整体发势应向上,亮出脖子以增加一定身高。

第三,发型要与发质相协调。直而黑的头发宜梳直发,显得朴素、清纯;也可梳成华丽、活泼而柔和的卷发,样式简单而又体现华丽、高贵的发型都是适宜的。柔软的头发适宜剪成俏丽的短发,将"刘海"斜披在前,横发向后梳,将耳朵露在外面。粗硬的头发在发型设计上尽量避免复杂,以采用半长、向内、向外卷的发型较合适。稀少的头发缺少弹性,不宜梳成蓬松式的发型,适于留长发,梳成发髻。

第四,发型要与脖颈相协调。颈部与头部相连,会影响人体的造型美,因此发型的选择也要与颈相协调。脖颈短粗者不宜选择低发型和长发型,否则脖颈会显得更短,而应选择高而短的发型,这样可使脖颈显长。脖颈细长者,不宜选择高而短的发型,可以选择发长至脖颈部位,两侧头发向两边舒展的发型。此种发型可以掩盖脖颈显短一些。

第五,发型要与职业身份相协调。不同职业不同身份的人应有不同的发式。学生的发型可以活泼大方;教师应选择朴素端庄的发型;演艺界人士应选择时尚新潮的发型;服务行业人员的发型,应以短、洁、明快为标准,不可过于新潮。

另外,选择设计发型还要考虑个人的年龄、气质、服饰等方面的因素,并且要与季节、环境相适应。如果在选择发型时考虑周全,就能充分给人以美感。

2.面容美化

面容是人的仪表之首,是人体暴露在外时间最长的部位,也是最动人之处。因此,人们都非常注重面容的保养和美化。面容姣好、外表英俊者往往在交往之初受到关注和青睐,博得其他人的好感。俗话说"三分长相,七分打扮",如果一个人不懂得必要的修饰,不注意自己的仪容,即使礼节周到,也是一种缺陷美和遗憾。优雅得体的仪容有利于表现健康的体魄与良好的心态。

目前,面容的美化主要采取整容与化妆两种方法。整容是通过外科手术来改变人的容貌,如隆鼻、割双眼皮、文眉等。整容虽具一劳永逸的功效,但却要冒因手术失败而毁容的风险,故不为大多数人所选用。而化妆有便利、易改、不用求人的优势,成为当今面容美化的首选方法。

(1)化妆的原则。美容化妆强调和突出自身自然美的部分,减弱或掩盖容貌上的缺陷。同时,还要考虑场合、时间、季节等因素,使自己"淡妆浓抹总相宜"。化妆必须遵循大多数人认可的、传统沿袭的原则与习惯。具体地说,要注意适度、协调及表现个性三原则。

①适度原则。化妆首先必须注意与时间、空间相适应，与周围环境相适应。化妆的浓淡要视时间、场合而定。在工作时间，适合化淡妆，妆色应清新淡雅、质朴自然。浓妆艳抹、厚厚的粉底、重重的唇膏与周围的工作气氛不相宜，让人感觉到你所关心的首先不是工作。一般生活化妆应以淡妆为宜。白天应化淡妆，在自然光下，无论是底色还是五官的修饰，都应力求一种"自然美"。晚上参加舞会、宴会等社交活动，可穿艳丽、典雅的服装，妆色可浓些。外出旅游运动时，不要化浓妆，可用一些护肤品，因为在天然秀丽的风光中，最宜表现一个人的自然美。总之，只有得体、适宜、和谐的化妆才是符合礼仪的。其次，在选用各种化妆品时，要注意各种化妆品的品性和特点，恰到好处地加以使用。如香水应该挑选那种气味与自己的体味相融合且能达到最佳嗅觉效果的香水。再次，使用化妆品要适量。因为化妆品的使用量，和烹调时添加的调味品一样，过多或过少都不行。过多的用量不但浪费，而且效果有时会适得其反。

②协调原则。所谓协调原则，是指化妆必须与自身的整体和外部环境相和谐，不致令他人有突兀和不舒服的感觉。自身的整体主要指化妆要与全身的服饰、自己的年龄及身份、职业等相一致。外部环境则是指个人的化妆要与季节、场合相一致。首先，化妆要与服饰协调。化妆时，粉底霜、眼影色、面颊红、口红等颜色应与服饰的颜色相协调。其次，化妆要与年龄相符。化妆的目的就在于显现这不同年龄段的具体美，如孩童的天真烂漫、少女的纯情可爱、中年的稳健成熟、老年的端庄健康等。第三，化妆要与身份、职业相符。通过化妆来表现自己最佳的仪容，应该考虑到自己的身份和职业，树立良好的职业形象。第四，化妆要与季节相协调。由于皮肤会随着四季的变化而变化，化妆和保养也应作相应调整，以便能与所在的季节相协调。

③表现个性原则。通过化妆，对自我形象进行重新塑造，扬长避短，从外部形式上能够充分体现内在气质和性格。这种化妆方法，被美容专家们称为"具有形式感的化妆法"，是化妆的最高境界。根据这个原则化妆，表现独特的魅力和风格。通过化妆突出自己的鲜明个性尤其是自己的性格。通过化妆技巧加以改善，使自己的脸型和五官更具有个性美。从这个角度看，缺陷往往是充满魅力的自然空间，它能给人留下难忘的印象。

(2)化妆的礼节。

①整洁是最基本的礼貌。整洁是美容，也是一种对他人的尊重，它显示出个人的自尊自爱。每个人都应检查自己的面容是否整洁，头发是否散乱、女士的妆面是否适度，男士是否要剃须修面。如果不修边幅、蓬头垢面外出工作活动，那是十分失礼的，很容易受到人们的鄙视。

②及时补妆，但不能在公共场合化妆或补妆。在众目睽睽之下化妆是非常失礼的，这样做既可能有碍于人，也不尊重自己。如果真的有必要化妆或进行修饰的话，

要在卧室或到洗手间去做,切莫当众表演。假如经常在工作中当众化妆,容易被人当作不务正业的人。

③不要非议他人的化妆。由于民族、肤色和个人修养的差异,每个人的化妆不可能都是一样的,故切不可对他人的化妆品头论足。在公共场所与人交际,如果对别人的妆面说三道四,指指点点,不仅会让对方难堪,而且还会被别人认为你是失礼的。

④不去借用他人的化妆品。使用他人的化妆品既不卫生,也很不礼貌。除非主人心甘情愿为你提供方便,否则千万不要去借用他人的化妆品。若脸上有皮肤病则更不能借用别人的化妆品。最好是随身携带一套,以备随时使用。

(3)简易化妆的步骤与方法。

①备齐需要的化妆用品与化妆用具。化妆用品包括:化妆水、粉底、胭脂、唇膏、眼影、眼线液、睫毛膏等。化妆用具包括:化妆纸、药棉、海绵、胭脂刷、眼影刷、睫毛夹、拔眉镊、美容剪、眉梳和眉刷、眉笔、眼线笔、唇膏笔等。

②清洁面部。洁净的皮肤是化好妆的基础,在清洁皮肤的同时可适当加些指法按摩,这样可以舒张皮肤张力,以适合皮肤与化妆品的亲和力。清洁面部可以用洗面乳、清洁霜等清洁类化妆品。

③基础化妆。使用底色的目的是遮盖皮肤的瑕疵,统一皮肤色调,起到易上妆、防脱妆、隔离化妆品,避免化妆品直接进入毛孔的作用。应根据自己的脸型施以粉底,突出面部的优点,修饰其不足。不要用太白的底色,否则会使人感到失真。最好是选用两种颜色的底色:在脸的正面,用接近自己肤色的粉底均匀地薄薄地涂抹;在脸部的侧面,可用较深的底色。方法是从后向前、由深到浅均匀地涂抹。

④眼部化妆。以加强眼部的立体感和色彩感,使眼睛更有神。首先,画出清晰的眼线,一般上眼线比下眼线略粗略深,上下眼线不可连接。接着,涂眼影。最后用卷睫毛器卷好睫毛,涂上睫毛膏。眼影的一般描法是从眼角开始一点点地在眼睑到眉毛间涂上颜色合适的眼影。一般用较深颜色,如浅棕色、深蓝色,以形成层次感。

⑤修眉。首先,确定符合自己特点的理想眉型,一般眉头在内眼角上方偏里侧一些,眉梢在眼尾至鼻翼外侧的斜线上,眉峰的位置在眉梢至眉头的1/3处。用小眉刷轻刷双眉,以除去粉剂及皮屑。然后用温水浸湿的棉球或热毛巾盖住双眉,以使眉毛部位的皮肤松弛,将多余的散眉拔除。接着,用眉笔根据自己的脸型把眉毛修饰成接近于标准的眉形。具体的方法是:依照自身眉毛的形状,设计一种最适合自己的眉形,然后根据头发的颜色选出眉笔的颜色。在画眉时,一般先从眉头开始,按照眉毛的自然生长方向描画。下笔要轻,笔道要均匀,上下眉道的方向要接得自然柔和。眉毛深处,要一笔一笔地去画,使眉毛富于变化,产生立体感。最后,用眉刷轻刷双眉,使眉毛显得自然。

⑥涂抹腮红。涂抹腮红的目的,一是表现皮肤的健康红润,二是用来矫正脸型。

面颊红润，会给人留下生气勃勃、精神焕发的印象。涂腮红应从颧骨处向四周扫匀，并使腮红越来越淡，直到与底色自然相接。圆脸型的人，腮红的形状应是长条型的，以减弱胖的感觉；长脸型的人要将范围涂得大些，以产生胖的感觉。至于腮红的颜色选取，白皮肤的人，可选用淡而明快的颜色，如浅桃红、浅玫瑰红。皮肤较黑的人，腮红颜色可选深一些、暗一些的。

⑦唇部化妆。唇部是面部最灵动的部分，俗话说："取其神，唇取其色。"美丽的朱唇，是女性风采和个性魅力的突出特征。理想的唇形为：嘴唇轮廓线清楚，下唇略厚于上唇，大小与脸型相宜，唇结节明显、嘴角略翘，富有立体感。一般说来，日妆应选色泽接近自己唇色的口红或色泽稍艳丽的口红。对唇部化妆时，首先要湿润它，再用唇线笔描绘出动人的唇形。唇形的线条应柔和、圆润，富有曲线美。唇线的画法是从嘴角的两边向中央沿唇的轮廓自然画出连续的虚线条，唇线不可画得太深。然后淡淡地涂上色泽相配的唇膏，上唇唇膏由中央向两侧涂，下唇唇膏则由两端向中央涂。

⑧检查化妆效果。检查化妆效果是为了对不合适的地方及时修改，淡妆浓抹总相宜，整体协调对称。检查内容有：检查发际、眉毛和睫毛是否沾着粉底霜。笑的时候口型是否好看。口红是否规整，牙齿上是否沾着口红。抹好口红后最好翘起嘴唇用纱布擦擦嘴唇内侧。检查腮红的位置是否合适，脸色是否自然健康。脖子和脸上的颜色是否一致。粉底是否太厚、口红的颜色是否过重，眼影、眉毛、眼线和口红的轮廓是否协调匀称。

⑨卸妆。卸妆的目的是净化并护理皮肤，如果带妆过夜，皮肤会受到伤害。卸妆的一般步骤如下：首先，用棉棒蘸卸妆水，擦去眼睛和眉毛周围及睫毛处的化妆品。再用棉纸或纸巾擦去口红，抹适量的橄榄油或其他植物油。然后用软纸擦净面额，进行净面。最后用化妆水、乳液等进行护肤。用化妆水浸软的棉花擦脸，再涂适量的雪花膏。涂乳液(面奶)或营养护肤霜类制品护肤。

(4)男士面容美化。现代社会的发展，化妆已不再是女子的专利，男子美容已呈现出大众化的趋势。从生理上看，男子由于生理因素和活动量较大，与女性相比，皮肤粗、质地硬、毛孔大、表皮易老化。同时，男子的汗液和油脂分泌量多，在室外工作的时间长，常会使灰尘和污垢积聚在表面而使毛孔堵塞，引起细菌感染、皮肤发炎。因此，男子有时更需要接受美容指导和皮肤的护理。通过美容，可以适当地调整肤色及修饰五官的某些缺点。健康的皮肤、端正的容貌，更有利于表现健康的体魄与良好的心态。对男士而言，面容美化以自我保健为主，要求整洁健康，容光焕发为好。具体操作上，一般做好洁面、修面、护理皮肤、适当化妆。

总体上，男子塑造最佳仪容的第一步，就是设计总体基调，从自己性格、外形条件的实际情况出发，寻找最适合自己的外部形象。第二步，将这一外部形象分解，具体地进行肤色的调整、眉形的修饰、嘴唇的着色和滋润、胡须的修剪等一系列化妆活动。第三步，将最终设计出来的仪容进行整体检查，以最佳的面貌出现在人们的面前。

二、服饰礼仪

服饰，作为一种文化，从外表上，能反映一个人的社会地位、文化修养和审美情趣，也能表现一个人的内在情感及其对生活的态度。从客观上，能反映一个民族的文化修养、社会风尚和精神面貌，反映社会的经济生活和科技发展的程度。得体的服饰穿戴对于美化人的仪表、改善人的气质、完善人的形象有着极为重要的作用。

1.服饰的基本原则

(1)色彩协调。服装的色彩协调原则是指衣服上下的颜色、衣服和配件、衣服和肤色发色等等协调，也包括和其他方面如季节的协调。

一位世界知名的时装设计师曾经说过："也许在取得衣着成功方面，色彩是最有帮助的要素。颜色可以是您最要好的朋友，也可以是您最凶恶的敌人。它可以使您显得年轻，也可以使您显得衰老，可以使您显得肥胖，也可以使您显得瘦削，可以使您邋遢，也可以使您潇洒。色彩不仅可以完全改变一个女人的外表，而且可以完全改变她的气质，不管她是演员还是家庭主妇。"

一般来说，色彩搭配可以采用以下几种方法，根据色彩明暗度的不同来搭配，即把同一颜色按深浅不同进行搭配，造成一种和谐的美感。但应注意深浅色的衔接不能太生硬，要尽量过渡得自然。用相近的颜色搭配，如橙与黄、蓝与绿的搭配等。但在搭配时要在明暗度或鲜艳程度上加以区别。

用互相排斥的对比色(如红与绿)来搭配，但一定要在明暗度、鲜艳度上加以区别，以便对比鲜明而不刺眼。

运用流行色，在特定时期，人们会对某种颜色产生偏爱，使其广泛流行起来。不过，流行色的运用要考虑到场景、年龄等。

以上的色彩搭配大多是就服装自身而言的，此外还要和配件、季节、年龄、场合等协调。比如服装是鲜艳色，装饰品或领带等最好用中间色；在参加哀悼、纪念等活动时，最好用冷色或文雅色的服饰；而如果你将是文娱晚会的主角，则可以穿鲜艳的服装。

服装的色彩搭配还应该考虑内在的个性。这是一个不言而喻的问题，因为人们在选择服装的花色时，内在个性已经起了重要的作用。

(2)体型协调。人的体型差别和缺陷，要求人们在着装时特别注意服装色彩、款式和体型的协调。避免体型不足，其基本原理是通过着装掩饰不足。除了色彩以外，最重要的是利用线条。

如果个子过于高大或高且瘦，就要做些修正：选择线条流畅的服装，但不宜用垂直线条；也不宜用高卷的发型或高帽子、紧身的衣服，否则会显得更高瘦；避免使用黑色、暗色等，只有用鲜艳或淡色调做点缀时才考虑使用黑色；要从腰间将颜色组配打破，用明色或对比色的腰带切开。

而矮个子，则用垂直线条增加身高，避免使用水平线条，否则将会使你显得更矮；选择合体的服装，避免大或粗笨、宽松悬垂的款式；选用单色组合，最好选择从鞋、袜到裤或裙为同一颜色。避免使用对比色的腰带和衣裤（裙）来分割身体的高度。

(3)场合协调。服饰与活动场合是否协调，则影响人的内在形象，直接地影响交往的效果。服饰和活动场所协调，要区分个人活动场所和公共活动场所。在个人活动场所，一般可以穿得随便、自在一些，因为无论怎样都不妨害别人。如果是要在自己家里请客，则是另一回事了，作为东道主，出于对来客的尊重，也应该穿得整齐一些。服饰的要求，更多地体现在参与公共活动中。

公共活动有娱乐、休闲、运动、职业、社交等，这些不同的场合，要求有不同的着装。而且对服饰规定性的严格程度也是不一样的，比如后两种场合的要求要比前三种更为严格。一般来说，娱乐、休闲、运动对服装的选择最为宽松，只要简单、整洁、舒适即可。

工作场所的着装要整齐、严肃，一般都要按规定穿着。社交活动对服装的限制最为严格。在古代，朝官间互访，都要着官服，否则是对对方的不敬。西方有晚礼服、昼礼服等的分别，也都是要适应社交的需要。而具体到一些特殊的社交活动，着装的某种限制几乎是不容更改的。比如参加婚礼，全套素白的衣服是绝不应该穿出来的；而参加葬礼，你只能在黑、深灰等暗色调的几种颜色中选择。只有注意到了这些方面，才能达到预期的效果。

(4)个性原则。服装是外在的，但能体现内在气质等，因而应注意个性原则，即要穿出自己的特色来。要在交往中给人留下深刻、美好的印象，取得好的效果，更应该突出服饰的个性。

个性原则和前述的三个原则并不矛盾，而且一般要以前三个原则为基础。不注意色彩、体型、场合的协调，一味讲求个性、讲求独特，不仅不会张扬个性的特点，而且还会给人留下不好的印象。相反，如果能在以上那些原则的基础上穿出个性来，往往能给人以深刻印象，社交中也能取得意想不到的效果。

当然，与避免追求时尚相对的是，应该避免过分的奇装异服或衣冠不整。奇装异服或衣冠不整的标新立异不会收到突出个性的特点，在社交中也不会取得什么好的效果。如果这样穿戴打扮了去求职，除了极个别的职业以外，结果可以肯定是失败的。

2.男士着装礼仪

男士的着装应根据其职业特点和要求进行选择。西装是较为合适的职业服装，因此，对男士着装的礼仪要求，也主要是指男士穿着西装时的礼仪要求。穿着西装应注意以下几个方面的问题：

(1)长度。西装的长度包括衣长和袖长。上衣的长度宜于垂下手臂时与虎口平行，衣袖应以垂下手臂时，袖口在手腕上1～2厘米为宜。肥度以穿一件羊毛衫感到松紧适中为宜。下衣的长度以裤角接触脚背为妥。

(2)领子。对于领子的选择，长脸型宜选用短驳头，圆脸型、方脸型宜选用长驳头西装。领子应紧贴衬衣领，并低于衬衣领，衬衣白领露出的部分与袖口露出的部分的长度应相等，这样可以有一种层次感。

(3)扣子。穿着西装，扣子的扣法也很讲究。穿双排扣西服，不管在什么场合下，一般都应将扣子全部扣上；单排扣西服，一粒扣西装可扣也可不扣，二粒扣西装扣上边一粒，三粒扣西装扣中间的一粒。

(4)口袋。上衣两侧的两个衣袋不可装东西，只作装饰用，不然会使衣服变形。西装上衣胸部的衣袋可以装折叠好的花式手帕，其他东西不宜装入。物品可以装在上衣内侧衣袋里，左胸内侧衣袋一般装票夹和笔，右胸内侧衣袋一般装名片、香烟和打火机。裤袋也和上衣袋一样不可装物，以求臀围合适、裤型美观。

(5)衬衣。正式场合穿西服套装，内应穿单色衬衣，最好是白色衬衣。衬衫的领子大小要合适，领头要挺括、洁净，扣子要系好，领口的扣子不系领带时应解开。袖扣则无论如何都要扣好，不可把西装和衬衫的袖子卷起来。衬衫的下摆要塞在裤子里，袖长应稍长于西装袖，衣领应稍高于西装领，以显示出穿着的层次，同时，可防止西装的磨损和脏污。

(6)领带。领带是西装的重要装饰品，对西装的美观起着至关重要的作用。选择领带首先是长度、宽度要适中。适当的长度以打好领带时，其尖端正好垂到皮带扣处为宜，所以每个人需要的领带长度完全由自己的身高决定。选择领带要注意其花色与服装、衬衫搭配得当。领带宽度应该与西装翻领的宽度相协调。穿上一件鸡心领羊毛衫时，领带应放在羊毛衫内。起固定领带作用的领带夹一般夹在衬衫的第四粒（从上往下数）纽扣为宜。西装上衣系上扣子以后，领带夹应当是看不见的。

(7)鞋和袜。穿西装也要注意鞋袜的搭配。穿西装一定要穿皮鞋，最好是黑色皮鞋，而不能穿布鞋或旅游鞋。如果是米色、咖啡色调的西装配深褐色皮鞋也可以，但是浅色皮鞋只适宜配浅色西装，而不能配深色西装。同时，穿皮鞋还应注意鞋面的干净光亮，不要蒙满灰尘。袜子一般应穿与裤子、鞋类颜色相同或较深颜色的袜子。在正式、半正式的场合，男性宜穿中长筒的袜子，这样可以避免坐下谈话时露出皮肤或较重的腿毛。公务人员如果穿着浅色或鲜艳色的袜子会显得轻浮。

3.女士着装礼仪

女士着装的样式很多，出席社交活动，着装可选择的范围比较大，可以根据自身的特点和喜好以及社交活动的要求选择合适的服装。一般情况下，我国女性在社交活动，特别是涉外活动中，可以穿西装套裙、中式上衣配长裙或长裤、连衣裙、旗袍以及其他民族服装。在比较正式的场合,我国的女士通常穿着西装套裙、连衣裙、旗袍作为礼服。

在正式场合女士穿着的裙子至少应长及膝,普通的长裙适用于一切场合,性感服装绝对不能穿。比较正式的场合应穿西服套裙。超短裙、无袖式或背带连衣裙只适用于居家或度假,如果穿到交际场合是失礼的。领边、肩头和袖口等处也要注意,不使内衣外现。穿裙子一定要穿长丝袜,袜口切忌露在裙摆之下。

旗袍是最适宜中国女性穿着的民族服装,它既能最大限度地表现女性柔美婀娜的身姿,又能使女性显得端庄典雅。在涉外活动中,女性穿旗袍往往会受到外宾由衷的赞美。

总之,选择服装,不仅要考虑自己的爱好,而且还要遵守社交活动的习俗与规范。只有这样,我们才能在交际生活中处于主动地位,发挥服饰的作用,从而最大限度地获得良好的人际关系。

4.饰物礼仪

首饰的种类很多。人们所熟识的常用首饰主要有戒指、项链、耳环、手镯、胸针等。近年来随着生活水平的提高,各类饰品越来越受到人们的青睐。优雅得体的穿着,如果再加上富有个性的饰品,将使你显得更加光彩照人。首饰佩戴者必须坚持的几项原则:

(1)应当遵从有关的传统和习惯。在社交场合中最好不要靠佩戴的首饰去标新立异。

(2)在正式场合中不戴首饰可以,戴就不要使用粗制滥造之物。

(3)要注意场合。上班期间最好不戴或少戴首饰,运动或旅游时也不能戴太多的首饰。准确地说,只有在交际应酬时佩戴首饰才最合适,但总数不宜超过三件。

(4)必须考虑性别差异。在一般场合,女士们可以样样首饰都戴一戴,而男士佩戴最多的只有结婚戒指一种。场合越正规,男士戴的首饰就应当越少。

饰品佩戴应考虑个人的年龄、肤色、身材、身份等特点。身材矮小者,不宜佩戴过多的首饰,可以用一两样点缀一下,胖者不要佩戴小巧的首饰;头大者不要戴过多的头饰;颈长者宜佩戴项链;颈短者,只宜戴单串的金属项链,或不戴项链而在胸前佩戴会光彩夺目的胸花,将人的视线吸引到服饰上以掩饰颈短的缺陷。总之,佩戴饰品应与穿着相协调,尽量发挥首饰对服装所起的衬托作用。

第二节　体态礼仪

一个人的行为举止也是个人礼仪的重要内容,如人的表情、动作、体态等都是能传达信息,表示特定含义的一种无声语言。从某种意义上说,体态是一种有形的语言,它可以表达人的某种思想,展示人的修养。正如达·芬奇所说:“从仪态知觉人的内心世界,把握人的本来面目,往往具有相当的准确性和可靠性。”用优美的体态表现自我,比用语言更能使人感到真实、美好和生动。

体态语是以人的动作、表情、界域语等表示特定含义的一种无声语言。它按照不同的标准可作出不同的分类。习惯上,可将其分为表情语、动作语、体姿语。所谓表情语,是指人的各种面部表情,在体态语中它最能迅速、准确地表达人类的各种感情。动作语,是指除面部表情语之外的各种肢体动作语。体姿语,主要指人的各种静态的姿势,有站姿、坐姿等。

一、体姿礼仪

1.站姿礼仪

站立是静态造型的体姿,是培养优美仪态的起点,是发展不同的动态美的基础。站立时要符合站姿的动作要领。从正面看,身体重心线应在两腿中间向上穿过脊柱及头部,要防止重心偏左、偏右;从侧面看,后脑勺、背部、臀部、小腿肚、脚后跟,应在一个面上。这样的站姿给人一种挺、直、高的美感。“立如松”便是人们对站姿美的一种形容。

(1)站姿的要领。站姿的要领是:挺胸、收腹、梗颈,又可以总结为上提下压(下肢、躯干肌肉线条伸长为上提,下压指双肩保持水平、放松),前后相夹(指臀部向前发力,同时腹部肌肉收缩向后发力),左右向中(指人体两侧对称的器官向正中线用力)。站立要端正,眼睛平视,环顾四周,嘴微闭,面带笑容。双臂自然下垂或在体前交叉,右手放在左手上。双手不可叉在腰间,也不可抱在胸前。

(2)站姿训练的方法。

①贴墙训练。身体背着墙站好,使后脑、肩部、臀部及足跟能与墙壁紧紧接触,这样的站姿是标准的,假若无法接触,那就说明你的站姿不符合要求。

②背靠背训练。两人一组,背靠背站立,两人的后背、双肩、臀部、小腿、脚后跟紧靠。在两人的肩部、小腿相接处,各放一张卡片,不能让其滑落或掉下。

③顶书训练。把书本放在头顶中心,为使书不掉下来,你自然会把颈部挺直,下巴向内收,上身挺直,这样头部才会保持平稳。

每次训练,应在20分钟左右,训练时要配上轻松愉快的音乐用以调整心境。这样既防止训练的单调性,又可以减轻疲劳感。经常这样在美的熏陶中接受训练,你的站立姿势自然就会很美了。

女士站立时,双脚呈“V”字型,膝和脚后跟要靠紧,两脚张开的距离约为两拳。另一种是把双脚呈“丁”字步,这种站姿也很自然、优美。不管采用哪种站姿,上半身一定要保持挺直,下巴要往内收,肩膀要平,腹部要收,臀部不能翘起。男子站立时,双脚与肩同宽,身体不东倒西歪,站累时,脚可以向后撤半步,但上体仍须保持正直,不可把脚向后伸得太多，甚至叉开很大。

站立禁忌的是歪脖、斜腰、挺腹、屈腿等，这些姿态都不美。

工作中可进行不同站姿的调整，但要强调的是，工作中站姿一定要合乎规范，特别是在隆重、热烈或庄重的场合下，必须站立或站立服务时，一定要一丝不苟地严格按照要求站好。即使感到很累，也一刻不能松懈。

2. 坐姿礼仪

坐姿是体态美的重要内容。优美的坐姿，会让人觉得庄重、大方、沉稳，给人可信任感，这也就是“坐如钟”了。

(1)坐姿的要领。正确的坐姿是上半身挺直，两肩要放松，下巴向内收，脖子挺直，胸部挺起，并使背部和臀部成一直角，双膝并拢，双手自然放在双膝上，或放在椅子扶手上。谈话时，可以侧坐，此时上体与腿同时转向一侧，要把双膝靠拢，脚跟靠紧。

(2)为保持正确优美的坐姿，须注意以下几点：

①入座要稳要轻，不可猛起猛坐，使椅子发出声响。女子入座时，若着裙装，应用手将裙子稍拢一下，不要坐下后再站起来整理衣服。

②不论何种坐姿，女士都切忌两膝盖分开，两脚呈外“八”字形，或两脚尖朝内，脚跟朝外，呈内“八”字形。

③当两腿交叠而坐时，悬空的脚尖应向下，切忌脚尖朝天，更不可上下抖动。

④与人交谈时，坐姿应稍偏向受话人一方，动作温文尔雅，显出对对方的尊重。忌将上身过分前倾或用手支撑下巴，给人一种阿谀逢迎的样子。

⑤坐在椅子上，不可前俯后仰，或把手放在臀下，或把脚长长地伸出去。

⑥端坐时间过长，可变为侧坐，转身时上体与腿同时转向一侧，臀部不离椅面，更不要先一只脚后一只脚地移动。

⑦臀部落坐的位置要视椅面的大小、椅子的高低、沙发的样式、弹性的大小而定。

⑧起立时，右脚向后收半步，而后站起。

不论何种坐姿，都应保证背部挺直、腿姿优美。

3. 走姿礼仪

人们常把正确而富有魅力的走姿看作一首动人的抒情诗。“行如风”是说人行走时，如风行水上，有一种轻快自然的美。人行走总比站立的时候多，且一般在公共场合进行，人与人相互间自然地构成了审美对象，所以，注意自己行走的姿势，是重要且必要的。

(1)正确的走姿。头正胸挺，臀部肌肉收紧，胯向上提，重心稍向前倾。双肩放平，双臂前后自然摆动，摆幅以30～45度为宜。走路时要稍用腰力，但不要扭动臀部。步位、步幅要标准。步位就是脚落地时应放的位置。脚抬起时，脚尖要向着正前方，落地时，两只脚的内侧应落在一条直线上。步幅，是指行走时，两脚之间的距离。步幅的一般标准是前脚的脚后跟与后脚的脚尖相距一脚步长。但因性别不同，身高不同，服饰不同，步幅的大小也有一定的差异。

总之，整体上要给人以步态轻盈、敏捷、有韵律的感觉。

(2)保持正确走姿应注意的事项。

①走路用腰力，要有韵律感。走路时腰部松懈，会有吃重感，不美观；拖着脚走路，更显得难看。步幅与呼吸应配合成规律的节奏，穿礼服、裙子或旗袍时步幅要轻盈优美，不可跨大步。若穿长裤步幅可稍大些，这样才显得活泼生动。身体重心可以稍向前，它有利于挺胸、收腹、梗颈，此时的感觉是身体重心在前脚的大脚趾和二脚趾上。理想的行走线迹是脚正对前方所形成的直线，脚跟要落在这条直线上。

②走路时应保持身体的挺直，切忌左右摇摆或摇头晃肩。走路时不要低头或后仰，更不要扭动臀部，这些姿势都不美。走路时膝盖和脚踝应轻松自如，以免显得浑身僵硬，同时切忌走外八字或内八字。多人一起行走时，不要排成横队，勾肩搭背，边走边说，这些都是不美的表现。有急事超过，要转身向被超者致歉。

总之，保持正确的走姿，要做到轻而稳，胸要挺，头抬起，两眼平视，步幅和步位合乎标准，应记住"以胸领肢肩轴摆，提髋提膝小腿迈，跟落掌接趾推送，双眼平视背放松"的口诀，明白走路的美感产生于下肢的频繁运动与上体稳定之间所形成的对比和谐，以及身体的平衡对称的道理，你就可以拥有优雅的走姿。

二、表情礼仪

表情是指人的面部情态，即通过面部姿态变化，表达出来的内心的思想感情。在体态语中面部表情是最丰富的，也是最具表现力的，它能迅速、灵敏而又充分地表达各种感情。表情的表现场所和表现形式比较广泛，在交际中应根据特定场合和需要，恰当运用。表情礼仪中，最为重要的是眼神礼仪和微笑礼仪。

1.眼神礼仪

眼睛是心灵的窗户，是人体传递思想最有效的器官，它几乎可以反映出人心中的一切情感波澜，或喜或怒或烦或安，甚至，你看人时的眼神及看的方式可以注释衍发成一篇长长的文章。因此，目光是最富表现力的一种"体态语"，能表达出某种最细微最精妙的信息。

(1)社交场合眼神的运用。在社交中，不同场合，不同对象，目光亦有所不同。与朋友碰面被介绍结识新朋友时，你可以凝视对方稍久一些，这既表示自信，也表示对对方的尊重。在双方相互交谈时，目光应注视对方的眼睛或面部，表示对对方的话题感兴趣。而当双方缄默不语时，则应将目光移开，以免加剧因一时无话题而产生的尴尬或不安。别人说错话或显得拘谨时，务必不要正视对方，否则对方会把你的目光误认为是对他的讽刺和嘲笑。如果希望在争辩中获胜，那就千万别移开目光,直到对方的视线移开为止。送对方离去时,要等对方转身并走出一段路后,不再回头张望时,才能转移视线,这样显得尊重对方。在长辈面前,目光应略为向下,显得恭敬、虔诚;对待孩子,目光应该和善、慈爱。在友人面前,如果是男士,目光应热情、坦荡;如果是女性,目光应大方、稳重。

(2)目光注视区域。

①公务注视区域。公务凝视是洽谈业务、磋商交易和贸易谈判时所使用的一种凝视。凝视的区城,以双眼为底线,额中为顶角形成的三角区。洽谈业务时,如果你看着对方这个区域,就会显得严肃认真,别人也会觉得你有诚意。在交谈过程中,如果你的目光总是落在这个三角区,那么你就能更好地把握住谈话的主动权和控制权。因此,这种凝视是职业人员经常使用的一种凝视行为。

②社交注视区域。这是人们在社交场所使用的一种凝视行为。凝视的区域,以两眼为上线,唇心为下顶角所形成的倒三角区。当你与人谈话时凝视对方这个部位时,给人一种平等感、轻松感,从而创造出良好的社交气氛。所以在鸡尾酒会、茶会、舞会和各种类型的友谊聚会的社交场合中,最适合使用这种凝视。

③亲密注视区域。这是亲人之间、恋人之间、家庭成员之间使用的一种凝视。凝视的位置是对方双眼到胸部之间,这种凝视往往带着亲昵爱恋的感情色彩。所以,非亲密关系的人不应使用这种凝视,以免引起误解。

(3)目光运用应注意的问题。第一,不要长时间注视对方。与人谈话,如果对方是关系一般的同性,应该不时与对方双目对视,以示尊重;如果双方关系密切,则可以较多较长时间地注视对方,以拉近心理距离;如果对方是异性,双目对视不宜持续超过5~10秒钟。目不转睛长时间注视对方是不礼貌的行为,是失礼的。交谈中,目光与对方接触的时间,一般应掌握在累计全部交谈时间的50%~70%之间。第二,不要盯视对方。直盯盯地看着对方,使对方有压迫感。初次见面或不太熟悉的男士用这种目光看女士,女士会感到很不自然,甚至反感。如果女士用这种目光看男士,则有失稳重。注视别人,应把自己的目光笼罩对面的整个人。第三,不要斜视对方。有的人常常不正眼看对方,也有的人对自己不喜欢的人或事情,流露出一种鄙夷不屑的眼神,实质上这种做法并不能显示自己的高尚,相反倒反映出他的狭隘。因此,与人交往应尽量不要用斜视、瞟、瞥与睥睨的眼神。

2.微笑礼仪

在千变万化的面部表情中,微笑是最美的,它常能起到沟通心灵、架起友谊桥梁的目的,还能表现出一种热爱生活、积极向上、热情而真诚的处世态度。在人们越来越渴望得到他人尊重的今天,微笑成为人际交往中不可缺少的礼节。因此,我们在工作与生活中,要尽量把真诚友好的微笑奉献给他人,以营造良好的交际氛围,获得良好的人际关系。

(1)微笑的要求。

①微笑须发自内心。当一个人心情愉快、兴奋或遇到高兴的事情时,都会自然地流露出这种笑容。这是一种情绪的调适,是内心情感的自然流露,绝不是故作笑颜、假意奉承。发自内心的微笑既是一个人自信、真诚、友善、愉快的心态的表露,同时又能制造明朗愉快和亲切的交际氛围。而矫揉造作的微笑,给人一种不真诚、不友善的感觉,也会给我们的工作与交往带来阻碍与阴影。

②微笑要得体、适度、合时宜。微笑是人们交往中最富有吸引力、最有价值的面部表情,但也要注意区分场合,要笑得得体、笑得适度,才能充分表达友善、诚信、和蔼、融洽等最美好的感情。与人初次见面,给对方一个亲切的微笑,在一瞬间就拉近了双方的心理距离,消除双方的拘束感;与朋友同事见面打招呼,带点微笑,显得和谐、融洽;上级给下级一个微笑,会让人感到平易近人。正式场合的笑容要适度,故意遮饰笑容、抑制笑容不仅有损美感,也有碍身体健康。而放声大笑或无节制的笑同样不雅,没头没脑地边看别人边哈哈大笑,更为无礼。在各种场合只有恰如其分地运用微笑,才能达到传递情感、沟通心灵、征服对手的交际目的。

(2)微笑的训练。取一张厚纸遮往眼睛下边部位,对着镜子,心里想着使您高兴的情景,鼓动双颊,嘴角两端做出微笑的口型。这时您的眼睛便会露出自然的微笑。然后再放松面肌,眼睛也恢复原样,可目光仍旧含笑脉脉,这就是眼神在笑。除这样对镜训练外,还可两人相对训练,相互纠正,也可在众人面前训练,逐渐做到自然大方。

三、动作礼仪

1.手势礼仪

手势即表达某种意思时用手所做的姿势,也是较有表现力的一种"体态语言"。"仪态万千,手势领先",有语言专家统计,用手势表现的词汇可达二百多个。恰当地运用手势,不仅有助于语言的表达,还会在交际中起到锦上添花的作用。

(1)社交中常出现的手势。

①敞开双手。人们一般认为,敞开的手掌象征着坦率、真诚和诚恳。在谈判中若想判别一个人是否真心诚实,有效途径之一就是观察他讲话时的手掌活动。一般讲实话时,常会不由自主地伸出双掌,这一手势使人想到他的言行是一致的;但若用手不自觉地摸嘴巴或擦眼睛,十有八九没说实话。

②掌心向上或向下。掌心向上,是一种表示诚实、谦逊和屈从的手势,不带任何威胁性。掌心向下,意味着不够坦率、缺乏诚意,有时带有一种命令别人的意味。如果你是一位领导者,工作中使用这种手势,对方很可能乐意执行你的指示,如果你的下级持有这种手势,情绪常会与你有所抵触。

③介绍手势。为某人作介绍或指示方向及请某人做某事时,应掌心向上,手指自然并拢。这种手势会被认为是诚恳、恭敬、有礼貌的。

④双臂交叉。双臂交叉常表达的意思有两层:一是防御信号,二是敌意态度。这种手势到底是属于防御性还是属于敌意性,要看这种姿势所发生的具体场合和同时发生的其他手势。

在涉外活动中,与外国友人打交道,手势的使用更应该考虑各国各地区的习俗。习俗不同,所表达的意思也往往会有出入,有的甚至大相径庭。因此,使用时要注意意思表达与习俗相吻合。

(2)使用手势的原则。手势语对于语言的作用,既有交际学的意义,也有美学的价值。实现上述目标,手势语的运用应遵循适合、一致、简括、优美的原则。

①适合性原则。首先指与受语对象适合,即使用手语时,应考虑对方的社会地位、年龄、性别、文化素质及对手势的理解程度;其次是场合、环境适合;再次是关系程度适合,同受语人的关系生熟、亲疏不一,决定了手势用语的区别。

②一致性原则。在社会生活中,人们常不自觉地用手势去传递各种信息和感情,为避免和克服手势表义的混乱和歧义的发生,使对方能够明晰、准确、完整地理解自己的用意,应尽量用相似手势表达相同、相近的意思,用不同手势,表达不同的意思。另外,手势语作为口语的辅助语言,在使用时,应同口语所表达的意思一致。

③简括性原则。手势语在交际中的作用是显而易见的,但这并不意味着多多益善。手势语对每个人来说,"库存"并不多,变化样式比较有限。如果手势语使用过多,或反复做一种手势,会影响别人对你说话内容的理解,分散听者的注意力,因此言谈中要控制手势的频繁使用,力求简括。

④优美性原则。在使用手势语时,要注意手的姿态与讲话内容和谐统一,给人以美的感觉。但有些人在运用手势语时,却常常忽略这一点,比如用食指指点别人,用拇指指着自己,这是很不礼貌的。优美的手势,在社交活动中能产生神奇的魅力。

2.风度展示

迷人的风度有赖于培养,无意之间的一举一动,都足以显示你的性格和教养。训练的方法非常简单,首先在家里购置一面全身镜,没事的时候,可以在镜前照照自己走、坐、站、笑的各种样子,看看哪一种最美,不断练习改进。在街上经过商店的玻璃窗时,不妨留意一下自己的姿态。由于男女性别差异,风度展示的侧重点也应有所不同。

(1)男士风度展示。男士在女士面前总希望表现出翩翩的风度、彬彬有礼的态度。但是,应该怎样去做并不是每一位男士都知晓的。以下的礼仪规范对表现男士风度很有参考价值。

在大街上,男士通常应该走在女士的左边,因为右边的位置历来被视为尊贵的位置。无论在室内或者室外,男士只有在极个别的情况下才应走在女士前边,譬如,在途中出现了某种障碍,男士应抢先排除这个障碍,然后返身帮助女士通过。在类似情况下,当男士感到女士需要帮助的时候,可以请女士挽着他的胳膊。进屋时,男士应赶前几步,打开屋门,让女士先进,自己随后。下楼梯时,男士应走在女士前面,而上楼梯时,男士则要跟随在女士后面,相隔一两级台阶的距离。

当一个男士在陪伴两位女士时,中间的位置是最为尊贵的位置,这个位置总是应该让给女士,尤其是年长的女士,男士应该处于边上的位置,最好是在左边。

男士应首先走出公共汽车、无轨电车或者火车车厢,然后把手递给女士,让她可以扶着自己的手下车。

陪伴女士时,男士不应该抽烟。在这种场合甚至询问一下能否抽烟都将被视作不礼貌的举动。

进剧院或者影院时,男士应该把入场券拿在手中,举到让检票员可以看到的高度,以便检票员让女士先进去。进入前厅后,男士要摘下帽子,走前几步为女士引路。从两排之间穿行挤向自己的座位时,应面向已经就座的观众,此时女士应走在前面,男士随后。但是,如果是几个男士和几个女士一起,那么首先穿过就座观众的应是男士,接着是女士,最后进入的还应是男士。这样安排座次可以使女士避免同陌生人坐在一起。出影剧院时,男士只有走到门边才能再戴上帽子。

在咖啡馆和餐馆里,如果是男士预先选择或预定了餐桌,那么他应走在前面为女士引路。在其他场合,行进顺序应是侍者——女士——男士。走进餐桌,男士应协助女士就座:把椅子从桌边拉开,等女士即将坐下时再把椅子移近桌子。男士应坐在女士的左边,如果餐桌不大,则应坐在女士面前。在餐桌边坐定后,男士应把菜单递给女士,使她先为自己挑选菜肴。如果男士对这家餐馆的菜肴非常熟悉,他可以向女士推荐几道菜。参加宴会时,只有男士身边的女士已经开始进餐时男士方可进餐。

在见面问候的礼节方面对男士的要求比女士更为严格。比如,男士们在握手问候时应该把手套摘下来,而女士则可以不这样做;在室内,包括在影剧院的休息室和公共场所的走廊以及电梯里,男士都应该把便帽或者暖帽摘下来,特别是有女士在场时更应如此。

当两对男女在街上不期而遇时,一般应该首先是女士之间互相问候,尔后是女士分别同对方的男士打招呼,最后才是男士之间互相致意。如果一位男士同一位女士在大街上并肩而行,遇到熟人时就把她丢在一边,径自去同熟人寒暄,那是很不礼貌的,他应把这个熟人介绍给身边的女士。

礼节之所以有上述种种规定,是因为它的基本原则是男士应随时随地准备帮助女士。如果时时处处注意按照礼节规范的要求行事,毫无疑问,您一定会被女士们看作是一位有教养的、彬彬有礼的男士。

(2)女士风度展示。女性,有别于男士的阳刚特质,女性的礼仪风度往往从站、走、坐等柔美姿态中体现。例如站着等人时,应把身体的重心放在一只脚上,另外一只则微伸并且要拿出精神来,不要弯腰曲背,另外还要注意被等的人可能来的方向,如果东张西望，待被等的人走到面前，你才如梦初醒似的，那是不礼貌的。若手上提有手袋，须将手袋挂在手弯处，手肘紧靠腰部。拿取低处的物品或拾起落到地上的东西时，不要弯上身、翘臀部，要利用蹲和屈膝动作。

女士走路时最忌双脚呈内八字或外八字，肩部摇摆或臀部扭来扭去，跨大步，或像小孩一样走小步，或是头部向前伸或低头，上下跳动式前进。

女士坐下时，背部应贴在椅背上，如果坐的是很深的沙发，则尽量往里坐，但应以腿能安定（不易摇晃）为原则。双膝并拢，向左或右微倾。在公共场所，不可随便脱鞋。站起来的瞬间，在拜访朋友离开的时候，突然像弹簧似的一跃而起，是很不文雅的。起立之前，先将右手轻轻地扶住椅把，一只脚向后收，然后徐徐起立。

乘坐轿车，上车应采用“背入式”，即将身子背向车厢入座，坐定后随即将双腿同时缩入车厢。如穿长裙，在关上车门前应将裙子理好。准备下车时，应将身体尽量移近车门，车门打开后，如在左方，先将左腿踏出车外，立定，然后将身体重心移至左脚，再把整个身体移离车外，最后踏出另一只脚。如穿低胸服装，不妨加披一条围巾，以免弯身下车时出现尴尬；也可利用钱包和手袋之类轻按胸前，并保持身体稍直。穿短裙时，在下车时宜将两脚同时踏出车外，再将身体移出。姿势把握得法能使人潇洒自如，随时展现魅力。

骑自行车也要有一种美的姿态。女性骑车最好选用坤车，不但上下车方便，也符合女性生理特点。车座的高度要调整到能使腿伸直或基本伸直为度。要用前脚掌踩在脚蹬子上，否则，两脚外撇就不雅观了。车把是调整上体姿势的主要部件，女性骑车不同于男性，上体要保持基本正直（男性上体要略微前倾），双臂伸直或稍有弯曲。骑车头部要保持正直，双眼看前下方15～20米处，下颌不要前探，身子不要摇晃，做蹬踏动作时，髋关节和膝关节依次用力，踝关节也可以协助用力，减少动作的幅度。路上人多时不要抢行，不要勤按铃。上下车动作要协调敏捷，不宜过猛。

四、观仪态知心理

1.笑的涵义

亲切、自然的笑，表示此人的内心是平和愉快的；眉开眼笑代表着真正的喜悦；冷笑表示不屑与极度的不满；淡淡地笑表示敷衍或“我根本没将这事放在心上”；只牵动嘴角的笑代表客套，爱有如此笑容的人大多个性孤僻，不易为任何人或事所打动；仰起脸哈哈大笑，表示此人性格外向且有极强的优越感；笑时喜欢低头的人，大多较为羞涩且十分守信用；一边笑一边左顾右盼的人，大多心中有秘密；笑得不能抑制，会流出眼泪的人，多数性格敏感。

2.站姿与个性

站立得笔直，如雕像般的人，个性刚强，外向，内心火热，但由于直言直语，有时会得罪人；站立时两边肩膀一高一低的人，大多比较“小气”，且抱负心理极强；站立时两脚叉得很开的人，表现得极有优越感，其实其内心十分彷徨；站立时喜欢将双臂抱在胸前的人，内心缺乏安全感，总在防御着什么；那些喜欢在站立时将双手"藏"人口袋内的人，对前途毫无信心，总是找不到自己的人生方向；站立时低着头的人，大多较有思考能力，但心事也较多。

3.根据坐姿观心理

在椅子上深坐且姿势很放松的人，有居高临下的心理；只坐了椅子的一小部分且上身向前倾的人，对对方十分有好感，且想巴结对方；坐在椅子上动来动去的人，其内心很不安，毫无安全感；坐在椅子上跷起二郎腿的人，有对抗意识和优越感；坐在椅子上用脚尖打拍子的人，大多随遇而安，适应性强；坐在沙发上喜欢脱鞋盘腿的人，比较自私，一般听不进别人的谈话；坐在椅子上将双手放在椅背上的人，比较拘谨；坐在椅子上喜欢双手交叉枕在脑后的人，个性热情，乐于助人。

4.从走姿看心理

走起路来沉稳有力的人，个性稳健，行事也大多安全、可靠；走起路来上半身无力、步伐沉重的人，精神不安定，心事重重；低着头走路的人，大多对现实不满，满腹牢骚；跳跃似的步伐，表示内心焦躁，这种人一般难有成就；边走路边东张西望的人，猜疑心和嫉妒心很强，这种人一般朋友较多，却无知交；走路匆匆忙忙，脚步声很大的人，比较热心助人，性格乐观；走起路来爱扭动腰身的人，大多虚荣心极重，十分重视物质；走路时抬头看天的人，城府很深，防范心理极强，与这种人交友得有耐心；走路时背着双手的人，其内心很平静，但这种人一般不轻易相信别人；走路弯着腰的人，对前途茫然无措，心理封闭。

第三节　语言礼仪

一、礼貌用语表达礼仪

礼貌语言的普及程度，是一个国家文明程度的标志。在日常生活中使用纯洁、健康、优美的礼貌语言，可以协调各方面的人际关系，促使人们和睦相处，相互尊重，团结友爱，产生内在的凝聚力，培养高尚的道德情操，形成良好的社会道德风貌。因此，应该提倡全社会人人都使用礼貌语言。

礼貌语言是任何一个社会中言行准则、道德规范的组成部分。对于礼貌语言的理解，一般有广义、狭义之分。广义的礼貌语言是指一切合乎礼貌的语言以及使用语言的行为；狭义的礼貌语言则仅指各种交际场合中的一些专为表达礼仪用的特殊词语。本节所谈的礼貌语言指后者。日常礼貌用语主要有：问候语、请托语、致谢语、道歉语、告别语。

1.问候语

一般说来,问候语不强调具体内容,只表示一种礼貌。它的格式较固定,通用性较强。比如早上见面时,我们通常要说一声“早上好”、“您早”、“早”。但汉语和英语不同,没有明确的晚上、下午等时间的问候语,往往是一声“你好”即代替了。我国常用的见面问候语还有“您吃了吗”、“下班啦”、“身体好吗”、“工作顺利吗”、“近来忙吗”、“到哪去”、“上街啦”等等。此外,还可以问对方亲属的情况,比如“我嫂子好吗”、“我大伯好吗”、“你爸爸好吗”等等。

2.请托语

日常生活中请求他人做某件事情,应该礼貌地使用一些表示请求的词语。汉语中,最典型、最为常见的是用“请”字来表示请求之意。比如“请你帮帮忙”、“请大家坐好”、“请进”、“请勿喧哗”等。这些语句中的“请”大都带有敬重的色彩。在用到“请”表示请求的词语中,有的“请”字已经和其他语素构成了固定的结构,用来表示不同的请求之意,如“请问”、“请便”、“请教”等等,都是如此。

在一些交际场合中,如果要发言时,应先提出请求,征得主持人或大家的同意,可以说“我讲一点可以吗”、“我想说几句,好吗”等。如果是正当别人发言的途中,自己想插话时,应先道歉然后再提出请求,“对不起,我插一句好吗”。打断别人的讲话是极不礼貌的行为,在表达请求前先表示道歉,是考虑到自己的请求会给对方造成麻烦。以下的交际语均属此类:“同志,对不起,请你别抽烟”;“借过,让一下”;“同志,劳驾帮一把”;“劳神,代为照顾一下”。

3.致谢语

汉语口语中致谢的词主要是“谢谢”,比如在会议上发完言时说,“我讲完了,谢谢大家”以表示礼貌。如“多谢了”、“十分感谢”、“太谢谢啦”以表示强调。有时候还可以加一些慰问性的词语,对对方的帮助表示感谢,比如“您辛苦了”、“让您受累了”、“麻烦您了”、“劳您费心了”。

4.道歉语

由于种种缘故做了妨害他人的事情,给对方造成不快、损失甚至于伤害,需向对方致歉时,要说“对不起”、“实在抱歉”、“请原谅”、“真过意不去”。此外还有“失迎”、“失陪”、“恕不奉陪”等表示歉意的客气话。

5.道别语

在别离的时刻,总要说一些道别的话语。道别用语一般都有比较固定的格式。“再见”是最简单的道别语,无论是亲朋好友之间还是初次相识者之间,这一道别语都适宜。不过,如果交际的双方关系比较密切,还可以说一些其他的话语。比如一次拜访结束时,客人要离去,主人送客时可以说“您慢走”、“下次请把某某带上一起来”之类;客人则可对主人说“请留步”、“别送了”、“有空上我那儿去”。

6.禁忌与婉言

在社交生活中,有些话是不能说的,有些话是需委婉地说的,这就是语言的禁忌和婉言。禁忌语一般是因这些词语在人们的观念中于某种场合说出来不吉利。在日常生活中,禁忌语是不受人欢迎的,说出这些禁忌语会被认为不礼貌。在不得不提及时,就要使用其他的替代词语,即委婉语,这种表达法也就叫做婉言法。比如出海的人忌讳说和"翻"、"沉"同音的词语,把船帆称为"篷",姓陈的则称为"耳东";过去戏班里忌说"散",如非说不可,就要说成"拆"或"碎"。比如"死"这个词,在现代汉语中即有许多委婉词语,如"逝世"、"辞世"、"仙逝"、"长眠"、"与世长辞"、"永远离开了我们"、"去世"、"不在了"、"过去了"等。

人体器官、人的生理现象及性行为,同样也有一些委婉词语。比如妇女来"月经",人们一般都忌讳直言,而用"例假"等词语去代替。再如大小便,人们多委婉地说成"去一号"、"方便"等。日常生活中,对人的生理缺陷,一般来说也要尽量避免直言,而应尽可能使用委婉词语。比如"聋",要委婉地说成"耳背"、"耳朵有点不好用"、"耳朵不管事";瘸腿则说成"腿脚不利索"等。

二、交谈礼仪

交谈是人们传递信息和情感、彼此增进了解和友谊的一种方式,但在交谈中想把话说好却不是轻而易举的事。要使交谈起到媒介作用,应注意自己对交谈的态度,培养和提高自己的交谈技巧。

1.基本原则与礼节

在任何社交场合,诚实与热情都是交谈的基础。首先,谈话仪态应保持精神饱满,表情自然大方,和颜悦色,目光温和,以示尊重。第二,谈话的互动性,双方应相互正视,相互倾听。不要东张西望、左顾右盼,更不要看书看报,或者面带倦容、哈欠连天。也不要做一些不必要的小动作,如玩指甲、弄衣角、搔脑勺、压指节等等,这些动作都显得不礼貌。第三,交谈时注意语言文明,多用礼貌用语,多用敬称。交谈过程中要尽量让对方把话说完,不要轻易打断或插话。万一需要插话或打断对方的话时,应先征得对方同意。用商量的口气问一声,如"请等等,让我插一句"、"请允许我打断一下",或者"我提个问题,好吗",这样可以避免对方产生你轻视他或不耐烦等不必要的误解。第四,交谈内容要视情况而定。分清是公务交谈还是一般社交谈话。前者严肃、认真,对所说的每一句话负责,后者轻松、随意。看场合,公共场合或私人小聚,前者应顾及周围人们的反应,声音不可太大,身体语言不可太多。看对象,是两个人还是多人之间的交谈。多人参与,则要注意自己的观点是否会引起某人不快,尽量不议论别人,而且不能只是自己讲或两个人窃窃私语。

2.交谈技巧

(1)开场白"就地取材"、"随机应变"。访友拜客或有求于人总要先寒暄几句。

开门见山、单刀直入则会给人无事不登三宝殿之嫌。最好是能结合所处的环境就地取材来引出话题。如果场合适宜,说几句“今天天气真好”之类的话也可以。如果是在朋友家,不妨赞美一下室内的陈设,比如问问电视机的性能如何,谈谈墙上的画如何出色等等。这样的开场白并非实质性的谈话,主要是使气氛融洽。采用赞美的语气,是最得体的办法。

(2)善于倾听。在你倾听对方谈话时,应注意与说话人交流目光,适当地点头或做一些手势动作,表示自己在注意倾听。听者应轻松自如,除非对方在讲一件骇人听闻的消息。你应不时表示“哦”、“嗯”等,以引起对方继续谈话的兴趣。不要急于下结论,过早表态会使谈话夭折。当然,如果你对对方的话不感兴趣,且十分厌烦,那你就应设法巧妙地转变话题,但不要粗鲁地说:“哎,这太没意思了,换个题目吧。”

(3)巧用提问。提问是引导话题、展开谈话或转换话题的一个好方法。发问首先应注意内容,不要问对方难于应答的问题,也不应询问人们难于启齿的隐私,以及大家都忌讳的问题等等。其次是注意发问的方式。查户口式的一问一答只能窒息友善的气氛。提问的人应对发问进行方式设计,通过对不熟悉情况的提问,引导出自己感兴趣的话题,可打破僵局,避免冷场,还会使客人能充分叙述自己的感受而使空气自然融洽。如果你提出的问题对方一时回答不上来,或不愿回答,不宜生硬地追问或跳跃式地乱问,要善于调换话题。如果对方仅仅是因为羞怯而不爱谈话,那你就应先问点无关的事,比如问问他工作的情况或学习的情况,等紧张的气氛缓和了,再把话题纳入正轨。

(4)先思而后言。每当说话之前,应对自己所要说的话稍作思考。一是知己知彼,即一方面对自己的性格、脾气、心境有个正确的估计,设置自我“警戒线”,同时对对方的个性、爱好兴趣等有个概略的了解。二是对谈话本身有所准备,即谈话的内容、提问的方式、语言、声调等等。讲话不思考、无准备,或文不对题、无的放矢,容易给人以浅薄之感。我们常常在谈话中不自觉地犯这种那种的错误,碍于礼貌,也不可能有人公开出来提醒我们,这只有靠我们自己留心自己的讲话,并注意对方的反应,这样才能发现自己不适当的话题和词句。

3.话题礼仪

在交谈中,有些话题不宜作为交谈的内容,属禁忌话题,如果不顾这些禁忌而执意交谈,必然使融洽的交谈和交际增添麻烦和周折。日常生活中禁忌话题主要有以下几个方面:

(1)个人的私生活问题不宜交谈。按照国际惯例,人们的年龄、婚姻状况、履历、收入、家庭住址、服饰的价格以及其他方面的家庭情况都属于个人隐私。交谈时,一般不宜主动触及这些话题。如果不懂得这一道理,而交谈此类话题,必然引起对方不快,从而使愉快的交谈中断。有关宗教信仰、政治等问题也以不谈或少谈为好。

(2)令人不快的事不宜交谈。衰老和死人,讨厌的寄生虫,惨案与丑闻、色情之类的话题，格调庸俗、低下，不宜触及。平时与人交谈，一般不宜涉及疾病、死亡等话题。在喜庆场合，更应避免不吉祥的词语。虽然人们知道生老病死是不可抗拒的自然规律，但从感情上说，仍然忌讳。

探视病人时，当看到病人面容憔悴，切不可吃惊地问及脸色怎么这样苍白之类的话，也不可与病人一起讨论、分析疾病的严重性。否则，交谈不仅会不愉快，而且一定会加重病人的思想负担，加重病情。

(3)他人短长的话题不宜交谈。有关他人的小道消息、家庭成员的矛盾冲突、单位的人际关系、女士的美丑与胖瘦、男女之间的话题、他人的服饰与发型等涉及他人短长的话题，一般不宜交谈。如果交谈此类话题，会被看作是缺乏教养。在交谈中，如果无意触及此类话题，不应寻根究底，而应立即转移话题，必要时，要向他人致歉。

(4)易引起争论的话题不宜交谈。在社会交往中，有些话题是应当禁忌的，比如，使善意的讨论变成激辩，就容易造成敌对心理。因此，假如对方对你的话题不置可否，切勿尖刻、偏执地讨论这个题目，而应设法换一个话题。即使卷入一场争论当中，也应抑制自己的偏见，而不必一定要分个高低。

(5)自己不熟悉的话题不宜交谈。交谈时，我们应当回避自己不熟悉的话题。一知半解、故弄玄虚、不懂装懂，不但不会带来益处，反而会给别人留下华而不实的印象。"闻道有先后，术业有专攻"，一个人不可能掌握现代社会全部的科学文化知识，而只能了解某一专业的情况，了解某一专业某一方面的情况或几个专业的大概情况。遇到自己不明白、不了解的问题，如实相告并虚心请教，不会贬低自己，只会赢得他人的尊重。

三、类语言礼仪

类语言，是一种有声但没有固定语义的语言，又叫副语言。如说话时的重读、说话伴随着的笑声等。类语言虽然不像说话那样分音节，但它起着突出语义中的重要信息和进一步明晰信息的作用，所以常被用来传递特定的信息。

1.语调

语调是运用声音的技巧，来控制整个语句的抑扬顿挫、高低变化。一句话由于语调的不同就可能表示出完全不同的语义。人们在日常生活和工作中，都要用各种不同的语调来传递信息、交流思想、表达感情。例如，"你真聪明"，可因语调的不同，表示出赞扬、陈述、疑问、讽刺等不同的意思和情感。

语调共有四种类型，即平调、升调、降调、曲调。平调，是指语调没有明显的高低变化，可以表达庄重或踌躇、平淡、压抑、悲伤的感情；升调，是指语调从低到高，表示疑问、惊奇、愤慨或祝愿的感情；降调，是指语调从高到低，表示祈使、肯定、感叹、赞扬等感情；曲调，是语调既有升又有降，表示惊奇、讽刺、失望等较复杂的感情。

语调的这四种类型，在不同的语言环境中有着丰富的语义。说话者如果能够恰当地运用,能增强语言的魅力,更好地表达出自己的意愿或见解,故应在实践中精心而巧妙地加以运用。

2.掌声

掌声是通过拍手发出的声音以表示某种情感。一般地,掌声表示高兴、赞成或欢迎。如果是长时间的热烈而有力的掌声,则更能表现出浓厚的感情色彩。如当听到有水平的发言、看到一场高质量的演出、观看一场精彩的体育比赛时,都可能因高兴或赞赏而由衷地鼓掌。而在有些场合,人们也会用掌声来表示拒绝或否定,这就是人们所说的"拍倒掌"。出现这种情形通常是本来不应该鼓掌,却故意鼓掌甚至让掌声经久不息,比如听到某些歌手演出时拿着话筒煞有介事地假唱,人们可能就会因受到愚弄而"拍倒掌",它是一种比较委婉的拒绝方式。但在运用过程中要注意,使用不当,就有不文明或充满恶意之嫌,不利于正常的人际交往。

第三章

家庭礼仪

家庭对于每个文明人来说永远是生活的大本营、人生旅途的庇护所和加油站，对于社会就像细胞对于人体一样，是社会生活的基础和必不可少的组成部分。因此，家庭的和睦、幸福，无论对个人还是社会，都是非常重要的。中国人历来崇尚“修身、齐家、治国、平天下”。自古以来，家庭不仅是其成员相处的一个稳定的场合，也是家庭成员与外界联系、交往的重要场所，许多仪式、礼节都在家庭中举行。不管社会怎样发展，家庭依然处于一个重要的枢纽地位。因此，把握家庭礼仪，具有极为重要的现实意义。

第一节　概　述

每个人都希望自己生活在和谐幸福的家庭之中，而实现家庭幸福的重要条件之一就是要具有良好的家庭礼仪。家庭作为社会的细胞，必然受到当时社会历史条件的影响，而家庭礼仪也必然受当时社会历史条件下的各种社会规范的限制。因此，古代与现代家庭、中国与美国家庭中一定会有各不相同的礼仪规范。

一、家庭和家庭礼仪的涵义

1. 家庭的概念

家庭是建立在婚姻和血缘关系基础上的亲密合作、共同生活的小型群体，是适应人类自身生产的需要而出现的社会生活组织形式。它是我们每一个公民最熟悉、关系最密切的生活单位，它是由婚姻关系、血缘关系及抚(赡)养关系组成的社会生活的基本单位。

家庭是历史的范畴。它是人类社会发展到一定阶段的产物。人们的生产方式决定着人们的生活方式，家庭的形式随着经济基础的变化而变化，它有个历史的演变过程。家庭是从群居杂交关系的原始状态中发展而来的,其最初阶段是以群婚制为基础的血缘家庭,然后发展到对偶家庭,再从对偶家庭中产生一夫一妻制家庭。一个社会的经济、政治、文化等领域能制约、渗透、影响各个家庭的存在和发展,家庭是社会的缩影。

家庭为人们提供社会生活的最基本环境。如果人们生活在一个幸福、和睦、美满的家庭里,身心就可以得到比较全面、自由的发展,家庭成员就会以健康、文明、积极向上的姿态,投入到社会职业生活和社会公共生活中,并做出自己应有的贡献,那对社会生活和经济发展就能起到促进和稳定作用。反之,对社会生活和经济发展就会起破坏作用。古人说:"天下之本在国,国之本在家。一家仁,一国兴仁;一家让,一国兴让。"这就是说人们在家庭生活中是否自觉遵守家庭道德,对社会生活的影响极大。

同时,家庭是具有多种功能的小型社会群体。家庭的功能是指家庭在一定的社会条件下对人类生活和社会发展所起的作用。一般来说,家庭具有生产、消费、抚育、赡养、教育和社会交往等多种功能。最大限度地发挥家庭所具备的各种功能,是推动社会稳定和谐发展的基本保障。

2. 家庭礼仪的涵义

所谓家庭礼仪,指的就是人们在长期的家庭生活中,用以沟通思想、交流信息、联络感情而逐渐形成的约定俗成的行为准则、礼节和仪式的总称。俗话说:"家和万事兴。父子和而家不败,兄弟和而家不分,乡党和而争讼息,夫妇和而家道兴。"可见"和"是关键,家庭礼仪就是"和"的纽带,"和"就是相互谦恭有礼的意思。通过家庭礼仪的自觉遵守就能达到家庭的和睦与幸福。"不幸的家庭有各自的不幸,幸福的家庭却一样幸福。"这里所说的幸福就是建立在礼仪的基础上的。"相敬如宾、白头偕老"阐明的就是夫妻间也要有礼节才能幸福一辈子的道理。家庭礼仪在现代社会生活中发挥着重要的作用。

二、家庭礼仪的特点和内容

1. 家庭礼仪的特点

家庭礼仪的基本特点主要表现在以血缘关系为基础,以感情联络为目的,以相互关心为原则,以社会效益为评判标准四个方面。

(1)以血缘关系为基础。家庭礼仪主要体现在家庭成员之间,而家庭成员之间的关系是人类社会中最为普遍的关系,以血缘关系、婚姻关系为核心。

(2)以感情联络为目的。家庭礼仪的主要职能并非以个人形象的塑造为侧重点,而是通过种种习惯形成的礼节、仪式来进一步沟通感情。俗话说的"亲戚亲戚,不走不亲",就是强调亲友间的感情有了血缘关系的基础,还得需要通过一定的礼仪手段来维持、强化和巩固。

(3)以相互关心为原则。要衡量某一件事或某一行为是否符合家庭礼仪要求，需要分析一下家庭成员之间是否存在相互关心的成分。

(4)以社会效益为评判标准。这是由家庭与社会的关系所决定的。不同的时代、不同的区域、不同的风俗，家庭礼仪存在着很大的差异性，因为它受多种因素的影响，家庭活动中的许多礼节、仪式始终是变化发展的。评判某一种家庭礼节、仪式是否进步、合乎礼仪规范，只要看它是否能产生很好的社会效益这一标准。

除上述基本特点外，家庭礼仪与社会其他礼仪相比较具有天然性、持久性和相对独立性。首先，所有家庭成员都是以婚姻为起点、以血缘为纽带连结起来的，组成一个天然的家庭关系网络，表现为同辈人或几辈人之间思想感情的交流和传递。因此，家庭礼仪作为调节这种家庭关系的行为准则和内心信念是具有天然性的。其次，持久性。家庭成员之间的关系，尤其是父母子女、兄弟姐妹之间的血缘关系，是社会关系中最稳定、最持久的关系。再次，具体的家庭生活属于人们私人生活的范围，通过各个家庭的约定俗成进行控制与调适。

2.家庭礼仪的内容

根据家庭礼仪的这些特性和交往范畴，我们可以看出家庭礼仪的内容主要包括：

(1)成员礼仪。成员礼仪主要指成员之间的礼仪规范，如夫妻之礼、父母子女之间的礼仪、婆媳之礼、祖孙之礼等等。

(2)称谓礼仪。称谓紧紧伴随着家庭成员之间的人际交往，是一种约定俗成，并得到大家的公认，所以称谓存在着很强的适应性和广泛性。称谓礼仪主要讲究礼貌性和规范性。

(3)仪式礼仪。家庭活动中离不开某些仪式，这些仪式都有各自不同的行为准则与活动规范，举办者与参加者都应遵从或符合一定的礼仪规范和要求，如婚恋礼仪、丧葬礼仪、庆贺和祝贺礼仪、馈赠礼仪等。

(4)应酬礼仪。家庭交往与应酬的主要场所在家庭，从其内容来说，所涉及的大多是家庭生活，故属于家庭礼仪的研究范畴；从其形式来看，它与个人礼仪、社交礼节也是密切相关的。

三、家庭礼仪的功能

家庭礼仪是维持家庭生存和实现幸福的基础。它的功能就在于调节好家庭成员之间、亲属之间以及其他社会成员之间的相互交往关系，使之有序、和谐，从而有助于社会的安定与国家的和谐发展。家庭礼仪的功能主要体现为：

1.家庭礼仪是家庭幸福和个人幸福最重要的保证

个人幸福只有在家庭幸福的不断增长中才能得到保障，个人只有在为家庭谋幸福的过程中才能得到家庭的尊敬或爱护，才能感受到真正幸福，而实现家庭幸福的一个重要条件就是要具有良好的家庭礼仪。良好的家庭礼仪需要家庭成员的共同努力,在家庭礼仪建设中应遵循以下原则:家庭礼仪服从社会礼仪的原则;自觉履行家庭责任和义务的原则;平等的原则;共识共建的原则。可见,良好的家庭礼仪是家庭幸福的最重要的保证。古希腊哲学家亚里士多德早就说过,一个幸福的家庭必须同时具备三个条件:一是有相当的物质财富,二是有健康的身体,三是有良好的德性。其中,德性是最重要的条件。所谓德性,就是指家庭成员的道德品行,即家庭伦理。

2.家庭礼仪是家庭成员行为准则的精神纽带

在家庭生活中,家庭成员之间建立起各种各样的关系,例如夫妻关系、父母和子女关系、婆媳关系等等。这些家庭关系表面看来似乎很简单,但要处理好绝非易事,正如俗话所说,“清官难断家务事”。家庭礼仪是在几千年的家庭生活中总结和概括出来的一系列家庭生活准则,形成了一整套家庭生活的内在信念,它像一条无形而有力的精神纽带,把家人之间联系起来。家庭礼仪是每一个家庭成员的行为准则,促进家庭和睦。

第二节　家庭成员礼仪

家庭成员是家庭活动的主体,也是家庭礼仪的具体操作者,其地位相当重要。可以说,家庭礼仪在某种程度上就是成员礼仪。因此,把握家庭成员礼仪具有极为重要的现实意义。本节主要介绍家庭生活的礼仪通则、夫妻之礼、父母与子女之礼、婆媳之礼的相关内容。

一、家庭生活的礼仪通则

尽管在家庭生活中多是些鸡毛蒜皮的事,但处理好家庭关系,也需要遵守一些基本的准则。掌握这些通则,对于建立一个和睦、幸福的家庭,对于提高人们的生活质量大有裨益。

1.互敬互爱——维系家庭关系

所谓互敬,是指互相尊重,互有礼貌;所谓互爱,是指互相有很深的感情,愿为对方而奉献。我国古有“举案齐眉,相敬如宾”之说,现代人更应懂得互敬互爱是一个美满幸福家庭的基础。一个家庭如果内部勾心斗角,成员自私自利,即使物质生活条件再优越,也决不会有真正的幸福可言。

2.互信互勉——增进家庭感情

所谓互信,是既信任对方,又忠诚对待对方;所谓互勉,是指互相勉励,共同努力,积极向上。在感情上、经济上要互相信任。一个人的社会接触范围,总要超出家庭日常生活的范围,一个人的许多活动,也是在家庭之外进行的,所以互相信任对于增进家庭成员之间的感情是十分重要的。在家庭经济上,收入和支出都应互相公开,不应隐瞒。经济支出要民主,做到大支出要监管,小支出能自主。

同时,在思想、学习和工作上要互相勉励,互相促进,激发进取心、创造力。

3.互谅互让——处理家庭矛盾

所谓互谅,就是在意见分歧或产生矛盾时,互相原谅,主动消除矛盾;所谓互让,是指在争执中主动让步,不扩大矛盾。家庭成员之间朝夕相处,有时产生一些小矛盾是难免的。对这些小是小非,采取什么样的态度,结果是大不相同的。在家庭生活中,如果对一些鸡毛蒜皮的生活小事斤斤计较,就会加深和扩大矛盾,久而久之就会闹得鸡犬不宁,甚至离心离德,也就不可能有家庭幸福可言了。

4.互帮互慰——克服家庭困难

所谓互帮,是指互相帮助,在精神和物质上互相支持;所谓互慰,就是互相安慰,使对方心情舒畅。在人的一生中,可能会遇到一些挫折或困难,有时甚至发生什么不幸。家庭成员之间的互相帮助、互相安慰是十分重要的。如当一方生病时,需要其他家庭成员的照顾、护理和安慰,从而使其在病痛中得到温暖;当一方在工作或社会生活中遇到困难、挫折或犯了什么错误时,家庭其他成员要热情地给予帮助,对其困难要及时给予支持,对其错误要及时给予教育、引导;在一方经济上遇到困难时,家庭其他成员也应尽力给予帮助,使之得以缓解。

二、夫妻之礼

夫妻是一种没有血缘、只有姻缘的家庭关系,在整个家庭关系中居于首要和关键地位。夫妻关系虽然不如血缘关系(指父母与子女)稳定,但却是家庭人际关系的主体和核心,是家庭内部交往的基础,是血亲和姻亲的基础,也是影响其他家庭成员关系的关键。那么夫妻之间要讲究哪些礼仪呢?

1.夫妻之间平等相待,相互尊重

夫妻关系的基础当然是感情,而衡量夫妻感情的一般标准,就是看他们是否平等相待。男方不搞“大男子主义”,女方不搞“夫人专政”。夫妻的幸福是相辅相成的,平等相待,是双方的幸福;反之,会毁掉双方的幸福。夫妻之间的尊重应当是双向的,任何一方都不应独断专行、我行我素,凡事应共同商量、互相尊重。尊重对方的职业、人格、观点、爱好、隐私,尊重对方的家人和亲戚,尊重对方的感情需求。决不应当着众人之面,为显示自己在家中“唯我独尊”的地位而损伤对方的自尊心。在性生活中,也不应毫不顾及对方的情况,一意孤行地勉强对方。这些问题处理不好,都会导致夫妻之间感情不和,心理平衡失调。

2.夫妻之间相互信任,相互关心,培育爱情

信任是夫妻感情的基石,夫妻之间不仅在感情,而且在经济等方面信任、忠诚对

待对方。信任对方的为人和对自己的感情，给对方保留一定的个人空间和自由度。正确对待对方与异性朋友、同事间交往关系，不随便怀疑对方，胡乱猜忌。关心对方的生活、学习、工作和身体状况，关心对方的心理感受，在各方面给予支持和帮助。特别在对方遇到不顺心的事时，要互相安慰、鼓励，不要雪上加霜。关心和体贴会增进夫妻间的感情，夫妻之间增添同甘苦、共患难的经历与决心。

3.夫妻之间需要宽容和谅解

夫妻长期在一起生活，矛盾实属难免，双方难免会有缺点和错误，应当互相谅解，互相让步。夫妻之间要相互赞赏，关注对方的优点，对待生活问题做到应注意“大事不糊涂，小事不计较”，对一些原则问题，要讲究方式、方法；对非原则问题，要学会“一笑置之”；夫妻之间当一方闹情绪的时候，另一方必须冷静，切不可“硬碰硬”，即使对方无理，最好等以后再说；要善于“转弯”，善于“下台阶”，善于“屈服”。一方在生活上出现过失时，配偶也应宽宏大量。夫妻之间在关键时刻的谅解，常会使对方增加改正错误的决心和信心，增添巨大的生活力量。

4.夫妻之间加强沟通，取得默契

夫妻间的信息交流是增进夫妻交往的重要途径。双方都应主动地同对方进行思想和感情的沟通，从而增强双方的了解，求得心理上的沟通和默契。夫妻之间能够经常相互倾吐肺腑之言，经常说些贴心话是对对方高度信赖的表现，也是加深双方感情的重要方式。这种沟通和交流可以是枕边的贴心话，也可以在散步闲谈中进行，当然也可以在共同料理家务的过程中进行。对待家庭中的各种问题要事先商量，口径一致，尤其在对子女的教育问题上更应如此。如果一方经常出差，则可以多打几个电话、发几条短信。不断的沟通和交流，使双方深深地感到心灵的相通和彼此间高度的信任。

5.夫妻双方仍应修饰自己的仪容，保持应有的礼节

注意仪容整洁，穿着美观，保持一定的魅力，能使对方产生一种自豪的心理。特别是在一起参加社交活动时，双方都会十分注意对方的仪表，千万不要给对方“丢面子”。注意夫妻称呼不要太随便，在平时可使用比较亲热的称呼，在公开交际场合则应注意称呼的礼貌性。节日、纪念日、生日互赠小礼物以示祝贺或纪念，都能加深夫妻间的感情。这样，有利于巩固和发展夫妻间的感情。

三、父母与子女之礼

父母与子女的关系是家庭中最为亲近的。父母是子女的依靠，子女是父母的希望，父母与子女之间的爱是人类的天性。父母和子女之间有法律上和道义上的责任。父母担负着爱护和养育子女的义务，子女也担负着赡养和尊重父母的责任。儒家把子女之伦放在人伦规范的首位。

1. 父母对待子女的礼仪

父母应摒弃“父为子纲”、“天下无不是的父母”之类的封建思想和观念的影响，平等地对待子女。父母要把子女真正作为一个完善的个体平等自由地交往。

父母对子女的礼仪主要体现在父母言谈举止的示范作用。俗话说：“有其父，必有其子”。身教胜于言教，要为子女做出表率。父母教育子女，在子女面前更应在礼节方面做出表率。一个家庭家风的好坏，首先取决于父母的礼仪修养。如果父母有着良好的礼仪修养，往往会为子女所继承，影响和感染子女的一生。在家庭中，父母要注意从小尊重子女的人格，从小尊重孩子自己的选择，要耐心回答孩子提出的问题，不顺心时不迁怒于子女，许了愿的事情就要兑现等等。遇事与子女沟通和商量，交换意见和看法，不宜事事都欲包办代替、约束干涉。

父母对子女要做到正确施爱，即父母应当开明公正，既要对子女的言行有所制约，又要鼓励他们参加集体活动和社会活动；既要在生活上关心爱护他们，又要注意培养子女的自立意识和独立生活的能力；既要严格要求子女，又要民主平等地对待子女。要关心和照顾子女的学习和生活。应该坚决避免溺爱、封闭式的爱、自私的爱、偏爱等错误的施爱方式。

2. 子女对待父母的礼节

第一，孝敬父母，在生活上、经济上、感情上给予父母关心和帮助。成年子女更应尽心尽责地承担赡养父母的义务，做到生活上照顾周全，经济上尽力相助，在感情上更要多加理解和安慰，要理解老人的一些特殊心理与行为特征，谅解和体贴父母生理和心理的变化，努力使父母保持舒展、愉快的心境。婚后另居的子女一定要经常回家探望父母，要挤出时间陪父母谈心或参加一些活动。

第二，自觉维护父母的尊严和名誉。任何人都有自尊的要求，而父母更希望得到子女的理解和尊重。孔子早就说过：对待父母，只管奉养，不知尊敬，就如同犬马一样；只有既养又敬，才能与禽兽区别开来。因此，子女在言谈举止上要有分寸。即使有的父母说话啰嗦唠叨，也不应当面顶撞。特别是有的父母到了老年会出现“返童现象”，表现得像孩童一般，作为子女更应体谅，切忌动不动就指责老人一番。

第三，不干涉父母自身的生活。子女也应当理解父母的生活方式，谅解父母的心理定势是历史形成的，他们有权利按自己适应的方式生活，不能简单地对父母持“僵化、保守”的否定或贬低，不能随意地改变父母的生活方式，不阻挠父母丧偶再婚等。

第四，与父母交往注意礼貌和礼节。子女在父母跟前，坐立行以至表情都有讲究，“立则视足，坐则视膝，游目以察，唯恐有失。不敢嚏咳，不敢跛依，不敢唾燕，不敢涕视”（罗泽南《小学韵语》）。遇到节日、父母生日勿忘表孝心。尤其是在60大寿、70大寿、80大寿时更应送礼表示庆贺。

此外，父母和子女之间的交往还应注意消除代际隔阂即“代沟”。代沟主要通过生活方式、价值观念、兴趣爱好、时尚风貌得以表现。两代人之间应相互尊重、相互理解和相互学习。父母对于子女应当信任,并努力适应新潮流和新事物。年轻一代应当谦虚地学习上一代人的生活经验和稳健的作风,父母也应当向下一代人学习新的生活观念和新知识,从而缩小"代沟",加强交流、沟通,增进感情。

四、婆媳之礼

婆媳关系处理得是否得当直接影响到整个家庭关系。婆媳关系问题常常是许多家庭生活中的老大难问题。美国礼仪专家伊丽莎白·波斯特就曾说过:"女婿同岳父、儿媳同婆婆的关系是两个最难相处的关系,很难有愉快和成功的结果。"这是因为婆媳关系与其他家庭关系相比有其特殊性,比起母女、母子关系来,是不够稳定的。因为婆媳之间缺乏建立亲密关系的天然条件,她们之间没有血缘关系,只有通过儿子的婚姻而形成的亲属关系,这种关系决定了她们在心理上和情感上的差距。要想处理好这种关系,除了要有正确的思想观念之外,还需要依靠礼节的调节、约束,也需适当掌握一些交往的技巧。

第一,婆媳双方交往都要把对方真正作为自己的家人。双方树立正确的态度是搞好关系的基础。婆媳是家庭中非常重要的两位女主人,也是儿子生命中至亲的两个女人,婆媳双方必须尽快接受对方。婆婆应当注意不把媳妇当外人,凡事瞒着媳妇,这显然不利于婆媳间的正常交往。婆婆应该视媳妇为自己的女儿,给予真诚的母女般的关爱。而媳妇要把婆婆当作自己的母亲一样对待,在生活上、经济上、感情上要付出,适时地弥补丈夫的不周,让婆婆感受到儿子的孝敬有增无减。双方主动消除婆媳交往之初的戒备心理,主动做一些有利于发展感情交往的事情。

第二,婆媳双方增进了解,互相适应,增加认同感。来到一个新家庭,增加一名成年家庭成员,双方都有一个相互了解、相互适应的过程。各家有各家的生活习惯和规矩,婆媳过去生活在不同的家庭中,生活习惯各异。不要总想着改变对方,而要加强自我约束。婆婆不能要求媳妇完全按自己的一套行事,媳妇也不应要求婆婆完全合自己的意愿。婆媳间不要随意责怪,遇事应多考虑对方的情况。媳妇进了婆家后应当仔细了解婆家的规矩,不要这也看不惯,那也不顺眼,动不动就说我娘家怎样,这样四处挑剔极易引起争吵从而伤害对方的感情。婆婆也应尝试着了解媳妇的生活习惯,尝试着接受,并在家庭生活中给予一定的考虑与关照。

第三,婆媳之间生活上多关心、多体贴。婆婆作为长者,有责任像关心自己的儿女那样,关心媳妇的生活、学习、工作,在媳妇生病、怀孕、生育时,还应特别关心媳妇的生活,这对于融洽婆媳感情是十分重要的。媳妇在日常生活中应当主动多做些家务事,让婆婆多休息。时令转换之时更要对公婆的身体多加关照,给丈夫、孩子添置衣服时,不要忘了给婆婆也买一两件。晚饭后主动给公婆倒上一杯热茶;婆婆生病时,更应精心照料,及时请医生诊治等等。

第四,婆媳之间要加强沟通与协商。在家庭生活中应坚持“大事清楚,小事糊涂”的原则。在经济开支、教育后代、家务安排等问题上尽可能多交流沟通求同存异,彼此信任,协商解决。如赠人礼品、教育孩子等要协调一致,把事情办好。特别是在对孩子的管教上,婆婆要与媳妇口径一致,不要在媳妇批评教育孩子时护着孩子。不要以自己过去的标准要求媳妇,以致看不惯媳妇的一些做法。做媳妇的遇事应尽量征求并尊重婆婆的意见,如果婆婆的意见明显不合理,也要耐心解释,要能够多说“软话”。

第五,婆媳之间多些尊重与宽容。婆媳双方要尊重双方的人格、感情、习惯,在小辈和客人面前更要表现出对公婆的尊敬。当婆媳发生矛盾时,婆婆不能一味强调自己正确,以长辈身份压人,其结果只能是压而不服。婆婆不必在芝麻小事上苛求和挑剔媳妇,过多的吹毛求疵会使媳妇产生逆反心理。即使媳妇暴露了一些缺点,婆婆也应以长者的大度胸怀,采取适当方式,心平气和、开诚布公地交谈,或通过儿子,间接地提醒媳妇,多一份宽容和理解,消除误解,以获得媳妇的信赖和尊重,使婆媳关系日益密切。媳妇更要有忍让的气度,说话不随便,不生顶硬撞,更不能不把婆婆放在眼里,自行其是。

第六,婆媳之间以礼相待,礼数周全。称呼要有礼,如果做媳妇的能随时亲切自然地称呼对方一声“妈妈”,家中的气氛就会大不一样。别小看“妈”这一称呼,它往往可以把双方的感情距离一下子拉近,使婆婆感到媳妇也是自己的孩子。平时以礼相待,遇到节日、生日互赠礼物或准备家宴的饭菜等形式,表达自己的情意。同时,善待对方的家人和亲戚,做到待客一视同仁,不厚此薄彼;否则,极易引起对方的不满,引发婆媳矛盾。

第三节　家庭应酬礼仪

家庭交往是人际交往中最频繁、最密切的,且大多数是在日常生活中进行的,家庭除了内部交往外,必然还会有广泛的外部交往,而家庭应酬是其重要的一部分。在待客、出访、交谈、请客、赴宴、探病等一系列活动中,都要遵循一定的礼仪规范。

一、做客礼仪

随着人们生活节奏的加快,越来越多的人都感到时间的宝贵,生活时时处于紧张的状态。而通过探亲访友、结交新知,可以调节紧张的学习和工作,更重要的是可以扩大横向联系,开阔视野,拓宽渠道,增大信息量。

1.应邀的礼节

每逢佳节,或家庭有婚嫁乔迁之时,亲友间常会略备小宴,邀请赴约,这是人之常情。当接到亲友的邀请时，应该注意：收到邀请，除了面邀和电邀之外，对柬帖邀请一般都应即刻回函或用电话回复，表示自己很高兴应邀出席，若因故无暇应该及时谢辞。

同时，还要遵守请柬上写明的时间，既不能太早，更不可迟到。已约定的约会因意外不能赴约，要事先通知对方。一般来说，凡是约定了时间，无其他要事，应该严格遵守，并应提前几分钟到达，以免失信。

2.把握恰当的时机

探亲访友，要选择适当的时间。探访前，要和被访的亲友约好时间，了解其是否在家，是否有时间。去之前最好给对方去封信或打个电话，以便对方做些准备。特别是带着家人到朋友家里做客，或者要拜访的朋友住得较远，更要事先打招呼，免得空跑或打乱朋友的计划。访问最好在主人方便的时候，如节假日的下午或晚饭以后，一般尽量避开吃饭时间。如果对方有午睡习惯，不要在午饭后去。回来时不要过晚，以免影响主人和家属休息。

3.到达的礼节

检查自己的仪容整洁，以表示对朋友的尊重。到亲友家敲门或按门铃，要注意节奏。如果房门敞着不要破门而入，也要以其他方式使主人知道有人来了。听到主人招呼再进门。关门时要轻，把雨具、外衣等放到主人指定的地方，并向主人问候、寒暄。

4.进门后客人的基本礼仪

(1)问候致意主人家的每一个人。一般顺序是先向女主人、男主人问候，然后向其他人致意问候，向老人问候身体；向上学的孩子问候学习；对于幼儿可以与他亲昵，表示喜欢。不能对屋里的其他客人视而不见，待主人安排或指定座位再坐下。如被访问的是年长者，主人没坐下，自己不能先坐下。同时要注意民族风俗和主人习惯。要向主人说明来意，以便人家接待。

(2)注意仪态与举止，待主人安排或指定座位再坐下，不过于客气或过于随便。要讲究站有站相，坐有坐相，要大方，彬彬有礼。主人给点烟、倒茶，要站起来说声“谢谢”，双手接迎。主人献上的果食，要等其他客人或年长者动手之后，自己再取用。即使在最熟悉的朋友家里，也不要过于随便。在朋友家室内吸烟，要尽量克制，免得弄得满屋是烟，特别在冬天更应注意。烟灰烟蒂要放在烟灰缸内，不能轻易往茶碗、食碟内乱放，也不要乱丢果核果皮，更不可乱翻人家的东西。

未经主人邀请或同意，不可随便参观主人的房间，尤其是卧室，不要乱动主人的物品，不要对室内的摆设说三道四，在他人家中做客最好不要打电话。如非打不可，须经主人同意。即使主人同意，电话也不可多打。如主人是外国人，按西方习惯，告辞时应留下电话费，并说声“给孩子买点糖果”等对方易于接受的话。

(3)顾及他人，以礼相待。如果主人家里还有其他人，也应一一向他们点头致意,但若主人没有介绍,一般不要随意攀谈,更不应询问他们与主人的关系以及来访的原因。

如果中途有客人来访,作为先到的客人并不一定要起身相迎。但如果屋内人数不多,而且来者是应向其表示敬重的长者或是主人的老朋友,客人最好起身相迎(这既是对来访者的尊重,也是对主人的尊重)。对于中途来的客人,如果没有起身相迎,那等对方进屋后,至少应点头致意。

如果中途有客人告辞,一般来说,其他客人应与主人一起起身相送(至少欠欠身,有送客的表示),等客人走后再回到座位。作为要走的客人,在其他客人起身相送时,应礼貌地请大家不必起来。

(4)访问和交谈应该掌握时间,把握辞行时机。拜访的时间不宜太长,一般谈完事情后即应告辞。顺访一般不超过20分钟,专访一般不超过一小时。时间过长,大家都会感到疲惫,盼着你快走。作为客人,还应注意主人谈话的内容、情绪和环境的变化。如主人谈兴很浓,交谈时间可适当长一些,反之,则要短一些。在与主人交谈的过程中,如果发现主人心不在焉,时有长吁短叹,说明主人有急事要办,或已不耐烦而又不好意思下逐客令。这时自己应及时告辞,不可不知趣地"泡"下去了。如果主人家有新的客人来访,即使主人谈兴正浓,也应在同新客人简短招呼后,尽快告辞。

(5)及时告辞。一般情况下,在主客聚会最愉快的时候告辞是明智之举,它会使人依依不舍,盼望再次相聚。如果给亲友带来礼物,在告辞之前把礼物拿出来,向主人说明,表表心意,说服主人收下。告辞前,应寻找结束拜访的话题,稍稍过渡一下,然后自然地提出告辞。不要正聊得好好的突然宣布告辞,也不说明原因,令主人"丈二和尚摸不着头脑"。客人向主人告辞时也有一定的顺序。一般是男客人先向男主人告辞,再向女主人及其他家人告辞;女客人先向女主人告辞,再向男主人及其他家人告辞。除了向主人及家人作一一告别,还应向在座的其他客人告辞(通常是用简单致意的方式告辞),但对于那些没有注意到你起身的客人可以不必特意告辞。其他客人如有起身相送之意,应及时说"别客气,请坐"。告辞时要向主人表示谢意。如主人送出门外,要回过身来告别,向主人表示"请回"。

5.做个受欢迎的远客

如果到外地朋友或亲戚家小住做客,还应注意更多的问题,弄不好就成了不受欢迎的客人。如果按以下提示去做,主人一定会欢迎你以后再去做客。

(1)携带足够的钱款。到朋友家去住,虽然不用花住宿及膳食费用,但自己也难免有其他开支。如买些零用物品、纪念品,以及路费等。如果带钱不足,再向主人借钱,这是最犯忌的。相反,你在亲朋家住上几天,倒应该把节省下来的食宿费用,给主人买些食物、蔬菜、水果,也可以邀请主人一家到当地餐厅去吃顿饭,表示对主人的感谢。

(2)不要忘记给主人家的小孩买东西。主人家有小孩，最好临去前就买好东西送给他。当然也可以在临走前拿些小礼物送给孩子。这样，你不但会受到小孩的欢迎，也会使主人高兴。

(3)独自游览。到外地亲朋家去，难免要去游览当地名胜古迹。你最好了解一下当地的景观和交通后，自己去游览，谢绝主人的陪伴。这样做可以减少主人的负担，而且会使主人非常感激，你也会更受到尊重。

(4)尊重主人家的起居习惯。各家的起居习惯有所不同，因此，如果主人家透露有关日常和假期的起居习惯时，要特别记清，以免打搅主人的休息。在饮食上不要过于挑剔，不要使主人为难。

(5)帮忙做家务。既然去朋友家小住，就不是一般关系，完全可以随便些。比如帮助主人家做些清洗碗碟、买菜、收拾房间等日常工作，主人一定会欢迎你再来。

(6)保持整洁。所带的行李不可乱放，要请主人帮助放到合适的地方，起床后应该收拾好床铺被褥及自己的衣服。卫生用品要用袋子装好，别在浴室里随处放置牙膏牙刷及卷发筒等零碎物。

(7)携带礼物。到外地亲朋家去，带一些特产或对方那里没有的物品作为见面礼，会受到热烈欢迎。

(8)按照计划离开。不管主人怎样挽留，也应按照原定计划离开，切不可多住，否则会打乱主人的接待计划。在被挽留的情况下离开，总比逗留至主人萌生送客之念时要好得多。到朋友家去，一定要坚持小住，切不可过多逗留，住上十几天，一般主人是招架不起的，三五天较好，最多不超过一周。

(9)表达谢意。回家前，要感谢主人的招待，或给主人买一件礼物，表示谢意。回家之后，应写一封信或打电话，感谢对方的照顾，同时也让对方放心。这使整个做客过程有个圆满的结尾。

6.带孩子去做客有讲究

年轻的父母带孩子去做客，要教孩子做懂礼貌的小客人。

(1)做客之前，应先向孩子介绍主人家的成员，使孩子知道该怎样称呼主人。

(2)主人招待糖果点心，经家长同意后，小孩方可接受。大人交谈时，可安排小伙伴们做些有益的游戏，使他对做客感到有兴趣。

(3)如果留下用餐，要提醒孩子不能挑食，不要到处夹菜。可为他准备个小盘，由家长将菜夹到盘里。

(4)做客后，要提醒孩子把在主人家看过的图书、玩过的玩具收拾好；不能随便乱拿乱要主人家的东西；如主人送给礼物，要经家长同意后才能收下，并向主人致谢。

二、待客礼仪

我国自古以来有热情好客的优良传统。孔子曰："有朋自远方来，不亦乐乎？"即便在今天这样的快节奏、高效率、激烈竞争的信息时代,接待亲朋好友仍不失为生活中一大乐事。接待客人最基本的要求是要做到热情、礼貌、周到。

具体地讲,应注意以下几个方面:

1.邀请的技巧

邀请亲友来家做客的常见方式有三种:一是口头邀请;二是打电话邀请;三是发请柬邀请。

口头邀请的方式比较自然,常用于相互比较熟悉的亲友。邀请可在休息时间或平时的晚上,到被邀请者家中亲口邀请以示郑重。这种方式,不但可以让被邀请者了解赴会的目的,而且当时就可知道被邀请者是否乐意参加。

打电话邀请的方式比较灵活。不论什么时候,只要主人有空就可以邀请客人。采用这种方式既可节省亲自去邀请的时间,还可马上知道对方的意见。

发请柬邀请的方式,一般在举办较为隆重的宴请而且被邀请者也比较多的情况下采用。发请柬的优点在于既郑重,又能起到对客人提醒和备忘的作用。请柬上的内容包括举办活动的形式、时间、地点以及主人的姓名。为了确切掌握被邀者是否赴会,后面还可注明"盼复"两字,并写清自己的通讯地址和联系电话号码。对不熟悉地址的人,可附带说明一下交通情况或乘车路线。请柬要提前一周至两周发出,以便被邀请人及早安排。

2.预先准备,喜迎宾客

有客人来访,如是事先约好的,就应提前做好准备。比如,个人仪容要整洁,不可穿着内衣、睡衣和赤着脚接待客人;居室要收拾干净,屋内不要晾挂袜子、内裤;招待客人的茶具、香烟、烟灰缸等要一一备齐洗净;如有条件,可备些水果、点心。如事前有约且客人是初次来访,主人最好能出门相迎。一般情况下,听到门铃或敲门声应迅速开门,热情迎接。如客人手提重物,主人应主动帮助接提。

对来访的客人,无论职位高低、是否熟悉、专访还是顺访,都应一视同仁,热情相迎,亲切招呼。如客人突然上门来访,房间未经整理或主人未及换装,应请客人原谅并稍坐等候,自己尽快整理房间或换装,然后再接待客人。

客人来访时,如正赶上家里吃饭,应邀请客人一起进餐。如果客人不肯入座,那么,征得客人同意后,可以继续吃饭。但此时要安排客人坐下,找报刊给客人翻阅,或让客人先看看电视、听听音乐,免得使客人产生受冷落之感。之后便应适当加快吃饭速度,以免让客人久等。

3.热情介绍,礼貌接待

客人进门,如有家人、亲朋好友或同事在场,要一一介绍给客人,以表现出友好的气氛。然后,请客人在最佳位置入座,主人坐在一旁陪同。和客人交谈时,应尽量引开孩子,以免打搅谈话,孩子顽皮时,应向来客表示歉意。切忌当着客人的面训斥甚至责打孩子,使朋友内心不安,感到难堪。对亲戚、长辈来访,更应礼貌周到。迎进屋后，除备茶让座外，还应主动询问对方身体，以示小辈对长辈的关心和尊重，并和老人叙家常，切莫冷淡。接待客人时，必须提醒自己注意待客中常见的失礼举止。

客人来访时，正在吃饭时也不放下碗筷招呼客人，而是“边吃边谈”；正在躺着休息时也不起床表示歉意，而是照旧躺着与客人“对话”；家人正与客人谈话，而你却电视机、收录机照看照听，与客人谈话时心不在焉，答非所问，或者一边干活、看电视一边与客人交谈，把客人拎上门的礼品当场打开，连客人随身带的物品，也错当作是送自己的礼品，随意乱翻乱弄；当家人把第一次登门的朋友介绍给你时，你却对客人视若不见，爱理不理。凡此种种，都是不文明的，极端缺乏教养的表现，定要引以为戒。

4.待客讲卫生

待客中的卫生问题很重要。让烟要看对象、讲究方式，因为烟对人体有害无益，客人表示不抽，不必强让。让烟时，应由客人在烟盒中自行抽出。最好不要在不抽烟的客人面前抽烟，如要抽烟也应事先征得客人同意。敬酒时要了解客人的酒量，因为过量饮酒对身体有害。劝酒适度，不要强行干杯，否则使客人感到却之不恭，受之难当，进退维谷；同时自己喝酒一定要适量，喝醉了，把客人晾到一边，极不礼貌。席间应使用公勺、公筷，最好是实行分餐制，每人一空盘，各取所需。

5.送客礼节

客人告辞，应以礼相送。当客人表示要走时，可以婉言相留，希望其多坐一会儿，或恳请下次再来，如客人执意要走，也要尊重客人的意见，不可强行挽留，以免客人为难或贻误他们的生活安排。

客人提出告辞后，主人应待客人起身后，自己再起身相送，不可当客人一提出要走的时候，就迫不及待地站起来摆出送行的姿态。送客时一般都要送出房门，然后才握手道别。对长辈和年老体弱的老人，还要扶下楼或走出楼房以外到平坦的路面，再与之道别。切记不要刚和客人握手道别，马上就转身进门。如果不是非常熟识的好友，要把客人送到大门口，亲切道别，并邀请客人有时间再来。对地形不熟悉的客人，应主动介绍附近的车辆和交通情况，或送到车站。对老年客人，应送到车上。给远道来访的客人送行时，要送到火车站、飞机场或轮船码头，并要为客人准备一些旅行中吃的食品，送人要等火车、飞机或轮船开动后再离开，如有事不能等待很长时间，应向客人解释一下原因，以表歉意。如果客人告辞，因为自己身体欠佳实在不能起身相送时，应诚恳地向客人说明原因，表示歉意，并吩咐其他家属代为陪送出门。客人来访，常常会带些礼品来，对此，送客时应再次表示谢意或还礼。

总之，送客礼节是家庭人际交往中的一个重要组成部分。文明礼貌和真诚地送客，体现了我国人民的好客传统。

第四节　家庭仪式礼仪

家庭活动中离不开某些仪式，这些仪式都有各自不同的一套行为准则与活动规范，举办者与参加者都应遵从或符合一定的礼仪规范和要求，如婚恋礼仪、丧葬礼仪、馈赠礼仪、庆祝和祝贺礼仪等。

一、婚恋礼仪

婚恋是人生的重要内容，甜蜜的爱情和美满的婚姻令人向往。礼仪是恋爱的门户、婚姻的阶梯。婚恋的礼仪成为现代人生礼仪中最突出的部分。

1.恋爱仪俗

在现代社会，恋爱不仅在婚姻过程中起着决定性的作用，而其本身也已经形成了一套完备的仪俗。

(1)确定恋爱关系。本来，恋情是悄然而来的，并无斧凿痕迹，但一用礼仪来规范，也就有了界线。这个"界线"的作用在于说明：以前的交往只是一般朋友式的，以后则是以恋人的身份出现了。在恋爱关系的确定过程中，如果双方爱的苗头已经显露，男方主动是自古以来的习惯。

在边疆少数民族那里，还有一些别致的确定恋爱关系的仪俗。这些仪俗的基本特点是，男女青年在自由活泼的社交活动中，以具有民族特色、民俗色彩和符合青年特点的方式确定恋爱关系。

(2)恋爱阶段。男女青年在交往中产生爱情，如果一方的求爱被另一方接受，那么这对男女便被称之为恋人，双方便进入了恋爱阶段。

(3)求婚。随着恋爱关系的顺利发展，感情逐步加深，开始考虑婚姻问题。在西方，求婚只是男方主动的举措；在我国，整个恋爱婚姻过程中，也是以男方主动为主。求婚的礼仪不像西方那样郑重其事，但也不能等闲视之。现代人是自然而然发展到婚姻的，倒是订婚在婚姻礼仪中显得更为突出。

(4)订婚。订婚无论古今、中外都是比较重要的一项婚姻礼仪。订婚的实质即是一种约定，这种约定在现代社会有非法律性的和法律性的两种方式。现代订婚仪式比较简单，不外是男女双方做一般的约定，告知父母以及亲友，施行一些志庆意义的活动。订婚只不过是通过礼仪将其社会化，虽说没有法律效力，但具有约定俗成的社会性。法律性的约定，就是领取结婚证，严格说来，此时婚姻已经完全成立，当事人已经具备了法律赋予的权力，也必须承担法律赋予的义务。但从礼仪上来说，人们都认为结婚典礼才是婚姻的完成。婚姻不仅仅是个人和家庭的事情，而且具有相当的社会性。因此，宣告订婚也就成为一件重要的事情。

在我国，宣布订婚最常见的是举行宴会。城市里一般在饭店举行，宴会上有家长宣告子女订婚的消息。同时，来宾予以祝贺，向新人祝福，这是必要的礼仪。宣布订婚消息后，即可起身举杯提议祝酒。在客人的要求下，新人可以讲几句话感谢大家的祝愿。婚姻本是一件人生大事，订婚时男方给女方兼具志庆、纪念双重意义的订婚戒指非常必要。订婚戒指讲究一些，送镶宝石的，不过一般多是金戒。如果能够熟知女方的爱好精心挑选，则效果最佳。

2.恋爱礼仪

这里将分初恋和热恋两个阶段来谈一谈恋人交往过程中应注意的礼节。

(1)初恋阶段的礼节。初恋阶段，一般不要直言爱慕之情，而应该从学习、生活、工作、性格、爱好等方面入手，以合适的方式来增进彼此间的了解。而约会则是初恋阶段最常见的恋爱行为。下面着重谈一谈约会时应注意的礼节：

①要选择恰当的时机。约会时间的选择应考虑恋爱的进展状况，另外，还要考虑到对方的工作、学习，最好不要在比较繁忙的时候提出约会，以免影响对方工作。

②服饰、仪表应整洁大方、不俗不腐。初恋时的赴约双方总希望能够给对方留下一个好的印象，因此，适当地修饰打扮自己是很正常的。具体地说，穿戴要适时合流，打扮应浓淡适宜。打扮应以能体现自己的审美观念、文化修养、经济条件和生活习惯为标准。

③言行举止应有礼有节。初恋时期的约会在言行举止上应留给对方一种自然、大方、诚恳、文雅的印象。和初恋的恋人在一起，如见到朋友、亲戚、同事、师长时，则应礼貌地将自己的恋人予以介绍；见到恋人的家长，通常以“伯父”、“伯母”(或叔叔、阿姨)相称，不能过分疏淡，也不可过于热乎。这些虽是一些日常交往中的小礼节，但初恋的男女双方必须时时注意，这对对方朦胧未定的感情肯定是有所帮助的。

(2)热恋阶段的礼仪。热恋是爱情之火燃烧得最旺的时候，恋爱中的男女双方，在感情的表达上，已由初恋时的委婉、含蓄变得热情、奔放。热恋中的感情容易使人丧失理智，因而更应该用礼仪来约束自己。

初恋时的约会、言行、服饰礼仪同样适合于热恋中的恋人，而以下几个方面的礼仪，则更值得热恋中的男女注意：

热恋中的情侣尽管感情已发展到了一定的阶段，但关系仍不稳定，不受法律的保护，所以，热恋期间男女应自重，用理智战胜情感，适度处理好双方的关系。另外，也不要因为双方感情已发展到一定的程度，都得到了对方的认可，便放纵自己，不尊重对方的人格、性格、爱好，蛮横干涉对方自由。

要注意公共场合表达感情的方式。热恋中的男女在私下场合以亲吻、拥抱等方式表达爱情，这是无可厚非的。但是如果在大庭广众之下照样搂搂抱抱、卿卿我我，则是不懂礼仪的表现，也是对他人的不尊重。

(3)初次造访恋人家的礼仪。在我国，父母的意见对子女的恋爱婚姻仍起着举足轻重的作用。因此，青年男女要使自己的爱情在长辈的支持与关怀下，在和睦的家庭环境中顺利地发展，就必须接受这一次新的考验。因此，初次造访恋人家时必须注意适当的礼仪。

①服饰要得体。初次登门面对比较陌生的对方家庭的全体成员，在衣着上，首先应考虑长辈的审美特点和评价标准，应该选择朴素大方而富有个性的服装。男青

年不要佩戴饰物,女青年则不宜浓妆艳抹,过分暴露。

②礼物要有特色。初次造访恋人的家人,适当地带一些礼物是应该的。送礼之前可以先向自己的恋人了解一下其父母的兴趣、爱好,并征求对方意见。礼物要因人而异,对长辈可以是时令补品,也可以是瓜果糕点;如果对方家中有小孩,则可挑些玩具。送礼要以"特色"来表达情意。

③谈吐要诚恳。来到恋人家中,对恋人的父母要恭敬、大方、适当,并辅之以热情的问候。在和恋人的家人谈话的过程中,要多听,不可滔滔不绝,夸夸其谈,同时也要避免过分的拘谨、手足无措、沉默寡言或语无伦次。对长辈提出的问题,要一一如实回答,不应隐瞒回避;对长辈感兴趣的话题可以坦率地发表见解;如和长辈意见不同,应留给长辈回旋的余地。言谈中不可高声粗气、装腔作势。

④举止要庄重文雅。初次到恋人家做客,最好是不要随意动手拿东西。要注意自己的神情、姿态和动作,力求自然朴实、文雅,切忌故弄玄虚、猥琐迎合。用餐时,要让长辈先坐下后自己方可入席,吃菜应尽量拣自己面前的吃,不要把筷子戳到别人的面前;夹菜要斯文,饮酒要有节制。告辞时应对恋人的家人表示感谢。

总之,初次登门造访,如果态度真挚诚恳、言行举止得体,就一定会成为恋人家中一个受欢迎的客人。

3.婚礼前的准备

无论豪华还是简朴,婚礼都是人的一生中最重要的时刻,美好而且富有意义。无论如何,婚礼都应该办得喜庆吉祥,尽善尽美。一般来说,婚礼大抵从订婚以后就开始准备了,其中的许多事情都涉及礼仪问题,不能不认真对待。

(1)双方当事人要确定婚礼的时间、地点和规模。我国现代婚礼显示出了比较清晰的时间走向,那就是多在节假日举行婚礼。在农村,除了选择节日之外,人们多选择农闲季节或食品等丰裕的季节。现代婚礼的举行地点,一般以家庭、饭庄酒楼为主,也有在教堂举行婚礼的。

确定婚礼的规模,双方当事人拟定参加婚礼的客人名单,发出请柬或口头通知。所邀请的客人一般应该有:亲属,朋友,包括父母的,更包括新婚当事人的。不可不请的,是和这个婚姻有关的人,如介绍人等。此外,邀请父母和子女方面的领导参加,也是时下比较流行的做法。除了关系的远近亲疏之外,即使远在外埠,或明知他们不能来,也应该殷勤地发出邀请,你邀请他,是对他的尊重,是礼数周到的表示。总的来说,在条件允许的情况下,应该把该请的人都尽可能地请到,办一个适当规模的婚礼。

(2)宾客也要做到有礼有节。接到邀请后,无论请柬上写没写"请回复",都应及时回复或联系邀请者,表示自己的意见。同时,应积极准备结婚礼物。按习惯和礼仪来说,关系密切的,不管是否参加婚宴均要送礼;参加婚宴一定要送礼。参加婚礼时应适当地修饰仪容,但不可太华丽花哨,以免喧宾夺主。

(3)傧相和主持的邀请。一般的婚礼上,新娘新郎都有人陪伴,这在旧时叫伴郎伴娘,现在则叫傧相,傧相是需精心选择的。傧相的主要任务是陪伴、辅助新郎新娘。婚礼的主持人也是一个重要的角色。西方的教堂婚礼由牧师主持。我国的婚礼大多不在教堂举行,所以主持人也多为德高望重、谙熟礼仪、风度较好的人担当,但近年出现了职业主持人。

(4)婚礼会场布置。礼堂、俱乐部布置起来比较容易,不外摆些鲜花,挂些彩带,贴几枚双喜字;家里、饭庄的布置也大体如此。这虽是一项简单的工作但又是必需的准备工作。

(5)新人的修饰打扮。对于新人来说,要做的准备工作很多,修饰打扮是其中重要的一项。拍结婚照,这是现代青年比较在意的一项仪节。这种正式的婚照,多被放在居室,作为永久的纪念。此外,加印了送给傧相,也是最佳的礼物。

4.婚仪

婚仪也就是婚礼当天相关的诸多仪俗。在世界各地,婚仪是五花八门、异彩纷呈的;同样,我国的婚仪也有着地区、民族和时代的差别。

(1)传统婚礼。以传统为主导的婚礼仪程,采用迎娶的模式,即新郎从新娘家里把新娘迎接过来。一般将婚仪和婚宴合一。一般婚仪程序是,主持人请出新郎新娘及陪伴人员,新郎新娘向大家鞠躬致谢,主持人邀请大家向新郎新娘祝福,家长答谢。接下来,便是司仪或家长领新郎新娘向众位宾客敬酒、敬烟,众人欢宴。

(2)旅游婚礼。这种婚仪纯以新郎新娘为中心,以旅游取代婚仪。旅游结婚是近些年来比较盛行的结婚方式,为广大青年所喜爱。新婚的男女最希望拥有一个独立自在的两人世界,不仅可以相依相处,又能游览观光。旅行路线最好选择双方都未曾去过且都有兴趣的地方。在行前及返回时,双方的家庭都该有一个小小的迎送仪式。双方家人及好友前往送行,说些祝福的话。

(3)集体婚礼。集体婚礼是近些年来我国提倡婚事新办而产生的新事物。这种婚礼形式不铺张浪费而且华贵气派、隆重、庄严,程式较少而具有纪念意义。现在流行的集体婚礼有自发组织的,但更多是由群众组织出面组织的。一般的组织者多为单位的工、青、妇组织。这在我国婚姻建设方面起到了一定的作用。来宾大多是青年同事和单位的领导。婚礼一般由发起的群众团体的领导主持,议程无一定之规。有的集体婚礼还要由单位筹办婚宴。

(4)广告婚礼。严格来说,广告婚礼不能说是一种婚礼,它仅是一种宣布结婚的形式而已。这种形式往往是利用大众传播媒介,将结婚的消息向亲友宣告,即算完成。广告婚礼有极强的私人性、个性特点。常见广告婚礼和其他形式复合。

(5)西式婚礼。随着对外开放和文化交流的频繁,西式的婚礼也在我国出现。西式教堂婚礼一般在午后举行。婚礼的开始是由专用于仪式的音乐奏响标示的。由牧师宣读结婚证书,新人宣誓,表达他们相亲相爱、忠贞不渝的决心。在交换结婚戒指时，新郎新娘都要说："这枚戒指象征着我们两人的结合。"在祝福和祷告声中，牧师大声地向新人宣布："你们已经成为正式的夫妻。"随后新人及其双亲以及客人离开教堂。

5.婚宴

由于习惯条件限制，人们向来比较重视婚宴。首先，安排婚宴的座次，一般要安排新郎新娘的专席或分别设专席，家长、贵宾也应该有专席。如果能在各席设座位，或由迎宾员引座，就更方便了。

席间，新郎新娘要在傧相的陪同下，依次给宾客祝酒。这时，男女傧相就担负起了引导、斟酒、解说等等的职责，新郎新娘只双手掌杯敬酒即可。被敬的人，应该说一些"白头偕老"等祝颂之词。如果仅是一般的熟人、甚至不太熟悉的人，则只说一两句客套话即可。

即便是现代婚礼，逗新郎新娘的风习仍然存在。新人应该忍耐，来宾也应该适可而止，不应过分为难。

婚宴的持续时间往往比较长。这时，傧相应该很好地照顾新人。来宾不必非等到席终不可，重要的节目过后，和主人等打一声招呼，就可以提前退席。无论哪位来宾退席，主人都应送行，关系较密切的重要宾客，新人及其家长亦应送行，直到送完最后一位准备离席的客人，婚宴也就宣告结束。

6.婚后礼仪

婚后礼仪，主要集中在答谢有关人员、走亲访友等方面。

对有关人员的答谢，是婚礼后主家必须顾及的礼数。这些人主要是那些为婚姻大事及婚礼帮忙、出力的人，比如婚姻的介绍人、婚礼仪式的主持者、傧相等。如何答谢，并无统一的习惯，但送些纪念品是有意义的。对于这些人来说，他们的心愿是新人的婚姻美满和家庭幸福，所以与此有关的礼品也就最为适宜。

答谢婚礼的参加者、祝贺者，尤其是那些送了礼品的人，也是一项不可或缺的内容。此外，对那些没有参加婚宴的同事或比较熟识的人散发喜糖，也是现在常见的礼数。

婚后拜访双方的至亲好友，可以说就是突出的表现。经过这种礼节性的拜访，亲友间就会相互熟识起来，接纳新郎或新娘为其成员。一般来说，当他们来拜访，亲友应当给予衷心祝福。

二、丧葬礼仪

人的死亡和诞生一样，也有许多的礼仪。现代丧葬礼仪仍然是隆重、严肃的，是诸多人生礼仪中需认真对待的重要部分。每一种葬礼，既有社会习俗的特点，又有人类特有的处理死者的信仰性质。我国素有"老有所养，死有所葬"的说法，把处理死者看作是一件重大而又庄严之事。亲人去世时，亲属们会感受到打击和孤独，这时候礼仪会起到抚慰作用,并可以帮助处理好必要的人际关系。

1.告别

丧葬的礼仪都是从死者死亡开始的。一般在死者弥留之际,最要紧的是通知其不在身边的直系亲属,请他们迅速赶到医院或家里,向死者诀别。死者的少数好友至交也应在通知之列,有条件的应迅速赶去诀别。至于远亲及一般的朋友,就大可不必通知了,因为这种诀别一般应该限制在比较小的范围之内。

现代社会提倡火葬,所以遗体告别的仪式显得比较重要。遗体告别仪式或在医院的特有场所举行,或在公墓的专门场所举行。不论在哪里,会场的布置都要庄严、肃穆。大厅的内外应该挂些亲友送的挽联挽幛,并摆放些鲜花、松柏,把遗体环绕起来。在遗体的旁边,还可以放一些死者生前的喜爱物,或代表其业绩的物品。亲友来参加告别的,进入大厅前应戴好小白花,依次进入大厅,分别在哀乐声中向死者三鞠躬志哀。此时,神情应肃穆,举止应端庄,不能多言乱语,更不能嬉笑。和死者的亲属握手时,可以简单地说几个"节哀"、"珍重"的字眼。

遗体告别时,家属们是极其哀痛的,但也不应因此失仪。一般的小事可由一些亲友来主持,但届时须臂戴黑纱依次站在告别室靠出口的一边,和参加者握手道谢。一般来说,家属们此时都难忍悲哀之泪,但不宜放声大哭,否则会影响整个仪式的气氛。告别前后,至亲好友向家属问候一声,叮嘱他们节哀,都会受到死者亲友的感激。

2.告丧

家人该把死讯通知亲属、死者生前朋友以及相关人员。通知的方式有多种:打电话、捎口信和拍电报等。具体方式视情况而定,关系密切的打电话,一般的捎个口信。利用新闻媒介发讣闻或讣告也是一种方式。通知的内容都大体一致,即通告死期、死因,葬礼的日期、地点,以及联系的时间、地点、联系人等。口头的通知比较随便,文字的则要讲究格式、用语等。

亲友接到通知应该立即打电话去表示哀悼和慰问。同时,做好其他相应的准备。送花圈、花篮、挽联、挽幛,应该就在这时候进行。所送的花圈、花篮都应缀以白绢(布)或纸的标志,上写"××千古",落款"××敬挽"等。挽联是中国特色的哀挽文字,或由当事人自拟自书,或自拟文字请人书写。联语应对死者生平事迹及与自己的关系等有所概括,写得情真意切。

3.追悼会

追悼会比旧式丧葬礼仪简便易行,不失为一种慰问死者亲属、寄托人们对死者哀思的好仪俗。追悼会一般由死者所在的单位、团体或社区组织。会场可以安排在任何一个临时的大厅,正面挂死者遗像。遗像要加黑边,还要挽上黑纱结成的花带。会场上可布置一些哀悼者送来的花圈、挽联等。出席者名单中,重要的是确定追悼会的主持人和致悼词者。悼词一般都要概括死者的生平、评价其业绩。追悼会的程序一般是:开会时首先奏哀乐,大家在哀乐声中默哀、鞠躬,然后致悼词,再奏哀乐、鞠躬,最后致意亲属表示慰问。

三、馈赠礼仪

社会交往,赠送礼品是人之常情。赠送礼品的目的在于保持联系和沟通感情,在人际交往中赠送礼品是向对方表达友情、敬重和感激的常用形式。对长者送礼表敬重;走亲访友送孩子礼物表喜爱;朋友结婚送上一份礼物表庆贺与祝福;节日里互赠礼物加上贺卡可以共享快乐;探望病人携带礼物表关心;别人遭不幸送上礼物表慰问;受人恩惠送份礼物深表谢意……馈赠是家庭人际交往中非常重要的方式。

馈赠礼品,首先要坚持礼尚往来的原则。其次,送礼的多少应灵活掌握,古话说,"交浅礼薄谊深礼厚",当然这还得结合个人、家庭的经济等具体情况而定。

1.馈赠时机的选择

古今中外都很注重礼尚往来,一般来说,春节、中秋、端午、结婚、生子等都是送礼的最好时机。归纳起来,下面几种情形应考虑送礼:

(1)喜庆嫁娶。乔迁新居、过生日做大寿、嫁女娶亲等亲友喜庆日子,应考虑备礼相赠,以示庆贺。亲友去世或遭不幸,也要适当送礼以帮助解决困难,表示安慰吊唁。

(2)欢庆节日。我国传统节日春节、端午、中秋等,西方的圣诞节、情人节、母亲节以及法定节假日都可作为送礼的时机。

(3)探望病人。去医院或别人家中探望病人应带点礼物。

(4)酬谢他人。当自己在生活中遭到困难或挫折,亲朋好友对你伸出过援助之手,事后应考虑送点礼物以表酬谢。

(5)亲友远行。为了祝愿亲友一路顺风,安心离开家人远出外地求学、工作送上一份礼品以表心意,以资纪念。

(6)拜访、做客。当你拜访或做客时,一方面对打扰对方表示歉意或接受对方款待表示感谢,一方面向对方表示自己的问候,往往也要带上一份礼物登门。

(7)还礼。"来而不往非礼也",接受过对方的礼物,就等于欠对方一个人情,或者在对方送礼离开时还附一份自己的礼物,或者事后在类似的场合向对方送上一份礼品。

参加宴会送礼应该注意宴会举行的时间和地点,按照惯例,礼物要求在宴会举行之前送到主人家才表示恭敬,否则临宴时才送礼就有点失敬了,尤其是婚礼、大寿等较为隆重的宴会。另外,除了宴会时间不知道,事后补礼是切忌的。礼送出以后应同时告知主人家是"准时赴会",还是确属有事不能抽身"十分遗憾不能赴会",否则会被主人家认为你不看重他们。

2.馈赠礼品的选择

礼品的选择也是非常重要的。送礼要恰如其分,“礼轻情谊重”,送礼的心意重于礼物本身的价值。那么怎样才能做到送礼送得恰当呢?

(1)注重真情。最好的礼物应融进送礼人的真正情感。礼品不一定要价钱昂贵,只要是具有“创造性”的,而且是花了心思的,那么,哪怕是自制的礼品,比如亲手编织的衣服、自制卡片等,也会使受礼者感动和喜欢的。

(2)因人而异,投其所好。选择礼物最重要的是使受礼者喜欢,要以对方喜欢为目标。由于每个人的性格、爱好、职业、年龄等的不同,因而对物品的喜好也不尽相同。为了使受礼者接受和喜爱你的馈赠品,就必须做到投其所好。而要做到这一点,一方面要平时注意观察,另一方面,要直接与对方进行沟通、了解,以求掌握对方的喜好。如果你的确不知道对方对某些专门礼品是否感兴趣时,最好赠送大多数人都会感兴趣的礼品。

(3)避免禁忌。只是了解了送礼对象的喜好还不够,还应了解传统禁忌,如不给健康人送药,不给年老多病者送“钟”等,只有这样才能真正达到送礼的目的。此外,如果是给不同民族、不同国家的朋友送礼,更应很好地了解他们的风俗习惯和禁忌。

3.受礼者的礼节

(1)把握收与不收的分寸。一般来说,贵重礼品或对方经破费之后而购的礼品,应婉言谢绝。小件礼品,又确能表达对方心意,可致谢后欣然收下。对方有目的而来,且此目的是自己力所不能及的或不宜收受的礼物时,应说明情况,礼貌谢绝。而对于只想加深友谊,无论礼物轻重,都应谢后收下,以示对对方的尊重。远方来客带来的地方特产,应欣然收下。在接受礼品之前,应该表示谦让,在对方诚意相送时,方可接受。

(2)把握退与不退的分寸。退礼最好少发生或不发生,但有时又难免发生。只是在退礼时要仔细讲明不能收的原因,请求对方谅解,以免伤害对方的感情。

(3)接受之后,应表示感谢,并要诚恳地请求对方不要这样客气,不要再破费。一般也应考虑回赠,真正做到“礼尚往来”。回赠方式多种多样,既可选择适当时机回赠一些礼物,也可采用其他方式。如请赠礼人外出旅游、娱乐,是一种比较流行的回礼方式。

(4)在我国不能当客人的面打开礼物,否则是不礼貌的。而美国和西欧一些国家都是要当面打开,以示对礼物的重视。当面受礼时,一般应以双手接受礼品,接过礼品后握手、致谢,然后把礼物放在一个既能看得见又不碍事的地方,既不要放在眼前,也不要马上收藏起来。

4.送礼禁忌

(1)除上文提到的禁忌外,不要交浅“礼”重,那会令人不安;异性朋友送礼,不要送贴身物品和“性感”明显的物品;不要“滥送”,无故地送礼会令人觉得你在炫耀财

富；不要将旧东西送人；不要在托人办事时送过于贵重的礼品；不要将同样的礼物同时送给相识的两个人；不要过时送礼、事后送礼。

(2)港台馈送禁忌。在港台风俗中，常在丧事后以毛巾送吊丧者，故非丧事一律不能送毛巾；剪刀是利器，含有“一刀两断”之意，以剪相送会使对方有受威胁之感；港台话中“雨伞”音同“给散”，若送雨伞会引起对方误解；扇子是夏季用品，台湾俗语“送扇无相见”，故不能作礼物；台湾的居丧之家习惯不蒸甜食、不裹粽子，如果以粽子相送，会被对方误解，十分忌讳。

(3)国外馈赠禁忌。日本人忌“9”、“4”，因为“9”与“苦”音同，“4”与“死”音同；西方人喜单数却忌“13”；英国人不能送百合花，因为有死亡之意；荷兰人不能送食品；波兰人除爱人、情人，不能给其他异性送红玫瑰；日本人不能送菊花，菊花供皇室专用；美国女性不能送香水、化妆品、衣物、假首饰，否则会以为你看不起她。

5.送花的礼节

鲜花是一种高雅的馈赠礼品。送花必须考虑“花卉语”，即考虑花卉及色彩、香味的象征和涵义。今天，每一种花或几种花的组合大都有固定的涵义，表示一定的意思。如：男子与女子交往，第一次赠送红冠花，表示我爱你；第二次送红郁金香，表示正式求爱；第三次送紫丁香，表示进入初恋阶段；感情加深，便赠红蔷薇；求婚时，则送一束红玫瑰等。生男孩，送淡蓝色的花，生女孩送粉红色的花；哀伤场合送菊花或无香味的花；送别亲友或恋人，用芍药表示依依惜别之情；送万年青，象征友谊长存；送杨柳花，表示难舍难分；送红豆树，意味着相思与怀念；生日赠花，给年轻人可送火红的石榴花、鲜红的月季花、美丽的象牙花，表示祝愿对方前程如火样红烈，青春如花样鲜艳；给老年人可送龟背竹、万年青或寿星草，表示祝愿老人健康长寿、快乐幸福；看望长辈，送桃花是祝愿幸福长寿等。

事实上，花卉语也有一语多意的现象。不同的民族和国家有着不同的“花卉语”。在我国，向日葵代表光明自由；野丁香代表谦逊；蓝紫罗兰代表诚实；白百合花代表纯洁等。在欧美国家，刺玫瑰代表优美；红茶花代表天生丽质；白茶花代表真美等。

送花还有一些忌讳。根据我国的习俗，一般不送单一黄色或白色的花束。而在欧美国家，白色的花一般代表礼花，无论婚丧均可赠送。只是喜事要用红色缎带包扎，丧事用白色缎带包扎。紫色为丧礼的颜色，不宜用于其他场合。送花不宜送13枝或13朵。男士胸花以白色康乃馨为最好；女士参加宴会时，白天佩戴一朵花为好，晚上佩戴两朵花为好。

第四章

社交礼仪

社交即社会交往，就是在社会活动中人与人、人与组织、组织与群体及人与群体之间所进行的物质的、精神的交流和交换。社交的目的是为了促进社会的发展、加强人与人之间的密切联系，传递社会所需要的各种信息，以促进人际关系的和谐，推动整个人类社会的进步。

社交礼仪是指人们在社会交往活动中所应具有的相互表示尊重、敬意、亲善和友好的行为规范与惯用形式。在现代社会，把握社交礼仪的基本特点与功能及遵循原则与要求，了解和明确社交中的禁忌与避讳，对于我们搞好各项社会工作，加强相互间的交往与合作，增进彼此间的感情与友谊，加深各方的理解与支持，都具有重大的作用。

第一节 见面礼仪

一、称呼礼仪

见面打招呼，办事先称呼，这是人人皆知的常识。作为交往过程中开口说出的第一句话，它最能表达说话人的文化修养。得体的称呼，可以给人以良好的第一印象，可以使对方感到亲切和温暖，成为双方交往的通行证；不得体的称呼会使双方陷入尴尬境地，造成交往梗塞。那种张口喊："喂！""哎！"是对人的不尊重；见人就叫"师傅"，会让人摸不着头脑；爱称人绰号的，那是在戏弄别人，同时也贬低了自己的人格。称呼有敬称和谦称两种。

1.敬称

(1)人称敬称。通常所用的词如"您"、"您老"、"您老人家"等，表明说话人的谦恭和客气。

(2)亲属称谓。对非亲属的交际对象,我们有时也会运用亲属称谓。人们往往根据辈分、与对方的熟悉度、交际场合的性质及听话人的社会特征为标准,选择具体称谓。例如,说话者通过年龄上的比较,称年长者为"爷爷"、"奶奶"、"大叔"、"阿姨"等,称年龄相差不大的为"大哥"、"大姐"、"弟弟"、"妹妹",有时即使对方年纪比自己小,仍称之为"兄"、"姐",表达出了对对方的尊敬之意。亲属称谓本身带有一种感情上比较接近和亲切的含义,故亲近的程度也影响称谓的使用。此外,在正式交际场合,有时应冠以亲属称谓的,往往也不使用,否则与语境不协调。同时,称呼对象的社会地位异同,具体的称谓也会有差异,如人们往往愿意把女性脑力劳动者称为"阿姨",而把体力劳动者称作"大妈"。

(3)职业称谓。在比较正式的场合,往往习惯于职业称谓,这带有尊重对方职业和劳动的意思,同时也暗示了谈话与职业有关。通常如"师傅"、"大夫"、"老师"等,并可冠之以姓。

(4)职务称谓。在职业环境或商务聚会等场合,人们往往使用职务称谓进行交流。

(5)通称。通称是一种不区分听话人的职务、职业、年龄等而广泛使用的一种称呼。如"小姐"、"先生"、"女士"等。

(6)姓名称谓。通常所用的是"老+姓氏",用在正常场合称呼比较熟悉的同辈人;"姓氏+老"是对老干部、老知识分子等的敬称。"小+姓氏"则是对小字辈的一种随意的称呼。

2.谦称

敬称是尊人,而谦称是抑己,也是为了表示对他人的尊重。

(1)谦称自己的亲属。在称呼比自己辈分高的人或岁数大的人时常冠以"家"字,如"家父"、"家母";小辈则通常用"小"字称,如"小女"等。

(2)从儿辈称谓。从说话人的子女或孙辈角度出发称呼听话人,如"×叔叔"、"×阿姨",一方面表示说话人的谦恭,另一方面在很难用别的称谓时使用。

3.得体称呼的基本要求

在人际交往中,人们总是喜欢在称呼上能得体一些。做到这一点,也并不容易。不过也大可不必拘谨,只要看准对象,因人而异地对称谓加以选择就可以了。得体的称呼,一般应符合以下基本要求:

第一,称呼必须符合对方的具体情况。交往对象有年龄、性别、身份、职业等具体情况的不同,称呼时应区别对待,如对男性老人称"大爷",对医务工作者称"大夫"或"医生",对未婚女性称"小姐"等。

第二,称呼要符合交往的场合和当地的风俗习惯。从场合上讲,正式场合应使用通用而规范的称呼,如商务洽谈中称"先生"、"小姐"、"女士"等,内部会议中应选用职务称谓。非正式场合应主要依据当地的风俗习惯称呼,入乡随俗,如南方有的地方称农民同乡为“老表”，而北方大多数地区称“老乡”。

第三，同时与多人称呼要讲究次序。一般情况下，同时称呼多人，应遵循先长后幼、先上后下、先女后男、先疏后亲的原则。

第四，称呼要考虑与对方关系的亲疏远近。对初次见面、不熟悉的人，称呼应根据前述原则，认真选择。对关系密切的亲朋好友，称呼可随意，有时可直呼其名，以示亲切。

一般，人们比较看重自己已取得的地位。对有头衔的人称呼他的头衔，就是对他莫大的尊重。直呼其名仅适用于关系密切的人之间。你若与有头衔的人关系非同一般，直呼其名来得更亲切，但若是在公众和社交场合，你还是称呼他的头衔更为得体。

二、致意礼仪

见面致意，又叫打招呼，是指与相识的人见面时，表示问候、沟通感情的一种方式。在公共场合远距离遇到相识的人，一般是举右手打招呼并点头致意，表示认出了对方，打完招呼即可继续办自己的事。若戴帽子可用手扶一下帽子，以表致意，不必脱帽。

见面致意的顺序一般是：男性首先向女性致意，年轻人首先向年长者致意，未婚者应先向已婚者致意，下级首先向上级致意，学生首先向老师致意。一般而言，作为女士，唯有遇到长辈、上司以及自己特别敬佩的人时，才需要首先向对方致意。

经常见面、但没有要事相告时，面带微笑点点头就可以了。也可以根据见面的时间进行问候，如“早上好”、“晚安”等。也可以随便打个招呼，如“出去呀”、“忙呀”等。被问者应予礼貌简单地回答。彼此关系密切又相隔一段时间未见的，可用“您(你)好！”来问候，并简单询问一下对方近来的工作、身体、生活及家庭等情况，使双方感到温暖亲切。

由于致意是一种不出声的问候，主要是在不宜多谈时以动作去表达对他人的问候，所以致意的动作不能马马虎虎，表情也不能过分呆板，或显得萎靡不振。向他人致意时一定要使对方看到，看清，才会使自己的友善之意被对方接受。致意必须在近距离，不要站在几十米之外，也不要站在对方的侧面或背面。假如对方由于看不到或看不清楚而对你的致意毫无反应，是令人难堪的。

遇到别人首先向自己致意，不管自己心情如何，感觉如何，都必须马上用对方所采用的致意方式“投桃报李”，回敬对方，表情要显得和蔼可亲，彼此交换目光，女性无论在什么场合，微笑点头示意即可。绝不可视若不见，置之不理。同路人（无论男女）的熟人向你致意时，即使你不认识对方，也应当还礼。

如果你不想与什么人打招呼，不能在人家跟前故意示威地扭身转向一边，而应在相距尚远就走到一边去或绕道而行。如果迎面走来一位熟人，据你看来，他并不想与你打招呼,那你就尽量不去看他,或在不得已的情况下,假装没有认出他。

致意应注意的事项:不要相距老远(20米以外)就高呼其名,也不要无礼貌地高声叫喊,弄得人家尴尬窘迫;不要不分场合缠住对方,使人生厌;不要招呼过头,给人轻浮、粗鲁之感。

三、常用见面礼节

我国自古以来就十分重视初次见面礼节及礼节实施的规范。古时常见的有"揖"、"拜"以表示敬意。自推翻帝制后,跪拜为鞠躬所替代,三鞠躬至今被视为重礼。随着社会的进步,日常社交场合中普遍为人们接受和使用的见面礼仪融进了更加文明、更加丰富的内容。因此,为了给别人留下一个良好的印象,取得社交活动的成效,在社交关系活动中尤其需要掌握和遵循常用见面礼节。

常用见面礼节包括握手礼、点头礼、拥抱礼、亲吻礼、脱帽礼等。

1.握手礼

握手是在社交场合中相见、离别、致谢、介绍时相互表示热情、致意和情谊时的一种最常见的礼节。在社交中,双方打招呼之后或者初次见面往往互相握手致意。在大多数国家,握手也是相互见面和离别时一种国际通用的礼节。握手除是一个见面的礼节外,还是祝贺、感谢、鼓励、慰问的表示,如在赠礼、授奖、授学位、吊唁、看望伤病员等时使用。握手是交际的一部分,是一种沟通思想、交流感情、增进友谊的重要方式。通过握手,可以显露自己的个性,给人留下不同印象;也可以通过握手来了解对方的个性,通过双手相握,可以揣测一个人的情绪意向,甚至还可以推断一个人的性格和感情,从而赢得交际的主动。

(1)遵循握手的礼仪顺序。在社交场合,握手时伸手的先后顺序颇多讲究,一般讲究"尊者决定",即由身份尊贵的人决定双方有无握手的必要。正确的顺序是等待女士、长辈、主人或职位高者伸出手来之后,男士、晚辈、客人或职位低者方可伸出手去呼应。若后者"先下手为强",抢先伸出手去,却得不到前者良好的反应,会令人很难堪。而在朋友、平辈人见面时,一般认为谁伸手快,谁更为有礼。另外,遇到祝贺对方、宽慰对方,表示谅解对方、真心诚意的情况,应主动伸手。

社交场合被介绍之后,最好不要立即主动伸手。年轻者、职务低者被介绍给年长者、职务高者时,应先问候,然后根据年长者、职务高者的反应行事,即当年长者、职务高者用点头致意代替握手时,年轻者、职务低者也应随之点头致意。和年轻女性或异国女性握手,男士一般不要先伸手。

若一个人要与许多人握手,有礼貌的顺序是先长辈后晚辈,先主人后客人,先上级后下级,先同性后异性,也可以由近而远地依次与人握手。西方风俗忌讳交叉握手,即两个人握手时,另外两人相握的手不能有意或无意地与之交叉。

总之,握手时必须注意:第一,永远将握手的主动权让给女性;男女异性之间握手，先伸出手的应该是女性，如果女性不伸手；没有握手之意，男人就以点头或鞠躬表示敬意。第二，永远将握手的主动权让给主人。第三，永远将握手的主动权让给年长者。第四，永远将握手的主动权让给地位高、知名度大的人。

(2)正确的握手方法。握手时，要主动热情、自然大方、面带微笑双目注视对方，切不可斜视或低着头，可根据场合，一边握手，一边寒暄致意，如“您好”、“谢谢”、“再见”等等，对年长者和有身份的人，应双手握住对方的手，稍稍欠身，以表敬意。握手时不能用力过猛，意思到即可，尤其对女性。

握手的正确做法是：在人们问候之后或互致问候之时，双方各自伸出自己的右手，彼此之间保持一步左右的距离，手掌略向前下方伸直，与对方相握后呈垂直状态，然后五指并用、与对方相握，双手微微上下摆动，时间不宜超过三秒钟。同时上身可稍向前倾，头略低一些，和颜悦色地看着对方的眼睛，以示尊敬。

初次见面握一下就可以，不必用力；在关系比较密切的情况下，如老朋友见面一般都是两个人的两双手长时间紧握；男子与初识的女士握手的时候往往只握一下女士的手指头，轻轻握一下即可；年轻的对年长的，身份低的对身份高的行握手礼时要轻轻欠身，双手握住对方的手表示尊敬。

(3)注意事项。在与他人握手时，要注意以下几点：

①男士互相握手时应该脱帽，同时亦不可戴着手套与人握手。女士虽被允许在社交场合戴着帽子手套与别人握手，但摘下它来未必有失身份，与长辈、嘉宾握手时更是如此。

②伸出去与人相握的手不能带有手汗。因此，当与人握手却有手汗时应趁人不注意偷偷地擦干手掌。如在工作地点见面，手不洁或有污渍时，应事先向对方声明示意并致歉意。

③握手时必须用右手，特别接触外国人时，慎用左手与之相握。穆斯林与印度人都认为，左手仅只适用于为自己洗浴，或是去洗手间方便，右手才负有高雅的使命。若用左手与之相握，或握手时双手并用，他们都会感到是有意的侮辱。

④握手时要热情，面带笑容，注视对方的眼睛。这是充满自信的表示，也意味对对方以礼相待。切不可毫无热情地伸手去给人家握，或者看着第三者与人握手，也不能一只脚站在门里，一只脚跨在门外握手。因为这会给人一种心不在焉或对对方不尊重的感觉。

⑤握手时用力要适当，可握得稍紧些，以示热情，但不可太用力也不可握得太轻。正确的做法应当是不轻不重地用手掌和手指全部握住对方的手，然后微微向下晃两下。自己的手被别人握住时，也应微微晃两晃，以示有所回应。

⑥同时与新相识者会见时，握手寒暄时间应大致相同，不要给人造成厚此薄彼的感觉。

⑦别人伸手后，自己应该紧接着伸手相握，动作要迅速。不能让对方伸出手等

着，你却迟迟没有回应，更不能加以拒绝，以至造成尴尬局面。

⑧在主动和人握手之前，应先想想自己是否受对方的欢迎。如果你已察觉对方无握手之意，那么向他点头示意，或微微鞠躬，也是礼貌的。

2.点头礼

点头礼与握手礼一样也是最普遍的见面礼仪，盛行于世界各国和各民族。在社交场合，它可以替代其他见面礼向友人打招呼致意。具体而言，它可以用于同不相识者初次会面之时，也可以用于向在同一场合经常见面的老朋友打招呼。在剧院、会场、展览会、宴会厅等不宜随便走动的公共场所，朋友远距离相见时也可用点头致意。如果带着帽子还应脱帽再点头示意。由于点头礼简单随意方便，不受时间、地点、对象的限制，故深得世界各民族的青睐，一直盛行不衰。

点头礼的正规做法应是用头部向下稍许点两下，同时目视被致意者。不应把头高高扬起，用鼻孔"看"人，或是头部点得的幅度过大，点头不止。

在点头时，要面带微笑，微笑即面含笑容，是不显著、不出声、不露齿的笑。微笑的要旨是要求真诚、自然、朴实无华，否则会有悖于与人为善的初衷。

在点头时，还可以稍稍欠身，意在表示对他人的恭敬。欠身，即全身或身体的上半部分在目视被致意者的同时，微微前倾一下。适用的范围比较广泛，可以向一个人欠身致意，也可以向几个人欠身致意。欠身为礼时，双手不应拿着东西或插在裤袋里。

点头礼多用于不宜高谈阔论的场合。但如果双方距离很近，并且有可能交谈，则不妨降低音量谈几句话，否则便显得不近人情。

3.拥抱礼

拥抱礼也是重要的见面礼仪之一，盛行于世界许多的国家和民族之中。至亲好友见面，新知故友相遇，总要热烈地抱一抱或轻轻地搂一搂。拥抱礼不仅是人们日常交际中的重要礼仪，而且也是世界各国政府首脑外交场合中的见面礼节，多用于官方、民间的迎送宾客或祝贺致谢等社交场合。

正确的拥抱礼方法是，两人相对而立，上身稍稍前倾，各自右臂偏上，左臂偏下，右手环拥对方左肩部位，左手环拥对方右腰部位，彼此头部及上身向右相互拥抱，最后再向左拥抱一次。

礼节性拥抱一般时间很短，拥抱时双方身体也并不贴得很近。这种做法过于正规，在普通场合，大可不必如此讲究，重要的是将自己的热情友好之意表达出来。需要注意的是，西方人在商务往来中并不使用拥抱礼。

4.亲吻礼

亲吻礼流传最广的说法是，古罗马时严禁妇女喝酒，男子外出归来，常常要检查一下妻子是否饮酒，便凑到她的嘴边闻一闻，嗅一嗅。这样沿袭下来。夫妇把嘴凑到一起的举动逐渐成为夫妇见面时的第一道礼节。后来，这种礼节逐渐普及，范围逐渐扩大,终于演化成今天的亲吻礼。

(1)亲吻礼。欧美人对于亲朋好友表示亲热,往往以亲吻代替握手,行亲吻礼时,往往伴有一定程度的拥抱。在社交场合,则应先握手,再拥抱、亲吻。不同关系、不同身份的人,相互亲吻的部位不尽相同。长辈吻晚辈,只吻后者的额部;晚辈吻长辈,只吻后者的下颌;关系亲近的女子之间可以吻脸;男子之间是拥肩相抱;男女之间、同辈朋友、兄弟手足之间一般只是脸颊相贴。只有夫妻之间、情人之间,才是真正嘴对嘴地亲吻。一般来说,男子见到女子不能随便拥抱和亲吻。在许多国家的迎宾场合,宾主往往以握手、拥抱、左右吻脸、贴面颊的连续动作,表示最真诚的热情和敬意。

(2)吻手礼。吻手礼是欧美男士在较为正规的社交场合以亲吻女士手背或手指的方式,表示敬意的一种隆重的见面礼。做法是:男士行至女士面前,首先立正欠身致敬,然后以右手或双手轻轻抬起女士的右手,同时俯首躬腰以自己的双唇靠近它,最后用微闭的嘴唇象征性地轻轻触及一下女士的手背或手指。行吻手礼仅限于室内,在街道上或是车站、商店等公共场合均不适用。它主要被男士用于向自己敬爱的已婚妇女表示崇高的敬意,所以对未婚少女是不行此礼的。吻手礼的吻只是一种象征,故要求干净利索,不发声响,不留“遗迹”,否则就显得无礼。

在波兰、法国和拉美的一些国家里,向已婚女士行吻手礼是男士有教养的一种标志。在一般情况下,中方女士遇到外方男士在社交场合向自己行吻手礼,是可以接受的。若推谢奔逃,或是面红耳赤地不知所措,会使对方感到丢面子。

5.脱帽礼

见面时男士应摘下帽子或举一举帽子,并向对方致意或问好;若与同一人在同一场合前后多次相遇,则不必反复脱帽。进入主人房间时,客人必须脱帽,在庄重、正规的场合(如奏国歌、祭扫烈士墓时)应自觉脱帽。

此外,还有诸如鞠躬礼、举手礼、双手合十致意、拱手礼、屈膝礼、碰鼻礼等。

第二节　介绍礼仪

现代人要生存、发展,就需要与他人进行必要的沟通,以寻求理解、帮助和支持。介绍是人际交往中与他人进行沟通、增进了解、建立联系的一种最基本、最常规的方式,是人与人进行相互沟通的出发点。

在社交场合,如能正确地利用介绍,不仅可以扩大自己的交际圈,广交朋友,而且有助于自我展示、自我宣传,在交往中消除误会、减少麻烦。

一、自我介绍

在社交活动中,如欲结识某些人或某个人,而又无人引见,如有可能,即可向对方自报家门,自己将自己介绍给对方。如果有介绍人在场,自我介绍则被视为不礼貌的。

1.自我介绍的时机

应当何时进行自我介绍?这是最关键而往往被人忽视的问题。若是对方正忙于工作,或是正与他人交谈,或是大家精力集中在某人或某件事情上的时候,作自我介绍有可能打断对方,效果一定不会太好。如发现对方心情欠佳,或疲惫不堪时,也不应上前打搅。如果对方一个人独处,或春风得意之时,他对你的自我介绍不仅洗耳恭听,而且肯定会有良好的反应。此外,在大家闲谈的时候,或出现冷场的时候,抓住时机进行自我介绍,这样,在场的人就不会觉得很唐突,而会很愉快、很乐意接受你的自我介绍。在下面场合,就有必要进行适当的自我介绍:

比如在社交场合,与不相识者相处时、有不相识者表现出对自己感兴趣或者有不相识者要求自己作自我介绍时。在公共聚会上,与身边的陌生人组成交际圈或者打算介入陌生人组成的交际圈时,都需要进行自我介绍。

因工作学习(如应聘求职和应试求学时)或生活社交需要,在公共场合或者对某个素不相识的人进行业务推广、自我推荐、自我宣传时。又如有时可能交往对象因为健忘而记不清自己,或担心这种情况可能出现时,也需要进行自我介绍。

2.自我介绍的形式

自我介绍时应先向对方点头致意,得到回应后再向对方介绍自己的姓名、身份、单位等。自我介绍的具体形式有:

(1)应酬式。适用于某些公共场合和一般性的社交场合,这种自我介绍最为简洁,往往只包括姓名一项即可。介绍姓名时,口齿要清楚,并作必要的说明,如姓李,可以介绍说是"木子李",如姓章,可以说是"立早章",这样既听得明确,又便于记忆。

(2)工作式。适用于工作场合,它包括本人姓名、供职单位及其部门、职务或从事的具体工作等。

(3)交流式。适用于社交活动中,希望与交往对象进一步交流与沟通。它大体应包括介绍者的姓名、工作、籍贯、学历、兴趣及与交往对象的某些熟人的关系。

(4)礼仪式。适用于讲座、报告、演出、庆典、仪式等一些正规而隆重的场合,包括姓名、单位、职务等,同时还应加入一些适当的谦辞、敬辞。

(5)问答式。适用于应试、应聘和公务交往。问答式的自我介绍,应该是有问必答,问什么就答什么。

3.自我介绍的注意事项

(1)注意时间。要抓住时机,在适当的场合进行自我介绍,对方有空闲,而且情绪较好,又有兴趣时,这样就不会打扰对方。自我介绍时还要简洁,尽可能地节省时间,以半分钟左右为佳。为了节省时间,作自我介绍时,还可利用名片、介绍信加以辅助。

(2)讲究态度。进行自我介绍,态度一定要自然、友善、亲切、随和。应落落大方,彬彬有礼。既不能唯唯诺诺,又不能虚张声势,轻浮夸张。语气要自然,语速要正常,语音要清晰。

(3)真实诚恳。进行自我介绍要实事求是,真实可信,不可自吹自擂,夸大其词。态度要谦虚,如果你担负一定的领导职务,不要在介绍时显示,只要说出在某某单位工作。初次见面过分地表现自己容易引起对方的反感。

二、介绍他人

在交际场合结识朋友,可自我介绍,也可由第三者介绍。为他人介绍,要先了解双方是否有结识的愿望,不要贸然行事,无论是自我介绍还是为他人介绍,都要自然。例如,正在交谈的人中,有你所熟识的,便可趋前打招呼,这位熟人顺便将你介绍给其他客人。遇到下列情况,有必要进行他人介绍:

与家人外出,路遇家人不相识的同事或朋友;本人的接待对象遇见了其不相识的人士,而对方又跟自己打了招呼;在家中或办公地点,接待彼此不相识的客人或来访者;打算推介某人加入某一方面的交际圈;受到为他人作介绍的邀请;陪同上司、长者、来宾时,遇见了其不相识者,而对方又跟自己打了招呼;陪同亲友前去拜访亲友不相识者。

1.介绍的顺序

介绍时要坚持受到特别尊重的一方有了解对方的优先权的原则,即介绍有先后顺序。在社交活动中,为他人作介绍的先后顺序大体上有六种:其一,把男士介绍给女士,即把男士引见给女士而不是相反。这是"女士优先"精神的具体体现,也是最常见的一种方式。唯有在女士面对尊贵人物时,才允许有例外。其二,把晚辈介绍给长辈,即优先考虑被介绍人双方的年龄差异,通常适用于同性之间。其三,将客人介绍给主人,它适用于来宾众多的场合,尤其是主人未必与客人个个相识的时候。其四,把未婚者介绍给已婚者,它仅仅适用于对被介绍人非常知根知底的前提之下。要是拿不准,还是不要冒昧行事。其五,把职位低者介绍给职位高者,它适用于比较正式的场合,特别适用于职业相同的人士之间。其六,把个人介绍给团体,当新加入一个团体的人初次与该团体的其他成员见面时,负责人要是介绍他与众人一一相识太费时间,此刻往往会采取这种方式来避免麻烦。至于想认识每个成员的话,那么留待适当的时间相互作自我介绍好了。

以上几种方式,基本精神和共同特点是"尊者居后",即应把身份、地位较为低的一方介绍给相对而言身份、地位较为尊贵的一方,以表示对尊者的敬重之意。在口头表达时,得体的做法是,先称呼受尊敬的一方,再将介绍者介绍出来。介绍的顺序已为国际所公认,顺序颠倒和错乱的后果是不会令人愉快的。

在社交场合,究竟应当采用哪种方式,应具体问题具体分析。比如,有时可能会遇到一些难于按常规处理的情况,如需要介绍两位地位不相上下的经理先生或是两位经理夫人相识。对前者,不能按照"把职位低者介绍给职位高者"的惯例行事,因为两位经理先生的职位高低难分伯仲。对后者,恐怕也不能按照"把晚辈介绍给长辈"的规矩去做,因为女士的年龄属于个人秘密,更何况没有一位女士愿意承认自己"显得老"的。在这种职位难分高下,年龄大小不便明说的情况下,只有采取"先温后火",或"先亲后疏"的办法,才能"过关"。"先温后火"意即把脾气好的一方介绍给脾气欠佳的一方;先亲后疏,意即把与自己关系密切的一方介绍给自己较为生疏的一方。一般而言,脾气好的人,自己的熟人,总归好说话。而脾气欠佳的人、自己较为生疏的人,却喜欢挑剔,是不好得罪的。

还有一些时候,需要把一个人介绍给其他众多的在场者。若没有地位非常尊贵的人在场,此刻最好按照一定的次序,如顺时针方向或逆时针方向,自右至左或自左至右,依次进行。不该挑三拣四地"跳跃式"进行介绍,那样做的话,弄不好会伤人的。

2.介绍的方式

正式的介绍首先应该用非常礼貌、完整的语言向尊者说明介绍的意愿,要表示出对尊者的尊重。如:"吴小姐,我可以介绍张先生认识你吗?"在一般的场合,可以直接向对方作介绍。应该注意的是介绍时应该准确了解被介绍双方的身份、地位、姓氏。另外除了介绍姓名之外,还应该说明一下你与双方的关系,以便于新结识的人相互了解与信任,最好再介绍一下双方可能存在的共同点以及被介绍人与众不同的优势与特长。如:"严总,这是我的老同学王涛,现在在××公司担任销售经理,英语特别棒。对了,他跟您一样,也是××大学毕业的呢!"

为他人作介绍时,要避免给任何一方厚此薄彼的感觉。不可以对一方介绍得面面俱到,而对另一方介绍得简略至极。也不可以对被介绍的一方冠以"这是我的好朋友",因为这似乎暗示另外一个人不是你的朋友,所以显得不友善,也不礼貌。

三、被介绍者

作为被介绍者,在被介绍给他人时,应表现出结识对方的诚意。一旦介绍人开始介绍,除贵宾与长者外,被介绍者一律应起立,并以正面面向对方,目光柔和又专心致志看着对方的眼睛,不能只看介绍人。随着介绍人的介绍,向对方点头致意,或用一些感叹词来呼应他的介绍。待介绍完毕后,双方应该互致见面礼,如握手礼,并互问"你好"。如在"你好"之后再重复一遍对方的姓名或称谓,则不失为一种亲切而礼貌的反应。对于长者或有名望的人,重复对其带有敬意的称谓无疑会使对方感到很愉快,同时将对方名字重复一遍还可以加深记忆。

讲话时的语气则要根据想表达感情的程度而定,可以用兴奋的口吻,也可以用不在意的腔调,即使不喜欢甚至厌恶某人,也不妨对他们彬彬有礼。但也不要对尊敬的人过于殷勤,如"久仰久仰"、"久闻大名,如雷贯耳,今日得见,幸甚幸甚"之类的客套话,否则显得矫揉造作,缺少诚意。如果确实很高兴,可以说"很高兴认识你"。切记要注意自己的语气和腔调,它们往往比语句本身更能表明态度。一定要牢记对方的姓名职务,特别在需要同时记住许多人时,更是要精力集中,免得刚刚介绍就出现张冠李戴的笑话。

如果你是主人,或身份高者,应在介绍后主动与对方握手,表示欢迎,愿意结识对方。

四、名片礼仪

在双方相识后,可互留名片。互递名片不仅是很好的自我介绍,而且与对方建立了联系,既方便,又体面,但不能滥用,要讲究一定的礼仪。否则,会给人留下草率、马虎的印象,忽视不得。

呈名片可在介绍前或交流结束、临别之际,可视具体情况而定。递接名片时最好用双手,除非是对有"左手忌"的国家(如印度、缅甸、泰国、马来西亚、阿拉伯各国及印尼的许多地区,他们的传统认为左手是肮脏的)。名片的正面应朝着对方,如是对外宾,外文一面朝上,字母正对客方。一般不要伸手向别人讨名片,必须讨名片时应以请求的口气,如"您方便的话,请给我一张名片,以便日后联系"。

接过名片后应点头致谢,并认真地看一遍。最好能将对方的主要职务、身份轻声读出来,以示尊重,遇到不太清楚的地方可马上请教。切忌接过名片一眼不看就收起来,也不要随手摆弄,这样都是不礼貌的。应认真收好,让对方感到受重视,受尊敬。放在桌上时,上面不要压任何东西。

在现代涉外活动中,也可以用名片作为简单的礼节性通信往来,表示祝贺、感谢、介绍、辞行、慰问、吊唁等。可以在名片上写上简短的一句话,或送礼、献花时附上一张名片。国际涉外交往中这都是很常见的。

第三节　舞会礼仪

跳舞是一项精彩的娱乐活动,当你和舞伴配合默契随着音乐翩翩起舞时,你会感受到一种因和谐而产生的愉悦。当你以娴熟的舞步、优雅的举止赢得一批新朋友时,跳舞又成了一项社交活动。无论国际或是国内的舞会,都是一种高度讲究礼仪的社交活动。舞会,无疑也是展示魅力的场所。

一、舞会邀请礼仪

舞会是颇受人们欢迎的一种社交活动。舞会一般在晚上举行,有大型舞会、一般社交舞会和家庭舞会几种形式,时间约为3小时,遇有重大喜庆节日可延长至5~6小时。舞会的组织者若定好舞会的时间,应提前向客人发出邀请,并说明起止时间,以方便客人安排时间。邀请的男女客人的人数要大致相等,对已婚者,一般要请夫妇二人。舞会开始时,女主人要在门厅或客厅迎接每一位到会的宾客,并将新来的客人向就近来宾作介绍。

二、舞会着装礼仪

舞会的吸引力在于它的特别和精致。参加舞会时,所有的男士、女士都必须穿着整洁得体,每个参与者都应当努力在装束、行为以及礼貌上积极合作,以保持舞会的这种特别和精致性。

要确切地知道今晚舞会的性质,再决定该穿的衣服与做适当的修饰,过与不及都要避免。不必浓妆艳抹,也不要穿牛仔裤挤在人群里,因为你是去参加舞会,不是去郊游。

1.参加大型舞会

如果应邀参加的是大型正规的舞会,或者有外宾参加,这时的请柬会注明:“请着礼服。”接到这样的请柬一定要提早做准备。

对于女士来说,装束应该做到所能承受的最精致的程度。一般不宜穿裤子或职业套装,而宜穿裙摆较大、长及脚踝的裙子,这样能使舞姿更飘逸动人。穿无袖或无肩带的女裙的女士,可以戴长手套,这种手套可以一直戴到舞会开始。但是开始跳舞或者晚餐开始时,应当脱掉手套。如场合非常正式,女士应该穿晚礼服,有条件经常参加盛大晚会的女士应该准备晚礼服,偶尔用一次的可以向婚纱店租借。近年也有穿旗袍改良的晚礼服,既有中国的民族特色,又端庄典雅适合中国女性的气质。

正规的舞会上,头发最好盘起来,梳成发髻;参加一般的舞会,则发型随意,可以是“清汤挂面”式的直发,也可以将长波浪吹得蓬蓬松松的。再穿上高跟鞋,可以使女士的步态、舞姿更动人,还可以避免穿长裙显得拖沓。

晚礼服是盛装,因此露肤的晚礼服一定要配戴成套的首饰:项链、耳环、手镯等。穿戴其他服装也不要忘记戴上华美的首饰,这是一个把最好的首饰从保险箱中取出来,体验佩戴快乐的机会。

手袋的装饰作用非常重要,配合服装的缎子或丝绸做的小手袋必不可少。同时,小手袋也是晚礼服的必须配饰。

舞会大都在晚上举办,所以要化晚妆,再洒上宜人的香水。这一切都会使你增添自信,增添光彩。

男士参加正式舞会的传统着装是大燕尾服、白色衬衫和领结,正式的场合也需戴白色的手套,没有什么装束比这更漂亮的了。然而,很少有人拥有一套大燕尾服,甚至很少有人租用它们参加晚会。人们通常穿正式程度稍逊一筹的小燕尾服,黑领结和小燕尾服一样能够被各种舞会所接受。

不是特别正式的舞会男士可以穿着比较正规的西装,如符合西方传统的深蓝色、灰色西装。灯芯绒或格子呢的以及肘部打补丁的休闲西装不宜出现在十分正规的舞会上。即使是夏天,男士也得穿长裤去参加舞会,穿西装短裤、沙滩裤去跳舞是不礼貌的。

男士还要把头发梳理整齐,胡子刮干净,皮鞋擦亮。因为跳舞时两人的距离较近,保持口腔卫生,最好用口腔清新剂。

2.参加家庭舞会

如果是亲朋好友在家里举办的小型生日PARTY等活动,要选择与舞会的氛围协调一致的服装,女士则最好穿便于舞动的裙装或穿旗袍,搭配色彩协调的高跟皮鞋。作为男士,一定要头发干净,衣着整洁。一般的舞会可以穿深色西装,如果是夏季,可以穿淡色的衬衣,打领带,最好穿长袖衬衣。

3.参加其他舞会

如果参加类似“迪斯科专场”舞会,装扮就不必受以上约束。T恤、牛仔裤,超短裙、运动鞋都可以穿,人们只求在扭摆中宣泄得酣畅淋漓,领带、高跟鞋反倒成了累赘。无论参加什么舞会,舞会前不要吃蒜、韭菜等带刺激气味的食品,也不要喝酒或吸烟,最好漱一下口,或嚼几片口香糖,否则满口异味会使你的舞伴受不了的。

三、选择舞伴的礼仪

1.选择舞伴的顺序

每位男宾应首先邀请坐在自己左侧的女宾跳舞,然后再邀其他女宾。初进社交界的女子即使没有坐在父亲左侧,通常也由父亲首先邀她跳舞。在私人舞会上,每位男士都应当同举办舞会的女主人,以及他在餐桌上座位两侧的女士跳舞。当然,他必须同他带来的女士跳第一支和最后一支舞。

2.男士邀请女方

舞曲奏响以后,一般由男士邀请女士跳舞。

如果一个女士同一位男士单独坐在一起,其他男士最好不要上前请她跳舞。同时,少去邀请恋人中的一方跳舞,因为恋人大都不愿被别人打扰。当自己的恋人被别人邀请时,要大度一些,不要阻止,也不要一脸不悦。

邀请女士时,男方要大方地走到女方面前,目光温和地注视着她,微微欠一欠身,礼貌地问她:“我可以请你跳舞吗?”如果女方的家人同在,一般应事先向女方的亲属点头致意,并征得他们的同意后再邀请。有时还要征求陪伴女方的男士,如说“先生,我可以请这位小姐共舞吗?”

当听到女士说“可以”的时候,男士则试探性地伸出右手,如果女士并没有马上把手递给他,他可以顺势说一声“请”,然后让女士走在前面,由她在舞场中选一个地方,再由男士带着她跳舞。

一曲终了,男士应把女士送回原来的座位,向她表示感谢或称赞她舞跳得真好。

3.面对男士邀请

一般情况下不要拒绝邀请者的要求,无论是出于腼腆还是出于傲慢,无故拒绝是不礼貌的,男士都会觉得尴尬。如果不愿意和某位邀请者跳舞,或不熟悉某种舞步而不想出丑,或确实想休息一会儿,女士可以找一些理由推托,如,“对不起,我觉得有些累,想坐一会儿”,“谢谢,不过我的朋友正在找我,我只好失陪了”。以前,拒绝第一位邀请者,然后又同另外一个男人跳舞被认为是对前者的侮辱,今天,你可以和任何邀请者跳舞。

如果你与男朋友坐在一起,此时有人向你邀舞,礼貌上必须征得他的同意。一旦接受邀请,就应同对方跳至一曲终了,不要半途单方退场。对不熟的舞步,不要贸然地、很有勇气地去跳,除非邀舞的人,不在乎你踩他的脚,或你自己不怕出洋相。

两人共舞时,如果有另外男士插进来时,这位正在跳舞的女士不可以拒绝转换舞伴。传统舞会观念认为,女士应该在舞会中与插入的舞伴共舞,但是现在,插入者被认为是极不礼貌的行为,女士完全可以加以拒绝。

4.女士主动邀请

一般情况下,女士是不用主动邀请男士的,但特殊情况下,需要请长者或者贵宾时,则可以不失身份地表达:“先生,请您赏光”、“我能有幸请您吗”或者“请您带我跳舞,可以吗”。

四、舞姿礼仪

一般由男士带领女士跳舞,女士应密切配合。无论舞步娴熟与否,男士都应带领舞伴与舞场中其他人的舞蹈方向保持一致,一般按逆时针方向绕行,而不要在舞场中横冲直撞。跳舞时不小心踩了对方的脚,应马上说声“对不起”。跳舞时要保持良好的风度和正确的舞姿,整个身体要始终保持平、正、直、稳。男方的右手应在女方腰部正中,双方距离两拳。进退移动,都要掌握好身体的重心,不要让身体左右摇晃,胳膊不要大幅度上下摆动。脸部朝正前方保持微笑,神态自若,声音轻细,给人以美感。

男士不要因为紧张而把舞伴搂得太近,或把舞伴的手握得太牢,这样容易引起误会。女士也要放松,不要把全身的分量都压在舞伴身上。一曲舞完毕,要互相致谢,不要高声谈笑,随意喧哗,不要随意穿越舞场,更不要同别人争抢舞伴,要始终做到礼貌谦和,有礼有节。

五、绅士风度

在舞会上最能体现一个人的绅士风度。跳舞中男士要主动和女士保持一定的距离，右手轻扶舞伴的后腰（略高于腰部），左手轻托舞伴的右掌，尤其在旋转的时候，男士一定要舞步稳健，动作协调，同舞伴一起享受华尔兹的优美。万一发现女士晕眩，男士一定要做好“护花使者”，护送回原位。在一支曲子结束后，要礼貌地将女士送回原座位，道谢后，再去邀请另一位女士。以下十条是男士在舞会中应该体现的风度与礼节（当然，有些对于女士也适用）：

（1）如男宾携女宾同来，进舞厅时，应女子在前，男子在后，不要双双挽臂而行。

（2）男子邀请已婚女子跳舞时，应先请求其丈夫，得到许可后再与之跳舞。在跳舞进行中，允许插人换舞伴，但绝不能两个男子或两个女子共舞。

（3）当女子不愿和自己跳舞时，男士不可勉强。

（4）舞厅提供饮食时，男子应陪同女伴进餐，并负责照顾她。

（5）男宾应主动邀请女主人或主人的女儿跳舞，以表敬意。

（6）正在跳舞时，不要晃动你的肩膀，那样，会让人觉得轻佻、不庄重。

（7）跳舞时，不要讨论或争辩某些事情，更不要在散会时对舞伴做详细的身家调查。

（8）如果你想提早离开会场，仅悄悄向人招呼一声即可，千万不可在大众面前言明要早走之意，以免破坏他人的玩兴，而使主人难以控制舞场的气氛。但如适值主人在附近，就应向他（她）表示感谢，然后告别。

（9）当女伴打算回家时，男舞伴应立即允诺，并略略送行。如果男子先行，则应向女舞伴说明理由，请求原谅。

（10）参加舞会后的一周之内，应给主人打电话或写信表示谢意。

六、女士风度

女士在舞会中也应体现出自身的风度。在舞会中，女士遇到两位男士同时发出邀请，往往会觉得左右为难。其实从国际礼仪的角度考虑不难解决，女士面对两位或者两位以上的邀请者，最能顾全他们面子的做法，是全部委婉地谢绝。要是两位男士一前一后走过来邀请，则可以“先来后到”为顺序，接受先到者的邀请，同时诚恳地对后面的人说：“很抱歉，下一次吧。”并尽量兑现自己的承诺就可以完美地解决了。以下十条是女士在舞会中应该体现的风度与礼节（当然，有些对于男士也适用）：

（1）舞会是通过跳舞交友、会友的场合，结伴而来的一对男女，只要一同跳第一支舞曲就可以了。从第二支曲子开始，大家应该有意识地交换舞伴，认识更多的朋友。所以在舞会上女士不能轻易拒绝他人的邀请。女士可以拒绝个别“感觉不佳”的男士的邀请，但要注意分寸和礼貌用语，要委婉地表达。

（2）跳舞时，对方问你的姓名时你可以告诉他，如果不想让他知道，只告诉他你的姓便可以。他问你的地址时，如果不愿意让他知道，你可以说“××知道我住在什么地方”,这不是拒绝得很巧妙吗?如果对方向你询问一些有关你的一切事情时,大可坦白地告诉他,如果你不愿意让他知道的话,你可以拒绝回答,但不可编造谎言。

(3)注意你的坐姿,舞会中的灯光通常是比较暗,而且朦胧,男孩只能看见你的形态,所以你要随时注意保持优美的仪态。

(4)舞会正在进行中,不可因音乐、气氛的感染而表现得太过放肆,尤其是在跳舞时,不要闭上眼睛。

(5)除非你们已是一对被公认的情侣,不然不要在跳舞时把面颊靠在他肩上。

(6)当你一个人坐在角落时,不要做出傻里傻气的动作。

(7)参加任何性质的舞会时,在服装和首饰上都不能喧宾夺主。

(8)请小心,不要把口红沾染在男伴的衣襟上或领带上。

(9)无论是参加朋友的私人舞会,还是正式的大型舞会,遵守时间都是首要的礼仪,要准时到达。至于什么时间离开舞会较为合适,朋友的私人舞会最好要坚持到舞会结束后再离去,这也是对朋友的支持。至于其他的舞会,只要不是只跳了一支曲子显得应酬的色彩过浓就可以了。

(10)即使有别的男孩要送你回家,而你又是和另一位同伴前来,请注意:不要撇下原来的同伴不管。假如没有男伴同行,而在舞会中有男士要送你回去而你又不愿意时,假如大家是相熟很久的,可用半开玩笑的方式回绝对方。如果是新交的,可礼貌地说声对不起,并告诉他你已经有人送你了。记着说话时要婉转得体,不要使对方难堪。

第四节　社交技巧与禁忌

一、社交技巧

社交,是现代生活中人人不可缺少的活动,但是,许多性格内向的人,尤其是年轻人,会在人际交往中感到惶恐不安,并出现脸红、出汗、心跳加快、说话结巴和手足无措等“社交恐惧症”。也有许多人会经常觉得由于自身口才欠佳、相貌平平或者是其他原因而失去自信。其实,社交技巧很简单,和平常为人处世的道理是一样的。

1.正确认识自己

在与人交往之前要认识自己是属于什么性格的人,只有了解了自己,才能知道自己适于什么样的社交方式,亦可树立充分的社交自信心。

一般来说,性格开朗外向的人易于与人接近,使自己较快地与环境联系起来,但这种类型的人亦易因轻率、浮躁而最终并不一定得到人们普遍的认可。而性格内向的人,接触之初可能会让人有难以接近的感觉。但相处一定时间后会因其沉稳、扎实的风格得到人们的赞许。当然若过于拘谨,封闭自己,甚至拒绝与他人来往者,往往是缺乏必要的自信心,对环境持怀疑和不信任的态度,这并不全是性格表现,而是一种不十分健康的行为心理。其实,不论什么性格的人,只要主观努力,掌握一定的社交技巧,都是能够与环境协调相处的,这也是我们树立社交自信心的基础。

自己有了充分的信心就应把目光投向所在的环境,只要你轻松自然并且相信,对方是友好和通情达理的,你在与人交往时就会沉着、镇静,泰然自若。而且善于交际的人在与人交往中的第一个行动就是微笑,微笑就是放松。一次真正的和诚实的微笑几乎就像一只魔力开关,能立即沟通与他人的友好感情。

当你感到与周围人略有熟悉感时,就应注意进行深入的交往。交谈和合作工作是主要的手段。另外,在长期的交往中,不要忽视行动的重要性,若你是开朗善于交往的人,要以你的行动向人们表明你不仅说得到,亦能扎扎实实地做到,令人心悦诚服。若你是内向害羞的,与人交往很难一见即熟,但你的行动可向人们表明,我虽然没说,我心里全明白,我的行动即表明这一切。日久见人心,与环境相熟后,你自然会有表达的愿望,当你将自己的想法由少到多,如流水般自然倾泻出时,就会感到自己生活得好轻松,世界是美好的。时间是最好的指标,随着时间的流逝,不要担心自己无法了解他人,亦不必误解别人都不知道自己。

总之,交际中我们对自己要有充分的自信,注意自己的仪表和谈话技巧,随着时间的推移,你会发现在这个环境中自己已经生活工作得自如了,亦会感到自己其实是善于交往的人,虽然并不是那种可以一见即熟的感觉。

2.学会说话

可以说,在社交中,最重要的就是学会说话。要使自己成为一个健谈的人,首先要充实自己的知识。一个胸无点墨的人,当然不能希望他在说话中应对如流。学问是一个利器,有了这利器,一切皆可迎刃而解。你虽不能对各种专门学问皆作精湛的研究,但是常识却是必须具备的。应该多读书多看报,世界的动向,国内的建设成就,科学界的新发明和新发现,世界各地的风土人情或名人近况,以及艺术新作,时髦服饰,电影戏剧作品的内容等等。

你若具有一般的普通常识,那么即使你不能有各种专长的学问,也足够应付各种场合了。因为纵使你不能应付自如,你总会提问,问话可使对方开口。假定你的对手是医生,你对于医学虽然完全是门外汉,但你可以用问的方法来打开局面,从霍乱的症状谈到生冷食品,谈到维生素,谈到补品等等;遇到教师则问他学校的情形,学生的素质和倾向……只要你不讨厌,你可一直逗他谈下去。总之,问话,是一个打开对方话盒的最好方法,但要注意的是:要问对方最内行的问题。如果你不能确定对方能否有充分力量答出,那么还是以不问为佳。有些问题,你得不到圆满的答复时,是可以继续问下去的,但有些是不宜再问的。

在掌握了常识和问话的技巧之后,我们还要学会说话的技巧。如果要请求人帮

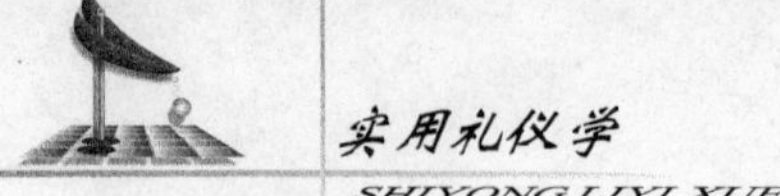

助，不妨先聊聊双方都感兴趣的问题。如果你要人家遵照你的意思去做事时，应该用商量的口气。我们要对人说规劝的话，在未说之前，先来给人家一通赞扬，然后你再说上规劝的话，人家也就容易接受了。

说话的时候要注意环境。假如你正在兴高采烈地跟许多朋友畅谈的时候，突然来了一个不速之客，东拉西扯地谈些煞风景的话，把欢洽气氛扰乱了，这犹如有人给你浇了一盆冰水。这种不知趣的人便是不懂得察言观色，人们在背后会骂他一声冒失鬼。所以我们每次接触到一个人物时，必先看看四周的环境，并明白对方近来的生活情形如何，倘若对方正是得意的时候，你不可在他面前光说不得意的话。

3.选择你的社交对象

你的社交对象应该是哪些人呢？不同的人组成的人际关系网络，其产生的能量的大小也是不同的。设想一下，如果你的人际关系网络上有很多知心或亲密的朋友，在你遇到困难或挫折时能够倾力相助，这样一个人际关系网络比一个仅仅是由一大帮酒肉朋友，或者是由那些因为你有权势而依附你，而你失意时就会离你而去的人组成的人际关系网络，哪一个产生的能量更大，哪一个对你更有帮助呢？这就涉及到交往中的一个问题，那就是在你有步骤地开展你的社交活动时，一定要选择好社交对象，择人而交。好的朋友会影响你一生，坏的朋友也会影响你一生。了解朋友的类型及其不同的特点，对于你正确地开展交往，选择合适的人作为你的社交对象，合理地把不同类型的朋友安置在你的朋友圈中的不同层次上，建立一个令你满意并受益终生的人际关系网络，无疑是有着巨大意义的。

在你的社交圈中，往往有这样的人，有时候你可能有过这样的感觉，就是某某人在单位内很受欢迎，或者是因为他诚实可信，值得信赖；或者是因为他沉稳老练，办事踏实；或者是因为他谦虚谨慎，待人和气；或者是因为他知识丰富，谈吐不俗；或者因为他机警灵活，善处人际关系；甚至是因为他有权有势有钱等等，总之，他有某一方面或者许多方面被大多数人认可或接受。领导也喜欢他，同事也喜欢他，换句话说就是群众基础好，很有人缘。你在选择朋友，建立自己的人际关系网络时，最好能先选择这样的人交往，而且能使他与你之间的关系越密切越好。

这是为什么呢？因为他既然能被大多数人所喜欢，那么他的朋友肯定也不少，他自己必然也有一个完整系统的人际关系网络。如果这样的人成为了你的人际关系网络中的重要(或关键)人物，他与你的关系比较密切或者非常密切，那么他的朋友很自然地也会成为你的朋友，他的人际关系网络也会融入你的人际关系网络，成为你的网络中的一部分。这对于你迅速地建立或者扩大你的人际关系网络具有巨大的作用，这是其一。其二，这样的人朋友众多，群众基础好，那么他个人的能量是非常巨大的，因为他拥有那么多的人来支持他。一个人的朋友越多，群众基础越好，他的能量就越大，这是毋庸置疑的。因此，能够把人缘好的人吸收进你的人际关系网络，使之成为你要好的朋友，无形中就大大增加了你的人际关系网络的能量。结交这样的朋友还会使你受到启发，学到许多如何结交朋友，赢得众人青睐的方法。

4.记住对方的名字

生活中经常发生这样的事情：记住了别人的名字，却怎么也与人对不上号；感觉某人好面熟，可就是想不起他的名字，好不容易将名字记起，却又不知从何谈起，一声"嗨，你好"后全无下文。在这种情况下双方都感觉尴尬。

许多人为了避免以上情况的发生，备有精致的通讯录。它在帮助你的社交上起着不容忽视的作用。但是，通讯录有它的局限性。通讯录的栏目有：姓名、住址、电话、生日等。仅有这些栏目是远远不够的。为弥补不足，我们不妨再为朋友建立一份档案。档案可以包括：名字、外貌、交往情景、生活事件、特征与需求等等。将你的朋友的基本情况填入表中，经常地充实它，在社交时巧妙地运用它。你的朋友就会越来越多，你的交往水平将得到提高。

一般人对自己的姓名，比对其他任何人的姓名都更关心。如果有人记住了自己的名字，那么便会对对方格外的注意，并产生由衷的好感。曾连任四届美国总统的罗斯福就深谙此道。他认为被人喜爱的重要方法之一就是记住对方的姓名。

当你获知对方的名字后，是不是转身就忘了呢？将遗忘的责任归结为记忆力差并非明智。建议你照下列办法去做：

(1)在心中默记对方的名字至少三遍，与他(她)谈话时经常使用他(她)的名字，如："李红，不知你去过北京没有？""李红，你说得真棒！"

(2)把姓名与相貌结合起来记。如：何晓梅，和颜悦色面带笑容，"和"与"何"，"笑"与"晓"是谐音。吴彦，这么胖会不会是由于缺盐所致吧。

(3)听清人名。法国拿破仑三世，也就是拿破仑的侄子，身为皇帝，每天日理万机，但他能记住每一个经介绍而认识的人。当他没听清楚对方的名字时，便会请对方再重复，直到完全听明白为止。

(4)尽可能了解对方的事情。这样做，有助于加深对对方的印象。

(5)充满信心，用心记忆。记不住别人的名字很多情况下是因为没有用心记。只要用心记，没有记不住的。

(6)经常记忆。俗话说："重复是记忆之母。"经常记，反复记就能牢牢地记住对方的名字。美国有一位私立学校的校长，把记住全校每个学生的姓名作为作业，每天练习。对尚未入校的学生，他就对着照片记他们的名字。新生一入校，校长立刻就能喊出他的名字，并与他寒暄。试想，对于一位初到陌生地方，心里忐忑不安的学生来说，能被这样一位重要人物喊出名字，心里能不踏实吗？目睹这一场景的学生家长，能不放心吗？

(7)记录下来。"好记性不如烂笔头"，把名字填在前文所说的档案中，或者存入手机/通讯录中，以便以后使用。

5.增加自己的社交魅力

在日常生活中,你经常会发现这种有趣的现象,有的人别人在跟他交往过一二次以后,还想跟他继续交往;而有的人别人在跟他接触过或交谈过以后,就再也不想与他交往了,这是为什么呢?其实这就涉及到人们在交往过程中的一个基本问题——社交魅力问题。一个人如果在社交活动中具有十足的魅力,别人都乐于跟他交往,那么他就能够结交很多朋友,从而也容易建立一个有效的人际关系网络。一个人的社交魅力是由许多要素构成的。诚然,你不具有羞花闭月之容,沉鱼落雁之貌;然而,你就没有高风亮节之德,聪颖敏捷之智么?长相好固然迷人,难道德行睿智就不令人向往吗?人人都有自己的魅力,只要你能善于发掘自身的魅力,并且行动起来,突出自己某一方面的优点和特长,你也会成为社交场上一个魅力十足的幸运儿。但是,如何发现自己的优点,增加自己的社交魅力呢?

必须明确自己在众人心目中的地位。即自己是什么类型的人呢?一个人只有在了解了自己在众人心目中的地位以后,才能针对现状做出努力,或改善,或加强自己在人们心目中的各种形象。如果自己在众人心目中是一个夸夸其谈的人,那么可能在今后的社交中要做得多,说得少;反之,如果在众人心目中你是一个沉默寡言的人,那么今后就要尽可能表达自己的思想。

良好的品德和修养,渊博的知识,英俊潇洒的外形,恰如其分的修饰自然能引起别人的注意。在人群中,尤其是在那种陌生的社交场所,怎样才能够使自己惹人注目,成为被选择的目标,这取决于以下四个因素:

(1)新颖。在一群中国人中,突然出现一个非洲黑人,或者在一群身着朴素的人群中,突然出现一位西装革履的男士或一位衣着入时的小姐,都会立刻吸引人的视线,为什么呢?原因很简单——新颖。在社交场合中也是一样,如果你的衣着、言谈、举止、行为给别人带来一种新鲜感受,也会很容易地引起别人的注意。

(2)变化。一个惯留长辫的姑娘,突然有一天烫成了卷发,你见面的第一眼就会注意到这一变化。原因在何处?心理学上说,变化的刺激容易被人感知。一个人容易引人注意的变化有两个方面,即装饰变化与思想变化。前者是很能吸引人的。

(3)活动。在知觉对象时,刺激物以活动方式出现,就容易被注意,而静态刺激常会被人排除于意识之外。所以,那些喜欢活动,爱好交际,常"抛头露面"之人,很容易受人青睐。而终日紧锁秀阁,足不出户,虽然"小楼藏佳丽",终也"皓首无人识"。

(4)对比。有个体与个体的对比,个体与众人的对比。前者的对比,会使别人在两者之中选中你,如果你在对比之中是个优胜者的话;同样,如果在后者对比中你也占了上风,那么人们也会在众人之中选中你。在社交场上,如果巧妙地运用对比,恰到好处地表现出你与众不同的优点,也会无形中大大增加你的社交魅力,从而大大增加你社交成功的砝码。

二、社交禁忌

人生在世，就必然要参与社会交往，社交的范围与每个人的职业、爱好、生活方式及地理位置有很大关系。但现实生活中，有些人在社交中总交不上朋友，或者是交了朋友没多久，朋友又离他而去，平时和同事的关系也不融洽。究其原因，就是种种不良的社交心理状态和不当的行为阻碍了人际关系的正常发展，要获得良好的社会交往，要避免以下几种情况：

1.克服不良的社交心理

(1)自卑心理。有些人容易产生自卑感，甚至自己瞧不起自己，缺乏自信，办事无胆量，畏首畏尾，随声附和，没有自己的主见。这种心理如不克服，会磨损人的独特个性。

(2)怯懦心理。主要见于涉世不深、阅历较浅、性格内向、不善言辞的人，由于怯懦，在社交中即使自己认为正确的事，经过深思熟虑之后，却不敢表达出来。这种心理别人也能观察出来，结果对自己产生看法，不愿成为好朋友。

(3)猜疑心理。有些人在社交场合往往爱用不信任的目光审视对方，无端猜疑，捕风捉影，说三道四，有些人托朋友办事，却又向其他人打听朋友办事时说了些什么，结果影响了朋友之间的关系。

(4)逆反心理。有些人总爱与别人抬杠，以示标新立异，对任何一件事情，不管是非曲直，你说好，我就说坏；你说对，我就说错，使别人对自己产生反感。

(5)做戏心理。有的人把交朋友当作逢场作戏，朝秦暮楚，见异思迁，处处应付，爱吹牛，爱说漂亮话，与某人见过一面，就会说与某人交往有多深。这种人与人交往只是做表面文章，因而没有感情深厚的朋友。

(6)贪财心理。有的人认为交朋友的目的就是为了“互相利用”，见到对自己有用、能给自己带来好处的朋友才交往，而且常是“过河拆桥”。这种贪图财利，沾光别人的不良心理，会使自己的人格受到损害。

(7)冷漠心理。有些人对各种事情只要与己无关，就冷漠看待，不闻不问，致使别人不敢接近自己，从而失去一些朋友。

2.社交基本原则和禁忌

在社交场合，需要注意许多礼仪、习俗、礼节，其中，有一些基本的原则和禁忌。

(1)忌时刻以自我为中心。社会交往中人人都有平等交往的机会，如果社交场合只有自己在夸夸其谈，那么肯定会引起旁人的侧目而视。这种情况也反映在经常向人诉苦，包括个人经济、健康、工作情况，但对别人的问题却不予关心，从不感兴趣。

(2)忌虚伪做作。内在的气质是最宝贵的。一个真正懂得与他人相处的人，绝不会因场合或对象的变化而放弃自己的内在特质，盲目地迎合、随从别人。保持一个真实的自我,并不等于要使自己与别人格格不入或标新立异,甚至明明知道自己错了或具有某种不良习惯而固执不改,而是保持自己区别于他人的独特、健康的个性。

(3)忌不懂装懂。不懂装懂的人是令人厌烦的,特别是在长辈、知识渊博的人面前,更不要班门弄斧,以免贻笑大方。对自己不懂的东西或学问,哪怕是在同辈面前,也要不耻下问。

(4)忌不肯认错。有些人明明知道自己错了,却硬着头皮不认账,甚至还要为自己争辩,致使矛盾得不到解决,彼此的隔阂不能消除,相互之间的交往是谈不上了,还让人觉得此人蛮不讲理,像个无赖之徒。"人非圣贤,孰能无过?"如果你错了,就应该很快地、很热诚地承认。这样你获得的友谊将使你分外满足。

(5)忌玩笑过度。朋友、熟人之间适当开开玩笑,可以活跃气氛、融洽关系,增进友谊。但开玩笑一定要适度,要因人、因时、因环境、因内容而定。在社交活动中,忌开庸俗的玩笑,千万不要拿别人的生理缺陷开玩笑。

(6)忌随便发怒。在社交活动中,人们都愿意和性格豪爽的人交往。在社交场合,除非是原则问题,不要争得面红耳赤,要表现出有气量,有涵养,动不动就生气的人,会失去朋友。如果有人招惹了你,你很想发脾气,那么请控制住自己。你可以尝试一下散步、数数、深呼吸等活动,这样或者可以平复你的怒火,避免争执。如果是你的错,就应该马上道歉;是他人的原因,就向他解释一下,然后走开,避免不必要的对抗情绪。

(7)舞会禁忌。参加舞会时仪容要整洁,举止要文明,不能穿短裤、背心或拖鞋跳舞。最好不吃蒜葱等有强烈刺激气味的食物,也不宜喝酒。当患病、身体不适或感到疲倦时,最好不要勉强参加舞会,否则,因此引起咳嗽、打喷嚏、打哈欠等,对舞伴都是不礼貌的。尚不会跳舞者最好不在舞场现学现跳,应当待学会后再进舞池。

(8)男士忌不尊重女士。尊重妇女,是每一位有教养的男士应具有的品格和风度。在社交场合,男士应尊重妇女,照顾妇女,时时处处遵守"女士优先"的原则。若在社交场合摆大男子汉的架子,不给妇女应有的尊重,或当妇女需要帮助时视而不见、袖手旁观,自然会受到众人的批评。

多数情况下,女士总在男士前面穿过大门和狭窄的走廊,男士站在一边让女士先穿过大门是一个惯例。如果门关着,而且门很重,男士应跑在前面为女士把门拉开或推开并把住是很有礼貌的,也很容易做到。当女士的手里拿满了东西时,男士也应为她把门打开。传统上,如果一个旋转门已经在转了,女士应走在男士的前面。如果门没有动,男士先走,将门慢慢地转动,让女士走进身后的下一个格中。但通过崎岖、陡峭或光滑的地面时,男士应走在前面。男士应走在女士的前面为她打开车门,但他不必冲出去开门。男士要随着女士上或下电梯(带扶梯的电梯),除非她让他先走帮她上或下。他还要先登上一条船,或先下公共汽车。

如果一男一女并排走路、骑车，持续地保持相对的位置时间比较长时，他应该走在外侧也就是靠道路中心的一侧。当与两个女士在一起时，男士不应该夹在中间。

在晚上，如果女士穿着高跟鞋下楼梯、走斜坡或在高低不平的路上走，男士应该伸出胳膊，供女士搀扶。在正式的宴会上，如果男士是女士的同伴，或他是婚礼中的迎宾员，男士也应向女士伸出胳膊。

男士千万不要抓住女士的肘部或胳膊往前推。只有在帮她上出租车、公共汽车、楼梯时，他才可以把手放在她的肘部下面。他还可以拉着她的手，在人群中清理出一条路并领着她过去。

(9)女士社交禁忌。不要耳语。在众目睽睽之下与同伴耳语是很不礼貌的事，耳语可被视为不信任在场人士所采取的防范措施，不但会招惹别人的注视，而且对你的教养表示怀疑。

不要失声大笑。尽管你听到什么“惊天动地”的趣事，在社交宴会上也得保持仪态，顶多报以灿烂笑容即可，不然就贻笑大方了。

不要滔滔侃谈。在宴会中若有男士对你攀谈，你必须保持落落大方的态度，简单回答几句即可。切忌忙不迭向人“报告”自己的身世，或向对方详加打探，要不然就把人家吓跑，或被视作长舌妇人。

不要说长道短。饶舌的女人肯定不是有风度有教养的社交人物。若在社交场合说长道短，揭人隐私，必定会惹人反感，让人“敬而远之”。

不要大煞风景。参加社交宴会，别人期望见到一张可爱的笑脸，故忌情绪低落，表面上应笑容可掬，周旋当时的人物、环境。

不要木讷肃然。面对初相识的陌生人，可以由交谈几句无关紧要的话开始，若老坐着闭口不语，一脸肃穆表情，与欢愉的宴会气氛便格格不入了。

不要在众目睽睽下涂脂抹粉。在大庭广众之下施脂粉、涂口红都很不礼貌，若是你需要修补脸上的化妆，必须到洗手间或附近的化妆间去。

不要忸怩忐忑。在社交场合，假如发觉有人注视你——特别是男士，你也要表现从容镇静。若对方是从前跟你有过一面之缘，你可以自然地与他打个招呼。若对方与你素未谋面，你也不要忸怩忐忑或怒视对方，你可以有技巧地离开他的视线范围。

3.地区、民族礼仪禁忌

世界各个民族、各个地区都有自己的禁忌，也许在你看来这些是无聊甚至是可笑的，但是，社交中必须注意这些禁忌，当事人最好不要触犯，否则会被认为不懂礼貌，有时甚至会导致关系的破裂。

种种禁忌风俗不可能一一牢记，但在具体生活中，我们到了一个陌生的地方，不妨事先了解一下或者找当地人问问有什么习俗禁忌，做到有备无患。

第五章

学校礼仪

学校,作为教书育人的专门场所,礼仪教育是德育、美育的重要内容。大学是当代青年汲取知识的神圣殿堂,肩负着为国家、为社会培养优秀人才的光荣使命,因而大学期间的礼仪教育是必不可少的。大学生是时代青年的杰出代表,是未来社会的中坚力量,是国家和民族振兴的希望。大学生在完成专业学习后,必将走向社会,承担起建设祖国的职责,而在整个职业生涯中,礼仪规范起着非常重要的作用。在大学校园中,师生之间、同学之间以及不同的场合中,礼仪规范都起着举足轻重的作用。

第一节　角色礼仪

在社会心理学中,"角色"是指一个人在特定的社会和团体中占有的某一特殊位置以及被社会和团体规定了的行为模式。简单地讲,角色就是一个人的社会地位、身份。例如,家庭中父亲的角色,意味着他在家里占有一家之主的地位,因而就有一套被习惯和制度规定好了的父亲应该具备的行为,他要参加工作,抚养和教育孩子,计划家庭生活等,他的言语和行为都应该像个父亲的样子。又如,一个学生的角色,他在家中是父母的子女,意味着他必须对长辈尽到孝心;在社会中,他是社会大众的一分子,就必须遵守国家的法律、法规,成为一名合格的公民;在学校他是学生,就应该遵守《学生手册》的相关要求,只有这样才符合一名学生的角色要求。

不同的角色赋予一个人的权利和责任是不同的,人们对他的期待也必定不同,这些无形的东西都影响一个人的心理和行为,从而促成他的变化。因此,我们通过一个人平常的言行、对人对事的态度就可以了解他,还可以站在他所处的社会角色来理解他的行为。同时,对于我们自身来讲,当我们的社会地位或社会角色有较大变化的时候,应该有意识地调整自己的心理状态,防止或减轻其向不好的方向变化。

在不同的角色人生里,我们每个人都是主角,但并不是每个人都能演好这场戏,因为人生不能像戏剧一样演坏了可以重来。所以我们应当珍惜机会,成功扮演各种角色,既满足社会的期望,也满足个人的需求。

教师和学生是大学生活中的主体,在大学校园中担当着不同的角色。在礼仪修养上,有些要求是共同的,但也有一些礼仪规范是根据角色的不同而不同的。因此,无论是教师还是学生都应学会站在他人所处的社会角色来理解别人的行为,同时调整自己的角色,适时进行角色转换。

一、学生礼仪

学生是学校工作的对象和主体,因此,学生应具有的礼仪常识是学校礼仪教育重要的一部分。学生在各种校园生活中都要遵守一定的礼仪。

1.仪表

仪表是指人的外表,是一个人精神面貌的外观体现。一个人的卫生习惯、服饰与保持端庄、大方的仪表有着密切的关系。

(1)卫生。清洁卫生是仪容美的关键,是礼仪的基本要求。不管长相多好,服饰多华贵,若满脸污垢,浑身异味,那必然破坏一个人的美感。大学生活是集体生活,因此,每个学生都应该养成良好的卫生习惯,做到入睡起床洗脸、脚,早晚、饭后勤刷牙,经常洗头又洗澡,讲究梳理勤更衣。不要在人前"打扫个人卫生"。比如剔牙齿、掏鼻孔、挖耳屎、修指甲、搓泥垢等,这些行为都应该避开他人进行,否则,不仅不雅观,也不尊重他人。与人谈话时应保持一定距离,声音不要太大,不要对人口沫四溅。

(2)着装。大学生着装要体现出大学生朝气蓬勃、充满青春活力的特点。除了要干净整洁外还要注意以下几个特点:①不宜过分成熟,大学生是充满青春活力的群体,因此着装不宜过分成熟,要能体现出年轻、体现出活力;②不宜过分幼稚,大学生刚刚成年,着装可能还沿袭着中学生时的风格,要注意体现出大学生的风采;③不宜过分时尚,时尚是大家都乐于追求的,但大学生追求时尚不宜过分,有些时尚的着装是不宜于在大学校园中穿着的;④不宜追求名牌,大学生着装只要干净、整洁、大方就好,不要刻意去追求名牌。

2.言谈

一次成功的谈话,并不一定非要表现出机智的妙语或雄辩的口才,关键在于进行感情交流和思想火花的碰撞。对于大学生来说,更加要在言谈中体现出大学生的素质,体现出高等教育的成果。因此单纯的礼貌言谈的要求对大学生来说显然是不够的,我们需要一些更高的要求。

(1)要有自信。大学生在言谈中,应该对自己充满信心,要一个字一个字地听,要一个字一个字地说。大可不必担心自己的言谈会被别人笑话而患得患失,要记住你是受过高等教育的大学生。

(2)要先闭嘴,三思之后再开口。这是最重要的谈话技巧,也是大学生在谈话时应遵循的原则。只有"闭嘴",你才可以避免喋喋不休、口若悬河,让别人有夸夸其谈的不良印象;只有"三思",你才能避免信口开河,才能找到话题和陈述的方式,你的听众也才会感兴趣。与人谈话一定要先想后说,因为几乎所有的谈话失误都是缘于未加思索或考虑不周引起的。

(3)"停、看、听"的谈话规则要牢记在心。在谈话中,"停"意味着没有想好不要开口;"看"意味着察言观色,留心观察谈话对象的面部表情;"听"意味着认真倾听对方的谈话。尤其"倾听"最重要,因为人人都喜欢同一个真正地倾听自己讲话的人谈话。

(4)明智地选择话题。你若想让别人觉得自己有吸引力,要想体现出大学生的谈话素质,最好的办法是说话真诚明了,并且明智地选择话题。话题的选择要使谈话双方都感兴趣并且都有话要说,千万不要无话找话谈,让对方觉得你没有内涵。

(5)谈话时若伴以各种面部表情、神态和手势,往往会更直接地交流感情,更好地表达思想,给人印象深刻,从而使谈话的效果更好。但神态手势不宜过分夸张,而且要分清对象,跟同性同学谈话你大可以拍拍肩膀,但异性同学之间这样的身体接触就不恰当了。

二、教师礼仪

教师是学校工作的主体,不仅是科学文化知识的传播者,而且是学生思想道德的教育者。教师在传播知识的同时,以自己的言行举止、礼仪礼貌对学生进行着潜移默化的影响,从而对学生的言行举止发生作用。因此,教师要十分注意自己给学生留下的印象,要使自己从各方面成为一个优秀的、学生能够效仿的榜样。

上述对学生的仪表、言谈、举止的礼仪要求同样适用于教师,但由于角色的不同,对于教师还有特殊的礼仪要求。

1.教师的行为举止

一个人气质、自信、涵养往往从他的姿态中就能表现出来。作为塑造人类灵魂工程师的教师,更要注意自己在各种场合的行为举止,做到大方、得体、自然、不虚假。

(1)目光。在讲台上讲课时,教师的目光要柔和、亲切、有神,给人以平和、易接近、有主见之感。当讲话出现失误被学生打断,或学生中出现突发事情打断你的讲课时,不能投以鄙夷或不屑的目光,这样做有损于你在学生心目中的形象。

(2)站姿。教师站着讲课,既是对学生的重视,更有利于用身体语言强化教学效果。站着讲课时,应站稳站直,胸膛自然挺起,不要耸肩,或过于昂着头。需要在讲台上走动时,步幅不宜过大过急。

(3)手势。教师讲课时,一般都需要配以适度的手势来强化讲课效果。手势要得体、自然、恰如其分,要随着相关内容进行。讲课时忌讳敲击讲台或做其他过分的动作。

2.教师的言谈

教师承担的主要任务离不开语言表达。因此,作为一名教师,在表达语言时应遵守以下礼仪礼节:

(1)表达要准确。学校中设置的每一门课程都是一门科学,有其严谨性、科学性。教师在教授时应严格遵循学科的要求,不可庸俗化。

(2)音量要适当。讲课不是喊口号,声音不宜过大,否则,会给学生以声嘶力竭之感。如果声音太低又很难听清,也会影响教学效果。

(3)语言要精练。讲课要抓中心,不说废话和多余的话,给学生干净利索的感觉。

(4)讲课可以适时插入一些风趣、幽默的话,以活跃课堂气氛,提高学生学习的兴趣。

3.与学生谈话

(1)提前通知,有所准备。谈话最好提前与学生打招呼,让学生有一个思想准备,这既是一种礼貌,又是对学生的尊重。

(2)热情迎候,设置平等气氛,举止端正,行为有度。谈话时,语气要平和,要有耐心,不要高音量,不反唇相讥,应表现出良好的道德修养。

(3)分清场合,入情入理。在与人谈话时,教师的表情要与谈话对象、内容协调一致。不要言过其实,故意夸大事实,也不应传播不利团结或道听途说的事情。

4.为人师表,身正为范

中华人民共和国教师法总则的第三条明确指出,教师是履行教育教学职责的专业人员,承担教书育人、培养社会主义事业建设者和接班人、提高民族素质的使命,教师应当忠诚于党的教育事业。教师是学生增长知识和思想进步的导师,教师的一言一行无不给学生留下深刻印象,有的甚至影响学生一生,因此教师一定要在政治思想上、道德品质上、学识学风上全面以身作则,自觉率先垂范,真正为人师表。

(1)教师崇高的思想品德是学生思想品德形成的基础。一个大学生是否能够成材首先取决于他是否具有辨别客观事物的能力和良好的道德品质修养。而教师崇高的思想品德将成为学生效仿的对象和楷模。

(2)教师的良好职业道德是学生未来职业道德的榜样。"亲其师而信其道",学生乐于跟随可亲可敬的教师的足迹,乐于向教师看齐。教师满腔热情地关心学生、爱护学生,全身心地投入到教师这一职业中,遵守自己的职业道德,无疑会给学生以极大的感染,促使学生在未来也遵守自己的职业道德。

(3)教师文明的言谈举止对学生起着示范作用。教师以身作则,为人师表,才能起到感召作用,教育出言行一致的学生。教师的一言一行都是内在素养的外在体现,都会给学生以潜移默化的影响,教师应该注意举止、注意言行,处处给学生作出表率,身教胜于言教。

(4)良好的心理素质对完善学生的人格起着至关重要的作用。一个心理不健康的人是无法成为一名好教师的,一个心理素质不好的人是无法成为一名优秀的人民教师的。若遇到困难和挫折,不能够冷静面对,迎难而上,又如何教导学生不怕困难坚忍不拔呢?具有良好素质的教师会教导学生有毅力、有抱负、宽容、大度,能够面对任何风雨,将为完善学生的人格起着至关重要的作用。

三、师生之间礼仪

三人行,必有我师。人生不能无师,我们生活的每一阶段都有师教的陪伴,学校里有教师,手艺上有师傅,工作中有领导,这些都是我们人生中的老师。“一日为师,终身为父”,因此,师生交往就成为人际交往中的一个重要方面。许许多多的名人在他们的学生时代就留下许多与老师融洽交往的美谈,在他们后来成为人师的时候,同样表现了崇高的美德。

师生关系是学校环境中最普通、最基本的人际关系。在学校环境中,影响学习适应与进步的因素中,恐怕没有比师生关系这一因素更重要的了。师生关系对教学效果有着巨大的影响。师生关系对学生的个性心理也有着很大的影响。师生关系不仅对学生产生影响,同样也影响着教师。

我们首先要讲到一个概念——教师人际期望效应。它是指教师对学生所作的关于当前与未来学业成绩和一般课堂行为的推断和预测。

教师人际期望效应具有干预师生教与学的行为的威力,这也是师生人际关系中的一种重要心理现象。据研究者分析,课堂是教师人际期望效应最易实现的场所,在这种期望效应实现过程中,虽然学生起着举足轻重的作用,但教师是组织者、执行者。对学生的期望是由教师形成的,期望的趋向决定于教师,传递期望的行动也是由教师发动的。

教师评价中的奖励与惩罚在师生关系中同样起着非常重要的作用。在学校教育,特别是课堂教学中,奖励与惩罚是常用的控制方法,是教师对学生施加影响最经常使用的,也是最重要的两种手段。有人认为:“奖励和惩罚不但使教师能控制学生的行为,从而保证教学的进行,而且更重要的是,它可能对学生心理产生深层次的影响,形成关于个人的行为和结果的关系的信念,进一步形成对自己的行为是否负责的模式。所以,教师怎样使用奖惩对学生的学习,以致人生信念都是有影响的。”

奖励与惩罚的不同心理效应见表 5-1。

表 5-1　奖励与惩罚的不同心理效应

奖　励	惩　罚
奖励可以增加反应复现的相对可能性,奖励比惩罚更明确地指出行为的方向	惩罚可以降低反应复现的相对可能性
奖励是会使人做得更好,使人的高级需要得到满足,使人自尊、自重、自信、自强	惩罚总是使人失去尊严,使人自卑,使人平庸
奖励是以快乐来吸引人的 奖励使人自信进取 从心理健康的角度看,奖励比惩罚更积极	惩罚是以痛苦来威胁人 惩罚使人自卑畏缩

1.学生应尊敬教师

首先应尊重教师的劳动,服从教师的管理。韩愈在《师说》里曾说道:“师者,所以传道授业解惑也。”教师为了讲好每一节课都是要花费很大心血的。因此,学生应以最饱满的情绪,集中精神,积极思索,认真听好每一节课,同时服从对授课方式的安排,这是对教师艰苦劳动的最大尊重。

其次应虚心接受教师的指导和教育。“教不严,师之惰”,教师是以培养品学兼优的学生为天职的,因此每位教师都是以极大的热忱在教书育人的。当教师发现学生在学习或生活上有偏差时,大都会负责任地指出存在的问题,这时,作为学生应虚心接受,并加以改正。如果学生对教师的教育有疑义的,可以过后以谦虚的态度向老师提出,切忌与教师发生争执。

第三应理解教师。一个教师面对的是几十个甚至几百个学生,让每一个学生都感到满意显然是不易做到的。在师生交往中,教师很可能有这样或那样的疏忽与缺点,学生应该体谅教师,而不应揪住一点不放,以偏概全地攻击、评价教师。良好的师生关系离不开师生在交往中对相互过错的谅解和宽容。当然,学生如果真正发现了教师的缺点,并真诚地、推心置腹地、以恰当的方式给教师指出来,教师一定会高兴地接受,这样做一定会把师生关系推向更良好的方向。

2.教师应爱护学生

首先,教师应热情、耐心地对待学生。教师常常被称为是人类最崇高的职业,因为他们担负着把人类创造的文明传授给新一代的神圣使命。学生在渴求知识的年龄,对老师的期望和信任,某种意义上不亚于对亲生父母,这就决定了师生之间的交往离不开情感。一个态度冷漠的教师无法让学生体会到情感的召唤,无法激起学生对教师的爱戴、信任和期望,当然教书育人也就无从谈起。因此,教师应热情地对待学生,同时在接待学生提问及来访时,应耐心细致。

其次,教师应公平对待学生。人都有喜好厌恶,有时会不自觉地表现出来,这是正常的。但作为教师,公平对待每一位学生是必须的。教师不能把对学生的感情带到工作中,不能过分地偏爱某一个学生,应一视同仁。对待所有学生都应该有奖有罚,好学生做错事一样要批评,平时表现不好的学生有了进步同样要表扬。要为学生提供一个公平竞争的机会,营造一个融洽公平的学习生活环境。

第三,教师应虚心接受学生的质疑。人无完人,孰能无过。每个人都有犯错的时候,教师也一样。在日常的授课、指导、教育学生的过程中,教师难免会出现错误,有时也会因为没有了解事实真相而错误地批评学生。这时,如果有学生提出质疑,教师应当先虚心接受,而后认真思考,尽可能全面地答复学生。而不能为了维护教师的尊严而粗暴地对待学生的质疑,这样不仅无法维护教师尊严,反而会失去学生的信任,失去学生对教师的尊敬。

3.教师要讲究批评的艺术

师生之间免不了教育与被教育,教师免不了要批评犯了错误的学生,但首先要明确批评学生的目的何在。批评不是为了"批评"的过程,不是为了让学生难堪,而是为了唤起学生对错误行为的警觉,促使其纠正,并向着正确的方向前进。要想达到批评的真正目的,就要讲究批评的艺术。

(1)就事论事。就是说要做到论事不论人和一事一论。教师在批评学生时不要夹杂着对学生的个人态度,同样一件事情发生在某些学生身上就可以,而发生在另外一些学生身上就要批评,这种做法要不得。还要注意一事一论,不要因为这次的错误把学生以前所犯错误一并扯进来进行批评,这样会使学生认为你总是以老眼光看人,起不到批评的效果,反而会使被批评的学生更加不服气。

(2)批评与被批评双方地位平等。居高临下的批评是很难取得良好的批评教育效果的,教师要以平等的心态和言语来教育学生,允许学生进行申辩,因为教师所看到的客观情况和从学生的角度看到的并不一定是统一的,所以要给学生说话的机会,教育学生要做到心服口服。

(3)以理服人。教师要讲道理,而且要把道理讲通,讲得学生信服并接受。学生处于成长阶段,世界观和人生观都处于形成阶段,成长过程中难免会犯错误,而这正是教师纠正学生错误思想和行为的良好时机。要"晓之以理,动之以情",要让学生从内心深处接受你的教育,从此自觉地按着正确的行为方式发展。

四、同学之间的礼仪

大学生活是人生中最为美好的记忆之一,这中间包括同学之间的美好情感。同学之间的深厚友谊是生活中一种团结友爱的力量。注意同学之间的礼仪礼貌,是你获得良好同学关系的基本条件。

1.同学之间要互相尊重、互相关心

相互尊重是同学之间友好相处的前提,是个人心理的需要。同学们来自全国各地,来自不同的地域、不同的民族,有着不同的家庭背景和生活习惯,彼此之间有着明显的差异性。如何对待这种彼此之间的差异性,是同学之间友好相处的前提。来自城市的同学和来自农村的同学，家庭经济条件好的同学和经济困难同学之间无论在生活习惯上，还是在对待事物的看法上，都会有明显的不同，甚至截然相反。同学之间都会期盼对方能顺从自己，适应自己，而不会想到自己应该适当改变来适应别人，总是以自我为中心。同学们首先要认清一点，能够考入同一学校、同一专业就读的学生，最起码证明个人所付出的努力是相同的，因此在个人角度上，所有同学都是平等的，没有优劣之分。差异的存在是由于生活环境和家庭背景造成的，与同学的个人努力无关，我们应该重视的是他(她)的个人努力而不是他(她)的家庭背景。因此，同学们都应该从自己出发，先改变自己再去改变别人，逐渐互相适应，共同创造一个和谐融洽的生活环境。

在相互尊重的基础上，同学之间还要学会相互关心。离开父母，独立生活，对于大多数学生来说是第一次，因此相互之间的关心便会显得格外珍贵。几年的大学生活中，难免会遇到困难，比如生病，这时能体会到同学的关心是非常温暖的。孤独也许是最为痛苦、最难忍受的感觉，所以同学要先学会关心别人，才可以期盼别人也会关心自己。

2.同学之间要学会沟通

中国人很相信缘分，因此才有“同船共渡，前世所修”的说法。同学们能够在一所屋檐下相聚是一种难得的“缘分”，因此应珍惜相聚的时光。共同的学习和生活，难免会出现摩擦和误解，这时要学会沟通、主动沟通。沟通是解决问题、表达自己最好的方式。

要学会沟通也要学会道歉。当矛盾发生时，同学要学会主动地与对方沟通，当发现自身存在错误时，要敢于道歉，承认过失，寻求谅解。其实道歉很简单，一个歉意的笑容、一个真挚的握手、一张写满致歉或问候的卡片都可以起到道歉的效果。

3.同学之间要互相帮助但要注意分寸

同学之间的互相帮助是必要的，也是我们应该大力提倡的，但并不是所有的帮助都能收到很好的效果，不恰当的帮助可能适得其反。要分清楚同学中哪些是需要别人帮助的，哪些帮助必须点到为止。

有些同学自尊心较强，遇到困难时他们可能不愿意接受别人的帮助，这时，如果我们热心的同学一定要提供帮助，反而会引起反感。在这种情况下应该调整帮助方式，你只要向他表示出你是真心想帮助他，并随时愿意为他提供帮助。有些同学过于敏感，他们对别人的帮助怀有戒心，这时你的帮助必须事先征得本人的同意，否则会起到反作用。还有些同学非常乐于帮别人分担心理负担，开导别人，往往对别人的伤心处、别人的隐私刨根问底，过分地追问。这样做的出发点是想对其提供帮助，但最后可能更加严重地伤害了别人。

对同学的帮助一定要讲究分寸，讲究时间、地点、事情的性质，不要一概而论。这样才会使自己提供的帮助让别人有安全感，并乐于接受自己所提供的帮助。

4.同学之间财物往来要谨慎

财物往来,经济联系很容易引起纠纷,这种纠纷很容易酿成深层次的矛盾。这不仅会导致同学之间的感情受到影响,而且会使个人的形象受到玷污,甚至道德品质受到怀疑。

可以接受同学的馈赠和经济上的帮助,但一旦与同学之间形成了财物关系,就应该将这种财物关系理清楚,并严格按照原先约定执行(如是借款,应按时还款)。如果有特殊原因不能严格执行约定的话,应尽早向对方说明情况,争取谅解。

勤俭节约是一个人的美德,同学们应发挥这种优良传统,不要铺张,杜绝浪费。作为大学生在花费上应有计划,尽可能地不超支,不借款,尽量避免因财物关系引起同学间的不愉快。

在一个人的一生中,同学往往是最好的朋友,校园生活往往是最美好的回忆。因此,同学之间的友好相处,团结互助,互相尊重,共同进步,是每个大学生都应该做到的。

第二节　课堂礼仪

课堂是教师传授知识,学生接受知识的神圣殿堂,因此在课堂上对教师和学生的礼仪要求更为严格。

一、教师课堂礼仪

教师是知识的传授者,在课堂上起着主导作用。教师是课堂上唯一的注目焦点,教师在讲台上的一举一动都受到学生的关注。教师传授知识不仅要言传还要身教,而且在很多情况下,身教所起到的教育效果往往更加明显。因此,我们对教师的课堂礼仪有着非常严格的要求。

1.教师课堂仪表礼仪

作为教师,特殊的角色要求教师在课堂仪表必须适合角色要求,不能随心所欲。要求教师仪表干净整洁,女教师不化浓妆,不留长指甲,不佩带夸张的首饰。上课时着装要简洁、大方,不穿过分时尚且夸张的服饰,不穿露脐装、低腰裤。在上课等情况下穿裙装,可以选择长裙或者套裙,裙子的下摆不要高过膝盖,不穿超短裙、无袖裙或者背带裙。如是在一般场合,就根据自己的喜爱和活动情况来选择裙装。

2.教师授课礼仪

(1)教师授课前要认真备课,精心准备授课笔记,这是上好课的基础。备课时,除按照教材准备授课内容外,还要注意补充新鲜的内容,例如相关学科的知识及本学科的最新发展动态。力求备课准确,内容详尽,知识不断更新。

(2)教师要按时上、下课，不迟到，不随意调整授课时间。如遇特殊情况需要调整授课时间的，应按照相关规定办理调课手续，并及时通知所授课的学生，以避免不应有的教学事故。

(3)教师授课时板书要整洁清楚，语言力求生动，同时注意加入恰到好处的肢体语言，能够吸引学生认真听课，把知识有效地传递给学生。同时要注意维持课堂纪律，保证授课质量。

(4)授课时，如有学生提出疑问，教师应虚心接受，并认真思考，仔细检查，及时给学生回复。不管学生所提问题是否正确，作为教师都应该谦虚地表示接受，而不应该为了维护个人“尊严”和面子而粗暴地对待学生。

(5)课间或课后，教师应积极主动地为学生答疑，帮助学生解决关于课程的疑问，并在课后认真批改学生作业，并将作业内容及时向学生讲解。

二、学生课堂礼仪

1.学生课堂仪表礼仪

学生上课时的穿着要能够体现出大学生的面貌和风采，不宜过分成熟化和时尚化，年轻本来就是一种美，不需要过分的修饰。同时，学生在上课时的穿着不宜过分随意，即使在夏天，天气炎热的情况下，也不宜穿背心、拖鞋进入教室，这不仅是对授课教师的不尊重，对高等教育本身也是一种不尊重。

2.学生课堂礼仪

遵守课堂纪律是学生最基本的礼貌。

(1)上课。上课前十五分钟，学生就应在教室里坐好，恭候老师上课。学生若因特殊情况无法正常上课时，应提前以书面形式向老师请假，如事情紧急，应先口头请假，过后再以书面形式进行补假。请假只有在老师批准后才生效。学生如遇特殊情况上课迟到，应先得到教师允许后，方可进入教室。

(2)听讲。在课堂上，要认真听老师讲解，注意力集中，独立思考，重要的内容应做好笔记。当老师提问时，应该先举手，待老师点到你的名字时才可站起来回答，发言时，身体要立正，态度要落落大方，声音要清晰响亮，并且应当使用普通话。

如对老师的讲解有疑问时，应在课后提出，而不要在上课时当众提出，这样不仅会影响老师上课的情绪，影响正常的授课进度，而且会影响其他同学的听课效果。同时还要注意提问时的态度，要谦虚有礼貌，抱着对老师尊敬的态度提出，而不应该以一种质问的态度来质疑老师。要知道，老师每天都在上课，有时一天要上八节课，在疲劳的工作状态下，难免会出现例如口误等小失误，希望得到学生的谅解。

(3)下课。听到下课铃响时，若老师还未宣布下课，学生应当安心听讲，不要忙着收拾书本，或把桌子弄得乒乓作响，这是对老师的不尊重。下课时，待老师离开教室后，学生方可离开。

第三节 宿舍礼仪

宿舍是同学们生活、休息的主要场所,要学习好首先要休息好,因此,遵守宿舍中的礼仪,是同学们休息好的保证。

一、严格遵守作息制度

这是学生宿舍中最起码的要求。宿舍是公共生活休息的地方,宿舍生活是集体生活,因此大家要遵守共同的作息时间,才能够保证同学们的休息质量,才能为第二天的学习做好准备。

在宿舍规定的休息时间里,不大声喧哗,高声说笑,如果确实需要与同学商量问题,要将声音压低,以耳语的方式进行交谈,不影响他人休息。如果听随身听或收听广播,应带上耳机。如果要躺在床上看书,需要用床头灯,就应把灯光调小,翻书的动作要尽可能地轻。如有特殊情况必须在宿舍外耽误一定时间的,则应事先与同宿舍同学打好招呼,请求他(她)们为你留门。迟进宿舍时,一定要轻手轻脚,不要将别的同学吵醒。夜晚休息时,应关闭手机、传呼机,或将其拨到震动位置,如夜里需接听电话时,应走到走廊里接听,而且声音要尽量放轻。还要提醒一点,现在大学宿舍里都装有固定电话,同学们可以将宿舍电话号码告知亲友,同时也将作息时间告知,建议他们如无紧急情况不要在休息时间打电话来,以免影响同寝室同学的休息。

二、讲究公共卫生和个人卫生

宿舍是同学们共同的家,是大家的家,为了使在这个家中的生活更加舒适,家庭中的每个成员都要讲究公共卫生和个人卫生。

宿舍要安排宿舍卫生值日表,全体宿舍成员都要参与值日,轮到值日的同学应该尽职尽责地做好宿舍的卫生打扫和维护工作。还要注意生活垃圾不能堆放在宿舍里面或宿舍门口,因为宿舍楼走廊也是大家公共生活的地方,应在出门时及时将垃圾带到垃圾箱中。

男同学不应该在宿舍内吸烟,如果要吸烟就走到宿舍外面去吸,要知道吸烟不仅会对吸烟者本身带来危害,对被动吸烟的人危害更大。

如果说个人卫生是个人问题的话,那么在集体生活中个人卫生会直接影响到公共卫生,因此个人卫生便不只是个人问题了。要勤洗澡,每天至少刷两次牙。要勤洗手,饭前便后和室外活动后,都要清洗双手以保证个人卫生。要勤换衣服,每天换袜子,而且对换下来的衣物要及时清洗,不要堆在宿舍中。自己生病的时候要及时看医生,及时进行治疗,如果是传染病,要及时通报学校,采取隔离措施,以免传染给其他同学。

三、提高警惕，注意保护公共财物和私人财物

作为大学生要具备自我保护的意识和能力，能够有意识地保障个人人身安全和财产安全，而且要学会爱护公共财产。

宿舍里很多物品都是公共财产，因此对公共财物爱护与否，反映了一个人的道德水平和素养。要学会随手关灯，节约用水，不要浪费。不破坏宿舍中的任何设施，使用过程中要仔细小心。在爱护公共财物的同时，同宿舍中其他同学的财物也应该得到大家的爱护。不要乱动同学的东西，如果有需要，要先征得别人的同意方可借用。还有一点非常重要，那就是最后一个离开宿舍的同学一定要关好窗，锁好门，以免宿舍内部物品被盗。

当然，同学们在爱护公共的和他人的财物时也应该保护个人财物。首先要提高警惕，防止财物被骗。大学生是一个同情心、怜悯心较重的群体，而且乐于助人，有些心怀叵测的人就是利用了大学生热心助人的特点，同时社会经验又不足的弱点，采取不法手段来骗取大学生财物。大学生应该具备分辨是非曲直的能力，仔细思考，认真分析，防止上当受骗。其次要爱惜个人物品。同学们所使用的每件学习和生活物品，哪怕是很微不足道的一件物品，都是父母一份份汗水换来的，所以同学们要了解美好生活的来之不易，要懂得珍惜。第三，同学们还要养成勤俭节约的好习惯，不乱花一分钱，不与同学在吃、穿、用上进行攀比，不羡慕别人拥有奢华的物品，不购买与学习和日常生活无关的物品。

四、同学之间以诚相待

同宿舍的同学要在同一屋檐下共同生活三、四年的时间，就像兄弟姐妹一样同吃同住。因此，彼此之间的真诚相待，互相适应是非常重要的。

1. 学会宽容别人，替别人着想

同学们来自不同的地方，作息习惯、生活习惯都不一样，难免会出现不相适应的地方。这时候，同学们要学会宽容对方，替对方着想，毕竟生活习惯是多年养成的，一时之间难以改变，而且长期处在同一种状态的人未必会意识到自己一直养成的习惯与现在的生活状况有不适合的地方。这种改变、调整、相互适应是需要时间和耐心的，因此需要同学们相互宽容，慢慢适应彼此。

2. 坦诚对待对方

人无完人，孰能无过？每个人都有缺点或弱点，也都有办错事情的时候，当同学们发现对方身上不足的时候，应该坦诚地并委婉地向对方提出，在不伤害对方的前提下，使对方接受你的意见，并且你要主动帮助他(她)改正弱点和不足，而不是在背后议论纷纷。背后的指责和议论无助于同学克服弱点，只会使彼此的矛盾深化，破

坏同学之间的团结。

3.互相谦让,先人后己

同宿舍中有很多物品和设施是公用的,比如说洗漱间、厕所等,在同一时间只能容纳一个人使用。在使用时间发生冲突时,同学之间应该互相谦让,先人后己。尤其在早上洗漱时,同学们都赶着上课,都希望起床后先搞好个人卫生,就很容易出现争用洗漱间和厕所的现象。遇到类似情况,同学们不妨事先商量好洗漱时间,安排好顺序,这样即可以保证大家都能按时到达教室,又使早上的洗漱变的很有秩序。

4.互相关心,互相帮助

这在同宿舍的同学中显得尤为重要。同学都是独自在外求学,日常学习和生活中都需要朋友和同学的关心和帮助,尤其在遇到困难时,这种关心和帮助便显得格外珍贵。同学遭遇不幸,偶尔失败,学习上暂时落后等,不应嘲笑、冷笑、歧视,而应该给予热情的帮助。当舍友生病的时候,要主动关心,热情照顾,如陪同看病,帮忙打饭、打开水等;遇到舍友在生活上、经济上发生困难,要尽力帮助。同学的相貌、体态、衣着不能评头论足,也不能给同学起带侮辱性的绰号,绝对不能嘲笑同学的生理缺陷。在这些事关自尊的问题上一定要细心加尊重,同学忌讳的话题不要去谈,不要随便议论同学的不是。舍友间相互关心互相帮助,还应体现在一些日常小事上。如有的同学衣服晾在外面忘记收了,应当帮助收回来;有的同学物品损坏或丢失了,应主动大方地相借。求学在外,多一份关心,你的大学生活会过得更加愉快。

五、串门的礼仪

回到宿舍后,注意休息和处理生活上的问题,或者温习功课,尽量少串门。尤其不要在同学们集中处理生活问题或者已经熄灯休息的时候串门。但也不是说同学之间在宿舍中就互不来往了,如果确实有事或者联络感情的需要,串门当然是必要的,但要遵守串门的礼仪。

进入别人宿舍的时候,要与所有同学打招呼、问好。不要坐在别的同学的床铺上,而应当坐到邀请者的床铺上。当别人邀请你坐时才坐,不要随便乱坐。不要随便翻动、移动、打听别人的东西,要在得到许可后才可以动用。不要随便乱用别人的茶具、毛巾等物品。不要过长时间地串门,以免影响其他同学的休息。串门时注意不要大声讲话,谈话内容要健康。不得随便向其他同学索要东西。离开时要向所有同学表示感谢,并道再见。

六、待客礼仪

住校期间,难免有亲人来看望,有别的学校的同学来串门。这时候,如果要请亲友到宿舍做客的话,一定要告诉同宿舍的同学,最好提前通知并征得同宿舍同学的同意。如果来不及,也应尽可能地临时通知同学,以免影响同学的正常休息。将亲友带到宿舍,应用自己的物品给亲友使用,而不要动用别人的东西。同时要嘱咐来访亲友不要乱动同寝室其他同学的东西,不要在别的同学面前乱问、乱说。可能的话,尽量用普通话交谈,以示尊重。当同学从外面返回寝室时,要主动介绍同学们与自己的亲友认识。要注意不要让亲友在宿舍待的时间过长,更加不可以留宿在宿舍。在别的同学有客人来访时,一定要热情问好,不要冷漠对待。且在必要的时候注意回避,让他们好好交谈。

第四节　活动仪式礼仪

大学校园的文化生活是丰富多彩的,有学术活动、文艺活动、体育活动、各种典礼等等。但大学校园的文化活动也不是无章可循的,无论是活动组织者还是活动的参加者都必须遵循活动仪式礼仪。

一、学术活动中的礼仪

学术交流活动在大学里是最受欢迎的活动之一,在这样的场合中演讲和发布消息者,必然是某个领域中的权威者或者是资源的重要占有者,他们发布的消息往往主导着该领域的方向。因此这是获得有价值的资料、信息的重要途径,它不仅对学生的学习有帮助,对教师的学术活动也会起很大的作用。

1.组织者礼仪

(1)邀请礼仪。作为学术交流活动的组织者,对活动能否成功举行起着至关重要的作用,因此,不论在活动的筹备阶段还是在进行时,都要对每一个环节认真斟酌,积极思考,及时检查,以保证每一个环节都不出问题。

邀请的对象主要有两种人,即演讲人和重要的参加者。重要学术活动的被邀请人名单必须与有关方面一同敲定,以免遗漏,造成被动。在与有关方面敲定了这些名单以后,就是通过一定途径邀请他们的时候。

对重要的演讲者,如在国际国内有一定名望的专家、学者、重要领导,应该约定时间,登门邀请,同时送上请柬。

对普通的老师、教授等,以请柬邀请,也可以通过电子邮件邀请。

一般说来,不论哪一种邀请,都要通过电话与他们沟通好,定好时间、演讲地点、演讲内容、演讲的长短,并介绍与会者的大致情况。

对重要参与者的邀请要与对演讲者的邀请同步进行,对重要的参加者要登门邀请和请柬邀请相结合。

对一般参加者,以请柬和电子邮件的方式邀请即可。

对可以公开的学术活动,可以以公告的形式发布。其实公告是一种很好的对公

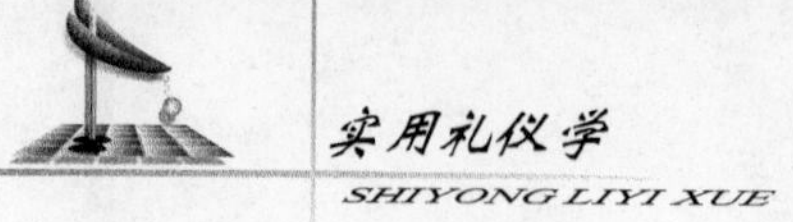

众的邀请方式。

(2)主持人着装礼仪。各种会议的主持人,一般由具有一定职务的人来担任,其礼仪表现对会议能否圆满成功有着重要的影响。

主持人应衣着整洁,大方庄重,精神饱满,切忌不修边幅,邋里邋遢。走上主席台应步子稳健有力。入席后,如果是站立主持,应双腿并拢,腰背挺直。持稿时,右手持稿的底中部,左手五指并拢自然下垂。双手持稿时,应与胸齐高。坐姿主持时,应身体挺直,双臂前伸。两手轻按于桌沿,主持过程中,切忌出现搔头、揉眼、抖腿等不雅动作。主持人讲话应口齿清楚,思维敏捷,简明扼要。主持人应根据会议性质调节会议气氛,或庄重,或幽默,或沉稳,或活泼。主持人对会场上的熟人不能打招呼,更不能寒暄闲谈,会议开始前,或会议休息时间可点头、微笑致意。

(3)主持人应精心准备,有条不紊。不论学术会议规模的大小,主持人都必须做好以下几个方面的准备工作:①要准备好会议议程,并将议程通报给主要的与会者,严格按照议程进行。②安排好会议发言顺序,保持会议秩序,把握会议时间,准时开始,准时结束。③适当准备水果、咖啡、茶水等,放置在休息室中,让贵宾根据需要取用。④对一些重要的学术报告会,要安排合影作为纪念。⑤对于有特殊要求的贵宾,要尽量满足他们的合理要求。

2.报告人的礼仪

报告人或演讲人是一场报告会的关键性人物,他对报告会的影响,除了取决于演讲内容的质量之外,其个人形象的作用也不可轻视,他的一举一动、一言一行都对报告会的成功与否起着至关重要的作用。同时,每一场报告会,对演讲人而言,都是树立自己形象的良好时机,不可错过。

(1)做好准备。接受邀请后,演讲者就要做好演讲的准备。演讲的准备包括:演讲的内容要根据邀请者提出的要求和学术报告会的主题而决定,如果觉得需要适当发挥,要与会议组织者做好沟通;演讲方式的准备也很重要,演讲方式包括声音的轻重、速度的快慢、语调的高低、时间的控制等等;演讲的方式除了根据内容、主题确定之外,还要考虑到参加会议的听众各方面的情况,如果不了解,可以与组织者沟通;必要时要准备好辅助工具,演讲的时候,如果需要幻灯机、投影仪、麦克风、白板等工具,要事先准备好,或者要求报告会的组织者准备。在使用这些工具之前,最好实地检查演习一下,以便很好地掌握时间和保证效果。

(2)举止得体。举止得体是对演讲者最一般的要求。相对于一般的参与者来说,演讲者必须穿着正式,男生应该着西服,系领带,穿皮鞋,一尘不染。女生则穿着套裙或者很规范的长裙等。不能将休闲服穿上演讲台,更不能将便装、家庭装穿上演讲台。要保持头发、面容的整洁。

演讲者走上讲台时,态度应该从容不迫,不要慌慌张张。在到达演讲台前,应对报告会的主持人和听众表示感谢,点头致意或者鞠躬敬礼。在演讲的过程中,要注意自己的语调、语速和语音,还要注意不要让自己的演讲内容离题并控制演讲时间。演讲时应口齿清晰,讲究逻辑,简明扼要。如果是书面发言,要时常抬头扫视一下会场,不能低头读稿,旁若无人。演讲时要充分自信,但是不要目中无人。要注意主持人的提醒和听众的反应。如果在演讲中要使用投影仪等工具,要以礼貌的方式向听众说明,请听众允许自己使用这些设施。

在演讲进入提问和讨论阶段的时候,演讲者应该认真听取听众的提问和发言。对听众提出的所有问题都要作回答,如果自己不方便回答或者确实回答不出来的话,就应该用委婉的口吻说明,如"对不起,这个问题我不方便回答",或者"对不起,我不能回答这个问题",请不要敷衍。如果提出的意见与自己的意见相左,不要表现出不耐烦的态度,而应该听完他人的发言,然后阐述自己的观点,态度应该冷静,不要把自己的观点强加给对方。

如果自己事先并没有被邀请,而是临时被点名演讲的话,最好不要拒绝主持人,并根据安排作发言。拒绝主持人是不礼貌的行为,如果确实没有做好准备,或者拙于言辞,就要向主持人表示歉意,并感谢大家对报告会的支持。

在一些著名的报告中,报告人往往会用一个很幽默的故事开头,当然这个故事必须与报告会的主题相关,这样的方式,可以一下子吸引住听众,让他们进入到自己演讲的内容中来。这个故事必须短小,并且切不可为讲故事而讲故事,完全脱离了演讲的主题。

3.参加者的礼仪

(1)着装端庄、准时有序。参加重大的学术报告会的着装必须正式,男生以西装为宜,系好领带,穿着皮鞋,一丝不苟,女生最好穿套裙,略施淡妆。

参加一般的报告会应衣着整洁,虽然不强调着装过于正式,但是尽量不要穿过于时髦的衣服,衣服的纽扣要扣好,领带要系好,不要穿拖鞋、超短裙等参加会议。进入报告会场,必须关掉手机,或者将其置为震动。不要接电话,如果一定要接电话,就走出来接。接完电话,坐在前面的,不要到前面去,在后面坐下即可。

应该提前一点到达会议地点,不要迟到。如果迟到,会议规定不准进去的不要进去,允许进去的,就坐在后面,不要到前面去,以免干扰别人和演讲人。

如果受到邀请参加一个排定座位的会议,最好等着主持人或者礼仪小姐将自己引导到座位上去。

坐在主席台上的人应按要求就坐,姿态端正,不要交头接耳,不要擅自离席,当听众鼓掌时也要微笑鼓掌。

在主席台上就坐时,通常会议主持人坐在离会场门口最远的桌子末端。主持人旁边是参加会议的客人和演讲者的座位,或是给高级管理领导坐的。会议助理也会坐在这里,以便接受指示、帮助主持人分发有关材料或完成主持人在会议中需要他做的其他事情。

听报告时应认真听讲，可以准备纸笔记录下与自己工作相关的内容或要求。不要私下小声说话或交头接耳，不要在别人发言时说话、随意走动、打哈欠等。会中尽量不离开会场，如果必须离开，要轻手轻脚，尽量不影响发言者和其他与会者，如果长时间离开或提前退场，须征得同意后再离开。发言人发言结束时，应鼓掌致意。即使对发言人的建议不满，也不可吹口哨、喝倒彩、喧哗起哄，因为这些行为极其失礼。

在报告会的演讲过程中，需要提问的不要直接站起来，可以通过递纸条的形式，向主持人或者演讲者提出。

在听演讲过程中，不要吃零食，不要吸烟，不要对演讲者评头论足。

(2)自由发言有礼有节。在报告会中，如果有讨论，最好不要保持沉默，这会让人感到你对报告会漠不关心。如果会议的参加者多，不可能每一个人都发言，可以将自己和几个同学的问题归纳一下，由一个同学发言。

想要发言的时候应先在心里有个准备，用手或目光向主持人示意。发言应简明、清楚、有条理、实事求是。

自由发言的时候，不要偏离会议主题。

与他人有分歧，应以理服人，态度平和，听从主持人的指挥，不能只顾自己。若要反驳别人不要打断对方，应等待对方讲完再阐述自己的见解，别人反驳自己时要虚心听取，不要急于争辩。对对方的批评和意见应认真听取，即使对方的批评是错误的，也不应失态。

参加学术报告会，不论处于什么角色，都应该以一种学习的姿态出现，谦虚、冷静、平和，以显示良好的教养和好学的品质。

二、文艺晚会中的礼仪

文艺晚会指的一般是晚上所举行的以综艺性文艺演出为主要内容的联欢性集会。它是青年人进行交际、联欢的主要方式之一，深受广大青年朋友的欢迎。正因为它的普遍性和重要性，在参与的时候，一定要讲究适当的礼仪，否则的话，就可能因为失礼而遭遇尴尬，或者成为晚会上不受欢迎的人。

文艺晚会的礼仪包括主持人礼仪、演员礼仪和观众礼仪三大部分。

1. 主持人礼仪

(1)精心准备，统筹安排。一场好的晚会，主持人的作用很重要。其重要的作用表现在对晚会的精心安排上，这也是主持人需要花费心血的地方。

确定主题。文艺晚会必须有一个明确的主题，一般来说，这个主题就是晚会的意义所在。比如，要举行一场庆祝教师节的晚会，庆祝教师节就是晚会的主题。所有主题必须紧紧围绕着主要的事件安排，而所有的节目也要紧紧扣住这个主题。

精选节目。围绕文艺晚会的主题来精选节目，这是选节目的主要方式和特点。

节目的内容必须体现文明、高雅、积极的精神，必须富于时代特色。可以使人从中获得教益。节目的形式应多种多样，不要过于单一，要生动活泼，轻松愉快。要敢于创新，不要拘泥于某些成规。节目的数量要根据时间的长短来确定，一般晚会不要超过三个小时。在节目确定好以后，要将节目落实到人，并逐一检查其排练情况。确定每个节目的演出者，指定节目排练时的监督者和节目审查者。各司其职，把节目做精。

邀请嘉宾。一些重要的晚会可以邀请嘉宾担任主持。是否邀请，除了考虑晚会的主题需要外，还要斟酌经济因素，如果晚会预算过于紧张，就不要邀请，因为嘉宾大多是有偿主持的。邀请的时候，要通过电话进行预约，然后为了尊重他们起见，给他们发去邀请函或者请柬。重要的嘉宾必须登门邀请并与其签订合同。在嘉宾答应主持的情况下，应该让他们多次适应舞台和节目情况，并一起敲定主持人的主持风格，以免出现意外，影响主持的情绪，影响到主持质量。还有一种嘉宾，就是观众嘉宾。他们可能是领导、老师、德高望重的长者。对于他们的到来，要安排好接送的车辆、休息室、座位。主持人在晚会开始前，要向观众介绍主持嘉宾和观众嘉宾。

制作节目单。一台好的晚会，优良品质的节目单是非常重要的。很多晚会都忽略了这个细节，因而在品质上大打折扣。节目单的制作要认真仔细，避免错误，要尽量制作得精美，当然经费问题也不能忽视，要量力而行。

在座位安排上也应引起注意，尽量保证一人一座。当然有观众站着欣赏，也许会使晚会的气氛更加热烈，但这会影响其他观众观看晚会的效果，进而影响到整台晚会的品质。

(2)主持人仪表得体、大方。晚会主持人在着装与举止上的要求与学术活动中主持人的要求相类似，较大的差别之处在于女主持人的着装要求上，晚会中女主持人的着装可以华丽一些，色彩可以鲜艳一些，像礼服、长裙、旗袍、套裙等都是不错的选择，还可以选择一些项链、耳环等进行适当的修饰，以期在舞台上达到一个较好的效果。

2.演员礼仪

(1)演出前认真准备。只要确定了晚会的表演节目，演员就必须服从晚会的安排，自觉做好演出前的各种准备工作。在详细熟悉所演节目的基础上，演员要认真参加每一次彩排，并把彩排当作是真正的演出一样来对待。在节目的准备过程中，可以根据实际情况进行适当的创新和修改，但必须听从晚会统一指挥，因为一场晚会有一个统一的主题，有一种特殊的格调，所以如果是大局需要，节目不得不改动的话，演员必须无条件服从。

(2)演出中努力做到最好。尽心尽力地演出是演员的职业道德要求之一，虽然我们不是正式的演员，但在晚会中我们充当的是演员的身份，就应该遵循演员的职业道德。晚会进行过程中，听从统一指挥，按时登台表演。演出中还要主动配合其他演员，互相扶持，互相协调，共同把整台晚会搞好。

(3)演出结束后要向观众致谢。我们都知道顾客是上帝，对于演员来说，观众就是演员的上帝，所以演员要学会尊重观众。演出结束时，全体演员要登台对观众的观看和支持表示感谢。

3.观众礼仪

很多同学都以为观看演出不必有什么特殊要求，带着眼睛去就可以了，其实不然，观众同样需要遵守一定的礼仪要求。

首先要按时入场，不拥挤、不喧嚣、不打闹，并按座位就座。不能戴着帽子，穿着背心、拖鞋进入晚会现场。其次要文明观看演出，尊重演员的表演。观看演出时，要主动关掉手机、BP机等通讯工具，或将其设置为无声状态，如需要接听电话，则应走出会场外再行接听。不要在会场内吸烟、与别人交头接耳、吃零食等，以免影响他人观看演出。还要适时鼓掌，对演员的演出表示鼓励和肯定。最后，演出结束后，要起立鼓掌，对演员的辛苦演出表示感谢，同时保持会场整洁，将垃圾随身带走。

在国外，参加文艺演出是一种高雅的活动，不管是组织者、演员还是观众都应该遵守一定的礼仪规范，这样才能保证晚会的健康、有序，才能保证晚会的成功。

三、体育赛事中的礼仪

大学校园中，各种各样的体育赛事很多，除了一年一度的运动会之外，还有很多以系、班级为单位的各级各类比赛。因为体育赛事比较频繁，而且参加人数较多，因此对于参加体育赛事过程中的礼仪就不能不做一些要求。

1.裁判礼仪

裁判是体育赛事中的风向标，是体育赛事中的监督者，因此裁判的礼仪行为对于体育赛事的结果是至关重要的。

(1)裁判要公正。这是对裁判最起码的也是最重要的要求。当然，专业裁判的公正性是毋庸置疑的，但在大学校园内的体育赛事，大部分裁判是由学生来充当的，学生裁判对于公正性的把握就没那么容易了。因此，学生裁判只有严格履行裁判职责才能体现出公正性。

(2)裁判要尊重运动员以及观众。裁判是体育赛事中的执法者，当裁判在公平执法但仍受到运动员质疑时，裁判应主动作好解释工作。面临申诉时，裁判首先要冷静检讨自己的工作，不要感情用事，更不能利用职权打击报复提出申诉的运动员。在上场和终场时，裁判应热情回应运动员的致意，不要漠然置之。同时，裁判还要尊重观众。当观众对裁判判决不满，甚至有过激行为时，作为裁判一定要冷静，尽可能地保证比赛的顺利进行。

2.运动员礼仪

运动员是体育赛事的参加者，也是体育赛事的主体，运动员的礼仪便显得非常重要。

(1)尊重、服从裁判。尊重裁判的决定,服从裁判的指挥是一个运动员重要的道德素质。在赛前,运动员应主动热情地与裁判握手,以示尊敬;在裁判出现误判时,不能对其恶语相加或者拳脚相向,而是应该继续比赛,然后按照规定进行申诉。当然,运动员可以对裁判的判决提出质疑,但切记不要争辩。

(2)尊重比赛对手。只要是比赛就会有输赢,但是我们更应该强调的是积极参与的精神和友谊第一的精神,不要把比赛结果看得过重。比赛中,由于彼此是竞争对象,难免在心理上会有些隔阂。尤其是一些彼此有身体接触的体育赛事,像足球比赛、篮球比赛等,难免会有一些身体上的冲撞,这时,运动员要学会从比赛的角度出发看待问题,而不是仅仅从个人角度出发。撞人的要主动道歉,被撞的要表现出宽容大度的风范,避免矛盾的产生,保证整个比赛的进行。一名优秀的运动员应当懂得去尊重竞争对手,因为尊重竞争对手就是尊重自己。

(3)尊重队友。很多体育赛事都是集体项目,都是对团队合作精神和能力的考验,因此在比赛时,与队友的良好配合,发挥最佳状态才是最重要的。竞赛项目中,由于压力的存在,出现失误是难免的。如果队友出现了失误,我们应该鼓励他,而不是责怪他、甚至向他发怨气。当队友获得了成功时,应该热情地向他表示祝贺,因为队友的成功也是整个团队的成功。在队友受伤的时候,应主动关心其受伤状况,而不是不闻不问。在队友受到裁判或观众的责难时,应该主动帮助队友放松心态,继续比赛。在比赛最终取得胜利时,要与队友之间互相表示感谢和祝贺,因为一个团队的胜利是团队中所有成员共同努力的结果。

3.观众礼仪

观众也是一场体育比赛中的重要组成部分,观众是现场气氛的调动者和形成者,观众的表现对运动员的表现产生着很大的影响。

(1)文明穿着。一般地,观看比赛时,对观众的着装没有特别的要求,但穿着是不能够随心所欲的,因为毕竟是在公共场合,还是应该注意穿着文明。比如不要袒胸露背,不要穿着拖鞋进入赛场等等。

(2)文明观看。观看比赛时不得制造任何噪声,包括手机的铃声、互相讨论的声音等。当然欢呼声、呐喊声是必要的,它不仅是观众发泄心情的一种方式,也是为运动员助威、加油的必不可少的手段,但要注意欢呼要选择恰当的时机。比如在百米比赛中,观众过大的呐喊声会使运动员无法听清发令的枪声,不仅影响运动员在比赛中的发挥,而且会影响到整个比赛的顺利进行。

在观看比赛的过程中,尽量不吃带壳的食物,或者自备垃圾袋,并在比赛结束后随身带走,以免破坏赛场良好的卫生环境。

(3)尊重裁判和运动员。观众在观看比赛时大都有自己支持的运动员或参赛队,一般都期盼着自己支持的运动员或参赛队能够取得最后的胜利。在这过程中,尊重裁判、尊重运动员便成为观众观看比赛时最起码的道德要求。

在比赛进行中,不得以任何理由干扰裁判执法,即使是裁判错判或者存在明显的偏袒行为,也需通过正当的渠道反映,不得对裁判表现出不礼貌的行为。其实,裁判不仅是赛场上的执法官,必要时他也会维持观众的秩序,例如请观众在座位上坐好,不要用闪光灯拍照等。作为观众要听从裁判提醒,服从指挥,不得粗暴对待裁判的提醒,以免影响比赛的正常进行。

在为自己支持的运动员或参赛队加油的同时,也要尊重对方运动员的比赛。在对方取得成绩时,要同样给予祝贺的掌声,而不要喝倒彩。在比赛结果不尽如人意时,要采取文明宽容的态度,不得有过激行为,如向赛场内扔饮料瓶或其他东西;越过观众席和比赛场地之间的界限;甚至围攻裁判或运动员等。

在大学校园中,体育赛事非常频繁,它是大学生锻炼身体的需要,也是丰富课余文化生活的需要。不管是正规比赛还是友谊赛,裁判、运动员、观众都应该遵守一些基本的礼仪,保证比赛的正常进行。

四、开学典礼和毕业典礼活动中的礼仪

开学典礼一般在开学后的一周内召开,主要内容是介绍学校的基本情况,布置新学年的工作。毕业典礼为学生顺利完成大学学习任务,成绩达到了毕业水平而举行的向学生颁发毕业证书或结业证书的一种仪式。

1.组织者礼仪

(1)会议通知准确、及时。虽然开学典礼和毕业典礼都是常规性活动,但召开的具体时间、地点和典礼的详细内容还是应该准确、及时地通知与会人员的。

通知的对象有两种,一种是领导和嘉宾,一种是学校的广大教师和学生。通知领导和嘉宾要提前两周左右的时间,以确保领导和嘉宾能够安排好时间出席。通知要以书面通知为准。如果领导或嘉宾确有重要工作不能到会时,切记不可勉强,并同样要表示感谢。通知学校的广大教师和学生相对而言要简单些,只需通过会议或张贴通知就可以了。通知的内容要包括典礼的时间、地点和主要内容等。

如果典礼安排中有领导、嘉宾或是教师、学生代表发言的安排,一定要事先通知,交代好会议的时间、地点、内容,有必要的话,还要对发言内容进行审定。

(2)会场布置精心、仔细。开学典礼和毕业典礼是学校的一大盛事,对会场的布置力求精致和谐。主席台和演讲台上要铺上桌布并摆上鲜花,主席台上方要挂上说明活动主题的横幅,主席台旁边也可以摆上一些盆景渲染气氛。要确保音响、录音、摄像、麦克风和音乐准确到位,这是典礼活动正常进行的必备条件。

作为组织者,还要安排好典礼议程,并且打印出来,发给主要的领导和嘉宾。

(3)仪容仪表庄重、大方。开学典礼和毕业典礼的主持人一般是学校的主要领导,或是特别指派的教师。对于主持人来说着装应简洁、大方,仪表庄重。主持人要

表现出谦和的态度,尊重所有与会的人员,包括工作人员。

2.参加者礼仪

(1)按时参加。开学典礼和毕业典礼是学校的重要活动,一般要求参加典礼的教师与学生要提前10分钟入场完毕,以保证典礼的准时开始。

(2)遵守纪律。在典礼现场要遵守纪律,不要说话,不要吃东西,不翻阅其他的书籍和杂志,要专心致志地听典礼上的讲话,要把手机等通讯工具设置为震动,以免影响他人。尊重他人的劳动,尊重讲话者,要适时鼓掌表示欢迎。

五、升旗活动中的礼仪

国旗代表着一个国家的尊严,它是一个国家主权的标志,是一个不容侵犯的标志。当我们看到五星红旗高高飘扬时,一种自豪之情便会油然而生。

国家教育部规定中小学每周一和重大节日的早晨(除假期与天气原因之外),都要举行升旗仪式,各类高等院校参照执行。在国旗法中严格规定了升旗和降旗的办法和细则,必须严格遵照执行。

1.爱护国旗

国旗是一个国家的标志,爱护国旗就是热爱自己的祖国。降下来的国旗要折叠好,放到固定地方珍藏好,不能随便乱放,不能把国旗弄脏,不能把国旗改作其他用途。

2.升旗、降旗礼仪

每逢升旗日,同学们要穿戴整齐,队伍排列整齐,在国旗前集合,要服从统一指挥。升旗时,同学们要向国旗行注目礼,目送国旗到指定位置;升旗时,要奏国歌、唱国歌。伴随着国歌声,护旗人将国旗挂上旗杆,并将国旗抛向天空,在升降旗的过程中,不能让国旗接触地面,要始终对国旗行注目礼。降旗时仪式没有严格限制,可以由旗手单独完成,但切记降旗时也要态度谦恭,不得嬉笑打闹,否则同样是对国旗不尊重。

校园生活中的各种活动种类繁多,这里难以一一列举。但有一点是共同的,那就是活动中都应遵守一定的礼仪规范,只有这样才能保证活动的高质量开展,才能更好地丰富我们的校园文化生活。

第六章

职业礼仪

职业礼仪是一项实用性很强的礼仪,即工作人员在日常公务活动中逐渐形成并得以公认、必须遵循的礼仪规范。现代社会是一个越来越趋向于合作与交流的社会。在现代快节奏工作条件下的人际关系更需要礼仪的润滑,职业礼仪如同春雨,为枯燥繁忙的公务工作增添许多的生机。因而,我们的公务活动不能只停留在制订和研究规章制度上面,而应把礼仪渗透其中。

第一节　求职礼仪

求职礼仪即指各类学校毕业生或由于组织、个人等原因重新求职者在求职过程中应遵循的一种礼仪形式。求职礼仪的关键是求职媒介,常见的求职媒介有人才交流会、职业介绍所、招聘广告和熟人朋友引荐,但最终都必须经过面谈面试这个环节。

一、利用有效求职媒介

每年四五月份,许多公司企业都要派人前往各大学校园,同毕业生接洽。这对各大学毕业生的求职是十分有利的大好机会。如果是因为组织方面的原因致使你不得不重新求职时,原来的上司可能对你大有帮助,你可以提出要求转调到公司的子公司或其他联营机构、下属机构,或通过原上司的关系,利用介绍信或推荐信之类的媒介去新的单位求职,这对你一定大有帮助。当然,各类报刊上登载的招聘广告、人才交流市场与声誉好的职业介绍所都可以作为求职的良好媒介。另外,个人关系也可以成为有用的求职媒介,假如你有朋友或亲戚在某组织任职,他们有一定的关系网络,你就可以利用他们的介绍去求职,由于他们对你的个人简历比较了解,故这类介绍成功率往往较高。

二、求职面试礼仪

1. 面试前的准备工作

接到面试通知后，你应该先做好以下四件事：

(1)迅速查找该企业的原始招聘广告。因为每个求职者都可能投寄出数十上百封求职信，所以在寄出求职信的同时，应该把每个企业的求才广告剪辑记录下来，以便在收到企业的面试通知时进行查阅，避免张冠李戴。查阅的同时要重温该企业的背景情况，同时再重温当时应聘的是何种职位，该职位在招聘中的要求是什么等等。如果你备有几种不同的求职信，应当了解寄出的是哪一种求职信，最好再看一遍，做到心中有数。

(2)查找交通路线，以免面试迟到。接到面试通知后，应仔细阅读通知上标有的交通路线，要搞清楚究竟在何处上下车、转换车。要留出充裕的时间去搭乘或转换车辆，包括一些意外情况都应考虑在内。如果对交通不熟悉的话，最好把路线图带在身上，以便问询查找。

(3)整理文件包，带上必备用品。面试前，应把自己准备带去参加面试的文件包整理一番，诸如文凭、身份证、报名照、钢笔、其他证明文件(包括所有的复印件)均备整齐，以备考官索要核查。同时带上一定数量的现金以备不时之需。有晕车症的应带上药品。

(4)准备面试时的着装和个人修饰。参加面试，在衣着方面虽不要特别讲究、过分花哨华丽，但也要注意整洁大方，不可邋遢，男士衬衫要换洗干净，皮鞋要擦亮；女士不能穿过分前卫新潮的服装。总之，着装要协调统一，同所申请的职位相符。头发要梳齐，男士要把胡须刮干净。女士若感觉脸色不佳则可化淡妆，但不可修饰过分。另外，还应保证面试前充足的睡眠。

2. 面试注意事项

首先要设法了解你希望就职的那个公司或单位尽量多的情况。其次，要尽可能全面地了解你自己；应认真考虑你究竟想在业务上干点什么，该工作是否有助于实现个人目标；还应想一想通过何种途径可以证明你以前的经历能使你胜任未来的工作，并且记住以下建议：

(1)准时赴约，切不可让接见你的人等候。要知道，守时是职业道德的一个基本要求，如果你面试迟到，那么不管你有什么理由，也会被视为缺乏自我管理和约束能力，即缺乏职业能力，给面试者留下非常不好的印象。这是一个对人也是对自己尊重的问题。

(2)进入面试单位，到了办公区，最好径直到面试部分，而不要四处寻摸，让人觉得你别有用心或图谋不轨，甚至被保安盯上，你的面试成果就可想而知了。一进面试单位，若有前台，则开门见山说明来意，经指导到指定区域落座，若无前台，则找工作人员求助。这时要注意用语文明,开始的“你好”和被指导后的“谢谢”是必须的。不要向其索要材料或询问单位情况,因为除非单位规定其此时分发材料,这并非其分内之事且无权对单位进行品评;不要驻足观看其他工作人员的工作,或在落座后对工作人员所讨论的事情或接听的电话发表意见或评论,以免给人肤浅嘴快的印象。

(3)等待面试时应该自带一些报刊阅读,而不要来回走动显示浮躁不安,也不要与别的接受面试者聊天,因为这可能是你未来的同事甚至决定你能否称职的人,你的谈话对周围的影响是你难以把握的,这也许会导致你应聘的失败,当然,如果此时有该单位的介绍材料,应该仔细阅读以先期了解其情况。

(4)进屋后,若发现招聘人员正在填写上一个人的评估表,不要打扰,应表现出理解与合作。但也不要自作聪明,在招聘人员不知晓的情况下等在门外不进去,这是不对的。对招聘人员来说,什么时候填写评估表,写多长时间,都是他自己的工作安排;对你来说,如果面试的时间到了,你就应该按点敲门。不过如果招聘人员请你在门外等一下,那就另当别论,此时你就应按他的要求做。其实有的时候,招聘人员已填完了表格,并已开始看自己的文件了,这时,如果你仍自作主张地在外面等,就会落得“哑巴吃黄连,有苦说不出”的后果。有的人会让你进来在屋内等一下,你就按他的安排做,不要东张西望、动手动脚、闭目养神或中间插话。这段时间虽然会比较难熬,但忍一忍也就过去了。如果实在无所事事,边上又有可以看的杂志,那么在经过允许之后,可以翻阅。面试时要等接见者请你就座时才能按指定位子入座,一般以对面为佳;并注意坐姿的优美与精神。要等到接见者抽烟或暗示你可以吸烟时才可以吸烟,最好是不吸烟。

(5)服饰打扮要稳重正式;衣着要整洁,头发要梳理,皮鞋要擦亮。印象是求职的第一块敲门砖。有一些求职者本身很有实力,只是因为面试时仪表出了问题,导致丧失了工作机会。

(6)成功的面试有适当的时间限制,谈短了不行,长了更不行,时间长了只有对应试人不利。面试不是闲聊,无主题、无目标。面试也不是谈判,双方各自有条件必须花时间去磨嘴皮。从某种意义上讲,面试是陌生人之间的沟通。

当然,谁也没有规定面试的具体时间限制,谈话时间的长短要视面试内容而定,一般宜掌握在30~45分钟左右。

(7)注意形体语言。

①肢体语言。检点自己的一言一行,因为这些都可能引起别人的注意。而对方的一举一动,虽然无言,却也可能有意。要善于察言观色,明察秋毫,比如,自己说得太多了就要注意一下是不是自己太啰嗦了,没有掌握好时间。

②眼神的交流。你的目光要注视着对方。国外的礼仪书上往往精确到要看到对方鼻梁上某个位置或眼镜下多少毫米,但笼统地说看着对方的眼部就行了。要注

意不要目光呆滞地死盯着别人看,这样会使人感到很不舒服。如果不只一个人在场,你说话的时候要适当用目光扫视一下其他人,以示尊重。

③做一个积极的聆听者。听对方说话时,要经常点头,表示自己听明白了,或正在注意听。同时也要不时面带微笑,当然也不宜笑得太僵硬。总之,一切都要顺其自然。

④手势。手势不要太多。太多会过多分散别人的注意力。中国人的手势往往特别多,而且几乎都一个模子。尤其是在讲英文的时候,习惯两个手不停地上下晃,或者单手比划。这一点一定要注意。平时要留意外国人的手势,了解中外手势的不同。

注意你的举手投足:手不要出声响。有人觉得手上玩纸笔挺麻利的,但在正式场合不能这样,会显得很不严肃。手不要乱摸头发、胡子、耳朵,这样显得紧张、不专心。不要用手捂嘴说话,这是一种紧张的表现。

3.面试后注意事项

许多求职者只留意应聘面试时的礼仪,而忽略了应聘后的善后工作,而实际上这些步骤亦能加深别人对你的印象。面试结束并不意味着求职过程就完了,也不意味着求职者就可以袖手以待聘用通知的到来,有些事你还得干。

(1)感谢。为了加深招聘人员对你的印象,增加求职成功的可能性,面试后两天内,你最好给招聘人员打个电话或写封信表示谢意。感谢电话要简短,最好不要超过5分钟。

感谢信要简洁,最好不超过一页。感谢信的开头应提及你的姓名及简单情况。然后提及面试时间,并对招聘人员表示感谢。感谢信的中间部分要重申你对该公司、该职位的兴趣,增加些对求职成功有用的事实内容,尽量修正你可能留给招聘人员的不良印象。感谢信的结尾可以表示你对自己的素质能符合公司要求的信心,主动提供更多的材料,或表示能有机会为公司的发展壮大做出贡献。

面试后表示感谢是十分重要的,因为这不仅是礼貌之举,也会使主考官在作决定之时对你有印象。据调查,十个求职者往往有九个人不回感谢信,你如果没有忽略这个环节,则显得“鹤立鸡群”,格外突出,说不定会给对方一个好印象。

(2)不要过早打听面试结果。在一般情况下,考官组每天面试结束后,都要进行讨论和投票,然后送人事部门汇总,最后确定录用人选,可能要等3~5天。求职者在这段时间内一定要耐心等候消息,不要过早打听面试结果。

(3)面试回来后,你已经完成一次面试,但这只是完成一个阶段。如果你向几家公司求职,则必须收拾心情,全身心投入应付第二家的面试,因为,未有聘书之前,仍未算成功,你不应放弃其他机会。

(4)查询结果。一般来说,你如果在面试两周后或在主考官许诺的通知时间到了,还没有收到对方的答复时,就应该写信或打电话给招聘单位或主考官,询问是否已作出了决定。

(5)做好再次冲刺的思想准备。应聘中不可能个个都是成功者,万一你在竞争中失败了,也不要气馁。这一次失败了,还有下一次,就业机会不止一个,关键是必须总结经验教训,找出失败的原因,并针对这些不足重新做准备,"吃一堑,长一智",谋求"东山再起"。

第二节　办公室礼仪

办公室是现代社会最为典型的工作场所,是单位或机关中为其领导工作服务的综合办事机构,在单位或机关发挥着承上启下、协调关系、统筹全局的重要作用。对于办公室的工作人员来说,了解基本的有关办公室工作的礼仪知识,不仅是做好本职工作的一个重要保障,也是越来越注重交际的现代社会的要求。在办公室中,无论工作人员多少,都必须注意遵守同样的礼仪要求。它主要有三方面的内容:环境礼仪、上岗礼仪和员工礼仪。

一、环境礼仪

办公室环境一般可划分为硬环境和软环境。硬环境包括办公室所在地、空气、光线及办公室的布置等外在客观条件。软环境包括办公室的工作气氛、人员团体凝聚力等社会环境。

1.硬环境

办公室是一个单位活动的重要场所,要求明快、整洁、方便、实用。确定办公室的方位应本着便于各项公务沟通协调的原则。凡与社会接触较多的部门,如收发室、传达室等,应设在人员进出的地方;综合、秘书等部门,应设在办公楼的中心地点;打字、计算机房、财务等办公室,应设在办公楼一端;关系密切的处室应彼此接近。

(1)办公室内布置的原则。

①办公桌的排列应按照直线对称的原则和工作程序的顺序,其线路以最接近直线为佳,防止逆流与交叉现象。同室工作人员应朝同一个方向办公,不可面面相对,以免相互干扰和闲谈。

②各座位间通道要适宜,应以事就人,不以人就事,以免往返浪费时间。

③领导者应位于后方,以便监督,同时不因领导者接洽工作转移和分散工作人员的视线和精力。

④光线应来自左方,以保护视力。

⑤常用设备应放在使用者近处。

⑥电话最好是5平方米空间范围一部，以免接电话离座位太远，分散精力，影响效率。

办公室的用具设计要精美，坚固耐用，适应现代化要求。办公桌是工作人员的必备工具，应注意美观、适用。有条件的可采用自动升降办公椅，以适应工作人员的身体高度。同时，应根据不同工作性质，设计不同形式的办公桌、椅。另外，办公室应根据不同情况，设置垂直式档案柜、旋转式卡片架和来往式档槽，以便存取必要的资料、文件和卡片等，便于随时取用。这些设备和桌椅一样，应装置滑轮，便于移动，平时置于一边，用时推至身边，轻快实用。

(2)办公室环境的物理条件。办公室环境的物理条件内容比较广泛，主要是指办公室硬环境的建设，包括绿化环境、空气环境、光线环境、颜色环境、声音环境、设备环境、安全环境等七项。

①办公室的绿化是不能忽视的。外部环境应绿树成荫，芳草铺地，花木繁茂。它不仅能点缀美化环境，而且是调节周围小气候、提高工作效率的有效方式。

②空气环境的好坏，对人的行为和心理都有影响。因此，室内通风与空气调节对工作人员提高工作效率是十分重要的。空气环境是以空气温度、湿度、清洁度和流动速度四个参数来衡量的，称之为空气的“四度”。空气温度的高低对人的舒适和健康影响很大。办公室的温度冬天一般在20～22℃，夏季在23～25℃之间为最宜。对于办公室工作人员来说，适当的空气湿度能振奋精神，提高工作效率。据研究表明，在正常温度下，办公室理想的相对湿度在40%～60%之间。在这个湿度范围内工作，人会感觉清凉、爽快、精神振作。空气的清洁度是表示空气的新鲜程度和洁净程度的物理指标。办公室空气新鲜与否，与工作人员的身体健康有着密切的关系。新鲜的空气使人精神焕发，工作效率高；污浊的空气则使人身体不适，影响情绪，降低效率。更换室内的空气是通过空气流动来实现的。一般来说，在室温为22℃左右的情况下，空气的流速在0.25米/秒时，人体能保持正常的散热，并有一种微风拂面之感，感到舒适。常开窗能起到换气、使空气对流的作用。

③光线环境。办公室内要有适当的照明，以保护工作人员的视力。如长期在采光、照度不足的场所工作，很容易引起视觉疲劳，不但影响工作效率，久而久之，还会造成工作人员的视力下降，影响身体其他方面的健康。亮度太低，则不能满足视觉的要求，而且对调节眼睛瞳孔的控制机能产生干扰，使眼肌迅速疲劳，不仅损害视力，而且影响情绪。但亮度也不能太高，不然会带来眩光，使视觉效能下降。

④颜色环境。颜色具有很强的感染力和吸引力，可直接影响人的心理活动和工作行为。办公室的颜色环境，可根据不同地区及办公室的不同用途而采用不同的颜色。气温高、天气热的地区，办公室宜采用冷色，如绿、蓝、白、浅灰等；气温较低的地区，宜用暖色，如橙、黄、红、灰等。按工作性质，研究、思考问题的办公室，宜用冷色；会议室、会客室宜用暖色。人们还可以利用颜色的配色原理，调制出最适合本地区、

本部门的颜色。但必须遵循一条总的原则，即适用、美观、效率，有益工作人员的身心愉快和健康。

⑤声音环境。办公室保持肃静、安宁，才能使工作人员聚精会神地从事工作。一般来说，在安静的环境中工作，其效率往往比较高；在嘈杂的环境中处理问题，往往会分散精力，影响工作。办公室的理想声强值为20～30分贝，在这个声强范围内工作，使人感到轻松愉快，不易疲劳。

⑥设备环境。要想大幅度提高办公效率，办公用品的适用化和现代化，也是一项必要的措施。我国传统的办公室设备有办公桌椅、电话、文件档案柜、报架、图片架、图书资料等。现代化的办公设备则增加了诸如传真机、复印机、口授打印机、录音机、录像机以及以电子计算机为核心的科学管理信息系统。

⑦安全环境。安全环境是整个办公室安全措施的总和。安全环境的内容大致包括以下三个方面：首先是人身安全。办公室工作人员有时会不可避免地触及到少数人的利益，假如遇到个别思想不端正、行为不轨的人，办公室工作人员的人身安全就有可能受到威胁。因此，要加强门卫登记制度，重要部门更要用武装警卫人员值班，以保证办公场地及人员的安全。其次是财产安全。办公室的设备、文件、档案以及仓库、金库是公司的财产，应该实行严格的安全防护措施，以防止盗窃、拐骗、窃密现象的发生。除了要有严格的制度作为保障外，还要购置必要的保险设备，并配有专人和专职部门负责这项工作。特别是机密文件的保护，更要从细、从严，必要时要配备武装警卫人员守护，从外围加强安全措施。再次是防火安全。办公室内贮存有大量的档案与信息，如果不慎失火，会造成不可弥补的损失。所以办公场所要特别注意防火，除制订并严格执行安全防火制度外，还要设置防火、灭火及避雷装置，做到有备无患。

2.软环境

办公室软环境的建设，主要包括人际环境、气氛环境、工作作风等三项。影响办公室工作人员行为的不止是硬环境，在某些时候，软环境对人的影响更大，强调的是提高工作人员素质的重要性，即是指加强软环境的建设。

(1)人际环境。办公室内部良好的人际关系与工作效率密切相关。因此，一个好的领导者，不仅要注意改善工作场所的物质环境，还要花较大的力量建立办公室良好的人际环境，因为它是影响工作人员工作行为的活的因素。与此相关的内容主要有：

①一致的目标。目标是全体人员共同奋斗的方向，可激励大家奋发努力。只有目标一致，才能使大家同心同德，团结共事；否则，便可能陷入无穷的争执而无所作为。

②统一的行动。在办公室内，每个成员的工作都是为了实现办公室的目标，虽然分工不同，作用大小也不同，但每一项工作就如同工作母机中的每一部件，必须一

起协作运转,机器才能顺利运行。因此,要使工作人员在既定的目标下,充分发挥个人之长,彼此配合默契,必须有严格的规章制度,科学的组织管理,良好的是非舆论,公平合理的办事作风。这样,整个办公室才能呈现统一行动的状态。要坚决反对不顾大局,只顾个人或小团体利益的做法。

③融洽的凝聚力。凝聚力是指办公室成员之间的吸引力和相容程度。个人的许多心理需要,尤其是与工作有关的需要,如学习需要、信念与支持需要、归属需要等等,只有在办公室内才能得到满足。

(2)气氛环境。和睦的气氛,通常指一种非排斥性的情感环境。如果办公室内部的气氛是紧张的、不和谐的,其成员彼此之间互相猜疑,乃至嫉恨,凡事相互推诿、扯皮,工作效率必然低下。可见,和睦的气氛对工作的顺利开展十分重要。

(3)工作作风。工作作风由认识、情感、意志和行为等多种因素所构成,是在共同的目标与认识的基础上,经过办公室全体成员长期共同努力,逐步形成的一种较稳定的精神状态和具有一定特色的行为规范环境。

良好的工作作风是一种无形的力量和无声的命令,对办公室成员的行为具有强大的约束力、推动力和感染力,使人很自然地接受其教育和感化,使行为举止适应工作的要求。良好的工作作风可以使人精神振奋,心情舒畅,能充分调动和发挥大家的主动性、积极性、创造性,使各方面的工作得到顺利开展,对实现工作的目标,完成工作任务起着推动作用。

二、上岗礼仪

上岗礼仪是对一个职业人的基本要求。通过种种考试、面试,能够被录用并开始上岗,已经是一个幸运者、胜利者了,而如何上岗对每个人来说都是十分重要的,如果说应聘是推销自我的话,那么上岗就是展示自我能力的开始。

1.培养良好的工作态度

现代社会的工作机构是为了一个总体的目标,依据一定的规则,按上下等级关系组织起来的。这是目前为止最有效率的组织方式。它不允许员工有自己的工作喜好,工作上的分工主要依据员工的能力和表现。一位称职的员工必须让工作性质来决定自己的行为选择。

对良好工作态度构成障碍的主要有三个因素:一是虚荣心;二是缺乏责任心;三是缺乏敬业精神。有很多人对于工作的态度往往是只看重工作的外表,而不是工作本身。当自己不得不去从事一些看起来不够体面的工作时,往往对工作本身不能认同,并且在工作中表现出随便马虎,用不屑一顾的态度来平衡自己。有一些人对所从事工作的职责范围缺乏明确的认识,工作时往往随心所欲,让个人的情感、情绪和倾向性支配自己的工作表现。还有些人对工作缺乏敬业精神,整天只是茫然地幻想着某种看来不错的职业,一旦就业以后却又难以忍受工作的辛劳而又想换别的工作。缺乏敬业精神的人永远也不可能真正喜欢工作，因而也永远找不到自己真正喜欢的工作。

所以，要养成良好的工作态度，应克服不必要的虚荣心，选择工作时应从自身的条件出发去寻找真正适合自己的工作；一旦作出了选择，就不要随意放弃工作，除非你觉得这工作确实不适合于你，并已找到了更合适的工作；在实际工作过程中，应明确自己的工作职责，并切实地履行它，不管你是否喜欢。

2.基本行为要求

可以说，不少人的大部分时间是在办公室里度过的，办公室不仅有工作、有事业，还有许多的同事与人际交往，而每一个人又都希望自己在事业上有成就，在单位里受人欢迎，这一切的建立都离不开礼仪。

(1)首先要树立整洁、端庄的形象。如果单位有统一着装，那么无论男女，上班时间尽量穿着工作服。如果没有统一着装，在办公室上班宜选较为保守的服装，男士以西装为主，女士着装要美观大方，不要过于夺目和暴露，也不要浓妆艳抹，可化职业淡妆。男士穿西装要打领带，夏天时尤要注意不能穿拖鞋、短裤、背心，甚至赤膊上阵出现在办公室。

总之，员工在办公室的行为举止应与办公室这一特定的工作环境相一致，并通过自己良好的行为来体现办公室应有的特点。

(2)整洁高雅、安静高效。与办公室的整洁、高雅相一致，员工在办公室的仪容、服饰应保持清洁、整齐、得体，言谈举止应保持端庄稳重，具体应注意以下几个方面：工作服应经常换洗，并烫整齐；女士不能穿背心裙、无袖裙、超短裙上班；不能在工作场所理妆；在办公室不应与同事开粗俗的玩笑，即使在电话里与同事交谈时也不能用过于随便的语气；在办公室起坐应保持良好的姿态。

在办公室上班要做到“四不”：不随意对他人品头论足，不谈论个人薪金，不接听私人电话，不打听探究别人隐秘。办公室卫生要主动搞，个人桌面要整洁，同事见面要问好，办公室来人要接待。另外，男士嘴里叼着一支烟在办公室到处逛，女士在办公室对着镜子旁若无人地化妆，别人不在时乱翻办公室等行为都应力求避免。

与办公室的安静相一致，员工们因工作需要而进行的交谈、走动都应轻声；在办公室门口或过道上，也不应高声谈笑。

与办公室的高效相一致，员工们不应在工作时间看报、闲聊(包括在电话交谈时也不应聊与工作无关的事)、串岗等。

(3)注意事项

①上班不迟到。确切地说，应提前到工作场所，做好上班的准备工作。万一迟到了，要先道歉，而不要急于做解释。

②早上遇到同事要问好。

③上班时间精神饱满。不聊天、不打哈欠、不剪指甲，不能给人以疲惫的感觉。

④认真麻利地处理一切事务。属于自己职责范围内的事,既不推托,也不拖拉。

⑤处理好个人与集体之间的关系。不随意挪用集体的物品作个人用途,上班时间不处理私人事务。

三、员工礼仪

一个组织就是一个系统。要使组织高效地运行,组织内部各部分之间必须密切配合。只有组织内部关系和谐,组织这一系统才能正常运转。因此,作为组织一分子的员工,不论你在组织中处于什么位置,都有义务与他人合作。这主要体现在对以下三种关系的协调:

1.协调好与上司之间的关系

上司在组织行动的实施中往往处于领导和支配的地位。要使组织正常运转,就必须确保上司领导的权威性,服从上级的安排,支持上级的工作,并要维护上级的威信。即使你比你的上级更有才干,为了工作的顺利进行,按照正常的领属关系,作为下级也要认真、严肃地遵照上级的正确意见去处理各项事务。同时,应该明白,你的上级同你一样,也是普通人,他也免不了会犯一些错误。因此,假如上级的意见或指示出现了失误时,一定要注意体谅他,而不应逞一时之气而给上级难堪。上级需要把握的是大局,不管自己和上级关系怎样或对他们的看法怎么样,都要以实际行动维护上级的威信,要以礼相待,不能嚣张放肆。这是由工作集体的内部组织关系所决定的,而且,从总体上讲,上司在经验、知识、能力和品德等方面具有值得下属尊重的地方。

办公室工作的正常运行,是需要群策群力的,当办公室领导在工作中出现了失误或错误倾向时,下级应该直言不讳地指出来。对于自己的不同于领导人的意见或建议,也应该明确提出来,而不应藏在心底。直言不讳是一种正常而正确的工作关系的体现,也是使办公室充满活力的一个重要条件。直言不讳还包括说话时简练明快、开门见山,而不是絮絮叨叨地绕圈子。

在日常交往中,对上司的尊重和服从行为可体现在以下几个方面:

(1)碰到上司时应有恭敬的态度,无论在哪里遇到上司,都应主动问好。在通道或走廊的前方遇上上司时,应趋前问好,但不能超越上司,抢先行走;在狭窄的过道上与上司相遇时,应停止脚步侧身让路,并向上司问好;当上司走到你办公桌前时应起立问好;对上司的称呼应用职务称呼,除非上司主动要求你用其他称呼;与上司同行时,应走在他(她)的左侧或后边;上下汽车、进出大门或电梯都应请上司先行。认真完成上司布置的任务。

(2)要尊重上司,但过分的唯唯诺诺和小心翼翼则大不可取;总是揣度领导的心意,看其眼色行事,甚至阿谀奉承等,更是一种丧失人格的不正常行为。帮领导倒一杯水或一杯茶,这是一种尊重上级的行为,但如果每天都争先恐后地去帮领导打水、擦桌子等,又唯恐他看不见,这却是一种拍马行为了。长此以往,不仅会招致办公室其他同事的嫌弃,而且也会使上司生厌。正常的态度应该是,尊重领导,但绝不是为了某种目的而去曲意奉承,而是同时要保持自己人格的尊严,不卑不亢。

(3)上司布置任务时,应在笔记本上认真做记录。对于上司布置的任务要认真领会,努力完成,并将完成的进度和其他情况及时报告给上司,以便上司随时掌握工作的进程,作出进一步的安排和调整。

有时,可能会出现这样的情况:上司布置的任务有不正确或不可行之处。这时,你与其盲目照办,还不如及时向上司提出自己的不同意见和看法。当然,提意见必须注意方法。首先,提的意见要有根有据,具有说服力。在陈述不同意见时,要着重陈述事情的根据、原因,以及上司可能还不了解的一些背景材料,而结论最好由上司自己来得出。其次,说话的语气应尽可能委婉,多用商量口气,避免肯定语气。最后,还要选择合适的场合和时机。最好能选择在与上司单独相处的场合,不能当着大家的面给上司提意见,更不能当着更上一级上司的面陈述你的意见。最适合的时机应是上司心情好的时候,这时,他比其他时候更容易接受不同意见。如果上司没有采纳你的意见,作为下属只能继续按上司的布置执行任务,不能消极抵触。

2.协调好与下属之间的关系

办公室的领导应该了解自己下属的长处与弱点,在工作中根据其不同的特点为其安排不同的事务。同时,应该具有尊重下级的精神,对所有下属采取礼遇态度。对于下级在工作方面的失误或个性、习惯上的弱点,不要过分地苛求,而应宽容对待,注意体谅下级的具体困难等。

当下级对领导的工作提出批评或不同意见时,上级应该持欢迎和感谢的态度。要勇于承认自己的过失或不足,尤其在遇到比较为难的问题时,要注意发挥整个办公室的力量来商讨解决,而不要只顾面子,不懂装懂。如果下属的意见说得过于刺耳,或者甚至是不合实际的个人攻击,只要无损于工作,都应做到"宰相肚里能撑船",一笑了之。没有必要或者不应该想着报复或借故整人,因为你的下级之所以成为下级,也许正因为他在涵养方面不如你。

另一方面,如果下属中有才干较强,能够独当一面的贤才,领导应该积极地提拔帮助他,委以重任。不要认为下属的才干比你强,他就要夺你的权,更不应心生嫉妒,玩弄权术,给下属"穿小鞋"。多几个能人,对于作为综合管理机构的办公室来说,只会加快它的运转,增强它的活力。作为领导,你的任务就是更好地组织起这些能人来,为全办公室的利益而尽力。

作为一个领导,应意识到一个部门的工作能否干好、一个组织的目标能否实现,主要取决于部下是否积极配合。领导是组织的决策者和指挥者,而具体的执行则需要由下属来完成。下属的主动性、积极性能否得到充分的调动,将直接影响领导的决策和意图能否得到最终的贯彻,而下属的主动性和积极性又主要来自于对组织的荣誉感、自豪感、安全感和归属感。能否在员工中产生这些感觉在很大程度上取决于领导对员工的关心和尊重程度。因此,作为上司,在处理与下属的关系时,关键在于四个字:“善待下属”。

总之,上司在处理与下属的关系时,应把下属的利益放在首位。要想员工把顾客当作上帝来对待,上司应首先把员工当作上帝来尊重。

3. 协调好与同事之间的关系

办公室的工作人员一般来说并不很多,但在单位发挥着极大的作用,所以,办公室内部人员之间团结、协作的关系,就显得十分重要。同事之间的交往,应该注意以下各项礼节:

(1)互相理解、互相尊重。不要把你的好恶强加到同事身上,也不要把你所不愿做的事强加给同事。在同一间办公室工作,由于大家相互比较接近,这很容易产生只考虑到亲密而忽视了距离的心态,因而以为己之所好人亦好之,己之所恶人亦恶之,有意无意地强迫同事来接受自己的观点或行为。或者,总是想着“亲如一家人”的同事一定能够帮你解决他不愿解决或无法解决的问题等等。这些都是很不足取的。要知道每个人都有自己的个性和独特的生活经历,在看问题或处理问题时都会表现出各自的不同。所以,一定要注意相互理解,尊重同事的个性。同时,也应努力调整自己性格中不太适应同事关系的一面,理解对方,改善自我又保持自我的尊严。

(2)不即不离。注意保持同事间交往的距离。不要和某个人交往太密,因为这样往往会使你把朋友关系带到工作中来,在遇到相互之间要处理事务时随随便便,轻率对待。而一旦两个人的关系在达到亲密的顶点时产生分裂,就会形成十分糟糕的局面。另一方面,与某个人交往过密,常常会疏远同室的其他同事,这又会使一个办公室之间的关系过于复杂化。要注意同事之间的关系是建立在相互理解、相互尊重之上的工作关系,当然这并不排斥友谊,但最好的做法是,既不要冷若冰霜,拒人于千里之外,也不要拉拉扯扯,忘记了两个人之间应有的距离而过于随便。

(3)信守诺言、待人以诚。不要轻易答应自己没有把握去做的事。而一旦允诺了对方的事,那么,不管有多大的困难,也应该尽一切努力去做,并且要注意,不要因事情难办而口出怨言。如果由于特殊原因而未能办成,就应该向对方诚恳道歉并解释清楚。对于自己替同事办好的事,不要老是挂在嘴上,唯恐其他同事不知或对方忘记。同事之间的交往应遵循以诚相待的准则,帮同事办事既是出于真诚的帮助,办成之后就不应该再四处炫耀。而平时相处时的相互尊重,也应是出于真心的举止,决不应该是出于某种目的的虚与委蛇。

(4)宽容。小小办公室间,同事之间产生误会和矛盾是难免的。对于工作上的分歧和矛盾,应该以冷静、大度的态度去对待,仔细地分析原因,寻求较适当的机会去谋求解决。不要因一时沉不住气而急于争辩,唯恐责任被推到自己身上,以至于使事态更为复杂。只要能够心地坦然地去对待矛盾或别人的误解,并能够以冷静的态度，积极谋求解决的办法，矛盾和误会总会消除的。

同事间应该讲求真诚、尊重、大度。决不可对他人在某些方面的成就产生嫉妒之心，借机寻衅或捉弄报复、造谣中伤，也不应窥探或暴露他人的隐私，搬弄是非、耸人听闻。如果发现对方有意中伤自己，首先要保持冷静，倘是听第三者所传递，则更应当面核对一下事实，并仔细、具体分析其前因后果。弄清这些之后，要是只是无关大局的小事，尽可一笑置之。倘若是重要问题，则应在正式场合作必要的说明，澄清事实。对待恶意中伤，应注意以下几点：注意保持内心平静，对一些人的无礼不予理睬，以神态自如、不动声色的态度来震慑其无礼；不卑不亢，泰然处之，采取回避态度，调整好情绪，把自己的精力集中到工作和学习当中，不要因琐屑小事烦恼而误了更重要的事业；如果问题严重，则可依靠上级或法律来解决。

同事之间的经济往来一定要清楚，不要只为了照顾关系而在经济问题上随随便便，这往往会造成一些不必要的麻烦。尤其是在平时小数目的钱财往来上，如果纠缠不清，时间长了，总会有一方有意无意地占了另一方的便宜，从而生出隔阂和矛盾。如果因这些看起来微不足道的小事而伤了双方的感情，就太不值得了。这一类问题在办公室当中往往是最容易发生的，值得引起足够注意。

闲谈在工作时间是应禁止的，但在工作之余相互聊天却是常事。同事之间闲谈时需要注意的是：首先，谈话要有节制，不要因谈话而影响或耽误工作；其次，不要谈低级趣味、污言秽语的内容，更不该进行人身攻击，挖苦、讽刺他人或揭人隐私；再次，谈话中出现分歧和矛盾，应主动转移话题；最后，不要老谈自己的烦恼。总之，闲谈是办公室工作间隙、同事间休息和放松的一种方式，除了应注意保证不影响工作外，还一定要注意不要因这些小事而伤了彼此的和气。

同事关系与上下级关系相比，具有两个显著的特点：一是同事关系是一种平等的合作关系，相互间不存在领导与被领导的关系；二是同事之间既是天然的合作者又是潜在的竞争者。这两个特点决定了同事关系是一种复杂、微妙而难以处理的关系。良好的同事关系从自觉融入这个集体开始。不论是服饰仪表，还是言谈举止都应与同事保持一致，不要让自己在这个集体中显得格格不入。另外，新来的员工还可以通过主动为大家做点事，来表示自己加入这个集体的诚意，如主动打扫办公室卫生、早上为大家泡好茶等。

第三节　公务礼仪

只要有两个以上的人相聚在一起，言行举止有礼有节，便会产生一种积极的作用。在公务活动中，常常有许多的规章制度、原则条文，在一定程度上限制了人与人之间心灵的沟通、感情的交流，特别是业务工作上的相互联系、相互牵制，地位、职务上的相互竞争、相互排挤，人际关系往往处于一种紧张状态，如果这时不了解或不遵守其中的礼仪惯例，更会使矛盾激化显性，造成不愉快的工作环境和人际关系。所以，从某种程度上讲，对公务礼仪的运用好坏与否直接影响到一个人在公务活动中的办事效率与工作业绩。

一、接待礼仪

接待是很多企业员工的一项经常性的工作。在接待中的礼仪表现，不仅关系到自己的形象，还关系到企业形象。所以，接待来访的礼仪历来都受到重视。

1.确定接待规格

接待规格是以陪同领导的角度而言的。接待规格过高，影响领导的正常工作；接待规格过低，影响上下左右的关系。所以，确定接待规格时应慎重全面地考虑。

(1)高格接待，即主要陪同人员比来宾的职位要高的接待。如上级领导派工作人员来了解情况，传达意见，兄弟企业派人来商量要事等，需高格接待。

(2)低格接待，即主要陪同人员比客人的职位要低的接待。如上级领导或主管部门领导到基层视察，只能低格接待。

(3)对等接待，即主要陪同人员与客人的职位同等的接待。这是最常用的接待规格。

(4)次序礼仪。接待过程中，遵从次序礼仪的要求，能准确地突出来访者的身份，是对来访者的尊重。接待过程中的次序礼仪一般有以下要求：

就坐时，右为上座，即将客人安排在企业领导或其他陪同人员的右边。

上楼时，客人走在前，主人走在后；下楼时，主人走在前，客人走在后。

迎客时，主人走在前；送客时，主人走在后。

进电梯时，有专人看守电梯的，客人先进，先出；无人看守电梯的，主人先进、后出并按住电钮，以防电梯门夹住客人。

奉茶、递名片、握手。介绍时，应按职务从高至低进行。

进门时，如果门是向外开的，把门拉开后，按住门，再请客人进。如果门是向内开的，把门推开后，请客人先进。

总之，社会场合，一般以右为大、为尊，以左为小、为次，进门上车，应让尊者先行，一切服务均从尊者开始。

2.接待工作程序

(1)宾客到达前要做好如下环节的准备工作：了解来宾的基本情况：单位、姓名、职务、性别、民族、人数、来访目的和要求、抵达时间、抵达方式、日程安排；及时报告主管领导，听取领导对接待工作的意见；制定接待计划，向主管报批；协调有关部门落实接待计划。

(2)宾客到达后应做好以下服务工作：接站；根据客人具体情况安排住宿；与来

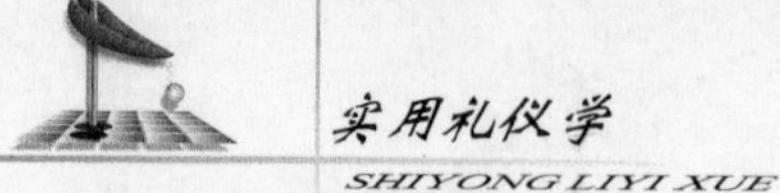

宾负责人商议活动日程安排,及时将结果报告负责接待的领导;根据客人特点协调有关部门做好各项活动安排;随时征求客人意见,及时调整活动安排。

(3)宾客离去时应做好如下收尾工作:征求来宾对接待工作的意见;将订购的返程票交到来宾手中;协助来宾结算住宿费等;落实返程安排及送行车辆,送站;通知来宾单位接站;将接待工作中的有关文字材料整理归档。

3.一般日常接待

(1)对来访者,应起身握手相迎,对上级、长者、客户来访,要起身上前迎候。对于不是第一次见面的同事、员工,可以不起身。

(2)不能让来访者坐冷板凳。如果自己有事暂不能接待来访者,要安排助理或相关人员接待客人。不能冷落了来访者。

(3)认真倾听来访者的叙述。来访者都是为有事而来,因此要尽量让来访者把话说完,并认真倾听。

(4)对来访者的意见和观点不要轻率表态,应思考后再作,对一时不能作答的,要约定一个时间后再联系。

(5)对能够马上答复的或立即可办理的事,应当场答复,不要让来访者等待,或再次来访。

(6)正在接待来访者时,有电话打来或有新的来访者,应尽量让助理或他人接待,以避免中断正在进行的接待。

(7)对来访者的无理要求或错误意见,应有礼貌地拒绝,而不要刺激来访者,使其尴尬。

(8)要结束接待,可以婉言提出借口,也可用起身的体态语言告诉对方本次接待就此结束。

二、会议礼仪

会议礼仪是指各种会议中从组织者、主持人到参加者都应共同遵守的固定程式和礼仪形式。程式化是会议礼仪的最显著特点。

不论是召集、组织会议,还是参加会议,为会议服务,都有一些基本守则、规矩必须遵守。此类与会议相关的守则、规矩,就包括会议礼仪。会议礼仪的关键性内容有会务性工作、会场的排座、会风的端正等三项。

1.会务性工作

但凡正规的会议,均须进行缜密而细致的组织工作。具体而言,会议的组织工作,在其进行前、进行时与进行后又各有不同的要求。凡此种种,均可称为会务工作。负责会务工作的,在其具体工作之中,一定要遵守常规,讲究礼仪,细致严谨,做好准备。

(1)会议之前。在会议的种种组织工作中,以会前的组织工作最为关键。它在大体上包括以下四个不同的方面：

①会议的筹备。举行任何会议，皆须先行确定其主题(包括会议名称)。这是会前有关领导集体已经确定了的。负责筹备会议的工作人员，则应围绕会议主题，将领导议定的会议的规模、时间、议程等组织落实。通常要组成专门班子，明确分工，责任到人。

②通知的拟发。按常规，举行正式会议均应提前向与会者下发会议通知。它是指由会议的主办单位发给所有与会单位或全体与会者的书面文件，同时还包括向有关单位或嘉宾发的邀请函件。在这方面主要应做好两件事：其一，拟好通知。会议通知一般应由标题、主题、会期、出席对象、报到时间、报到地点以及与会要求等七项要点组成。拟写通知时，应保证其完整而规范。其二，及时送达。下发会议通知，应设法保证其及时送达，不得耽搁延误。

③文件的起草。会议上所用的各种文件材料，一般应在会前准备妥当。需要认真准备的会议文件，主要有会议的议程、开幕词、闭幕词、主题报告、大会决议、典型材料、背景介绍等。有的文件应在与会者报到时就要下发。

④常规性准备。负责会务工作时，往往有必要对一些会议所涉及的具体细节问题，做好充分的准备工作。其一，做好会场的布置。对于会议举行的场地要有所选择，对于会场的桌椅要根据需要作好安排，对于开会时所需的各种音响、照明、投影、摄像、摄影、录音、空调、通风设备和多媒体设备等，应提前进行调试检查。其二，根据会议的规定，与外界搞好沟通，比如向有关新闻部门、公安保卫部门进行通报。其三，会议用品的采办，有时，一些会议用品，如纸张、本册、笔具、文件夹、姓名卡、座位签以及饮料、声像用具，还需要补充、采购。

(2)会议期间。负责会议具体工作的，应一丝不苟地做好下列工作：

①例行服务。会议举行期间，一般应安排专人在会场内外负责迎送、引导、陪同与会人员。对与会的贵宾以及老、弱、病、残、孕者，少数民族人士、宗教界人士、港澳台同胞、海外华人和外国人，往往还须进行重点照顾。对于与会者的正当要求，应有求必应。

②会议签到。为了准确统计到会人数，严肃会议纪律，凡大型会议或重要会议，尤其是在各类有选举和表决内容的法定性会议中，通常要求与会者在入场时签名报到。会议签到的通行方式有三：一是签名报到，二是交券报到，三是刷卡报到。负责此项工作的人员，应及时向会议的负责人进行通报。

③餐饮安排。举行较长时间的会议，一般会为与会者安排会间的工作餐。与此同时，还应为与会者提供卫生可口的饮料。会上所提供的饮料，最好便于与会者自助饮用，不提倡为其频频斟茶续水。那样做往往既不卫生、安全，又有可能妨碍对方。如果必要，还应为外来的与会者在住宿、交通方面提供力所能及、符合规定的方便条件。

④现场记录。凡重要的会议，均应进行现场记录，其具体方式有笔记、打印、录入、录音、录像等。可单用某一种，也可交叉使用。负责手写笔记会议记录时，对会议名称、出席人数、时间地点、发言内容、讨论事项、临时动议、表决选举等基本内容要力求做到完整、准确、清晰。

⑤编写简报。有些重要会议，往往在会议期间要编写会议简报。编写会议简报的基本要求是快、准、简。快，是要求其讲究时效；准，是要求其准确无误；简，则是要求文字精练。

(3)会议之后。会议结束，应做好必要的后续性工作，以便使之有始有终。后续性工作大致包括三项：

①形成文件。这些文件包括会议决议、会议纪要等。一般要求尽快形成，会议一结束就要下发或公布。

②处理材料。根据工作需要与有关保密制度的规定，在会议结束后应对与其有关的一切图文、声像材料进行细致的收集、整理工作。收集、整理会议的材料时，应遵守规定与惯例，应该汇总的材料，一定要认真汇总；应该存档的材料，要一律归档；应该回收的材料，一定要如数收回；应该销毁的材料，则一定要仔细销毁。

③协助返程。大型会议结束后，其主办单位一般应为外来的与会者提供一切返程的便利。若有必要，应主动为对方联络、提供交通工具，或是替对方订购、确认返程的机票、船票、车票。当团队与会者或与会的特殊人士离开本地时，还可安排专人为其送行，并帮助其托运行李。

2.会场的排座

举行正式会议时，通常应事先排定与会者，尤其是其中重要身份者的具体座次。越是重要的会议，它的座次排定往往就越受到社会各界的关注。对有关会场排座的礼仪规范，不但需要有所了解，而且必须认真遵守。在实际操办会议时，由于会议的具体规模多有不同，因此其具体的座次排定便存在一定的差异。

(1)小型会议。小型会议，一般指参加者较少、规模不大的会议。它的主要特征，是全体与会者均应排座，不设立专用的主席台。小型会议的排座，目前主要有以下三种具体形式：

①自由择座。它的基本做法，是不排定固定的具体座次，而由全体与会者完全自由地选择座位就座。

②面门设座。它一般以面对会议室正门之位为会议主席之座。其他的与会者可在其两侧自左而右地依次就座。

③依景设座。所谓依景设座，是指会议主席的具体位置，不必面对会议室正门，而是应当背依会议室之内的主要景致之所在，如字画、讲台等。其他与会者的排座，则略同于前者。

(2)大型会议。大型会议，一般是指与会者众多、规模较大的会议。它的最大特点,是会场上应分设主席台与群众席。前者必须认真排座,后者的座次则可排可不排。

①主席台排座。大型会场的主席台,一般应面对会场主入口。在主席台上的就座之人,通常应当与在群众席上的就座之人呈面对面之势。在其每一名成员面前的桌上,均应放置双向的桌签。主席台排座,具体又可分作主席团排座、主持人座席、发言者席位等三个不同方面的问题:其一,主席团排座。主席团,在此是指在主席台上正式就座的全体人员。国内目前排定主席团位次的基本规则有三:一是前排高于后排,二是中央高于两侧,三是左侧高于右侧。具体来讲,主席团的排座又有单数与双数之分。其二,主持人座席。会议主持人,又称大会主席。其具体位置之所在有三种方式可供选择:一是居于前排正中央;二是居于前排的两侧;三是按其具体身份排座,但不宜令其就座于后排。其三,发言者席位。发言者席位,又叫做发言席。在正式会议上,发言者发言时不宜就座于原处发言。发言席的常规位置有二:一是主席团的正前方,二是主席台的右前方。

②群众席排座。在大型会议上,主席台之下的一切座席均称为群众席。群众席的具体排座方式有二:其一,自由式择座,即不进行统一安排,而由大家各自择位而坐;其二,按单位就座,指的是与会者在群众席上按单位、部门或者地位、行业就座。它的具体依据,既可以是与会单位、部门的汉字笔画的多少、汉语拼音字母的前后,也可以是其平时约定俗成序列。按单位就座时,若分为前排后排,一般以前排为高,以后排为低;若分为不同楼层,则楼层越高,排序便越低。

在同一楼层排座时,又有两种普遍通行的方式:一是以面对主席台为基准,自前往后进行横排,二是以面对主席台为基准,自左而右进行竖排。

3.会风的端正

端正会风,一般应从改进会风做起。

反对形式主义。开会绝不能搞形式主义,不能将会议的大小、次数的多少等同于自己的政绩。要提倡少开会、开小会,不开可有可无的会。

严格控制会议。从根本上来讲,应在总体上改进会议形式、提高会议质量的同时,从总量上对会议加以严格而具体的控制。标准要清,执行要严,检查要细,处罚要重,重在形成制度。

禁止铺张浪费。对于开会讲排场、铺张浪费、假公济私者,尤其是借开会之机大吃大喝、滥发礼品、公费旅游者,则应依照党纪、政纪乃至法律,从严查处。

三、汇报礼仪

所谓汇报,一般是指向特定的对象报告工作。

1.汇报的形式

汇报的基本形式有三种,分别是口头汇报、书面汇报和电话汇报。

(1)口头汇报。这种形式的优点,是可以突出要点,相互配合,可长可短,节省时间。它的缺点,则是受到时间、地点和当事人情绪的限制,往往会丢三落四,不容易全面而深入地反映情况。

(2)书面汇报。它的长处,是可以全面、系统、深入、细致地反映情况,说理充分,材料周全。而时效性较差。

(3)电话汇报。它的最大优势是时效性强,不会耽误工作。它的不足,则主要是不易深入展开,不利于双向交流。

2.汇报的礼仪

(1)遵守时间,不可失约。应树立极强的恪守时间的观念,不要过早抵达,使上级准备未毕而难堪,也不要迟到,让上级等候过久。

(2)轻轻敲门,经允许后才能进门。不可大大咧咧,破门穿堂,即使门开着,也要用适当的方式告诉上级有人来了,以便上级及时调整体态、心理。

(3)汇报时的神态、表情要大方而自然。不要诚惶诚恐、腼腆木讷、面红耳赤、撅嘴皱眉、手舞足蹈、语无伦次、走调失声,否则都有可能使汇报对象感觉不佳。有外人在场时,一般不宜进行口头汇报或电话汇报。尤其是不要有意在外人面前故作神秘之状,对汇报对象附耳而语,低声交谈,或使用暗语。这种做法,只会使其他在场者闷闷不乐。因为上述做法会给人以“排外”之感。有时还会以讹传讹,泄密生事。

(4)汇报内容要实事求是,汇报口音要吐字清晰,语调、声音大小恰当。有喜报喜,有忧报忧,语言精练,条理清楚,不可“察言观色”,投其所好,歪曲或隐瞒事实真相。

(5)汇报工作时如果上级不注意礼仪时,不可冲动、对立,仍然要坚持以礼相待,也可以以身示范来暗示上级纠正错误,或者直言相陈,但得注意言辞的艺术性。不要在汇报时喜怒无常,感情大起大落,好似做戏。向上级反映问题时,不要口气太“冲”,更不能非难、责怪、侮辱对方。在上级发表意见时,不要插嘴打断,或是当即予以否定。不要显得自己对上级不屑一顾。向下级汇报工作时,应较之于向上级汇报工作更全面、更认真,不要傲慢、矜持,明显地表露出失敬之意。与此同时,还要尽量使对方对汇报听得懂,听得清楚,听得有兴趣。

(6)汇报结束后,上级如果谈兴犹在,不可有不耐烦的体态语言产生,应等到由上级表示结束时才可以告辞。告辞时,要整理好自己的材料、衣着、茶具、座椅,当领导送别时要主动说“谢谢”或“请留步”。

3.听取汇报时的礼仪

上级在听取下级的工作汇报时的礼仪要求有:

(1)应守时,如果已约定时间,应准时等候,如有可能宜稍微提前一点时间,并作好记载要点的准备以及其他准备。

(2)应及时招呼汇报者进门入座,并泡茶招待或敬烟,不可居高临下,盛气凌人,大摆什么官架子。

(3)要善于听。在听取汇报时以礼待人。主要是要洗耳恭听,有问必答,尊重汇报者。在汇报者进行汇报时,汇报对象应当专心致志地洗耳恭听。要不时地与对方交流理解、鼓励、友好、热情的眼神,并通过态度、表情、动作、语气等易为对方觉察之外,表现出自己不只是在认真倾听,而且对对方所讲述的一切都抱有极大的兴趣。当下级汇报时,可与之目光交流,配之以点头等表示认真倾听的体态动作,如有不甚清楚的问题可及时提出来,要求汇报者重复、解释,也可以适当提问,所提的问题不至于打消对方汇报的兴致。

(4)不得随意批评、拍板,要先思而后言。听取汇报时不要有频繁看表或打呵欠、做其他事情等不礼貌的行为出现。

(5)要求下级结束汇报时可以通过体态语或委婉的语气告诉对方,不能粗暴打断。当下级告辞时,应站起来相送并亲切道别。

第四节　商务礼仪

现代社会是充满商业经济活动的社会,商务活动关系更是纵横交错。商品生产经营者必须积极吸引客户,与供应商密切合作,充分了解竞争者的状态,并争取政府、财政、税收等各方面的支持,任何一种关系处理不当,都会影响商务活动的顺利进行及企业的自身发展。礼仪恰恰在商务活动中发挥着重要作用,注重商务礼仪有助于营造良好的交易氛围,树立良好的企业形象。

一、概述

1. 商务礼仪的涵义和特征

商务礼仪是人们在长期的商务交往过程中形成的约定俗成的一种规范。人类在长期的商业实践过程中,不断积累了一些经商及与他人打交道的经验。这些经验经过反复检验,逐渐被广大商业人员认同、接纳和仿效,于是便形成了不成文的行业规矩——商务礼仪。根据商务礼仪自身的特殊性,它具有以下一些基本特征:

(1)依附性。商务礼仪是在商业活动中产生,并为商业工作服务的一种礼仪规范。离开了商业活动,商务礼仪就失去了其存在的基础和必要性,在古代社会,因其商业活动形式比较简单,商务礼仪的要求也不高。但随着商品经济的不断发展,商业活动的不断复杂化,依附于商业活动的商务礼仪也越来越复杂,要求也越来越高。

(2)服务性。商务活动从客体的关系上来看,商务工作者是主体,顾客是客体。离开了顾客,商务活动只能是无的放矢,失去意义。所以商务工作者必须以顾客为中心来开展商务服务工作,使顾客的需求在良好的商业服务中尽可能得到满足。

"顾客就是上帝",这在礼仪的意义上说是对顾客必须持之以礼。

(3)差异性。商业本身的发展受时代、地域、政治、文化等多种因素的影响。同时,处在不同时代,不同地域和不同政治、文化背景下的顾客,也存在着很大的差异性。这种差异性导致了他们对礼仪的认识有所不同,形成了世界上不同国家、不同民族在商务礼仪上的诸多差别。

2.商务礼仪的作用

商务礼仪的作用主要体现在以下几个方面:

(1)促进商业活动的顺利进行。人们在从事商业活动的时候,必定会与他人打交道,商务礼仪可以使自己显得有教养、懂礼节,取得对方信任;可以避免不必要的误会,使双方沟通更顺畅,增进理解,加深友谊,在良好的气氛中达成交易。

(2)有助于树立商业企业的形象。在商业活动过程中,每个员工的一言一行不仅反映了员工自身的素养,还代表了商业企业的形象。因此,商业企业可以通过员工规范周到的服务等方面来塑造企业的整体形象,提高商业企业的信誉和竞争力。

(3)提高商业人员的修养,促进社会精神文明的发展。人们之所以重视礼仪、遵守礼仪,并非因为喜欢其表面形式,而是看重其中所包含的道德范畴。如礼貌待客、举止文明、遵时守约、诚实守信等,既是商务礼仪规范,又是基本的道德要求。因此,礼仪显示了一个人的知识教养和道德情操,是评价个人道德修养水平的标准之一。

二、商务洽谈礼仪

商务洽谈,是指商务活动双方或多方为实现商务交易而就各方面条件进行磋商的社交活动,在更正式的场合也称为商务谈判。商务洽谈是谈判各方沟通思想、缓解矛盾、维持利益平衡、谋求共同发展的重要手段。讲求商务洽谈礼仪,是谈判成功的重要因素之一。

1.商务洽谈的一般程序

(1)确定意向及目标,设计谈判方案。在对谈判对手进行评估后,反复论证,确立一个切实可行的目标,并根据此进行议程设计、策略与对策设计,是谈判成功的先决条件。

(2)选拔和训练谈判人员。合格的谈判人员应具备多方面的良好素质,包括忠诚、自信、坚强、果断、机智、豁达、博学、善辩、富有经验等修养和能力。

(3)选定谈判时间与地点。时间的选择,应尽量以能使己方获得最佳效果为基准,一般要考虑市场条件、双方实力变化、条件、己方谈判人员的身体条件与精神状态等。地点的选择,一般应争取在己方的地点进行谈判,这样有利于减轻己方心理压力,便于随时向专家请教,也便于在议程安排等方面取得主动。

(4)会场布置。会场的布置,包括谈判室的用具选择和座位安排两方面。

谈判室最少需要三个房间:一个为主要谈判室,供双方集体谈判时使用;另两个为私下密谈室，是协调、缓冲的场所，便于需要时进行个人交往，也用于休息。

座位的安排会直接影响谈判气氛，最常用的方法是使用长方形谈判桌，双方各居一边，这样有利于同伴之间的信息交流，并产生心理上的实力感和信心，但易使双方有冲突感，造成谈判的紧张气氛。有时，也可选用其他方式，如，椭圆形（圆形）桌围坐或随意就坐，或只设坐椅不设谈判桌等，通常可以创造轻松友善的气氛，但对己方的谈判控制造成困难，其困难程度依以上方式排列次序依次增加。

(5)进行谈判。商务谈判一般可分为四个阶段：第一，导入阶段。通过介绍双方相互了解对手基本情况，协商谈判议程和计划，逐步过渡到谈判正题。第二，相持阶段。双方各自简短谨慎地阐明己方目标、立场及条件，弄清对手意图，并适当表达友好。第三，交锋阶段。双方运用多种技巧和策略，经过多轮磋商，逐步缩小分歧。第四，结论阶段。找到双方都能认可的处理方法，各自作出必要的让步，达成共识，并为今后合作奠定基础。

(6)谈判成功，签约执行。双方达成共识后，并不意味着谈判的终结，还要进行许多细碎而必要的工作，最关键的就是把口头协议形成书面协议即合同书（若时间仓促可先形成备忘录），经双方签字产生法律效力。双方应熟记谈判合同条文，在协议有效期内确保协议的切实执行。

2.谈判礼仪

对谈判礼仪的运用，可以显示出谈判者的修养和自信，有助于创造良好的谈判气氛，缩短情感距离，促进谈判成功。谈判礼仪包括如下方面：

(1)行为礼仪。在谈判这种面对面的交流中，人的姿态、动作传达着丰富的信息，如身体笔直眼光偏向下，表示恭敬；挺腰略向前倾，表示对对方话题感兴趣；双手放在跷起的腿上，表示等待或试探的心理；手摸下巴并低头看对方的脚或地面，表示深思、为难；斜身而坐，表示自感优越；不断看表则表示不耐烦；两腿前伸或后靠跷起二郎腿，是极不礼貌的挑衅等等。谈判者要热情友好又不曲意奉承，挥洒自如又不随意放肆，处变不惊又不有悖于常理。

另外，现代通讯工具如移动电话、小灵通的应用很普及，参加谈判的人员应注意在进入会议室前将其妥善存放。一般而言，此类通讯工具要避免带入谈判室，可交由秘书或会务工作人员予以保管，也可以将移动电话或寻呼机关闭后，放置在不显眼处（如公文包内，西装内袋中），切忌立于桌上。

(2)言谈礼仪。谈判气氛的把握和控制，相当程度取决于谈判语言的运用。言谈中要注意：首先，内容要适度，说得太多有炫耀之嫌，说得太少又让人感觉缺乏诚意；过于委婉会显得油滑，过于直率又易起冲突，所以一定要掌握分寸。其次，要尊重对方。一是多使用敬语，如“您”、“阁下”、“贵方”等；二是对方发言时，要认真倾听。最后，要维持谈判场合的严肃性，不在谈判时间问及个人私事、滥用个人交情。

3.商务洽谈活动中的接待工作礼仪

接待迎送工作是商务洽谈的前序、后序环节，作为东道主一方，该项工作是否能够细致周到、礼敬有加，也直接关系到整个商务谈判的成败和谈判双方的合作关系。一般而言，商务洽谈的接待迎送工作应体现以下礼仪要求：

(1)讲究迎客礼仪。迎客礼仪主要强调以下两个方面：一是要面带微笑，礼貌周到；二是不要让客人等待。迎接客方的接待工作，可分为站台(码头、机场)迎接和谈判会场迎接两类场合。在站台(码头、机场)，东道主一方相应规格的接待人员要提前到达迎接地点等候，若人员较多，还要注意人员的迎接排列顺序。

(2)谈判服务到位。这里所说的谈判服务是指谈判服务人员的辅助工作，它贯穿整个洽谈过程，可分为三个部分：

①谈判开始前的准备及接待。这一部分工作包括：清扫谈判室，桌椅摆设整齐，将所需文件摆放到指定位置，准备茶水及其他饮料；在谈判开始前，衣着整洁地站在谈判室前，等候双方谈判人员的到来；谈判人员到达时，微笑鞠躬尽快引领其进入谈判室，具体做法是：接待工作人员走在前面，轻轻推开门并顺势进入室内，侧身站在门边并扶住，说一声“请进”，并作出引导进入的手势，随后将谈判人员引至座位，奉上饮料，然后退身出门，并将室门轻轻关上。

②谈判进行中的服务。谈判进行中，应有必要数量(但不能过多)的工作人员留在室内，垂手站立在双方谈判人员的身后，随时服务；其他工作人员在洽谈期间不得随意进入谈判现场；保持室内各项设施的正常运转。

③热情有礼送客。首先，要提前询问客方的要求，为客方做好返程票预定工作。其次，要在客方离开当天为客方送行，一般应送到车站、码头、机场，陪同客方等候登车、登船或登机，直到火车、轮船或飞机起航后再离开。

4.签约仪式礼仪

签约是商务谈判的最后环节，是以隆重的形式完成互换谈判协议正式文本活动。签约仪式的礼仪要求表现在筹备工作和进行签约过程两方面。

(1)签约仪式筹备工作及礼仪要求。首先，制定文本。文本一经签字，就具有了法律效力，因此对签约文本的准备应慎重严谨，谈判双方都要指定专门人员审查文字措辞，进行核对、校对及监督印刷工作。如果是与外商签署协议，应按照国际惯例在文中同时使用双方本国语言，此时文本的制定工作尤其需要细致认真。其次，安排参加签约人员。选定参加签约仪式的人员应遵循“对等规格”原则，即双方签字人员和参加人员在职务、身份、级别上大体相当，人数上也相等。具体签字人员，取决于文本的性质，一般由组织的最高领导或具体负责人担任。再次，场地的布置。在签字厅内设置签字桌，一般用长方形桌子，桌面罩上深绿色台布，桌后放两把椅子供签字人员就坐，桌上摆放姓名牌，按惯例是客右主左(若是涉外协议，还应在桌子中央按客右主左摆放袖珍国旗)，桌上摆好将要签署的文本及签字用的文具。

(2)签约仪式进行程序及礼仪要求。首先，参加签约仪式的人员进入签字厅后，签字者按姓名牌提示入座，助签人员分别站在己方签字者外侧，其他陪同人员分主客两方各自以职位高低为序，站在己方签字者的身后(位置布局如图所示)。其次，仪式开始，助签人员翻开文本，指明签字处，签字人员先在己方所保存的文本上签字，然后由助签人员交换文本，双方签字人再在对方所要保存的文本上签字。之后，双方签字人员同时起立，亲自与对方交换文本并握手，以示祝贺，双方陪同人员也应热烈鼓掌，祝贺合作成功。再次，签约仪式属于规格较高的公关活动，礼仪性极强，参与人员要注意自己的仪容、仪表、仪态，应穿着适于正式场合的服装，服饰简洁大方，行动举止自然优雅，言谈得体，既不过于严肃拘谨，也不要显得喜形于色，哗众取宠。

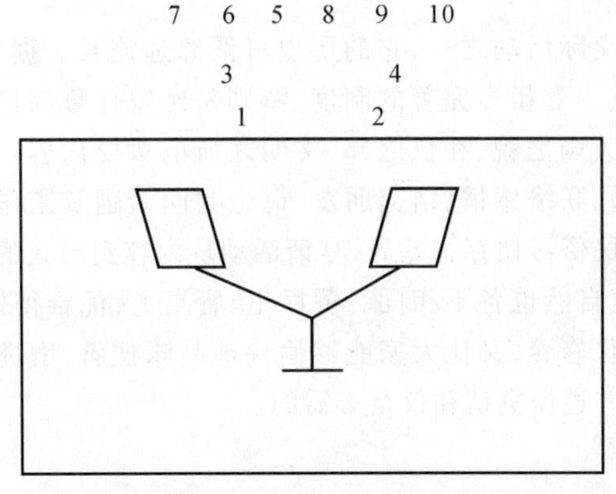

签约仪式位置图

1.客方签字人　2.主方签字人　3.客方助签人　4.主方助签人

5、6、7.客方陪同人员　8、9、10.主方陪同人员

第七章

宴请礼仪

宴请是最为常见的交际活动之一，它的历史可谓源远流长。据文献记载，至迟在周代，饮食礼仪已形成一套相当完善的制度，特别是经曾任鲁国祭酒的孔子的推崇而成为历朝历代表现大国之貌、礼仪之邦、文明之所的重要内容。宴请的目的通常是应酬答谢、祝贺共勉、联络感情、结交朋友、讨论共同话题及工作交流等。由于不同国家的传统文化及民俗习惯存在差异，宴请活动从内容到形式的特点也有所不同，礼仪要求与礼仪规范自然也各不相同。餐厅里、餐桌上，优雅得体的行为举止，既表现了人们自身的文化修养，又让大家能够愉快地品味佳肴，增进友谊。在日常生活和社交活动中熟悉并遵循宴请礼仪是必需的。

第一节　宴请礼仪常识

社交活动离不开宴请，宴请活动的形式多种多样，不同形式的宴请准备的内容、举办的地点也有所不同，举办或参加宴请活动都有不同的礼仪要求。

一、常见的宴请形式

由于活动的目的、邀请对象的不同，宴请可分为多种不同形式。国际上通行的宴请形式有宴会、招待会、茶会、工作餐等，每种形式均有特定的规格和要求。

1. 宴会

宴会为正餐，按其隆重程度和出席规格，可分为国宴、正式宴会和非正式宴会。按其举行的时间，又有早宴、午宴和晚宴之别。一般晚宴较之早宴和午宴更为隆重。

(1)国宴。国宴是宴会中规格最高、最隆重的一种形式，由国家元首或政府首脑主持，为国家庆典或外国元首、政府首脑来本国访问而举行的正式宴会。宾主均按预先排定的席次入座。宴会厅内悬挂国旗，安排乐队演奏国歌和席间乐，并致正式祝酒辞，格调典雅庄重。时间以不超过一个半小时为宜。

(2)正式宴会。正式宴会是规格仅次于国宴的宴会。所谓正式，是指所有程序都按一定的礼仪规则进行。除不挂国旗、不演奏国歌及出席者规格不同以外，其他的与国宴相仿，宾主均按身份排席次就座，致正式祝酒辞，有时也演奏席间乐。正式宴会又分为中式宴会和西式宴会。

(3)非正式宴会。非正式宴会是常用于日常友好交往，形式简单、随便，可以不排座次，不作正式讲话，气氛较为自由和亲切。根据举办地点的不同，又分为便宴和家宴。便宴，是一种非正式的宴会，可不排席次，简短祝酒而不作正式讲话，使人有随便、亲切之感。家宴，即在家中设宴招待客人，西方人采用这种形式以示对客人亲切友好。家宴往往由主妇亲自下厨烹调，家人共同招待。

2. 招待会

招待会是一种不备正餐，不设固定席位，形式较为灵活的宴请形式。具体形式分为酒会和冷餐会，统称招待会。

招待会较灵活，其具体形式有冷餐会和酒会两种。冷餐会的特点是不排座次，菜肴以冷食为主，也可用热菜。菜肴与餐具一同陈放在餐桌上，供客人自取。地点可在室内，也可在院子或花园里。冷餐会的规格及隆重程度可视主、客双方的身份及需要而定。一般讲，这种形式常用于官方非正式活动。酒会又称鸡尾酒会，形式较为活泼，便于广泛接触、交谈。酒会宴请内容以酒水为主，略备小吃，不设座位，仅置小桌以便客人自由走动。酒会举行的时间也较为灵活，早上、中午、晚上均可。请柬上往往注明整个活动延续的时间，客人可在其间任何时候到达和退席，来去自由，不受拘束。

3. 茶会

茶会是一种更为简便的宴请形式，不排座次。日常的交际方式，通常在下午4～6时之间开始，偶尔也有在上午举行的。一般不超过两个小时。茶会地点应设在客厅而不在餐厅。仅备茶点待客，一边品茶，一边交谈。因此，茶叶、茶具的选择较为讲究。茶叶应具有地方特色，外国人多用红茶；茶具用陶瓷器皿，不宜用玻璃杯，也不要用暖水壶代替茶壶。也有不用茶而用咖啡的，其组织安排与茶会相同。

4. 工作餐

工作餐是现代交往中经常采用的一种非正式宴请形式。按用餐时间分为工作早餐、工作午餐和工作晚餐，一般以午餐为多。工作餐是宾主在会谈协商期间，利用进餐的机会，边吃边谈。一般只请与工作有关的人员，不请配偶。座位排法与会谈桌位安排相仿。其费用有时由参加各方自付。

二、宴请的准备工作

宴请宾客，特别是较为正式和隆重的宴宾活动，要举办得顺利和合乎礼仪，必要的组织和准备工作是十分重要的。

1.确定宴请的目的、范围与形式

宴请的目的是多种多样的,可以是为某一个人,也可以是为某一件事。确定宴请名义和对象的主要根据是主客双方的身份,也就是说主客身份应该对等。主宾若已婚,一般以夫妇名义发出邀请,且通常应邀主宾偕夫人出席。以日常交往为主旨的小型宴请,则根据具体情况以个人名义或夫妇名义发出邀请。

宴请范围是指邀请哪方面人士,请到哪一级别,请多少人,主人一方请什么人出来作陪。这都要考虑多方面的因素,如政治气氛、文化传统、民族习惯等。

宴请采取何种形式,在很大程度上取决于当地的习惯做法。一般说来,正式、规格高、人数少的以宴会为宜,人数多则以冷餐会或酒会更为合适,而女士的聚会多采用茶会的形式。

2.确定宴请时间和地点

确定宴请时间应顾及主客双方,应选择对主客双方都合适和方便的时间。小型的宴请应征询主宾的意见,最好找机会当面约请,也可用电话联系。当主宾同意后,时间即可基本确定,并据此约请其他宾客。

宴请地点也应选择好。官方活动,较为正式和隆重,一般安排在政府、议会大厅或宾馆内举行。非官方活动,则可按宴请性质、规模、形式、主人意愿及实际情形而定,选定的场所以能容纳全体人员为宜。举行小型正式宴会,在条件许可的情况下,宴会厅外应另设休息厅,供宴会前短时交谈之用,等主宾到达后一起进入宴会厅入席。

3.安排席位和菜谱

席位的编排比较复杂,它因各地的风俗习惯不同而有很大的差异,但总体说来,既要按礼宾次序原则作安排,又要有灵活性,使席位安排有利于增进友谊和方便席间交谈。

正式宴会一般均排席位,也可只排部分客人的席位,其他人只排桌次或自由入座。国际上的习惯,桌次高低以离主桌位置远近而定,右高左低。桌数较多时,要摆桌次牌。同一桌上,席位高低以离主人的座位远近而定。外国习惯,男女穿插安排,以女主人为准,主宾在女主人右上方,主宾夫人在男主人右上方。我国习惯上按各人本身的职务排列,以便于谈话。礼宾顺序并不是排席位的唯一依据,尤其是多边活动,更要考虑到客人之间的政治关系。政见分歧大,两国关系紧张的,要尽量避免安排在一起。因此,宴席座次的安排还要照顾到各种实际情况。不管是参加中式还是西式正式宴会,都要找准自己的位置,不可贸然入座。

菜谱的选择一般根据宴请规格和预算标准进行安排,主要考虑主宾的口味喜好与禁忌,搭配力求适当合理。

4.发送请柬

各式各样的宴请活动，一般都要发送请柬，这既是礼貌，也对客人起提醒和备忘的作用。请柬一般提前一周至二周发出，以便被邀请人及早安排。已经口头约妥的活动，仍应发请柬。请柬内容包括活动形式、宴请时间、地点、主人的姓名（单位名称）。请柬行文不用标点符号，所提到的人名、单位名、节日名称应用全称。我国用的请柬通常不提被邀请人姓名（其姓名写在请柬信封上），主人姓名放在落款处。

三、现代餐饮基本礼仪

(1)入座后姿势端正，脚不可任意伸直，手、肘不得靠桌边缘，或将手放在邻座椅背上。

(2)在餐桌上不能只顾自己，也要关心别人，尤其要招呼两侧女宾；避免在餐桌上咳嗽、打喷嚏、打嗝、放屁，万一不禁应说"对不起"；主食进行中，不宜抽烟，如需抽烟，必须先征得邻座同意。

(3)喝酒宜随意，敬酒礼到为止，切忌劝酒、猜拳、吆喝；手上拿着餐具或他人在咀嚼食物时，应避免跟人说话或敬酒。

(4)取菜舀汤，应使用公筷公勺，自用餐具不可伸入公用餐盘夹取菜肴；如不慎将酒、水、汤、汁溅到他人衣服，表示道歉即可，不必恐慌赔罪；如餐具坠地，可请侍者拾起；如欲取摆在同桌其他客人面前的食物，应请邻座客人帮忙传递，不可伸手横越，长驱取物；如吃到不洁或有异味，应将入口之食物，用拇指和食指自唇部取出放入盘中；倘若发现盘中的菜肴有虫子或碎石，不要大惊小怪，叫侍者走近，轻声告知更换。

(5)食物就口，不可口接食物，应用筷、勺等餐具送入口中；食物带汁，不能匆忙送入口，否则汤汁滴在桌布上，极为不雅；吃进口的东西，不能再吐出来，如果是滚烫的食物可喝饮料冲凉；必须小口进食，不要大口地塞；送食物入口时，两肘应向内靠，不宜向两旁张开，碰及邻座；切忌用手指挖牙，应用牙签，并以手或手帕遮掩。

(6)主人亲自夹菜，得先谢谢再吃；如系主人亲自烹调食物，勿忘予主人以赞赏；如果主人未吃完，客人不能先表示不吃。

(7)在餐厅就餐，不能抢着付账，未征得朋友同意，也不宜代友付账。

四、入座礼仪

正式宴会，一般都事先安排座次，以便参加宴会者入席时井然有序，同时也是对客人的一种礼貌；非正式的宴会不必提前安排座次，但通常就座也要有上下之分。作为宾客，入座时应考虑以下几点：一是以主人的位置为中心。如有女主人参加，则以主人和女主人为中心，以靠近主人者为上，依次排列。二是要把主宾和夫人考虑在最主要的位置。通常是以右为上，即主人的右手是最主要的位置。离门最远的、面对着门的位置是上座,离门最近的、背对着门的位置是下座,上座的右边是第二号位,左边是第三号位,依此类推。三是在遵从礼宾次序的前提下,尽可能使相邻者便于交谈。四是主人方面的陪客应尽可能插在客人之间,以便与客人交谈,避免自己人坐在一起。

第二节 中餐礼仪

中国餐饮文化很丰富,中国人热情好客,很讲究餐饮礼仪。中餐宴会是指具有中国传统民族风格,遵守中国人的饮食习惯和礼仪规范的宴会。宴请活动就其目的性质而言,大约分为三种:一种是礼仪性质的,如为迎接重要的来宾或政界要员的公务性来访;为庆祝重大的节日或举行一项重要的仪式等举行的宴会,都属于礼仪上的需要,这种宴会要有一定的礼宾规格和程序。另一种是交谊性的,主要是为了沟通感情、表示友好、发展友谊,如接风、送行、告别、聚会等。再一种是工作性质的,主人或参加宴会的人为解决某项工作而举行的宴请,以便在餐桌上商谈工作。这三种情况又常交相为用兼而有之。虽然宴会的目的、形式及性质不尽相同,但宾主所遵循的基本礼仪是一致的。

一、基本常识

1.座位安排

排座次是整个中国饮食礼仪中最重要的一部分。从古到今,因为桌具的演进,所以座位的排法也相应变化。总的来讲,座次是"尚右尊东"、"面朝大门为尊"。家宴首席为辈分最高的长者,末席为最低者。

敬酒时自首席按顺时针方向一路敬下。若是圆桌,则正对大门的为首席,左手边依次为2、4、6……右手边依次为3、5、7……直至汇合(图7-1)。如夫人出席,通常把女方安排在一起,即主宾坐男主人右上方,其夫人坐女主人右上方(图7-2)。

若为八仙桌,如果有正对大门的座位,则正对大门一侧的右位为主客。如果不正对大门,则面东的一侧右席为首席。然后首席的左手边坐开去为2、4、6、8,右手边为3、5、7。如果为大宴,桌与桌间的排列讲究首席居前居中(图7-3)。

2.中餐上菜顺序

中餐一般讲究:先凉后热,先炒后烧,清淡的先上,甜的味浓味厚的后上,最后是饭菜。有规格的宴席,热菜中的主菜——比如燕窝、海参、鱼翅,应该先上,即所谓最贵的热菜先上,再辅以熘炒烧扒。宴席里的大致顺序是:

(1)茶。在酒店里,因为要等待,所以先来清口茶,但不是必需的,因为古人喝茶多是单独的。

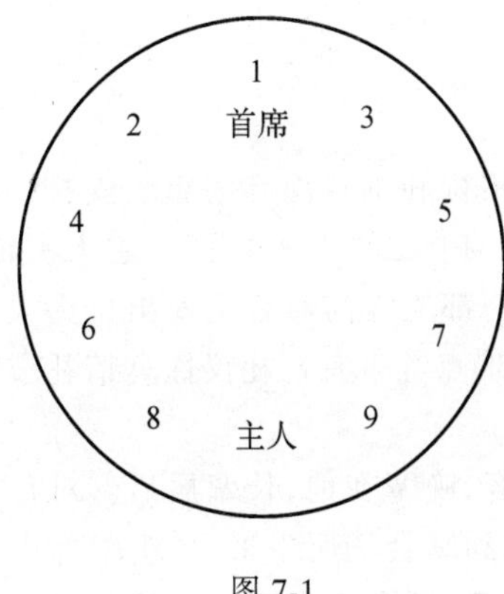

图 7-1

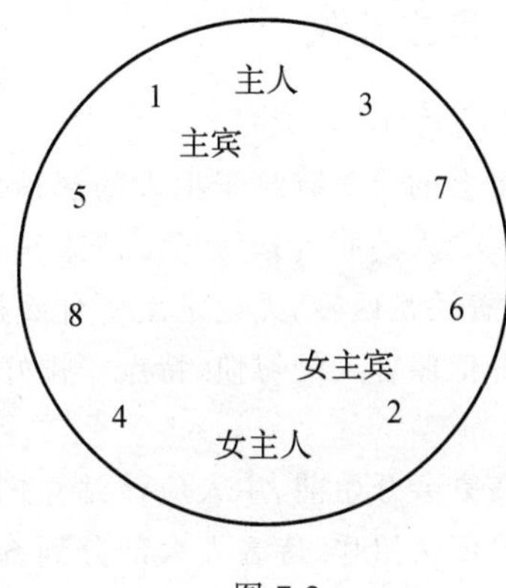

图 7-2

1 2
首席
3 4
5
6
7 主人

图 7-3

(2)凉菜。主要以冷拼、花拼为主。

(3)热菜。视规模选用滑炒、软炒、干炸、爆、烩、烧、蒸、浇、扒等组合。

(4)大菜。指整只、整块、整条的高贵菜肴,比如乳猪、全羊等,但不是必需的。

(5)甜菜。包括甜汤,如冰糖莲子、银耳甜汤等。

(6)点心。一般大宴不供饭,而以糕、饼、团、粉,各种面条、包子、饺子等为主。

(7)饭。如果还没吃饱,宴会中也提供米饭。

(8)水果。用以爽口,消腻。

此顺序并非一成不变,如水果有时可以算在冷盘里上,点心可以算在热菜里上。较浓的汤菜,应该按热菜上,贵重的汤菜如燕窝等为热菜中的头道。

至于季节的考虑,则还有冬重红烧、红焖、红扒和砂锅、火锅等;夏则以清蒸、白汁、清炒、凉拌为主。此外颜色搭配,原材料的多样化也应考虑。

酒楼和家宴,各种菜品的分量也要不同:大宴讲究一成至两成冷菜,三成热炒,四成大菜。家宴就可以将大菜减少,冷菜增加。

二、宾主礼仪

1.主人的礼仪

(1)宴会的成功有赖于主人的热情好客,慷慨招待和细致周到的组织安排。从礼节上讲,主人的职责是使每一位来宾都感到主人对自己的欢迎之意。主人宴请,无论是中餐还是西餐,无论是出于什么原因和目的,都应提前对客人发出口头或书面邀请,并依照客人的习惯、特点安排好请客时间、地点等事宜。礼仪性宴请礼节更隆重讲究。

(2)在宴会开始前,主人应该站立门前笑迎宾客,晚辈在前,长辈居后。对每一位来宾,要依次招呼,待客人大部分到齐之后,再回到宴会场所中来,分头跟客人招呼、应酬(家庭便宴比较随便,主人不一定在门口迎客,可在客人到达时趋前握手招呼)。主人对宾客必须热诚恳切,一视同仁,不可只注意应酬一两个而忽略了别的客人。

(3)入席前,烟、茶不可全部假手他人或服务员代劳递送,主人应尽可能地亲自递烟倒茶。上菜后,主人要先向客人敬酒,说一些感谢光临的客气话。此后每一道菜上来,都要先举杯邀饮,然后请客人"起筷"。要照顾到客人的用餐方便,及时调换菜点或转动餐台,遇到有特殊口味的客人更要及时调换。

(4)席散后,主人要到门口恭送客人离去。对那些在宴请中照顾不多的客人,应说几句抱歉和感谢之类的话。对走在后面的客人,可略为寒暄几句。

2.敬菜礼仪

主人适当给客人敬菜时,要注意以下几点:

(1)当一道菜端上桌时,主人可简单介绍一下这道菜的色、香、味等特色。如果是家宴,当客人对一道菜表示特别的兴趣时,主人还可简单介绍这道菜的烹饪方法。

(2)当餐桌上的客人有主次、长幼之分时,每一道菜上来,主人应先请主客或老者品尝。

(3)当客人相互谦让、不肯下筷时,主人可站立起来,用公筷、公匙为客人分菜。在分菜时,一要注意首先分给在座的主客或长者,然后按照就座的秩序依次分下去;二是注意分菜的量大致相当,不要或多或少,或好或差,以免让客人产生不是一视同仁的感觉。

(4)有些菜肴可能用筷子分不开,这时也可借助于刀叉,或请在座的客人协助,千万不要用手去撕扯。

(5)当客人对某道菜表示婉谢时,应予以谅解,不强人所难。不管客人口味如何,将菜硬堆到人家碗里,是不礼貌的。

3.做客礼仪

作为应邀参加宴会的客人,如时赴约,举止得当,讲究礼节是对主人的尊重。除此之外，还应注意以下几个问题：

(1)服饰。客人赴宴前应根据宴会的目的、规格、对象、风俗习惯或主人的要求考虑自己的着装，着装不得影响宾主的情绪，影响宴会的气氛。

(2)点菜。如果主人安排好了菜，客人就不要再点菜了。如果你参加一个尚未安排好菜的宴会，就要注意点菜的礼节。点菜时，不要选择太贵的菜，同时也不宜点太便宜的菜，太便宜了，主人反而不高兴，认为你看不起他，如果最便宜的菜恰是你真心喜欢的菜，那就要想点办法，尽量说得委婉一些。

(3)最好不要中途退场。万不得已时应向同桌的人说声对不起，同时还要郑重地向主人道歉，说明原委。吃完之后，应该等大家都放下筷子，主人示意可以散席，才能离座。宴会完毕，可以依次走到主人面前，握手并说声"谢谢"，向主人告辞，但不要拉着主人的手不停地说话，以免妨碍主人送其他客人。

4.用餐礼仪

(1)主人举杯示意开始，客人才能用餐。面对一桌子美味佳肴，不要急于动筷子，须等主人动筷，说"请"之后才能动筷。

(2)进餐时举止要文明礼貌，要做到"不马食，不牛饮，不虎咽，不鲸吞，嚼食物，不出声，嘴唇边，不留痕，骨与秽，莫乱扔"。

(3)如果酒量还能够承受，对主人敬的第一杯酒应喝干。同席的客人可以相互劝酒，但不可以任何方式强迫对方喝酒，否则便是失礼。自己不愿或不能喝酒时，可以谢绝。

(4)夹菜时，一是使用公筷；二是夹菜适量，不要取得过多，吃不了剩下不好；三是在自己跟前取菜，不要伸长胳膊去夹远处的菜；四是不能用筷子随意翻动盘中的菜；五是遇到自己不喜欢吃的菜，可少许夹一点，放在盘中，不要吃掉，当这道菜再转到你面前时，你就可以盘中的菜还没有吃完为由，而不再夹这道菜，最后你应将盘中的菜全部吃净。

(5)进食时尽可能不咳嗽、打喷嚏、打呵欠、擤鼻涕，万一不能抑制，要用手帕、餐巾纸遮挡口鼻，转身，脸侧向一方，低头，尽量压低声音。

5.敬酒礼仪

宴会上互相敬酒，能表示友好、活跃气氛，这无疑是件乐事，但切勿饮酒过量。作为主宾参加宴会，一定要懂得宴会上祝酒的礼节，即了解对方祝酒的习惯，为何人祝酒、何时祝酒等，以便作必要的准备。碰杯时，主人和主宾先碰杯，人多时可举杯示意，不一定碰杯。祝酒时不要交叉碰杯。在主人和主宾祝酒时，应暂停进餐，停止交谈，注意倾听，且不应借此机会抽烟。主人和主宾讲完话与上席人员碰杯后，往往要到其他各桌敬酒，客人应起立举杯，碰杯时，要目视对方致意。

如果你不善于饮酒，当主人或别的客人向你敬酒时，可以婉言谢绝；如主人请你喝一些酒，则不应一味推辞，可选些淡酒或饮料，喝一点作为象征，以免扫兴。

饮酒过程中，我们可以选择一两个健康有趣的话题佐酒，或即兴来几句祝酒辞，那将有利于活跃气氛，也能使自己在宾主的记忆中留下美好的印象。宴会饮酒切忌猜拳行令。

三、餐具礼仪

1. 筷子的用法

筷子虽然用起来简单、方便，但也有很多规矩。比如：不能举着筷子和别人说话，说话时要把筷子放到筷架上，或将筷子并齐放在饭碗旁边。

不能用筷子去推饭碗、菜碟，不要用筷子去叉馒头或别的食品。其他用筷忌讳还有：忌舔筷——不要用舌头去舔筷子上的附着物；忌迷筷——举着筷子却不知道夹什么，在菜碟间来回游移，更不能用筷子拨盘子里的菜；忌泪筷——夹菜时滴滴哒哒流着菜汁，应该拿着小碟，先把菜夹到小碟里再端过来；忌移筷——即刚夹了这盘里的菜，又去夹那盘里的菜，应该吃完之后再夹另一盘菜；忌敲筷——敲筷子是对主人的不尊重。另外，筷子通常应摆放在碗的旁边，不能放在碗上。在用餐时如需临时离开，应把筷子轻轻放在桌子上碗的旁边，切不可插在饭碗里。现在很多宴席实行公筷公匙，则不能用个人独用的筷子汤匙给别人夹菜舀汤。

2. 餐巾的用法

如今很多餐厅都为顾客准备了餐巾，通常，要等坐在上座的尊者拿起餐巾后，你才可以取出平铺在腿上，动作幅度要小。餐巾很大时可以叠起来使用，不要将餐巾别在领上或背心上。餐巾的主要作用是防止食物落在衣服上，所以只能用餐巾的一角来拭一拭嘴唇，不能拿整块餐巾擦脸、擤鼻涕，也不要用餐巾来擦餐具。如果你是暂时离开座位，请将餐巾叠放在椅背或椅子扶手上。用完餐，将餐巾放在桌子上，但千万别揉成一团“弃”在那儿。

第三节　西餐礼仪

随着改革开放、对外交流的日益增加，中国人吃西餐的机会越来越多。吃西餐时，座位的排列、餐具的使用和用餐方法必须符合西餐礼仪。

一、基本常识

1. 座位安排

西餐座位比较讲究礼仪。非正式宴会座位遵守女士优先的原则，即男士主动为女士移动椅子让女士先坐，坐右座、靠墙靠里坐。不管正式宴会还是非正式宴会，入座或离座均应从座椅的左侧走为宜（当然，左侧入座不方便也可以从右侧入座）。正式宴会以国际惯例为依据，桌次的高低依距离主桌位置的远近而定，右高左低，桌次较多时一般摆放桌次牌。吃西餐均使用长桌，同一桌上座位的高低以距主人座位的远近而定。西方习俗是男女交叉安排，以女主人的座位为准，主宾坐在女主人的右上方，主宾夫人坐在男主人的右上方。具体座次排法可参照图 7-4、图 7-5、图 7-6。

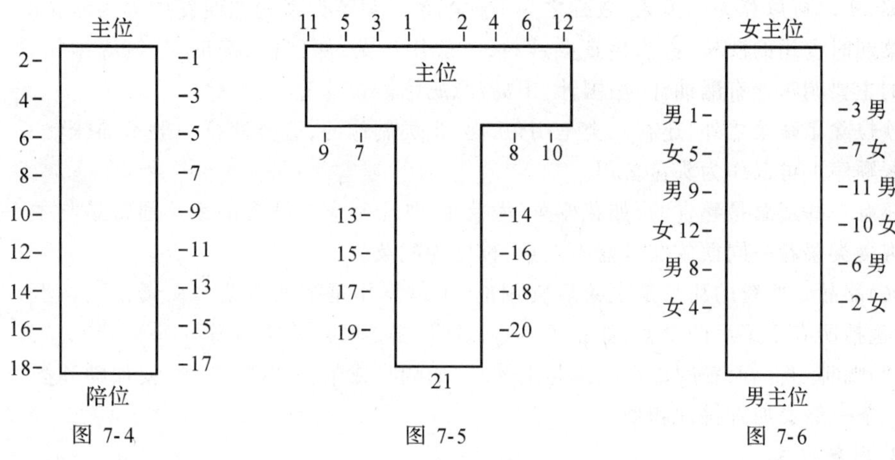

图 7-4　图 7-5　图 7-6

2.上菜顺序

正式的全套餐点上菜顺序是：

(1)头盘。西餐的第一道菜是头盘，也称为开胃品。开胃品的内容一般有冷头盘或热头盘之分，常见的品种有鱼子酱、鹅肝酱、熏鲑鱼、鸡尾杯、奶油鸡酥盒、焗蜗牛等。因为是要开胃，所以开胃菜一般都具有特色风味，味道以咸和酸为主，而且数量较少，质量较高。

(2)汤。与中餐有极大不同的是，西餐的第二道菜就是汤。西餐的汤大致可分为清汤、奶油汤、蔬菜汤和冷汤等4类。品种有牛尾清汤、各式奶油汤、海鲜汤、美式蛤蜊周打汤、意式蔬菜汤、俄式罗宋汤、法式焗葱头汤等。冷汤的品种较少，有德式冷汤、俄式冷汤等。

(3)副菜。鱼类菜肴一般作为西餐的第三道菜，也称为副菜。品种包括各种淡、海水鱼类，贝类及软体动物类。通常水产类菜肴与蛋类、面包类、酥盒菜肴品均称为副菜。因为鱼类等菜肴的肉质鲜嫩，比较容易消化，所以放在肉类菜肴的前面，叫法上也和肉类菜肴主菜有区别。西餐吃鱼类菜肴讲究使用专用的调味汁，品种有鞑靼汁、荷兰汁、酒店汁、白奶油汁、大主教汁、美国汁和水手鱼汁等。

(4)主菜。肉、禽类菜肴是西餐的第四道菜，也称为主菜。肉类菜肴的原料取自牛、羊、猪、小牛仔等各个部位的肉，其中最有代表性的是牛肉和牛排。牛排按其部位又可分为沙朗牛排(也称西冷牛排)、菲利牛排、“T”型骨牛排、薄牛排等。其烹调方法常用烤、煎、铁扒等。肉类菜肴配用的调味汁主要有西班牙汁、浓烧汁精、蘑菇汁、白尼斯汁等。禽类菜肴的原料取自鸡、鸭、鹅,通常将兔肉和鹿肉等野味也归入禽类菜肴。禽类菜肴品种最多的是鸡,有山鸡、火鸡、竹鸡,其做菜方式可煮、可炸、可烤、可焖,主要的调味汁有黄肉汁、咖喱汁、奶油汁等。

(5)蔬菜类菜肴。蔬菜类菜肴可以安排在肉类菜肴之后;也可以与肉类菜肴同时上桌,所以可以算为一道菜,或称之为一种配菜。蔬菜类菜肴在西餐中称为沙拉。与主菜同时食用的沙拉,称为生蔬菜沙拉,一般用生菜、西红柿、黄瓜、芦笋等制作。沙拉的主要调味汁有醋油汁、法国汁、千岛汁、奶酪沙拉汁等。

沙拉除了蔬菜之外,还有一类是用鱼、肉、蛋类制作的,这类沙拉一般不加味汁,在进餐顺序上可以作为头盘食用。

还有一些蔬菜是熟食的,如花椰菜、煮菠菜、炸土豆条。熟食的蔬菜通常是与主菜的肉食类菜肴一同摆放在餐盘中上桌,称之为配菜。

(6)甜品。西餐的甜品是主菜后食用的,可以算作是第六道菜。从真正意义上讲,它包括所有主菜后的食物,如布丁、煎饼、冰淇淋、奶酪、水果等等。

(7)咖啡、茶。西餐的最后一道是上饮料,如咖啡或茶。饮咖啡一般要加糖和淡奶油。茶一般要加香桃片和糖。

3.用餐仪态

参加正式西式宴会一定要注意服饰、仪容仪表和行为举止符合礼仪要求。第一,最得体的入座方式是从左侧入座。当椅子被拉开后,身体在几乎要碰到桌子的距离站直,领位者会把椅子推进来,腿弯碰到后面的椅子时,就可以坐下来。第二,用餐姿势力求优美大方,坐姿端庄稳重,挺直腰板,上臂和背部要靠到椅背,腹部和桌子保持约一个拳头的距离,不要跷二郎腿,手要放在膝盖上,不要把胳膊支在桌子上。第三,取食时不要站立起来,坐着拿不到的食物应请别人传递;用餐时打嗝是最大的禁忌,万一发生此种情况,应立即向周围的人道歉。第四,进餐过程中,不要解开纽扣或当众脱衣。如主人请客人宽衣,男客人可将外衣脱下搭在椅背上,不要将外衣或随身携带的物品放在餐台上。不可在餐桌边化妆,用餐巾擦鼻涕。

二、餐具礼仪

西餐宴席上使用的餐具主要是刀、叉、匙、盘、碟、杯等。餐具一般在就餐前都已摆好。放在每人面前的是食盘或汤盘。盘居中,左边放叉、右边放刀。刀叉的数目与菜的道数相当。一般是左手拿叉,右手拿刀。拿叉的姿势是用左手拇指、食指、中指拿住叉。拿刀的姿势是用右手食指压在刀背上,其余手指拿住刀把。使用刀叉的顺序是按上菜的顺序,由外至里排列。吃鱼、肉、菜的刀叉都有区别。盘子上方放匙,小匙吃冷饮,大匙喝汤用。再上方为酒杯,从左到右排成一排,顺序由小到大,分别用于饮各类酒。面包碟放在匙的左方,匙的右方是黄油碟,碟内有专用小刀。如果你暂时不会用西式餐具没关系,跟着主人或他人学就行了。

进餐时，不应手持刀叉比划着与人说话，若需给别人夹菜，一定要用公用餐具。喝汤时，应用右手持汤匙，侧起，顺汤碗靠自己的一侧盛汤。叉子若不与刀并用，可用右手持叉取食。右手持刀时，则用左手持叉。进餐期间，刀叉尽量不要发出声音。如临时离座，刀叉在盘内摆成“八”形，表示尚未用完。用毕，并排横斜放盘内，柄朝右。

三、用餐礼仪

(1)就餐时，每次送入口中的食物不宜过多，在咀嚼时不宜说话，更不可主动与人谈话。

(2)就餐时不可狼吞虎咽。对自己不愿吃的食物也应要一点放在盘中，以示礼貌。有时主人劝客人添菜，如有胃口，添菜不算失礼，相反主人也许会引以为荣。

(3)不可在进餐中途退席。如有事确需离开应向左右的客人小声打招呼。饮酒干杯时，即使不喝，也应该将杯口在唇上碰一碰，以示敬意。当别人为你斟酒时，如不要，可简单地说一声“不，谢谢”，或以手稍盖酒杯，表示谢绝。

(4)用餐过程中自己够不着的调味等物，可以请别人帮忙递过来，我们也可应别人的要求传递给他们，传递要用右手。进餐时应与左右客人交谈，但应避免高声谈笑。不要只同几个熟人交谈。左右客人如不认识，可进行自我介绍。别人讲话不可插话。

(5)吃鱼、肉等带刺或骨的菜肴时，不要直接外吐，可用餐巾捂嘴轻轻吐在叉上放入盘内。如盘内剩余少量菜肴时，不要用叉子刮盘底，更不要用手指相助食用，应以小块面包或叉子相助食用。吃面条时要用叉子先将面条卷起，然后送入口中。进食时，骨头、肉屑、果皮等，可放在食盘的右角。果核则吐在餐巾纸里，不可随便抛在桌上或地上。

(6)在进餐尚未全部结束时，不可抽烟，直到上咖啡表示用餐结束时方可。如左右有女客人，应有礼貌地询问一声“您不介意吧”。

(7)吃西餐应特别注意洗手碟的使用，弄不好会闹出笑话。凡是上一道用手取食的食品，如鸡、龙虾、水果等，通常会同时送上一个洗手碟(水晶玻璃缸、瓷碗等)，水里放置玫瑰花瓣或柠檬片，但它不是饮料，而是西餐讲究的洗指碗，置于左上方，把手指浸入水中，轻轻洗一下，然后用餐巾擦干净。

四、用餐方法

(1)肉类。吃肉类时有两种方式：一是边割边吃；一是先把肉块(如牛排)切好，然后把刀子放在食盘的右侧，单用叉子取食。前者是欧洲的古老习惯，后者则是美式的吃法，一般前者比较正式。

切牛排时应由外侧向内切，切一块吃一块，不能为了贪图方便而一次将其切成碎块,这不但是缺乏气质的表现,而且会让鲜美的肉汁流失,非常可惜;割肉块时大小要适中,不要切得太大,以至于有嘴巴合不起来的危险。咀嚼食物时,务必合拢嘴唇,避免发出声音,而且口中食物未吞下之前,不要再送入口。

(2)贝类海鲜。贝类海鲜应该以左手持壳,右手持叉,将其肉挑出来吃。吃鱼片时,可用右手持叉进食,避免使用刀具,因为细嫩的鱼肉很容易就会被切碎而变得难以收拾;遇到一整条鱼的时候,先吃鱼的上层,再用刀叉剔除鱼骨,切忌翻身;吃龙虾时,可用手指去掉虾壳后食用。

(3)水果。水分多的水果应该用小汤匙取食。桃类及瓜类,餐厅会先削皮切片,应该用小叉子取食。吃梨、苹果不要整只去咬,而应用水果刀将水果切成四至六块,剜去果心,用手拿着一块一块吃。吃香蕉则剥皮后整只放在盘子里,用刀、叉切开,一块一块吃。吃橘子用手把皮剥掉,一片一片地掰开吃。草莓类则多放于小碟中,用匙或叉取食均可。另外,在吃水果的时候,餐厅通常会提供洗手碟,以供洗手之用。

(4)面包和甜点。面包的吃法:先用两手撕成小块,再用左手拿来吃。吃硬面包时,用手撕不但费力而且面包屑会掉满地,此时可用刀先切成两半,再用手撕成块来吃。避免像用锯子似割面包,应先把刀刺入另一半。切时可用手将面包固定,避免发出声响。

一般蛋糕及饼类,用小叉子分割取食,较硬的用刀切割后,同样用小叉子分割取食,至于冰淇淋或布丁等,就可用小汤匙取食。如果遇到小块的硬饼干,可以直接取用。

(5)其他。肉饼、煎蛋、沙拉都不用刀只用叉。肉盘内的肉汁,可用面包蘸着吃。面包应用手指掰成小块食之。炸薯片、炸肉片、普通三明治等食物,跟面包一样,用手取食。取食时,仅限于用拇指和食指拈取,食后用摆在面前的小手巾拭手。芹菜、芦笋等蔬菜也用手取食。

五、饮品礼仪

1.酒

(1)点酒时不要硬装内行。在高级餐厅里,会有精于品酒的调酒师拿酒单来,对酒不大了解的人,最好告诉调酒师自己喜爱的酒类口味,请他帮忙挑选。

(2)酒类服务通常由服务员负责将少量酒倒入酒杯中,让客人鉴别一下品质是否有误。只需把它当成一种形式,喝一小口并回答“Good”。接着,侍者会来倒酒,这时,不要动手去拿酒杯,而应把酒杯放在桌上由侍者去倒。正确的握杯姿势是用手指轻握杯脚。为避免手的温度使酒温增高,应用大拇指、中指、食指握住杯脚,小指放在杯子的底台固定。

(3)喝酒的方法。喝酒时绝对不能吸着喝,而是倾斜酒杯,像是将酒放在舌头上似的喝。轻轻摇动酒杯让酒与空气接触以增加酒味的醇香,但不要猛烈摇晃杯子。此外,一饮而尽,边喝边透过酒杯看人,都是失礼的行为。女士饮酒时不要用手指擦杯沿上的口红印,用面巾纸擦较好。

(4)吃西餐时,不能拒绝对方的敬酒,即使自己不会喝酒,也要端起酒杯回敬对方,否则是一种不礼貌的行为。吃西餐饮酒忌讳举杯一饮而尽,文雅的饮酒是懂得品评酒的色、香、味,慢慢品味。在西餐宴席上往往是敬酒不劝酒,即使是劝酒也只是点到为止。

2.汤

(1)喝汤时要用汤匙,而不是将整个碗端起来喝,用汤匙喝汤时,汤匙应该由自己这边向外舀,切忌任意搅和热汤或用嘴吹凉。

(2)喝汤也不能吸着喝。先用汤匙由后往前将汤舀起,汤匙的底部放在下唇的位置将汤送入口中。汤匙与嘴部呈45度角较好,身体略微前倾。汤过热,可待稍凉后再喝,不要用嘴吹。

(3)喝汤时避免出声是最起码的礼貌,当汤快喝完时,可将汤盘用左手拇指和食指托起,向外倾斜以便取汤。如果汤用有握环的碗装,可直接拿住握环端起来喝。喝完汤之后,汤匙应该放在汤盘或汤杯的碟子上。

3.咖啡和茶

(1)喝咖啡或茶时,餐厅一定会附上一支小汤匙,它的用途在于搅散糖和奶精,添加后要用小勺搅拌均匀,将小勺放在咖啡的垫碟上。

(2)不要拿糖罐及奶精罐中的汤匙来搅拌自己的饮料,也不要用匙舀起咖啡来尝甜度。

(3)喝咖啡或茶时,应该用食指和拇指拈住杯把端起来喝,至于碟子就不必端起来了。喝完之后,小汤匙要放在碟子上,请不要随身带走。

第四节　非正式宴会礼仪

随着社会生活节奏的加快,宴请等各种社交形式趋于简单,在交际场合中,更多人喜欢采用形式简单的冷餐会、酒会、便宴、家宴等宴请形式。虽然形式从简,但也应遵循相关的礼仪规范。

一、家宴礼仪

家宴指邀请亲朋好友到家里吃饭。尽管家宴比较随便,但仍应注意一些基本的礼节。便宴除举办地点不同,礼仪要求与家宴基本相同。

1.基本礼仪

(1)邀请客人时,一般应明示是邀请赴宴,以便给客人以思想准备。有时不便事先告知,在客人来访后,应谦虚地向客人说明,使之能愉快地接受。一般地说,不能让客人吃了饭以后离开主人家时还不知道主人请客的原因。

(2)安排好座次。至亲好友或人数较少时,一般不讲究座次。但较隆重的宴请,或被邀请者人数较多或客人中有主次之分时,应安排座次。各地对座次的安排有一定的差异。

(3)祝酒。宴席上喝酒,讲究程式。一般先由主人拿酒当众打开,按照座次斟酒。若使用小杯,酒要斟满。使用大杯,要尊重客人的意见。斟完酒后,由主人向全体客人举杯祝酒。

(4)劝酒。我国有劝酒的习惯。劝酒是调节宴席气氛的重要手段。劝酒要得体,理由应充足。喝酒应以“乐”为主,“喝”为次,不能强迫别人喝酒。

(5)上菜讲究顺序。一般是先摆冷盘,然后上热炒、大菜,最后上汤。如果菜有荤素之分,应先上荤菜,后上素菜。

2.特殊礼仪

(1)生日宴请。生日聚会,一般安排在晚上较好。蜡烛和生日蛋糕是生日宴请不可少的物品。蜡烛表示年龄,插在蛋糕上,蛋糕放于餐桌中央,点燃生日蜡烛。在客人致辞后,主人应致答谢辞。然后,主人吹熄蜡烛并同唱生日歌,客人欢呼,分食蛋糕。年长者寿诞宴请时,我国习惯用寿桃、寿面等一类具有象征意义的食品为其祝寿。

(2)节日宴请。节日宴请,应注意增加节日的欢乐气氛,如春节的对联、灯笼,端午节的青蒿艾叶等。另外,餐桌上还可摆一些应时小吃,例如八月十五吃月饼、五月初五吃粽子等。

(3)接风宴请。亲友从远方来,到达后要表示欢迎。举行宴请的时间以亲友到达的当晚为宜。席间应边喝酒边叙谈友情。

(4)饯行宴请。主人应请大家为行者敬酒,并适当地赠送一些纪念品。席间可以录音、录像、照相等,以此方式留下永久的记忆。

(5)结婚宴请。结婚宴请一般规模较大,准备较充分。宴请应营造喜庆的气氛和热闹场面。酒席上应备有红葡萄酒,房间里贴上“喜”字等。新郎、新娘应给客人敬酒,并对大家的光临表示感谢,客人应对新郎、新娘致以衷心的祝福。

(6)出生宴请。主人应将婴儿抱给客人看看,客人应对婴儿赞扬、祝福。婴儿父母应举杯谢客。

(7)丧事宴请。我国大多数地区都有丧事宴请的习俗,丧事宴请的气氛应肃穆庄严。主人应举杯感谢客人对死者的悼念,以及在丧事办理中对丧家的帮助。人们应客观地叙谈死者生前的优良品行或丰功伟绩,表达缅怀之情。丧事饮酒,忌过量。

二、冷餐会礼仪

冷餐会俗称自助餐，是国际上广为流行的西式非正式的宴会。它是一种不备正餐，而由来宾自作主张地自己去取用主人所提供的食品、饮料的较为灵活的款待客人的方式。

1.特点

冷餐会之所以广为流行，是因为它具有其他宴请形式所不能比拟的优点。首先是冷餐会的形式随意，自由灵活，便于交谈，气氛轻松。冷餐会大都在大型餐厅或者在露天花园里举行，现在有越来越多的时尚人士，在家里用冷餐会的形式取代繁琐的正式宴请，利用客厅、餐厅或者花园进行冷餐会——也称 Home Party。其次，冷餐会不设固定座位，不讲究座次，客人不必紧张、在意是否坐错位置。再次，客人自选了食物以后，可以坐着吃，也可以站着吃，随意走动，边走边吃，寻找老朋友，结交新朋友。这种令人轻松、自在的就餐方式和聚会，更有助于人际交流。

2.冷餐会的准备工作

冷餐会的准备工作较简单。只需备好足够的饮料和各种果酒、啤酒，以及各类冷盘熟食等物。食物应以西餐小吃为主，沙拉是不可缺少的，有时也备有几份热菜。还应备有足够的盘子、刀、叉、勺等餐具。餐桌不一定要放在厅中间，也可以放在靠门的一边，将饮料、酒、菜等摆在桌上，旁边放好干净的餐具。

3.用餐礼仪

(1)虽说冷餐会上可以不像其他宴请时要穿礼服，但是去繁就简并不等于就没有要求了，任何一个公共场合，都是展示个人良好教养、审美品位的机会。因此，冷餐会穿正式服饰为宜。绝不可以随便乱穿，如穿短裤、运动鞋或赤脚穿凉鞋等是不行的。女性也不应穿超短裙、小背心等休闲装出席冷餐会。室外的冷餐会不能戴太阳镜，如果出席在室外举行的冷餐会，无论当时的阳光多么强烈，都不宜佩戴太阳镜，以免妨碍自己与他人的交往。

(2)在冷餐会上取菜的顺序应该是先取冷菜，再取热菜，然后是甜品和水果，用热菜前还可先用汤。取菜时每种菜选取适量，按顺序平放于盘内，不要把几种菜在盘内混成一团，成为大杂烩。在冷餐会上取食物，务必记住“一次少取，多次取食”的原则，也就是要“多次少取”，这是冷餐会上的基本要求，目的是要求用餐者根据食量取食物，宁可不够吃再去添几次，也不要一次就盛得冒尖，一来不雅观，二来盛得太多吃不完浪费。

(3)在餐台前边取菜边进食，是自助餐最忌讳的事情，这种行为可能导致其他客人拒绝再取食物。取拿食物时，动作要快，不要因为自己的迟疑而使别的客人站在你身后等待。取菜时，应该用餐台上放置的公共餐具，绝对不允许用自己的餐具取菜。

(4)西餐与中餐的最大不同就在于是每人一份餐具,分餐进食。

(5)在冷餐会中,男士应当处处照顾女士,即使相互之间并不熟识。例如在餐台前取菜时,男士应当先为自己附近的女士效劳。按对方的要求取菜,放入女士碟中。如果男士对菜肴、点心比较了解,可向女士做些介绍。

(6)冷餐会结束时,宾客将餐具酒杯放在餐桌上,或送到指定地。在向主人辞行时,不要忘记用简短的话语,表示自己对主人盛情款待的谢意。主人应在会场出口附近与宾客告别。

三、酒会礼仪

酒会,是便宴的一种形式。起初它兴起于西方,如今在国内也日渐增多。它实际上是一种形式比较简单的,略备酒水、点心款待来宾的招待会。在一般情况下,正规的酒会均以鸡尾酒来唱主角,所以它又称鸡尾酒会。在社交活动中,参加酒会的机会和主办酒会的机会都是很多的。因此,了解酒会的特点和用餐的形式,对每个人而言都有其必要性。

1.酒会的特点

酒会除了以酒水和冷食为主角这个特征之外,还具有以下几个明显特点。不了解这些特点,就不容易了解酒会何以迅速普及和大受欢迎。

(1)不必准时。出席酒会时,来宾到场与退场的时间一般掌握在自己手中,完全没有必要像出席正规宴会那样,非要准时到场、退场不可。

(2)不限衣着。参加酒会时,若无特别要求,则穿着打扮上不必刻意修饰,只要做到端庄大方、干净整洁即可。

(3)不排席次。在酒会上,通常不为用餐者设立固定的座位,也就是说,它是不用排桌次、位次的。用餐者在用餐时,一般均须站立,找个座位稍作休息也未尝不可。

(4)自由交际。与上一特点相关,因无席位限定,在酒会上用餐者完全可以自由自在地随便选择自己中意的交际对象,自由组合,随意交谈,这样一来,就不必非与不喜欢的人进行周旋了。

(5)自选菜肴。与正式宴会上依选定的菜单依次上菜大不相同,在酒会上,用餐者所享用的酒水、点心、菜肴均可根据个人口味和需要自己去餐台上,或通过侍者选取。所以,用餐时完全可"择善而行",而不必"来者不拒"。

2.用餐礼仪

酒会虽然礼仪从简,但是也非完全没有礼仪可讲。参加酒会时,至少有以下七个方面的礼仪规范,一定要严格遵守。

(1)掌握取菜顺序。酒会上提供的餐食品种不一定多,但取用时一定要依照合理的顺序进行,才能吃饱、吃好,否则很有可能会乱塞一气,撑坏了肚子。标准的顺序依次为：开胃菜、汤、热菜、点心、甜品、水果。鸡尾酒可在餐前或吃毕甜品时喝。

(2)排队取食。在用餐时，不论是去餐台取菜，还是从侍者手里的托盘选择酒水，均应遵守秩序，认真排队，依次而行。必须自觉摒弃插队、不排队、哄抢等坏习惯。

(3)多次少取。选取菜肴时，不论是爱吃的，还是尚未尝过的，都应一次只取一点，若不够可以下一次再接着去取。这就是所谓的"多次少取"。若是狂取一通，好像生怕下次取不到了似的，是十分失礼的。

(4)力戒浪费。在酒会上，自己先取酒水、点心、菜肴时，切记不要超标过量。取来的东西，必须全部吃完，切莫浪费。

(5)勿施于人。在酒会上，除家人、至交外，千万不要擅自去替别人代取酒水、点心、菜肴，因为自己不可能知道此刻对方是不是有此需要，或是对此是否喜欢。

(6)禁止外带。在酒会上，只要有本事，吃多少喝多少都行。但是绝对不能"顺手牵羊"，把酒会上的东西外带回家。

(7)适度交际。参加酒会的人可以自选对象进行交际，并不等于说参加者可以来了就吃，吃了就走。不与任何人相交，完全"闭关锁国"，是不符合酒会的要求的。

第八章

医院礼仪

医院是解除患者疾病痛苦的重要场所，救死扶伤、解除病痛是医院的重要任务和职责。医院作为重要的服务窗口，服务的又是一群患有病痛的特殊人群，在这特定环境中所表现出来的文明礼仪，更能说明一个人、一个群体的修养，从而折射出中国人的礼仪修养和文明程度。医院礼仪是指在医院这个特殊环境中，人际交往双方在进行人际交流、沟通时达到相互尊重，平等待人时所应遵循的礼节规范。从对象中来分析医院礼仪应包括两个方面：一是院方礼仪，它包含医院硬件条件所提供的良好环境和从业人员的礼仪修养及素质；二是病患者和家属、亲友等礼仪修养和素质。我们将围绕探病礼仪、医患礼仪、护士礼仪等三个方面重点介绍医院礼仪。

第一节　探病礼仪

探病礼仪是指到医院等特定场所探望病患者时所应遵循的礼仪行为规范。人在病中灾后特别需要他人的关怀和帮助。当家人、朋友、领导、同事、同学或尊长生病时，及时去医院或家中探望、慰问，帮助分担痛苦，同时通过探病可以加深了解，增进友谊，培养感情。那么在实际生活中我们应该做哪些准备，注意哪些问题呢？

一、探病前的准备

医院是一个救死扶伤的特殊场所，在去医院前，要了解清楚一些情况，准备好相应的适当的礼物是非常重要的。

1. 掌握相关信息

在探病前首先必须了解清楚四个方面的信息，以达到探病访友的预期目的：一是病人在哪家医院什么病区以及病床号，以免到时到处打听，扰乱医院的宁静；二是要清楚病人近段时间是否因病情或治疗的特殊要求不宜接待探望者,以免空跑;三是要了解病人病情现状和治疗情况;四是要了解病人的心理状态和情绪状况。了解后两者可以使自己在与病人谈话时注意谈话内容,做到有的放矢,同时也可以使自己所购买的礼物具有针对性,能满足病人的需要。

2.礼物的选择和准备

基于交流需要,一般探望病人时都要带点物品,以表心意。可请教医生或通过其他途径弄清病人病中忌讳什么,然后根据你对病人的了解,选择合适的礼品。在探病时所带的礼物以满足病人的需要、使病人尽快康复为前提和原则,最好让病人能感受到你送的礼物是经过精心准备的,病人确实需要的。鲜花水果、高品质的保健营养品、内容轻松的书籍杂志,都是比较好的探病礼物。送鲜花时,应注意“花语”;送水果或食品时,要考虑哪些是病人能吃又想吃的东西,病人忌讳或不能吃的东西不能送,并且要注意产品的有效期;送书籍根据病人的情况,更要慎重。

(1)鲜花的选择。鲜花被人们赋予了特定的含义。如在中国,百合寓意百年好合;在西方,玫瑰象征爱情,康乃馨则表示伤感或拒绝。鲜花的色彩丰富多样,不同的民族对鲜花的色彩有着不同的讲究。如在中国,红色的鲜花是最受欢迎的喜庆之花;中国人颇为欣赏的黄色鲜花,却最不宜送给西方人,因为他们认为黄色暗含断交之意;巴西人认定紫色是死亡的象征,故忌讳紫色鲜花,如果探望外国朋友一定要注意此类问题。探病送鲜花时特别要注意,有些花并不适于送给病人,如有浓香的、花粉特多的等,因易引起过敏。一般来说,下列花卉是不错的选择:玫瑰、康乃馨、满天星、百合、天堂鸟等。

(2)水果的选择。探望病人时送水果是最常见的,但大多数人不太在意水果与疾病之间的关联,随意性较大。其实,不同的病人对不同的水果是有宜有忌的,选对了有利病人康复,反之则可能会使患者加重病情。下面介绍几种常见疾病的水果搭配。

糖尿病人:含糖量在15%以下的水果可以吃,如苹果、梨、桃,每天适量。如果病情较重的也不宜吃,这时可选择黄瓜、西红柿等。含糖量超过15%的水果最好不吃,如香蕉和荔枝等。

冠心病人:可吃柑橘、桃、李、杏、草莓和鲜枣等,这些水果含有丰富的维生素C,有降低血脂和胆固醇的功效。

腹泻病人:可多吃苹果,不宜吃香蕉、梨等。

肝炎病人:可选择西瓜、柚子、荔枝、梨、苹果、香蕉等。它们具有保护肝脏、促进肝细胞再生的功能。

心力衰竭和水肿严重的病人:切忌食用含水分多的水果,如西瓜等,会增加心肾负担,加重水肿。

心肌梗塞病人:宜吃些香蕉、橘子,有利于通便;不宜吃苹果、柿子、莲子等,因这些水果中含有鞣酸，能引起便秘，促使病情加重。

胃溃疡、十二指肠溃疡、胃酸过多的病人：不宜吃李子、山楂和柠檬等含有机酸过多的水果，以免损伤胃黏膜，加重病情。

咳嗽哮喘病人：最适合的水果是梨、橙子、杏等，因为这些水果能够化痰、润肺、止咳，而枣最好不要吃，因为它容易生痰、助热，吃了反而会使咳嗽加重。

(3)滋补食品的选择。有些人喜欢给病人送滋补品或保健品，其实，这很不恰当，因为病人正在治疗期，每日要按时服药或进行针剂注射，并不适合服用补品。如果真的要送滋补品或保健品要注意有效期，并根据情况进行选择，等病人基本康复后享用。

一般来讲，慢性疾病可以在治疗间隙期间服用一些滋补品。如慢性气管炎、慢性肝病、癌症等患者，往往身体免疫力比较差，尤其癌症患者通常要进行放化疗治疗，在治疗缓解期可以进食些滋补品，增强病人的抵抗力。不同时期选择有侧重点，具体情况可以向医护人员咨询或查询相关书籍。

急性病往往起病快，好转也快，送滋补品不是最合适，以选择鲜花、水果为宜。

(4)书籍的选择。生病本来就比较疲劳，探病赠送书籍不是首选。但根据实际情况，也不是不能考虑。可根据病人情况，找些有助于疾病早日康复的书籍予以赠送，此类书籍在书店一般都能找到；探望小病人，可赠送些趣味性较强的儿童读物，如书籍、磁带、碟片等；病情较轻的年轻女性，可送些病人喜欢看的时尚杂志，消遣解闷；学生病人据情可送些急需的学习参考书、有趣的课外读物等。

3.个人需注意的问题

个人需注意的问题主要是指个人的服饰仪表等方面。到医院前，探望者自身也要注意服饰仪表等细节问题。总体来说，不管性别和年龄层次，服饰穿着要整洁得体，不宜穿颜色特别醒目的衣服；女士不要化浓妆和使用浓香水；男士要保持服饰仪容整洁；长辈去医院前应跟儿童讲清病人的基本情况和医院的注意事项；在与病人交谈时应注意儿童的活动情况，以免引起意外事件发生。如果大人、小孩有感冒等身体不适情况，不宜进医院探病，以免交叉感染，加重彼此的病情。

二、探病中应遵循的礼仪规范

礼仪规范是探病人员在医院里应遵守的行为标准。首先思想上要重视，探访病人最好的做法是直接到病榻旁边，直接把安慰和祝福带给他。如果病人患的是传染病或其他不宜直接探望的疾病，则可以改用短信的方式表达问候。其次在医院探望病人时，应遵守医院的规章制度，并在规定时间内探望。在病房不要吸烟、随地吐痰，乱丢果皮、纸屑等。具体说：

(1)动作轻捷，表情自然。进病房时要注意安静，脚步尽量要轻，不要大声谈笑，但也不能一点声音都没有，以免吓着病人。进入病房以后，如果看到病床周围有瓶子、管子和固定架等医疗用品和器具，切莫大惊小怪；看到痰盂便桶、血迹脓水类，不要躲躲闪闪，面露厌恶状；看到病人消瘦憔悴、水肿黄疸之类的病态，也不要愁眉苦脸。在与病人握手(不能握手的病除外)时，应像平时一样，以表达心情、传递感情。如果方便，握手后应尽快挨床坐下，进行亲切问候；否则，站在床前缩手缩脚、愁眉苦脸，病人不仅会产生紧迫感，还会误会你在嫌弃他所得的病。不管病人的病情有多么严重，也不能在他面前流露哀伤的神情，更不能对着病人流泪。

(2)态度亲切，话题贴切。在与病人谈话时，应面带微笑，态度和蔼、亲切热情。凡是会使病人悲观、忧郁的话题，都应尽量避免，要多说一些关心、安慰、吉利、鼓励的话语，如“今天气色不错，很有精神”、“工作上的事不用担心，我们会帮忙处理的，你尽管放心”、“看上去一天比一天好，相信很快就能出院了”等。卧床病人由于有人到来，可能会坐起来进行接待，这时应尽量劝其躺下。如果病人仍执意要起来，则应上前搀扶。探望时的话题最好是轻松的，与病人相关的消息趣闻之类，不要过多询问病情，除非病人自己愿意说，以免影响病人的情绪。

(3)探望时间。探望时间不要过长，以一刻钟到半小时为宜，最长不能超过1小时，过长会影响病人的休息。

(4)探病结束时，记住要问一声：“有什么事情需要我帮忙的吗?”有的病人可能会向你提出要求，那么，不管他要求的事情有多么难办，你也一定要努力去办。

(5)安慰病人家属，帮助做力所能及的事。对于困难比较大的可以组织同事朋友轮流看护。对于需要长期治疗休养的病人，应经常去安慰、探望，或写信，介绍外面的信息，让他们感受到别人的关心和问候，增加病人和家属战胜疾病的信心。

第二节 医患礼仪

随着社会的进步和经济的发展，患者对医疗质量和服务水平的要求也在不断提高，处理好医患之间的关系，对提高医疗单位的社会美誉度、医生的敬业精神、医疗质量有着非常大的作用。疾病的诊疗过程其实是医者与患者之间的交流过程，医患之间通过交流建立良好的关系，对疾病的康复也将带来益处。我们在此主要讨论医患交流过程中值得关注的礼仪问题，以期待医患之间能取得良好的交流和沟通效果，主要从就诊礼仪、医生礼仪和医患沟通礼仪等三个方面来进行介绍。

一、就诊礼仪

就诊礼仪是指就诊人员(含患者及陪同人员)在就诊过程中应遵循的行为规范，还包括医院所提供的良好的就诊环境。医院的硬件条件和环境、医务人员的礼仪素养、就诊人员的文明程度对诊疗过程的顺利完成和医患双方良好沟通、心理愉悦都将起到关键作用。在这里我们将告诉你医院硬件和环境应朝什么方向发展、就诊人员应遵循哪些规范等问题。

1.医院的硬件和环境

随着人们对医疗服务要求的日益提高,医疗市场的逐步开放,竞争的加剧,给就诊人员提供良好的硬件设施、优美的环境和周到的服务,提高医疗质量,突出医疗特色,越来越受到医疗单位的重视。"一切以病人为中心"、"方便看病,愉快就医"等管理和服务理念日益深入到医疗卫生系统管理和服务人员的思想中。为了创造良好的就诊环境,各医疗管理部门和医疗单位根据自身实际和特色纷纷提出了明确的目标、措施和要求。

(1)优美的环境。为了满足不同人群和不同病患者对医疗水平的需求,随着医疗市场的有序发展,不同医疗层次的机构给予了相应的服务定位。现在患者在就医前了解医疗单位的总体水平和医疗特色、能力,是否能提供优质、高效的医疗服务越来越受到重视。就诊人员在承受病痛折磨时心理和精神状态都会受到负面影响,医疗单位采取一些积极的措施来调节患者的情绪,提供优美的环境是一个很好的途径。在优美的环境中与医生进行平等愉悦的交流是每个就诊人员所盼望的。现在很多医疗单位环境优美、设施整洁。如有的医院环境布置跟传统医院概念有了很大的变化,初看不像医院,像是进了宾馆,空气中也没有消毒药水的气味;有的医院乍看像商场,安排有患者的休息区和等待区等,让患者在心理放松的状态下等待就诊,以达到与医护人员的最佳沟通。

(2)周到的服务。在医院能够顺利、便捷地完成就诊,提高效率并达到治疗目的,是患者和医疗部门共同追求的目标。医疗部门都在纷纷采取措施,给患者创造条件,吸引患者就诊,提高医疗部门的经济和社会效益。如国内有些省卫生系统开展了"明明白白看病",创建百姓放心医院。为了方便患者就诊,许多医院开展了礼仪服务,在门诊楼设立了门迎;有的在门诊大厅设立了导医咨询台,指导患者就诊、回答患者提出的各种疑难问题;有的医院提倡环境美化、绿化,患者就诊流程简化,医院服务人性化、亲情化,服务项目、收费标准、监督投诉方式公开化、透明化;有的还开展了医务人员礼仪培训,提高全员服务素质,更新服务观念,为患者提供温馨、优质、亲情的诊疗、康复环境;有的对医务人员的要求更为具体,如在医院各个电梯口明示病人优先,要求三楼以下医务人员自觉步行上楼,把方便留给患者;有的院内装饰尽量符合不同年龄、不同病种患者的特点和心理,以消除患者对医院的恐惧感等等。这些措施的实施,缩短了医院、医务人员和患者之间的心理距离,极大地提高了医疗机构在患者中的心理地位,有利于医疗市场的健康发展和全民身心健康的保障。

2.就诊人员的礼仪规范

就诊过程的顺利要靠多方面的努力,在强调医院提供优美的环境、周到的服务的同时,就诊人员的就诊礼仪文明程度也是非常重要的,相互影响,缺一不可。这里所指的就诊人员不仅仅是患者,还包括陪同人员。就诊人员应该了解就诊的基本礼仪规范,以便顺利地完成看病过程。

(1)就诊人员的仪表仪容。就诊人员除特殊情况外,个人形象要整洁。就诊时不宜化妆,以免掩盖了病情的真实表象,导致不能及时发现病情而延误治疗;不宜用香水,以免掩盖病情及影响医生和其他病人就诊,如一定要用,只能用淡香水。

(2)就诊行为规范。患者在医院就诊主要分两个地方,门诊和住院,对就诊者而言不同的场合礼仪要求也有所不同。

①门诊就诊礼仪规范,主要是指患者在门诊就诊时所应遵守的行为礼节。第一,有序文明。到医院看病(陪同看病),要遵守秩序,排队挂号;候诊时要耐心等待,听候医务人员依次叫号;不要大声喧哗,也不可随意走动,更不可在候诊室里吸烟、随地吐痰,乱丢果皮、纸屑等。第二,听从安排。到医院诊病,应听从医院的安排,不应自己挑选医生,对新老医生要同样尊重,特别是年轻的医生为你诊断病情时,要积极配合,主动提供病情病状,协助医生作出正确诊断。第三,相信和尊重医生。当医生询问病情时,应按照医生的提问依次回答,如实提供病情症状,既不可隐瞒病情,也不可夸大病情,更不允许无中生有地编造病情或病史。如病人对医生诊断的正确性产生怀疑,应该有礼貌地向医生述说自己的疑虑,建议医生再检查一下,不可随意打断医生的话,甚至和医生争吵。第四,不点名要药。听从医生的处理意见,有疑问要及时咨询。如果"久病成医",略知哪几味药适用,可以诚恳地向医生说明原委,提供给医生作参考,但不可强迫医生接受自己的意见。

②住院就诊礼仪规范。当疾病发展到必须住院治疗时,患者应听从医生及时入院治疗,并遵守住院患者的行为礼仪规范。第一,听从安排。进入病房后听从主管护士的入住安排,不宜对病房床位或对同室病人挑三拣四。第二,遵守住院部的各项规章制度。医院对住院患者都有详细的制度,有的医院是由主管护士进行介绍,有的医院会提供纸质的资料,患者和家属应该耐心而详细地了解,以明确各项制度,约束自己的言行。第三,积极配合医护人员。入住病房后,医护人员会根据病情开展医疗活动,首先会到患者前进行病史的采集,患者和家属要积极配合医护人员,根据要求详细提供资料,不能有隐瞒和扩大,以利于医生及时作出判断和进行治疗。在治疗期间患者各种情况表现,不管是好转还是恶化,都要及时提供给医护人员,以提高对疾病治疗的针对性。第四,陪护人员注意事项。患者家属和陪护人员在病房照顾病人时,注意不要在病房内抽烟、大声喧哗等。在护理过程中发生可能会让其他同病房患者产生不适情况时应及时说明,取得其他患者的谅解和支持。不宜在别人面前谈论病友的疾病状况,以免造成患者的心理负担。第五,创造融洽气氛。良好的心理状态能提高患者战胜疾病的信心,病室内融洽的气氛能够拉近不同患者之间的心理距离。第六,不拖欠费用。医院是一个经济实体,在经营活动中体现经济

和社会的双重效益,每年我们都会听到医疗部门和单位发出的呼声,患者拖欠的医疗费用已成为医疗单位很大的经济负担,造成了较大的经济损失。救死扶伤是医疗机构的天职,但是一定的经济利益也是不可缺少的。患者在获得自己健康服务的同时,要通过各种途径解决医疗费用,不要随意、恶意拖欠,做个诚信的患者。

二、医生礼仪

医生的行为规范最早出现在中医学,是中华民族的古老文明之一。传统中医的发展产生了医生道德规范和行为规范,不仅贯彻在古代医学家医疗实践中,更多地被记录在医学典籍中,经过历代人的升华和提炼,成为我国优秀社会伦理道德行为规范的重要组成部分。现代医生的行为规范包括医德、医规和医术三个方面,阐述医生在工作岗位上应具备的道德修养、行为规范。

医生礼仪是医生医德、行为中的一个方面,是医生在医疗过程中体现与患者相互尊重,顺利完成医疗活动,达到医疗目的的礼仪行为准则。医生是医疗单位实施医疗活动的最关键最能动的因素,是保证诊疗活动顺利进行最主要最关键的条件之一。医生思想素质和礼仪文明水平的高低同样反映了医疗单位的整体水平,对实现医疗单位的经济效益和社会效益起到非常关键的作用。医疗单位和卫生管理部门要加强和重视医生等医务人员的思想道德特别是职业道德的建设,通过多种途径、载体锻炼和提高医务人员的道德水平,医务人员也要重视自身思想道德和礼仪文明修养的提高,成为受广大患者欢迎的思想素质和业务能力双优的医务工作者。

1.医疗单位高度重视,创造条件,提高医生礼仪水平

古话讲得好"天下无难事,只怕有心人"。凡是思想重视了,总会有相应办法和措施来解决难题的。提高医生的礼仪水平如果得到了单位领导的重视,把它当成一件非常重要的事来解决,加上医务人员齐心协力,那就肯定能成功。在思想不统一时,用事实证明医生具备文明礼仪的重要性比说教更有效。国内某一医院所经历的事,就更能说明这一点。该院花了3万元请某礼仪学院教授前来培训,当时在院内外引起了很大的争议,一些医务人员还不理解,认为搞礼仪培训是搞花架子、走形式,花3万元更不值得,如果变成奖金奖励才更有效。培训后有人进行了调查,连续拨通了该院6个科室的电话,除2个科室医务人员正忙于工作拿起电话便问"你找谁"以外,其他4个科室接电话的人都自然地说:"您好,这是××科室,请问您找谁?"经过培训的医务人员感到:过去很多小节都是不文明的表现,但并未意识到,通过培训后,明白了一个人的教养不仅体现在知识水平上,而且反映在一言一行上。礼仪培训后,患者投诉率比培训前下降了25%,满意度一直保持在90%以上。医疗行业受社会和经济效益的双重要求,有时在特殊事件下尤其突现社会效应,行业的特殊性对医疗从业人员提出了更高的要求,尤其是医生。因此,医生不只是一个受人尊敬的职业,首先应该是一个受人尊敬的人。每个医务人员都应该重视自身的礼

仪修养。

2.医生基本礼仪

医生是一个让人尊敬的职业,作为具体的医生个体,应该也是受人尊敬的人。有句话说得好,“要想别人尊重你,你得首先尊重别人”。被人尊称为“白衣天使”的医生,肩负着救死扶伤、解除人类病痛的重任,在技术和服务双重要求的前提下,有它特殊的礼仪要求。

(1)医生的仪容仪表。

①服饰整洁。在医院的特殊环境中,医生有专门的工作服。目前所用的以白色为主,俗称“白大褂”,还有一顶白色的帽子,必要时需戴上口罩。医生上班期间要统一穿工作服。工作服要定期清洗,保持清洁,防止交叉感染,以健康、整洁的形象出现在病患者及陪同人员面前。

②仪容大方。来医院就诊的病人都多少带有病痛,当医生带给患者很有生机的面容和亲切的微笑时,医患之间的心理距离就会缩短,相互之间也容易建立信任。女医生可化淡妆,淡妆更显人的修养和审美情趣的高尚,但不宜浓妆;不佩戴干扰患者注意力的饰物,如长而粗的项链、手镯、手链、耳环等,双手戒指不超过一只。男医生要保持仪容整洁,不留长发和胡须,同样也不要佩戴干扰患者注意力的饰物。

(2)医生的工作礼仪。要达到好的治疗效果,必须有医生与患者之间相互的信赖,患者对医生没信任感,即使吃了药效果也会打折。患者对医生的诊断与用药虽然不一定能很快评价出好与坏,但对医生态度和看病时的认真程度却最为敏感。能从医生的表情、言语、动作等方面感受到医生是否在认真诊察他的疾病,从而进一步推断医生的医术、医德及可信赖度。因此,一个医生在患者面前的形象直接关系诊疗效果。但现今有的医生不注意自己的形象,患者刚坐下,草草两句,病情没讲完,处方已开出;患者久等,医生忙于私事,迟迟不接诊;边看病边与旁人谈笑;边诊脉边看股市行情;高高在上,盛气凌人,恶语伤人;疗效不佳时,指责患者这也没注意,那也没做好等等。医生在不同的场合如门诊、急诊、病房、手术室等,工作礼仪要求会有所侧重,但基本的要求是一致的。由于篇幅原因在这里不作一一介绍,在第三节“护士礼仪”中有较多内容可以借鉴。

①面部表情,自信、沉着。无论患者情绪如何激动,如何痛苦欲绝,医生都要保持冷静。医生面部表情的突然变化都可能给患者造成不祥的预感,特别是对某些精神因素较明显的患者,容易导致其猜疑、恐惧。

②目光,要关注患者。目光注视对方眼睛到下巴之间的区域,不要躲闪或游移不定,要坦然亲切,投之以同情、安慰的眼神。在对住院患者进行全身检查时更要注意患者的面部表情,捕捉病状信息。

③言语技巧。应该按行业规范,多使用礼仪言词,如“请坐,哪里不舒服”等。忌粗暴、忌恶语、忌命令性口吻,如:“怎么这么不重视的,拖到现在才来看,命要不要

啦?”“边上不要围着,先出去!”等等。对病情及预后的分析,言语上注意技巧性,“没事的,放松心情,好好休息,再服点药物,很快就会好的”等,忌用恐吓、武断之词,如“今天幸亏来这里看,再拖几天就麻烦了”等。诊断过程,医生要多动口,除详细询问病史以外,应有日常生活内容的交谈,应有安慰、鼓励之词,以示医患亲密无间,如“这几次看下来气色好多了,再调理调理,会更好的,放心吧”、“今天精神很好,家里最近有喜事吧”等。对复诊病人,必要时提及以前就诊的情况,并对症状进行比较了解,更有利于医患间信任的建立。当患者出院时,主管医生应对患者进行最后的医疗指导,告知患者及家属出院后的注意事项,以加快患者的康复。

④多动手。诊疗过程中医生要多动手,病者的痛处,就要有医生的手到,使患者真正感到医生在认真为他诊治疾病。同时在检查时动作要轻柔,在天冷时更要注意医生手先要搓热才能进行。医生对住院患者每天进行例行查房时,也要认真对待,不能让患者觉得敷衍了事。在病房对患者进行特殊治疗时,事先应对患者或家属讲清治疗的目的和可能出现的情况,消除患者及家属的恐慌。必要时边做边和患者交流,分散其注意力,减轻治疗带来的不适。在操作时动作要规范,以免发生不必要的过失,增加患者的痛苦。

三、医患沟通礼仪

在疾病治疗过程中医生与患者需要通过沟通与交流,双方建立信任关系,达到治疗疾病、康复身体的目的。医患沟通是医者和患者双方共同面临的问题,做好沟通达到目的也是医患双方所期待的。针对不同的角色身份,沟通时双方也要注意各自应遵循的规则。这里我们侧重讲医生在医患沟通中所遵守的行为礼仪规范。

在医患沟通中我们首先会碰到的问题是医患间的问候,患者相对比较好处理,说“医生,您好……”,而医生则要讲究些,用词不当会引起医患间的沟通不畅。

1.医患问候礼仪

在一般人际交往中,问候多用于表达对对方的关切和友好。在医患关系中,患者渴求温馨和关切,最希望一见面就能获得来自医生的问候。门诊接诊、病房晨检、查房都需要医生首先对患者表达一声亲切的问候。这不仅是一种礼仪,更是医生对自己社会责任的认同。

(1)问候语的使用。在医患沟通中的问候,从用语方面有其特殊要求,不可简单地沿用一般交往中的礼仪用语,如“早安”、“早上好”、“您早”、“您好”、“很高兴见到您”等。在一些医院推行礼仪服务时,曾经将这些用语作为医患沟通中“必须使用”的“敬语”。但在具体实践中要根据实际情况,选择不同的问候语或特殊的问候语,如果使用不当会适得其反。曾经有位受到疾病折磨、十分痛苦的患者,对医生的一声“您好”问候大声反诘说:“我不好,我好就不来找你了!”弄得彼此都十分尴尬。对初诊患者尤其在门诊,患者比较多的情况下,还是开门见山,直接询问病情为好,如:

"您哪里不舒服?"若病人较多可先对后面的说声"请稍候"、"请先这边坐"等。其实说到底也不难,最简单的方法是多用"请"、"您"、"谢谢"等字。

(2)问候的方式。如对于住院患者来说,"又度过了病中的一天",或"又熬过了难眠的一晚",或有"自觉新的愉快一天到来的喜悦"时,早晨他们一般都期待着医护人员的到来。他们满怀期待的眼神和表情,就是向医生的晨间问候,是对医生最大信任的表示。医生应对此有敏锐的觉察和回应。在查房时,医生不要匆匆地进入病房立即做相应的处置,不妨先站在病房门口,带着微笑,用目光巡视病房中的每一位患者,和目光对接的患者点头为礼。一次目光巡视,用不了几分钟,却营造了病房中医患间和谐温馨的气氛。不仅患者感受到医生的真情关爱,医生也会从这种氛围中感受到自己对患者的责任。

在医院其他部门工作的人员,与患者接触和交往时,除可以依一般交往礼仪的规则以"您好"、"早上好"等互致问候,也需要因时、因人的不同而有恰当的变化。接待"投诉"的医务工作者,对匆匆而来、面带不满甚至怒容的患者或家属,一句"请坐,不要急,慢慢说",或"请先喝水"等语句,就可能比简单的"您好"有用得多。挂号处、收费处不可能对每一位患者都说"您好",但对所接待的每一位就诊人员都有微笑的短暂的目光相接,也就是问候。当不同岗位上的医务人员都满怀着对患者的同情和关爱,都各有特色传达着温馨关爱问候的时候,和谐温馨的医患关系的建设就有了良好的开端,有了坚实的基础。

2.医患沟通技巧和礼仪

在医患沟通中我们也要讲究些沟通技巧和礼仪,以达到更好的效果。

(1)沟通技巧。沟通时的技巧是比较多的,这里主要介绍与医患沟通关系比较密切的几种。

①谈话技巧。通过谈话能领悟交流双方的情感和意愿,阐述对患者问题的理解和看法。在谈话过程中要注意的一些问题:内容要有针对性;语言要通俗易懂;要注意倾听,使患者感到亲切和被尊重;内容要客观,避免夸大其词,使对方有信任感;态度要诚恳,注意用眼神、表情等非语言手段传递对患者的关心信息。必要时要使用触摸的方式,使患者心情得以平静,并感受到医生的温暖和爱护。

②沉默技巧。沉默是一种非语言反应,当与患者面谈时,沉默有时能促进交流情感,增进了解,但有时也能导致误解。如何使沉默以有利于沟通呢?首先,在患者十分悲痛、孤独、悲观失望的情况下,医生尽可能地在患者身边多呆一会儿,运用沉默及适当的表情、神态给患者以安慰和同情。第二,当患者烦躁,情绪激动,怒气冲天,措辞强硬时,除了必要的提醒、制止外,最好的办法就是沉默。对患者的各种责问、不满,任其发泄,不作正面回答。相反,对答、解释、争辩会进一步激化情绪,加深矛盾。有时沉默可给对方思考的时间,反而令人感到舒适和温暖。当对方有焦虑时,或对有些敏感的问题不愿答复时,若能保持一段时间的沉默,对方会感到你很能

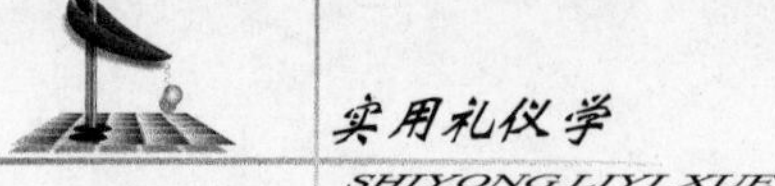

体谅他的心情,真心听取他的意见,自己的愿望受到尊重。

③解释病情的技巧。解释性语言能帮助患者认识疾病,解除恐惧心理,缓解紧张情绪,促使患者改善心理状态和行为方式,从而达到减轻病痛和提高治疗效果的目的。解释性语言多用于治疗前后和手术前后及向重危患者家属进行解释。医生在运用解释性语言时,除了要掌握治疗用语通俗明了的大众文化语言外,还要掌握和运用婉转的修饰用语。如把“不良”说成“不够满意”,把“无法医治”说成“好得慢些”,把“癌”说成“肿瘤”或“肿块”等,总之,是否给患者解释病情,解释到什么程度,以什么样的语言方式解释,要根据患者的具体特点和疾病的种类、程度等而定。

④劝服患者的技巧。医生的专业知识和技术特长,在患者及家属心目中享有一定的威信,这种内在号召力容易使患者产生信赖感和服从感。患者到医院求医、住院、诊疗的目的是为了解除疾病的痛苦和威胁。有些患者为了尽快康复,特别重视医生的嘱咐和要求。劝服的技巧是要站在患者及家属的角度,积极倾听患者的叙述,采取接纳的态度,建立密切的医患关系,避免不成熟的建议或承诺,以免增加患者的心理负担或导致医疗纠纷。劝服患者时,要考虑不同类型患者的特点,让患者有提问的机会,并通过科学的事实有理有据地解答患者的问题,增强语言的说服力。劝服中应保持语言的朴素,避免劝告和说教的语气,以会话的方式进行最适宜。

⑤沟通距离。在沟通与交流时,每个人总是同其他人保持一定的身体距离,不管是自觉还是不自觉,都受人际关系的深浅、性别、文化背景的影响。距离在人际互动中发挥重要作用,一般有四种情况:第一,亲密距离(约 0.3 米):在给患者做某些治疗操作进入对方的亲密距离时,应该向对方作出解释和说明,使对方有所准备并给予配合,以免引起对方的紧张和不安;第二,个人距离(约 0.3~0.6 米):医生常用此距离向患者解释、检查、治疗,进行术前指导等;第三,社交距离(约 1~3 米):在医疗活动中,医生站在病房门口与患者说话,写病程记录等时常用此距离;第四,公众距离(约 3~7 米):医生为患者做集体健康教育时常采用此距离。

(2)医患沟通礼仪。医患双方在沟通过程中相互尊重,相互理解,才能达到预期的目的。

①医生要遵循的规范。医学是一门自然科学,医生应以客观、科学的态度来认识处理疾病。医生要处理好患者的知情权与依医学科学规律办事的关系。既要让患者对救治方案、措施有知情的权利,又要尊重医学科学规律办事,依据患者的病情发展规律,科学诊治。医生要尽心尽职,以一流的服务,一流的技术,获得患者及家属的信任,以同情之心和关爱之心获得患者及家属的好感。适当运用语言、表情和姿态,达到最好的沟通效果(如何把握,在医生工作礼仪中已比较详细地阐述)。首先,把握自身心理。作为医生要尽量避免将家庭、生活上的个人不良情绪表现在医疗工作中,从而影响到医疗服务质量,给患者带来不良影响,甚至严重后果,导致医患关系紧张,发生医疗纠纷。其次,对患者要心存感激。心存感激源于社会上人与

人之间紧密联系、互相依存的客观存在。认识这个客观存在就找到了感激的实际内容，心存感激才会发自内心和真诚。医生在医疗护理过程中与患者及其家人之间的心存感激，能够融洽医患关系，提高医疗效果。医生通过实践提高了医疗水平，患者通过治疗解除了痛苦，医患关系融洽是件双赢的事，医生在医疗过程中与患者及其家人心存感激是无时不在的。再次，医患间相互谅解。由于各种原因，医生在医疗服务中也会有过失发生，当痛心地向患者及其家属致歉时，患者的宽容、谅解，不仅可以帮助医生走出内心自责、内疚的困境，而且会激励医生今后更努力、更细致地工作。有了真诚的关爱和微笑，有了真诚的理解和信任，就会有融洽和谐的医患关系。

②患者应注意的问题。首先，尊重医生。患者对医生既有要求又要多一分理解，以融洽医患之间的关系。患者不应在医治过程中产生抵触情绪，医生由于家庭、工作上的烦恼，有时或多或少不可避免地在工作中带些情绪，从而影响到服务态度，甚至医疗质量。作为患者要给予适当理解，积极主动地加强沟通，消除不利因素。由于人本身客观存在差异，即使是同一种疾病，使用同一种药物，医疗效果也会有很大差异。出现类似情况，患者应给予医务人员正确理解，正确看待疾病的转归。某些疾病必须有一段时间观察才能确诊，不能因有一段诊疗期而埋怨医生技术水平和服务质量。其次，充分认识精神、心理对疾病诊治的重要性。健康要求既要有健全的身体又要有良好的心理，可谓三分诊疗、七分休养就是这个道理。要认清生老病死是人类生存的自然规律，要坦然对待疾病。消除紧张情绪，以健康的心态接受治疗。积极主动的接受检查治疗和健康教育。再次，正确应对病情变化。当病情出现加重、恶化时，要客观分析，不要一味责怪医生，造成医生心理压力过大，从而导致影响诊治效果。患者应主动了解病情的转归，不能对医生无礼，甚至扰乱医院正常工作秩序，做出触犯法律的行为。如果对医院或医生的解释不满意，可以采取医学鉴定或法律手段解决。

第三节　护士礼仪

护士作为专业技术性服务人员，其言谈、举止要符合当代社会对护士角色的要求。护士礼仪属职业礼仪范畴，是护理工作者在进行医疗护理和健康服务过程中形成的被大家公认的和自觉遵守的行为规范和准则，它既是护理工作者修养素质的外在表现，也是护理人员职业道德的具体表现。一般包括护士仪表礼仪、言谈礼仪和工作礼仪等。

一、护士仪表礼仪

护士仪表礼仪是指护理人员在工作中对自己的仪表进行必要的修饰与维护，以示对他人的尊重。护理人员的仪表端庄、文雅、自然、大方,会给人留下亲切、温和、仁爱的"白衣天使"的美丽形象。具体主要包括以下几方面:

1.衣着

人的衣着要与工作、生活的环境等和谐统一。护士穿戴宜淡泊、素雅、端庄。目前我国护士服装的规定是:身着白色工作衣帽,脚着软底鞋,帽子应遮住头发,如系燕尾帽,头发应整洁,不长发披肩。衣服要适体,无油渍,特别是不要有血迹或碘液。如有腰带,应熨平系好。此外,由于工作中无菌技术、洗手消毒等操作的需要,指甲宜修短外,不宜戴指环、手镯等。

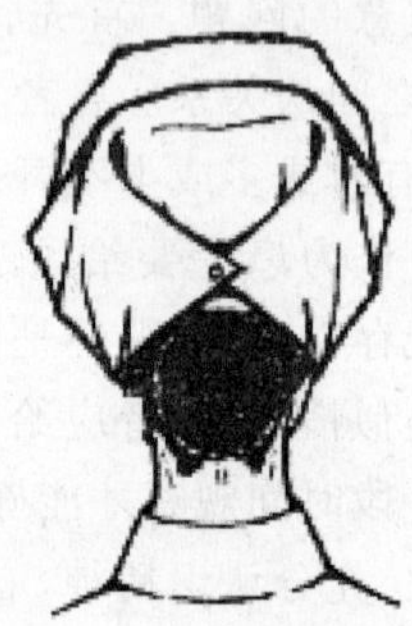

图 8-1　燕尾帽

2.仪容

在仪表礼仪中,仪容是重中之重。护士在修饰仪容时,应当注意的部位通常有头发、眼部、耳部、鼻部、口部、手臂、腿部。

(1)头发。护士的头发长度要求比较严格。女护士头发不能外露于护士帽之外,更不能披散头发,男护士不能留长发。上岗护士原则上不佩戴发饰,发网及固定头发的发夹应与头发颜色相似,固定白色或浅色燕尾帽的发夹应为白色。

(2)发型。护士在工作岗位上,短发长度以前发齐眉(不超过眉毛),后发不过肩,以齐耳垂下沿为好;发长过肩者须用发网束于脑后。

(3)眼部。在修饰眼部时要注意保洁,及时清除眼睛的分泌物。若感到自己的眉形刻板或不雅观,可进行必要的修饰,但不提倡"一成不变"的文眉。戴眼镜要美观、舒适、方便、安全,并随时进行揩拭和清洁,在工作场合不能戴太阳镜。

(4)耳部。平时要清洗耳朵,清除耳垢。若耳毛长得较快,必要时要进行修剪。

(5)鼻部。注意保持鼻腔清洁,不要让异物堵塞鼻孔。不要随处吸鼻子、擤鼻涕,不要在人前挖鼻孔,若有鼻毛长出鼻孔之外,要及时修剪,不要当众去拔。

(6)口部。牙齿洁白,口腔无味。人体发生的如咳嗽、哈欠、喷嚏、吐痰、清嗓、吸鼻、打嗝等都是不雅之声,在工作岗位上最好不要出现,若实在不能避免,则用手遮挡口鼻部。

(7)手臂。护士在工作中用手的机会很多,对手臂的修饰有更加严格的要求,要及时修剪指甲,不得涂彩色指甲油,不宜穿无袖装。

(8)腿部。在上班时应穿规定的工作鞋,在穿裙式工作服时,要配上肉色或浅色的长统袜,袜口不能露在裙摆或裤脚的外面。

3.姿态

姿态是指人们的身体所呈现的各种姿势,如站姿、行姿、坐姿、蹲姿等,又将其称为"体态语言"。护理人员的仪态,要求自然、大方、适度、贴切,既能给人以美的享受,又能体现出严谨的工作作风和高尚的护理人员情操。

(1)站姿。站姿又称立姿、站相,是人的最基本姿势,同时也是其他一切姿势的基础。通常,它是一种静态姿势,护士的站姿应该显示出护士的礼貌、稳重、端庄、挺拔和教养。

护士的基本站姿:挺胸,收颌,目视前方,双手自然下垂,相握于腹前,双腿并拢或脚跟并拢而脚尖稍微分开,头、颈、腰成直线。

(2)坐姿。坐姿即人在就坐之后所呈现的姿势。从总体上讲,坐姿是一种静态的姿势。护士的坐姿应该体现出谦逊、诚恳、娴静、稳重的精神。

正确的坐姿是:挺直上身,头部端正,目视前方,双手掌心向下、叠放于大腿之上(图8-2),或是放在身前的桌面上,或一左一右扶在座位两侧的扶手上。侧坐时,双手叠放或相握放置于身体侧向的大腿上,上身与大腿、大腿与小腿均呈90°;脚尖对向正前方或侧前方,双脚可以并拢、平行,也可一前一后;坐下之后不应坐满座位,不可身靠座位的靠背,大体占座位的2/3位置即可。双腿叠放式和双腿叠放平行式分别如图8-3、8-4所示。

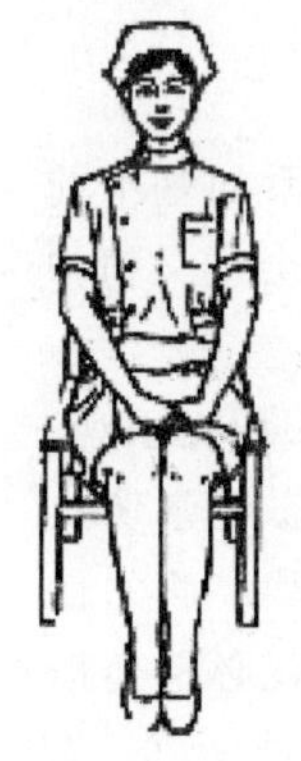

图8-2 基本坐姿

图8-3 双腿叠放式

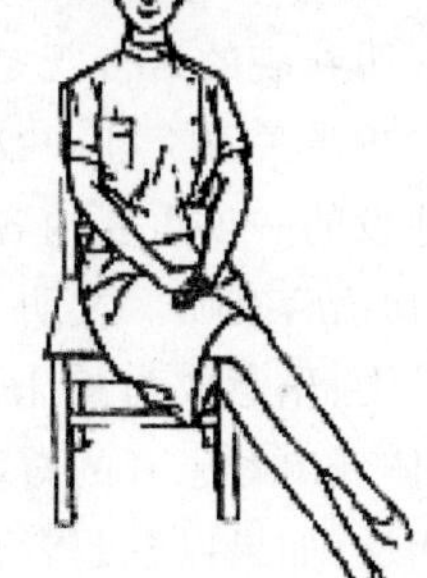

图8-4 双腿叠放平行式

(3)走姿。走姿又称行姿,是指人在行走的过程中所形成的姿势,与其他姿势有所不同的是,它自始至终都处于动态之中,体现的是人的动态之美和精神风貌。

护士在工作岗位上的行姿应轻盈灵敏。在行走时脚尖向着正前方,脚跟先落地,收腹挺胸,两眼平视,双肩放平微后展,两臂自然摆动或一手持物在胸前,步履轻捷,弹走有力,柔步无声,让患者感受到一种青春的活力;节奏快慢适当,给人一种矫健、轻快、从容不迫的动态美。

(4)蹲姿。蹲姿是由站姿或走姿变化而来,相对于静止状态的一种体态。护理人员在工作时有时需要蹲下拾物或与坐在轮椅上的病人交谈,必须掌握正确的蹲姿。

护理人员正确的蹲姿为高低式蹲姿,要求头略低,两肩平放,上身挺直,双脚一前一后,左脚在前,脚底完全着地,小腿与地面呈90°,右脚在后,脚尖着地,脚跟提起,右膝应低于左膝,两腿紧靠,臀部务必向下,切忌向后撅起。

护理人员在工作中下蹲时应避免过快地下蹲,以免身体失去重心而坐在地上;不应背对他人,这样对别人不够尊重;不应在与他人距离过近时下蹲;不能大腿分开下蹲,尤其上身着裙式工作服时;护理人员工作期间也不应蹲着休息或闲聊。

二、护士的言谈礼仪

诚恳、体贴、礼貌的语言,对于病人来说犹如一剂良药。古希腊著名医生希波克拉底曾说过,医生有两种东西能治病,一是药物,二是语言。现代护理模式要求护士对病人实施全方位的整体护理服务,如果护士能针对病人的不同心理特点,通过言谈给病人以启发、开导、劝说、鼓励,用科学的解说解除病人的精神负担和顾虑,便是发挥了语言的“治疗”作用,能收到医药不能及的效果。在临床实践中,语言交流是护理人员与病人进行交往的最基本、最普通、最广泛的一种手段,是护理人员与病人之间思想、情感相互沟通的桥梁。护理人员使用文明礼貌的语言是护理职业礼仪的最基本要求,它可使病人保持心理平衡,增添战胜疾病的信心和勇气。

1.使用文明礼貌的用语

文明礼貌的语言既是言谈的基本礼仪要求,也是建立良好护患关系的基本前提。在护患关系交往中,净化语言,建立临床护理言谈的礼仪模式,是社会主义精神文明建设的一项重要内容。

(1)语言文明。文明、得体、谦和、有礼貌的语言,能使患者心平气和,积极乐观,信任护士,乐意成为护士的朋友,并积极地配合治疗。说话文明礼貌,态度亲切热情,能体现出对患者的尊重和理解,患者会感到温暖与安慰,树立起战胜疾病的信心。相反,如果以恩赐者身份自居,冷落怠慢患者,甚至恶语伤害患者,就必定会损害患者的自尊心和健康。

(2)准确规范的语言。护理人员的语言一方面要能表现出对患者善意的关怀与同情,还要充分体现护理的职业特点,遵循临床医学语言的准确性、解释性、安慰性、暗示性和教育性等科学原则。护理人员在工作中应以普通话作为主要交流工具,尽量应用通俗易懂、文雅大方、言简意赅的语言,避免使用患者听不懂的医学术语或其他粗俗不雅的用语,以免引起患者的不安和误解。在交接班、做工作报告或向患者交待问题时,应把事情发生的时间、地点、过程、变化、因果关系等叙述明白。

(3)语言的情感性。当患者受到疾病折磨和威胁时,渴求得到同情和体贴,这就要求护士具有强烈的同情心,表现在语言上就是要说话和气、亲切,切不可把自己不愉快的情绪带到工作中,或迁怒于患者。

(4)语言的保密性。在护理工作中患者愿意向医护人员倾诉自己的心思,护士必须注意语言的保密性,特别是患者的生理缺陷和隐私,切不可当新闻进行传播。

2.护理工作中的礼貌用语

护理人员与患者的言谈不同于一般人的说话,它是整个医疗服务过程的重要组成部分,是医疗卫生服务质量的一项重要标志,是社会主义精神文明的体现,每一个护理人员都应当提高职业道德修养,坚持在工作中使用文明礼貌用语,多使用"请"、"您"、"谢谢"、"对不起"等。例如:

(1)"您好,我是您的责任护士,让我自我介绍一下。"

(2)"请问您不舒服有多长时间了?"

(3)"您请坐下,稍等一会,医生马上就来。"

(4)"请您稍等一会,检查结果要20分钟才能出来。"

(5)"您好,我给您量量血压,请把袖子卷起。"

(6)"我来为您整理一下床铺,好吗?"

(7)"您好,我给您测体温,请让我帮您把体温表夹在腋下。"

(8)"对不起,拥挤在诊室里会影响医生的工作,请大家到外面等候好吗?"

(9)"对不起,我正在给另一个患者治疗,请您稍候,我马上就来。"

(10)"祝贺您康复出院!"

3.护理工作中的禁忌用语

护理人员要提高护理服务质量,不但要明白在护患交际中应该说什么、怎样说,而且还要明白什么不该说,不该怎么说。例如某些情况下对患者不耐烦地呵斥"把衣服撩起来,别磨磨蹭蹭的",甚至恶意地责骂"活该!没钱就别来看病"等等,这些不文明的语言,在护理工作中都是禁止使用的,每个护士在工作中无论遇到何种情况,都不允许说出这类既不文明、又无理伤人的语句。

三、护士的工作礼仪

在知识经济时代的护理服务中,礼仪规范已成为护理服务工作的一道风景,接诊时护理工作中的言谈举止、音容笑貌都必须符合护理专业礼仪规范的要求。因此,护理人员必须不断地充实自我,既要掌握过硬的护理技术,又要学习丰富的人文科学知识,在护理工作中既能有丰富的学科知识和技能为患者提供优良的医疗护理服务,又能有良好的礼仪修养为每一个需要健康帮助的人提供全方位的优质服务,以最佳的精神面貌和温文有礼的形象面对护理工作，做文明礼貌的“健康使者”。

1. 门诊护士的工作礼仪

门诊是医院的窗口，门诊护士特别是分诊、接诊、导医、咨询护士更是医院的形象使者，肩负着沟通医患关系，展现医院形象的重任。因此，必须有得体的外在形象，良好的交际礼仪修养。

(1)接诊礼仪。患者面对医院陌生的环境，难免产生孤独感和恐惧感。此时患者最希望得到医护人员的理解、同情和关心，因而对医护人员的言和行，甚至面部表情都非常敏感。护理人员礼貌周到的工作态度，文明端庄的仪表等，会成为解除患者心理恐惧的重要因素。

护士的仪表应文明端庄，工作服必须清洁平整，佩戴的胸牌清晰、端正，给患者以文明、大方的感觉，留下良好的第一印象。

护理人员和患者接触时必须做到语言文明、态度诚恳，有利于护患关系的融洽，消除患者对医院的恐惧心理。如门诊导诊护士见到患者应主动热情地迎上说：“同志，您好！我是门诊的导诊护士，请问我能帮您做些什么吗？”“请问您哪里不舒服？”“您的病需要外科医生诊治，我送您到外科诊室就诊。”

护士与患者接触时表情应当和蔼亲切，面带笑容，表达关爱之情。眼睛是心灵的“窗户”，护士通过这个“窗户”可向患者传递语言不能充分表达的信息。护士在工作中流露的眼神，应当与语言、表情、动作协调，表现出热情、亲切、和蔼的目光。

接诊患者时，护士的站姿、坐姿都要端正、规范。在使用文明用语的同时，注意形体语言，例如，面对站立着的患者应起立回答问题，指出方位时要等对方明白了，才返回工作地点，必要时应将患者送达目的地。

(2)护理治疗工作中的礼仪。到医院就医的患者中，有相当部分是在门诊接受治疗的，在为患者进行护理治疗的过程中，除了规范、娴熟的操作外，还应注意工作中的文明礼貌行为。

首先，进行治疗前应礼貌地对患者作一些关于治疗措施的科学解释，要充分尊重患者的知情权，让患者了解治疗措施的意义。例如，要给一个发热患者进行肌内注射退热药时，应这样向患者说明：“××您好，您正在发高烧，长时间高烧会损害人的大脑，同时会消耗体内大量水分，这对您的健康很不利，所以现在我要按医嘱给您注射退烧药，我给您注射的是复方柴胡注射液，做肌内注射，请您把裤带松开，把裤子解下，让我来为您做注射治疗，好吗？”……注意在整个治疗操作过程中要求患者配合时一定要“请”字当先，不可用命令式的口气对患者说话。

其次，进行治疗操作时既要严格执行操作规程，又要做到动作轻柔，神情专注，态度和蔼。当患者配合治疗结束后，还应当向患者致谢，并给予适当的安慰。整个治疗过程中都应注意保持举止有度，言谈有礼，即使遇上某些患者挑剔、为难也要保持冷静、耐心，始终以礼相待。

第三，患者在门诊治疗结束离去前，除了必需的医嘱交代外，还需礼貌、关心地嘱咐患者注意保重身体，给患者留下急需帮助时的联系办法，说上几句祝福、送别的话语，如："回家后注意按时服药，保重身体，有何不适请随时与我们联系或来诊，药袋上有我们的联系电话。祝您早日康复！"等礼貌语，让患者来时痛苦、焦虑，去时舒畅、满意。

2.急诊护士的工作礼仪

急诊服务的对象是一个特殊的群体，当危重患者推进急诊室时，患者和家属焦虑、忐忑不安的心情交织在一起，他们把每一丝生的希望都寄托在医护人员的身上。急诊护士是首先与患者及家属接触的人，她的工作不仅直接关系到患者对医院的信任，也关系到患者生命的转归。所以，一名优秀的急诊护士，除了应具备高尚的思想品德、良好的心理素质和掌握精湛熟练的护理技术外，优良的身体素质和礼仪修养对完成急诊护理工作也是至关重要的。

急诊患者是比较特殊的护理对象，对护士的仪表态度又十分敏感。在与急诊患者较短的接触时间里，护士洁净整齐的着装，高雅大方的仪表，端庄稳重的举止，体贴入微的言谈，以及良好的工作态度，对患者的心理有着明显的良性刺激作用，可以减轻或消除患者紧张、恐惧心理，增加患者对医护人员的信赖感和战胜疾病的信心，使患者能配合抢救治疗工作，确保抢救成功。

(1)接待急诊患者的礼仪。针对急诊患者的不同心理状态和实际情况，急诊护士接诊时应采取适当的救治措施和恰当的礼仪接待方式。在接待急诊患者时，护士应沉着、迅速、敏捷、果断，处处都表现出护士的应急能力。对重症患者或轮椅、平车推入的患者，护士应立即上前热情迎接，对危重患者，护士要迅速而镇静地将患者推入抢救室，果断地采取措施，尽快向家属询问有关情况，抢救患者的同时务必做好家属的解释安慰工作。

(2)急诊救护礼仪。急、重、危患者一旦入院，急需采取有效的救治措施。要保持急而不慌、忙而不乱、从容礼貌的工作态度，以稳定患者和家属的情绪，争取得到更好的配合，有利于进一步的救护。急诊救护涉及到多个科室，各科医护人员要紧密配合，团结协作，注重同事间的文明礼貌，互相理解、互相尊重，共同协作完成急救工作，不要因言语不慎，行为过激而伤害同志感情，影响对患者的抢救工作。

3.病房护士的工作礼仪

当患者经医生初步诊断确定需住院检查或治疗时，患者和家属的心情往往比较沉重，一是感到自己身患重疾，将要经受一番痛苦与磨难，心理已是十分沮丧；二是人地两生的医院环境，更增添了患者许多的不安。此时，病房护士如能热情礼貌地接待、宽慰患者，将使患者焦虑不安的心理得到缓解和安慰，能安心住院治疗，树立战胜疾病的信心。

(1)患者入院时的护理礼仪。要使入院患者留下良好的第一印象，必须做到彬彬有礼，落落大方，热情接待，体贴关怀，使患者感到亲切和温暖。

①办理入院手续。患者需住院治疗时，护士应礼貌地指导患者或家属持住院证到住院处办理入院手续。在办理住院手续的过程中患者可能会表现得不知所措或急躁不耐烦，护士一定要耐心、细致地指导患者，不要因患者对医院制度的不知情而态度冷淡，甚至给患者脸色、恶语斥责。

②护送患者进入病区。护送患者进入病区时要主动给患者介绍病房情况，耐心细致地解答患者或家属的提问，消除患者的疑虑等等。对能步行的患者可扶助步行，不能行走或病情危重的患者可用轮椅或平车护送，根据病情安置合适卧位，保证患者安全。护送过程中注意保暖，若有输液或给氧不能中断。整个过程操作动作要轻快敏捷，又要娴熟稳重。送入病区后，护送人员还要礼貌、耐心、仔细地与值班护士就患者的病情、物品进行交接，做到有始有终，服务环环相扣。

(2)患者进入病区后的护理礼仪。

①新入院患者的接待礼仪。迎接入院患者的礼仪：当新入院患者来到病房，护士要起身迎接，微笑相迎，边安排患者坐下，边亲切地予以问候和自我介绍："您好，我是办公室护士，今天由我来接待您，请您先把病历交给我。"同时双手接过病历以示尊重。如果同时还有其他护士在场，也应抬起头来，面向患者，亲切微笑，点头示意，以示欢迎。

责任护士对新入院患者进行入院介绍时，要耐心、细致，首先向患者简单介绍一下自己及医生的情况，然后在介绍病区环境、住院的有关制度时（作息时间及住院规则等），注意语气和措辞，尽可能多用"请"、"谢谢"、"为了您……"等文明、客气的语句，避免使用"不准……""必须…"等命令式的祈使句，使患者在愉悦的心境中接受护士的介绍，逐渐适应患者角色。

②患者住院中的护理礼仪。在护理工作中，护士的行为举止直接影响着患者的治疗效果，要求护士进行护理活动时必须做到亲、轻、稳、准、快。

护士亲切的语调，关怀的问候最能使患者感到温暖，是患者摆脱孤独感的最重要因素。查房、治疗时先道一声亲切的问候，一个亲切的称呼，要求患者配合时说声"请"，得到患者配合后说声"谢谢"等，在与患者交谈时不要一边看机器数据（或一边头也不抬地干着别的活），一边与患者说话，应当是面对着患者、看着患者的脸说话，以示尊敬。有时一杯水、或一个搀扶的动作就可使患者产生一种亲近、信任和敬重之情，可缩小与患者之间的距离。

护士在护理中，必须做到思维敏捷、动作准确、无误。特别是遇到患者病情紧急的情况下，要及时准确地判断和处理，快速及时、安全准确的服务无疑会获得患者的信赖和尊重。对患者的合理需要要尽量给予满足，以取得患者的配合。主管护士应针对患者的具体情况给予健康指导，介绍有关疾病方面的知识；介绍需要采取的护理措施，简要告知患者什么是特级护理、一级护理、二级护理、三级护理等。当然，满足患者需要也不能是无原则的迁就，不能违反医院的规章制度和违背社会公德、社会利益，不能侵犯他人的利益。

③患者出院的护理礼仪。患者出院时，主管护士要做好出院指导。指导和帮助患者办理出院手续，告诉疾病治疗情况、如何服药、如何随访、如何进行康复锻炼、如何学会控制自己的饮食起居、适应出院后的生活、出院后的注意事项和复查的时间等等。患者的出院手续全部办妥准备出院时，责任护士要将患者送到门口或车上，祝贺患者的康复(或好转)等，并向患者行握手礼、挥手礼或行鞠躬礼告别，但切忌说“欢迎下次再来”。一般可送至病区门口走出视线外，送至电梯口待电梯门关闭后，送至汽车上待马达发动时方可转身返回。

4.对患儿的礼仪

儿童的特点是善于模仿，接受快，求知欲强，有强烈的好奇心等。在住院期间，护士的任何言谈举止，都将给每位患儿产生很大的影响，对治疗效果和今后人生观的形成，都有直接的关系。因此，作为一名护士，应针对儿童的生理及心理特点，注意做好以下方面的礼仪：

(1)在患儿前树立良好的自我形象。服饰得体、清洁、美观，微笑、友好、和蔼可亲，发音清晰，语音柔和，语调婉转，通俗易懂，如称呼多用×××小朋友和×××同学。“请、谢谢、对不起、别客气、没关系”等文明用语应多用，少用“不许、不能、不要、不行”等命令式的语句。

(2)环境布置讲究。尽可能摆放一些儿童喜爱的装饰物和玩具、图片、儿童读物等，以适合儿童的心理特征，增加轻松的气氛，减少其对医院的恐惧感。色彩及其搭配上既要适合儿童特点，又要能美化环境。

(3)用语得当，表情自然。“小朋友，咱俩互相认识一下吧，我已经知道你叫×××，我是×××护士阿姨。”“你住在×号病室××床，看，这是给你用的桌子和柜子，喜欢吗?”“你是×××小朋友吗？来！阿姨帮你把药服下，你咽得很好。”“真听话，每天都这样吃药，病就会好，就可以早上学了。”接患儿对讲机电话时，也说“你好！×××小朋友，有事要阿姨帮忙吗？好，马上就到”等。

5.对孕产妇的礼仪

怀孕、分娩对妇女来说，是一生中的大事。虽说不少孕产妇曾或多或少接受了一些相关知识，但毕竟缺乏系统的理论及实践过程，故她们(包括亲属团)有许多担心、害怕、焦躁不安。因此，必须注意以下的礼仪规范：

(1)在语言上、举止上表现出对孕产妇的极大关怀，突出孕产妇的“中心”地位。在不同的场合应有不同的语言。

病室：“您好，欢迎您来到妇产科，我是×××护士，非常乐意为您服务”，迅速安排孕产妇到病房。“请问您现在有什么不舒服？腹痛吗？我先为您听听胎心音。”

待产室：“目前胎心音正常，胎位也正常，您可以抓紧时间闭上眼睛休息。我看看那位产妇,马上就过来。您喜欢听音乐,可以戴上耳机独自欣赏。”

产房:“正常的子宫收缩节律是……您现在子宫收缩非常正常。”“生孩子对女性来说是一件人生大事,我们会帮您渡过难关的。”护士可握住产妇的手,抚摸腹部,为其擦去汗水。有条件的医院可设家庭式产房——“爸爸给力量”,使产程缩短,让产妇放心。

产后:“祝贺您做母亲了,宝宝很健康,很漂亮,真为您高兴!”新生儿擦洗干净,待产妇胎盘娩出、侧切口缝合处理完毕后,将新生儿抱到产妇身旁,促进亲情建立。

(2)在接待孕产妇的过程中,以下言行均为不礼貌,缺乏修养:面对任何一位需要帮助的孕产妇,各自忙自己手中的事,好像与自己无关。对孕产妇提出的问题不予理睬,而丢下一句:“问医生去。”对未婚妈妈或超生母亲冷嘲热讽,态度生硬,轻视、不屑一顾。在接生过程中,发现一些征兆、苗头,就随口说出,引起产妇的疑虑,加重其精神负担。对因各种原因未按医院要求而行动的孕产妇及其家属以脸色看,并加以埋怨与责难等。

6.对老年患者的礼仪

老年人曾经或多或少对国家、社会、家庭作出过贡献,虽然年事已高,逐渐退居二线,或在家安度晚年,但他们内心希望自己在社会团体、家庭中的地位得以维持,表现出非常在乎别人对待他们的态度。因此,护士对就诊、住院的老年患者要表现出略高于其他人的尊重。

(1)要选择适度的称呼。对尚不明其身份、姓名的老年患者,可试探地询问:“请问这位老先生(老师傅、老大爷、大伯……)贵姓?怎么称呼您呢?”“请问前辈(老师、老夫人、老大娘、大婶……)您的尊姓大名?”

(2)多使用敬语谦语,以商量的口吻交谈。对老年人称“您”,如:“您还好吗?”“您看这样行吗?”“您觉得这样做是不是有困难?有困难就请告诉我们。”

(3)对老年人的经历、特长、爱好等要强调出来。如:“您把这些孙子带大,真不容易呀!”对他们在配合诊断、治疗、护理方面的每一点努力与进步都要予以肯定和表扬。这样可以贴近老年患者,增加其信任度。

(4)充分发挥体态语言的作用。老年人非常在意别人对自己的态度,因其听力逐渐下降,故在交往中体态语言极为重要。以聆听为主,顺势提出自己的建议,辅以适度的表情,如微笑地点头、同情的注视,加上轻柔的动作,协助其顺利完成各项诊疗、护理操作,一定会博得患者信任的。

7.对年轻异性患者的礼仪

护士多为女性,且年轻护士较多。在对年轻异性患者的护理中掌握分寸,就显得尤为重要,分寸掌握不好会给年轻的男性患者带来错觉,招致意想不到的麻烦。在进行治疗、护理时,应避免过度热情。如果有年轻的男性患者向你表示亲近,要掌握一个原则,即不卑不亢,千万不能骂患者,否则,不仅仅是给患者难堪,更为严重的是这些粗暴的行为有可能加重患者的病情。在年轻男性患者面前应避免交谈个人的事情，特别是感情方面的话题。要分清一个界线——患者与护士，以此为界去判断你与患者的语言交流是否超出了这个范围。

8.手术室护士的工作礼仪

手术室护士工作特殊，地位重要，其任何差错事故都可能给手术带来不可挽回的影响。所以手术室护士必须严格要求自己，以最好的精神面貌、最佳的心理状态、最文明的工作态度、最优秀的效率和质量完成工作。

手术是一种创伤性的治疗手段，大多数患者是害怕手术的，特别是第一次手术，患者多表现出焦虑、恐惧和紧张的心理。手术给患者带来了强烈的刺激，会引起种种不良的心理和生理反应。这就要求护士不仅会协助医生进行手术治疗，而且还要关心患者、尊重患者，以减轻手术对患者造成的不良影响，保证手术成功。

(1)术前对病人疏导的礼仪。需要手术的患者往往担心手术不成功，危及生命和健康，出现焦虑、恐惧的心理。术前的这种恐惧心理如果得不到缓解，将会影响术中的配合和术后的效果，甚至可引起并发症。护士要针对患者术前的心理特点给患者做详细的疏导工作。

与患者交谈时，要用亲切、平等的话语了解患者的心理和想法，了解患者的生活习惯(吸烟史、饮酒史)、社会背景(职业、社会地位等)、性格爱好、接受手术的态度和对医疗护理工作的协作程度，启发患者说出自己对手术的看法，有哪些顾虑、要求，根据患者的具体情况因人施护，有针对性地给予恰当的说明和解释，给予患者激励和安慰，解除顾虑，对手术治疗做好充分的心理准备。应注意，不宜在进行术前疏导时，一开始就向患者机械地宣读一番术前的各种注意事项。

交谈时要注意言谈的礼仪要求，用通俗易懂的语言温和缓慢地与患者交流沟通。选择好适宜的时间，错开患者进食等某些不便的时刻，交谈时间不宜过长，交谈中避免说一些会引起患者不安的话语。对不知道或不明白的事情，不要含糊地回答患者，而应礼貌地对患者表示歉意，然后请医生或其他有权解释的知情人作解答。不要对手术过程进行详细说明，以免增加患者的心理压力。

(2)手术前签字谈话的礼仪。手术前签字，是一种常规制度。通常情况下，医护人员是在征得患者或家属同意后才进行手术的。为达到充分沟通，术前签字谈话的内容和方式也至关重要。与患者谈话要有针对性和全面客观，让患者和家属感受到医护人员的诚恳和礼貌，感到医护人员的工作态度是科学严谨的。既要让手术患者或家属接受医生的意见，又要把可能发生的问题说明白，实事求是地向他们讲清楚手术治疗的意义。对一些新开展的手术，医护人员要向患者讲清手术的原理、方法和可能出现的问题，有时可请患者或家属参加术前讨论会，让患者意识到医护人员对他是负责的，减少顾虑和不安。术前谈话千万不能因措辞不当而引起误会，成为引发医患纠纷的隐患。

(3)术中的工作礼仪。护士对待每一个患者,无论其年龄长幼、地位高低,都应像对待自己的亲人一样,始终以高度的责任心和细心,照顾手术患者。手术中由于麻醉方式不同,患者的心理反应也不同,在非全身麻醉的手术中,患者对医护人员的言谈很留心,对器械的撞击声和自我体验都非常敏感。不要在非全身麻醉患者面前露出惊讶、可惜、无可奈何等表情。当手术将要结束,患者进入麻醉苏醒期时,护士先来到患者耳边,用手抚摸患者的面部,小声而亲切地呼唤患者的名字,轻声对患者说"×先生(女士、小朋友)您醒醒,手术已经做完了",促使患者早些苏醒过来。

(4)术后的工作礼仪。手术完毕,并不是治疗的终结,许多病情变化都发生在术后。关心、重视术后患者的病情,及时发现问题,对保证患者生命安全是十分重要的。

护士要密切观察患者术后的情况,经常耐心细致地与患者或家属交流、询问病情和术后情况。术后的患者常会伴随一些不适症状,要给患者及其家属解释清楚,争取得到患者和家属的理解和配合,增强患者的信心。告诉患者术后不适是暂时现象,伤口愈合后就会消失,以减轻患者紧张的心理,直到病情平稳。

术后患者适当的活动对病情康复是很重要的,护士应正确地指导手术后患者的活动。如鼓励肺部手术后的患者多咳嗽、咳痰,保持呼吸道通畅;腹部手术后患者要适当活动,以加速血液循环,促进康复;骨科手术后患者要保持功能位,加强功能锻炼;颈部手术后患者要防止大出血,影响呼吸等等。这些工作不仅需要护理人员的口头嘱咐,还需要在具体操作上给予患者示范指导,协助患者活动。在开展工作时不仅要把礼仪关爱之情溢于言表,还应付诸行动,使患者得到切实的礼貌服务。

第九章

通讯礼仪

现代社会是一个信息社会。对于每一个生活在信息社会中的人而言,信息就是资源,信息就是财富,信息就是生命,所以大家不约而同地对信息重视有加。目前,各种各样的现代化通讯工具层出不穷。它们的出现,为人们获取信息、传递信息、利用信息,提供了越来越多的选择。

通讯,一般有其特定的含义,是指人们利用一定的通讯设备来进行信息的传递。被传递的信息,既可以是文字、符号,也可以是表格、图像。在日常生活里,人们接触最多的通讯手段,当前主要有电话、手机、电报、传真等。通讯礼仪,通常即指在利用上述各种通讯手段时,人们所应遵守的礼仪规范。

本章将着重介绍当前应用最多最广的电话、移动通讯、电报和传真的基本礼仪。

第一节 电话礼仪

在所有电子通讯手段中,电话出现得最早,也使用得最广。因此,电话礼仪是学习通讯礼仪所要掌握的重点。电话不仅仅是一种传递信息、获取信息、保持联络的通讯工具,而且也是单位或个人形象的载体。在人际交往中,普普通通的接打电话,实际上是在为通话者所在的单位、为通话者本人绘制一幅给人以深刻印象的电话形象。所谓电话形象,即人们在通电话的整个过程之中的语言、声调、内容、表情、态度、时间等等的集合。它能够真实地体现出个人的素质、待人接物的态度以及通话者所在单位的整体水平。正是因为电话形象在现代社会中无处不在,而人际交往又与电话"难解难分",所以凡是重视维护自身形象的单位或个人,无不对电话的使用给予了高度的关注。

与日常会话和书信联络相比,接打电话具有即时性、经常性、简捷性、双向性、礼仪性等等较为突出的特点。所谓即时性、经常性、简捷性、双向性都不难理解,而所谓礼仪性却不能不为之“正名”。

电话的礼仪,是指无论是打电话还是接电话,都必须以礼待人,克己敬人。假如不注意在使用电话的过程中讲究礼貌,先敬于人,无形之中将会使自己的人际关系受到损害。

使用电话通讯,有主动地拨打电话与被动地接听电话之别。从礼仪方面来讲,拨打电话与接听电话时有着各自不同的标准。以下,分别对其加以介绍。

一、拨打电话基本礼仪

在人际交往中,需要人们“先发制人”,首先打电话给别人的情况极多。当准备拨打电话时,应考虑以下四个问题:

1.电话该不该打

需要通报信息、祝贺问候、联系约会、表示感谢的时候,都有必要利用一下电话。而毫无意义、毫无内容的“没话找话”式的电话,则最好不要打。即使非常想打电话聊聊天,也要两厢情愿,要先征得对方首肯,并选择适当的时间。不要在单位打私人电话。在公用电话亭“目空一切”地“煲电话粥”,也是极不自觉的表现。

2.电话应当何时打

当需要给别人打电话时,有关公务的电话最好在上班时打。双方约定的通话时间,不要轻易更改。要想使通话效果好一些,使之不至于受到对方繁忙或疲劳的影响,则通话应选择在周一至周五,而不应是在周末。也不要在对方刚上班、快下班、午休或快吃午饭时,不识时务地把电话打过去。因紧急事宜打电话到别人家里去,通话之初先要为此说声“对不起”,而且尽量不要在对方用餐、睡觉、过节、度周末时打。与人通电话时,须顾及对方在作息时间上的特点。打电话去海外,还应考虑到此地与彼地的时差。时间控制,包括打电话时间的选择和电话交谈所持续的时间。除了紧急的事以外,一般在以下时间是不适宜打电话的,否则是一种很不礼貌的行为:三餐吃饭的时间;早晨7时以前;晚上10时半以后。

3.电话的内容应当如何准备

电话被称为“无形造访的不速之客”。在很多情况下,它都有可能“出其不意”地打搅别人的正常工作或生活。因此,打电话的人务必要有一个明确的指导思想,除非万不得已,每次打电话的时间不应超过三分钟,特别是在商界。在国外,这叫做“通话三分钟原则”,已为商界所广泛遵守。有鉴于此,商界人士在打电话前,为节省时间,一定要“去粗取精”,条理清晰地预备好提纲。届时,应根据腹稿或文字稿来直截了当地通话。若拨通电话时对方正忙,则不应强人所难,非“一气呵成”不可。可以约一个时间,过一会儿再打。此外,与不熟悉的单位或个人联络,对对方的名字与电话号码应当弄得一清二楚,以便“胸有成竹”,免得因为搞错而浪费时间。私人电话的通话时间则应视具体事情和自己与通话对方的交流程度而定。

4.打电话开口第一句话

打电话时,每个人开口所讲的第一句话,都事关自己给对方的第一印象,所以应当慎之又慎。如果电话接通后,自己所说的头一句话是"喂,喂"或"西海公司吗"、"小丁在不在",则既不礼貌,也不规范。

(1)正式的商务交往中,要求礼貌用语与双方的单位、职衔、姓名"一同道来"。其标准的"模式"是:"您好!我是省化工进出口公司营销部副经理王琳琳,我要找西华市化工进出口分公司经理高杰先生,或者副经理杨晓春先生。"

(2)一般性的人际交往,在使用礼貌性问候以后,应同时准确地报出双方完整的姓名。其标准的"模式"是:"您好!我是于莉。我找谢亦非。"不要还不知道对方是谁,一上来就跟人家套近乎,"捉迷藏"。说什么"我是老朱啊,我找小王"之类,这样可能会让接电话的人"一筹莫展"。人家很可能既不知道"老朱"是谁,也不清楚您要找的"小王"到底是哪一位。

(3)如果电话是由总机接转,或双方的秘书代接的,在对方礼节性问候之后,应当"礼尚往来",使用"您好"、"劳驾"、"请"之类的礼貌用语应对,不要对对方粗声大气,出口无忌,或是随随便便将对方呼来唤去。得知要找的人不在,可请代接电话者帮助叫一下,也可以过后再打。无论如何,都不要忘了说话要客客气气。

(4)在通话时,若电话中途中断,按礼节应由打电话者再拨一次。拨通以后,须稍作解释,以免对方生疑,以为是打电话者不高兴而挂断的。

(5)一旦自己拨错了电话,切记要对被打扰的对方道歉,老老实实地说声"对不起"。不要连个"回音"都不给,就把电话挂了。

二、接听电话基本礼仪

如何接电话?一位学者说过这么一段话:"不管是在公司还是在家庭里,凭这个人在电话里的讲话方式,就可以基本上判断出其教养的水准。"如果说"文如其人",那么,不妨也可说"话如其人"。目前用电话通话,互不见面,语言是唯一的信息载体。

在接听电话时,亦有许多具体要求。能否照此办理,往往意味着接听电话者的个人修养与对待拨打电话者的态度如何。在通话过程中,接听电话的一方显然是被动者,尽管如此,在接听电话时,亦须专心致志,彬彬有礼。

1.尽快去接

当电话铃响了,应尽快去接,不要让对方等得太久,因为等待的时间总是过得特别慢,等待中的人也特别容易变得焦急。如果因各种原因(如电话机不在身边,或一时走不开)不能及时去接,就应在拿起话筒后先表示你的歉意并适当解释一下。

如果是单位的工作电话,应在铃声响两下之前去接,否则会让人怀疑你单位的工作效率,并进一步影响单位的形象。若在电话铃响了三五下后才去接,应向对方说一声“让你久等了”,若在响了五下以上才去接的,应该向对方说“很抱歉,让你久等了”。

如果是在家里接电话,尽管没有必要像在单位里那样及时,但尽快去接是对对方的尊重。如果是在电话铃响了五下以上才去接的,也应向对方表示歉意。在老朋友之间尽管没有必要作郑重其事的道歉,但向对方解释一下延误接电话的原因也是必要的。

2.自报家门

在工作场所接电话,当你拿起电话后,首先应问候对方,然后自报家门;或是先自报家门再问候对方,如:“早上好！这里是××公司。”

接电话时自报家门的主要目的是为了让对方知道有没有打对电话,万一打错电话就可以少费很多口舌。因为,在工作场合,效率总是被首先考虑的事,规范的电话应对体现的不仅是对对方的尊重,而且还是本单位高效率和严格管理的体现。

在家里接电话,要不要自报家门更多地取决于各自的习惯。问候语也可以有多种选择,规范一点可以用“喂,您好!”问候对方,简单一点就可以只用一个“喂”来问候对方。在家里接电话与在工作单位接电话有所不同。在家里接电话,关键是让对方有亲切感,而这主要是通过接话人的语调和语气来体现的,过于规范化的电话应对反而会让人觉得有点“公事公办”式的冷淡。

3.态度与表情

接电话时,态度应当殷勤、谦恭。虽说通电话是一种“未曾谋面”的交谈,表面上看,接电话时的态度与表情对方是看不到的,但在实际上对于这一切对方其实完全可以在通话过程中感受到。在办公室里接电话,尤其是外来的客人在场时,最好是走近电话,双手捧起话筒,以站立的姿势,面含微笑地与对方友好通话。不要坐着不动,一把把电话拽过来,抱在怀里,夹在脖子上通话。不要拉着电话线,走来走去地通话;也不要坐在桌角、趴在沙发上或是把双腿高抬到桌面上,大模大样地与对方通话。

4.一视同仁

极其个别的人,长着一对挑肥拣瘦的“势利眼”。即使是接电话时,也极为庸俗地“因人而异”、“对象化”的倾向十分明显。他们在接电话时,一开始总是“拿架子”、“打官腔”。先是爱理不理地问上几句“谁呀”、“什么事呀”,然后能推的事情就推,能踢的皮球就踢。不过他们的“天气”也不总是永远这般“阴沉”,一旦听出来对方是上司,或是自己正在求助的人,立即就会细语柔声,卑躬屈膝,有求必应。这种不平等待人的做法,既容易得罪人,也会让旁人看不起。

在接电话时,理当一律给予同等的待遇,不卑不亢。这种公平的态度,容易为自己赢得朋友。

三、通话形象

在电话交流过程中，人们往往会不自觉地对对方形成一个电话形象。这个电话形象，对于原本熟悉的人来说，只是对他（她）原有形象的补充，而对于初次交往的陌生人来说，电话形象就是双方在对方心目中形成的第一印象，将可能直接影响今后的交往。要树立良好的电话形象，不仅要注意打接电话的一般礼仪，更要注意电话交谈的礼仪。

1. 良好的态度

打电话时态度要认真，这是对对方的尊重。尽管对方看不见你打电话时的姿态和表情，但你的声音会把你此时此刻的姿态、表情、心境在不知不觉中传递给对方，从而让对方感受到你此刻对他的态度。因此，最好从拿起电话筒就开始注意自己的言行举止，直至结束通话。

(1)打电话前应保持平静的心境。如果在打电话前正与朋友闲聊，或是正进行激烈的争论，那么，在打电话前应适当调整一下自己过分散漫或过于严肃的态度。

(2)在与对方电话交谈时，不应穿插与他人的谈话。另外，还要注意避免一边与朋友说笑，一边拿起话筒接电话；也不要在结束电话交谈至挂机前的间隙里急于与旁人讲话，更不要谈及与对方无关的话题。如果万不得已，有急事要处理，应向对方说明。

(3)电话交谈时，最好能坐端正。如果你随意地靠在椅子上打接电话，你的声音就会马上失去弹性和活力，从而让对方觉得你对双方的交往不认真。

(4)电话交谈时，最好能保持微笑。这样对方能从你的声音中感觉到你的微笑，并感受到你的友好。

(5)电话交谈时，不要做其他事。在与人交谈时，无论是面对面，还是通过电话，走神都是不礼貌的。如有临时要处理的事，应用手捂住电话筒，尽快把事情办完。恢复通话时，应先向对方说声“对不起”、“很抱歉”。若有事不能在短时间内处理好，应先挂断电话，免得对方干等。办完事后，应尽快给对方回电话。

2. 合适的语音语调

由于双方处于互相看不见的两地，人们往往通过对方的声音来揣摩对方的情绪、心境，甚至长相，并形成关于对方的电话形象。因此，电话交谈时，使用合适的语音语调非常重要。电话交谈时，语调应尽量柔和，以此来表达自己的友善，生硬的语调容易让人觉得不大友好。

3. 寒暄和礼貌语言

电话交谈的开始和结束时应有适当的寒暄，如开始时的“您好”、“早上好”，结束时的“谢谢”、“再见”，这不仅使自己显得有礼貌，还使交往具有一定的人情味。在交谈过程中，应多使用礼貌语言，特别是打业务电话或与不大熟悉的人通话。

4. 认真倾听，及时记录

电话交谈时，双方都要集中精神仔细倾听对方的讲话，为了表示自己在专心倾听并理解了对方的意思，需要用一些简单的字，如“好”、“是”、“哦”、“嗯”作礼貌的反馈。办公室的业务电话通常需要做记录。记录的内容包括五个方面，来电人的姓名、单位、来电时间、主要内容以及联络方式。如果有重要的内容也需及时做记录，并在通话时，声音应当清晰而柔和，吐字应当准确，句子应当简短，语速应当适中，语气应当亲切、和谐、自然。

总之，要打好电话不仅需要熟悉常用的电话应对，还要努力做到态度认真、语气温和。只有这样，才能产生“只闻你声”就给对方留下美好印象的效果。

四、中止通话的礼仪

1. 正常结束通话

结束通话时，应认真地道别，别忘了向对方道一声“再见”，或是“晚安”。而且要恭候对方先放下电话，不宜“越位”抢先。按照惯例，电话应由拨电话者先挂断。挂断电话时，应双手轻放，不要末了再给对方的听觉以“致命一击”。

2. 受话者如何要求中止通话

在通话时，接电话的一方不宜率先提出中止通话的要求。万一自己正在开会、会客，不宜长谈，或另有其他电话挂进来，需要中止通话时，应说明原因，并告之对方：“一有空闲，我马上挂电话给您”，免得让对方觉得厚此薄彼。遇上不识相的人打起电话没个完，非得让其“适可而止”不可的话，应当说得委婉、含蓄，不要让对方难堪。比如，不宜说“你说完了没有？我还有别的事情呢”，而应当讲：“好吧，我不再占用您的宝贵时间了”，“真不希望就此道别，希望以后再有机会与您联络”。

五、代接电话的礼仪

1. 代接电话时要注意态度

代接电话(指受话人不在)，也应该注意礼节。因为，打电话的人看不见发生了什么事，要向他作充分解释，而不能简单地说“他出去了”、“他不在”、“不知道”等，而应说：“陈先生刚出去，我帮您留话好吗？”“他正在和人谈话，我告诉他，让他给您回电话，好吗？”“陈先生出差去了，由张先生替代他的工作，您愿意和他讲话吗？”

有可能亲自接的电话，就不要麻烦别人。尤其是不要让自己的孩子奶声奶气地代替自己接电话。虽然他们对这种实践非常热衷，也不提倡在这方面培养他们。

2. 商务往来中代接电话的礼仪

(1)录音电话。商务往来比较多的人，可请秘书代为处理电话，也可在本人不在时使用录音电话。不过本人在场时，一般是不适合使用录音电话哄人的。

万一需要用录音装置时，则必须使自己预留的录音友好、谦恭。通常，预留的录音为:“您好！这里是某某公司某某部。本部门工作人员现在因公外出,请您在信号声音响过之后留言,或者留下您的姓名与电话号码。我们将尽快与您联络。谢谢,再见。”

(2)尽量让被找人及时接听电话。代接电话时,讲话要有板有眼。被找的人如果就在身旁,应告诉打电话者:“请稍候”,然后立即转交电话,不要抱着恶作剧或不信任的态度,先对对方“调查研究”一番,尤其是不可将这类通话用免提扩音出来。

被找的人如果尚在别处,应迅速过去寻找。不要懒于行动,连这点“举手之劳”都不愿意做,蒙骗对方说“人不在”,或是大喊大叫“某人找某某人”,闹得“世人皆知”,让他人的隐私“公开化”。

(3)被找人不在时的代接礼仪。倘若被找的人不在,应在接电话之初立即相告,并可以适当地表示自己可以“代为转告”的意思。不过应当先讲“某人不在”,然后再问“您是谁”或“您有什么事情”,切勿“本末倒置”,省得让打电话者疑心:他要找的人正在旁边,可就是不想搭理他。

表示自己可以“代为转告”的意思时,应当含蓄一些,例如:“需要我为您效劳的话,请吩咐”,听上去就“可进可退”。不要一开口就“你有什么事尽管说,我一定会帮助你”等等。只有在比较熟的人之间,才可以直接询问:“您有留言吗?”“要不要我告诉某某人,一回来就打电话给您。”

代接电话时,对方如有留言,应当场笔录下来。之后,还应复述一遍,以免有误。

第二节　手机礼仪

在日常生活中,人们往往风尘仆仆,来去匆匆。繁忙的工作、大量的活动,时常使得人们“居无定所”,而又急需“随时随地传递信息”,近年移动电话日益普及,成为随身必备、使用最为频繁的电子通讯工具。

一、手机(小灵通)一般礼仪

移动通信已经渗透到我们社会生活的方方面面,使用手机、小灵通已经从一种技能发展为一种社会文化现象。但是,你是否曾在会议的过程中为突然响起的铃声感到尴尬,你是否曾在商场、餐馆的人群里因为听不到手机那端的声音而扯着嗓子吼叫？你真的会用手机吗？

你在日常生活中碰到过以下的场景吗？

场景1:在公共汽车、地铁上,有些人不断大声重复“你在哪里?”“我在车上。”之类的经典对话,吼得十万八千里外都听到了,却还以为对方听不到,让旁人大感吃不消,自己却浑然不知。

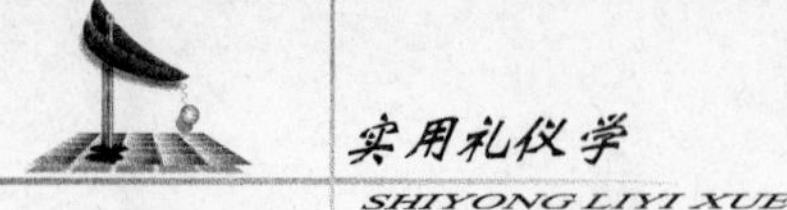

场景2:兴致勃勃地观看电影、舞台剧演出的时候,被一阵刺耳的铃声弄得情趣全无。

场景3:和朋友好长一段时间不见,自然少不了找个地方叙叙旧。正讲到兴头上,突出被一阵铃声打断,朋友接起电话走开,等他回来的时候,忘记说到哪里了。

场景4:在人多的商场或娱乐场所,很难找到一个安静接听电话的地方,所以很多人不得以躲进洗手间来接听电话。

当手机和小灵通越来越多,当铃声越来越刺耳,人们开始关注使用手机、小灵通的礼仪问题。如何用好手机、小灵通,时代已经向人们提出了一定的要求。在日常交往中使用手机、小灵通时,应关注以下几个方面的礼仪规范。

1.手机(小灵通)置放到位

在一切公共场合,手机(小灵通)在没有使用时,都要放在合乎礼仪的常规位置。尽量不要在并没使用的时候握在手里或是挂在上衣口袋外,手机(小灵通)的使用者,应当将其放置在适当之处。

按照惯例,外出之际随身携带手机(小灵通)的最佳位置有两处:一是公文包里,二是上衣口袋之内。穿套装、套裙之时,切勿将其挂在衣内的腰带上;否则撩衣取用时,即使不使自己与身旁之人“赤诚相见”,也会因此举而惊吓对方。或者将手机(小灵通)暂时交给秘书、会务人员代管。也可以放在不起眼的地方,如手边、背后、手袋里,但不要放在桌上。

2.使用手机(小灵通)遵守公德

使用手机(小灵通),当然是为了方便自己。不过,这种方便是不能建立在他人的不便之上。换言之,在有必要使用手机(小灵通)时,一定要讲究社会公德。每一个文明社会都有一套日常生活的准则,请您在方便自己的同时,切勿使自己的行为骚扰到他人。

(1)公共场合特别是电梯、路口、人行道、影剧院等地方,不可以旁若无人地使用手机(小灵通)。如果非要在公共场合使用手机,应寻找无人之处,切勿当众自说自话,尽量把自己的声音压低,绝不能大声说话。公共场所乃是公有共享之处,在那里最得体的做法,是人人都要自觉地保持肃静。当其处于待机状态时,应使之静音或转为振动。显而易见,在公共场所手机大叫不止,或是在那里与他人进行当众的通话,都是侵犯他人权利、不讲社会公德的表现。在参加宴会、舞会、音乐会,前往法院、图书馆,或是参观各类展览时,尤须切记此点。

大部分人都认为手机使用者越来越旁若无人了,吵闹的铃声现在已经成为最烦人的噪音,应该在社会上提倡更好的“手机礼仪”。随着移动电话的日益普及,无论是在社交场所还是工作场合,放肆地使用移动电话已经成为社会礼仪的最大威胁。调查显示,人们主要对下列移动电话的使用行为不满意:打手机时声音过大;在餐馆使用手机;在谈话中接听手机。

(2)在工作岗位,亦应注意不使自己的手机的使用有碍于工作、有碍于别人。在办公时,尽量不要让手机大呼小叫。尤其是在开会、会客、上课、谈判、签约以及出席重要的仪式、活动时,必须自觉地提前采取措施,令自己的手机噤声不响。在必要时,可暂时将其关机,或者委托他人代为保管。这样做,表明自己没有一心二用,因而也是对有关交往对象的一种尊重和对有关活动的一种重视。

(3)讲究手机(小灵通)礼仪不能只靠个人素养。手机礼仪的养成不仅在规范,还有赖于科技的进步。语音激活免提技术、车载自动拨号应答手机……更加礼仪化的功能设计。同时作为移动通信的运营商还应该着眼于这一点,开发更多更新的有助于人们文明使用手机的新业务。

3.保证手机(小灵通)通讯畅通

使用手机(小灵通),主要的目的是为了保证自己与外界的联络畅通无阻,对于此点不仅必须重视,还需为此而采取一切行之有效的措施。

(1)告诉交往对方自己的手机号码时,务必力求准确无误。如系口头相告,应重复一两次,以便对方进行验证。若自己的手机或小灵通改了号码,应及时通报给重要的交往对象,免得双方的联系一时中断。

(2)接到打在手机上的电话之后,一般应当及时与对方联络。没有特殊的原因,与对方进行联络的时间不应当在此后超过五分钟。拨打他人的手机之后,亦应保持耐心,一般应当等候对方十分钟左右。在此期间,不宜再同其他人进行联络,以防电话频频占线。不及时回复他人电话,拨打他人手机后迅速离去,或是转而接打他人的电话,都会被视作恶意的犯规。

(3)在暂时不方便使用手机时,可在语音信箱上留言,说明具体原因,告之来电、来话者自己的其他联系方式。有时,还可采用转移呼叫的方式与外界保持联系。

4.重视私密

通讯自由,是受到法律保护的。在通讯自由之中,秘密性,即通讯属于个人私事和个人秘密,是其重要内容之一。使用手机,对此亦应予以重视。芬兰就有脑筋动得快的家具业者,专为这种需求制作名为“静悄悄”的手机亭,里头有座椅,并以透明隔板隔音,设在机场或饭店大厅,传统属于公用电话的空间逐渐被手机取代;外国也有图书馆设手机电话亭,既不扰人,通话内容隐私性也得到保证。

一般而言,两者的号码,尤其是手机号码,不宜随便告之于人。即便在名片上,也不宜包含此项内容。因此,不应当随便打探他人的手机(小灵通)号码,更不应当不负责任地将别人的手机(小灵通)号码转告他人,或是对外界广而告之。

出于自我保护和防止他人盗机、盗码等多方面的考虑,通常不宜随意将本人的手机(小灵通)借与他人使用,或是前往不正规的维修点对其进行检修。考虑到相同的原因,随意借用别人的手机(小灵通)也是不适当的。

5.注意安全

使用手机时,对于有关的安全事项绝对不可马虎大意。在任何时候,都切不可在使用时有碍自己或他人的安全。

(1)按照常规,在驾驶车辆时,不宜忙里偷闲使用手机通话。驾驶车辆时接移动电话一定要用免提,以减少分神,避免发生交通意外的可能性。在车内打手机,有可能启动或中止车内的电子系统,例如加速、燃油分配、制动、防锁等电子系统,如果汽车在行驶中,这些电子仪器受干扰会十分危险!

在欧美等地,曾发生怀疑驾驶人员在行车中接通手机,电波意外触动汽车防盗系统,导致车辆突然上锁,车翻人亡的意外。

正确做法当然在车上最好不打手机,就算要用免提,也最好是把手机天线,连接到汽车的外置天线,这样可以降低干扰。

(2)在飞机上使用手机有可能导致空难。手机在使用或备用状态,都会有无线信号发出,尤其在开机、打出电话或搜寻网络时信号最强。有专家指出,这类信号有可能影响到飞机上灵敏的电脑及导航系统,从而危及到机上乘客的安全。

1994年,美国就有航班疑因受手机信号影响,在飞行时偏离了原定航道,报告发表后不久,世界各大航空公司马上禁止乘客在机上使用手机。而在1998年台湾华航客机坠落桃园民居事件,虽未经证实是否与乘客使用手机有关,但台湾当局在空难后立刻禁止在飞机上使用无线电话及电子用品。另外曾经就有香港游客在台湾的华航上用手机而被控告。当地最高刑可判囚禁7年,罚款21万元台币。

正确做法:登机前要关掉手机。虽然现在中国未有法律规定这样做,但一般航空服务人员都会提醒乘客关闭手机。

(3)在医院使用手机会影响医疗仪器设备的正常使用。手机所发出的电波,会干扰到医院的设备,影响病人的安全。如果撞上正有病人做紧急手术,仪器受到干扰,情况便非常危险!好多人到医院都会一时心急打手机通知家人,但这样做可能会影响到医院仪器的操作。

有证据证实,手机所发出的信号,会影响到心脏起搏器、助听器等一类精密仪器,而且专家更是建议在身体植有心脏起搏器的病人,特别不应把手机放在贴近心脏的胸前(最好放在离身位置),否则情况严重有可能危及生命!

正确做法:其实大家都试过,当手机有电话打入时,比如收音机、电视、电脑……都会受到它的信号影响,而医院的仪器可比你家中的电器更加敏感,所以,如果不想让医生错诊病人,就该一进医院范围即立即关机。

不管进入病房或医院的任何地方,市民都应该把手机电源关掉,以免造成干扰!

(4)在一般油站,或者有潜在爆炸性气体的地区(包括燃油区、船甲板下、燃油或其他物品转运和储存设施),都不允许开汽车引擎和打火机,这是因为怕小小的火花引起爆炸;其实同样的道理,手机产生的小量火花,也可以引发爆炸。

手机在按下电话开关时会产生微量火花，如果手机电线短路或老化，也有可能产生火花。如果当时空气中积聚了相当浓度的易燃气体便会产生爆炸。有学者指出，手机所发出的电波，更有可能同加油站的输油设备发生“自然共振现象”，产生热力而爆炸。

正确做法：在进入加油站范围或易燃设施旁时，必须先关掉手机。

二、短信礼仪

手机短信越来越广泛地使用，使得它也成为手机礼仪关注的焦点。在一切需要手机振动状态或是关机的场合，如果短信的声音此起彼伏，那么和直接接、打手机又有什么区别？所以，在会议中、和别人洽谈的时候使用手机接收短信，也要设定成振动状态，不要在别人能注视到你的时候查看短信。一边和别人说话，一边查看手机短信，这能说明你对别人的尊重吗？

1.短信的内容分类

短信一般分为以下四大类：

(1)短信拜年：对长辈和尊者不宜采取短信拜年的方式，而应该亲自登门或电话问候。最亲密朋友间用短信拜年应该自己编辑内容，短信也忌讳像礼物一样被人送来送去。

(2)工作短信：同事间一些简单的工作交流可用短信进行，但除非是上司主动要求或事先征得其同意，下级不能以短信方式和上级谈工作。

(3)短信提醒：对于一些重要约会，可用短信方式婉转地提醒对方，比多次电话确认要礼貌。但是需要注意的是，在发短信之前一定要进行电话或当面的邀请或确认。

(4)短信转发：转发短信一定要特别注意短信内容，不要发送调侃、不健康、恶作剧类的短信。

2.使用手机短信的基本礼仪

(1)发短信一定要署名。短信署名既是对对方的尊重，也是达到目的的必要手段。元旦前一天，工作关系繁多的秦先生收到了70多条祝福短信。其中有60条是不署名的，好多内容还相同。秦先生也搞不清楚这些人都是谁和谁。这种祝福发了等于没发。如果是正事，不署名更会误事。

(2)短信祝福一来一往足矣。现在每逢节日，人们都会发短信祝福。来而不往非礼也，所以别人发来短信，自己就要回一个短信。接到对方短信回复后，一般就不要再发致谢之类的短信，因为对方一看，又得回过来。就祝福短信来说，一来一往足矣，二来二往就多了，三来三往就成了繁文缛节。

(3)有些重要电话可以先用短信预约。有时要给身份高或重要的人打电话，知道对方很忙，可以先发短信：“有事找，是否方便给您打电话？”如果对方没有回短信，一定不是很方便,可以在一定的时间以后再拨打电话。

(4)及时删除自己不希望别人看到的短信。一些人经常把手机放在桌上,如果出办公室办事或者去卫生间,也许有好奇之人就会顺手翻看短信。如果上面有一些并不希望别人看到的短信,就可能引起麻烦。如果不幸被对方传播出去,后果就更严重。夫妻之间亦是。难免会有异性同事、朋友发一些语言亲昵的短信,其实是因为双方熟了,开开玩笑,如果让爱人看见,就会引起不必要的误会,因此经不起推敲的短信一定要及时删除。

(5)上班时间不要没完没了发短信。上班时间每个人都在忙着工作,即使不忙,也不能没完没了地发短信。否则就会打扰对方工作,甚至可能让对方违纪。如果对方正在主持会议或者正在商谈重要事项,闲聊式的短信更会让对方心中不悦。

(6)发短信不能太晚。有些人觉得晚上10点以后不方便给对方打电话了,发个短信告知就行。短信虽然更加简便,但如果太晚,也一样会影响对方休息。

(7)提醒对方最好用短信。如果事先已经与对方约好参加某个会议或活动,为了怕对方忘记,最好事先再提醒一下。提醒时适宜用短信而不要直接打电话。打电话似乎有不信任对方之感。短信就显得非正式亲切得多。短信提醒时语气应当委婉,不可生硬。

(8)短信的内容选择和编辑要健康。在短信的内容选择和编辑上,应该和通话文明一样重视。因为通过你发的短信,意味着你赞同至少不否认短信的内容,也同时反映了你的品味和水准,所以不要编辑或转发不健康的短信。

三、彩铃礼仪

彩铃是通信公司推出的一项业务,客户通过选择各种彩铃音乐,可让对方拨打机主的电话在接通等待时收听丰富多彩的音乐和语音,展现机主的个性风采!

1.个性化铃声应注意使用场合

时下个性化的铃声正迅速走俏。这些个性化铃声为生活增添了色彩,人们选择它无可非议,但是过于个性化的铃声应注意使用场合。这就像穿衣打扮一样,分家里和家外两种。过于暴露的衣服可以在家里随便穿,但在办公室、在拜会客人时就不能穿,手机铃声也是。现在很多二十出头的小伙子、小姑娘都喜欢选用,“爸爸,来电话了!”“妈妈,来电话了!”还有狗叫声,在办公室和一些严肃的场合,这种铃声不断响起的话,对周围人是一种干扰。如果确实喜欢用,就应当适时将铃声调到振动上。

2.铃声内容要文明

从铃声内容来说,不能有不文明的内容。比如像“有话快说,有屁快放”,终究显得不雅,让拨打者尴尬。还有一种铃声是“鬼子进村了”。当年侵华日军对中国犯下了不可饶恕的罪行,正当日本恶意篡改历史、修改教科书之时,用这种音乐作为手机铃声,实际上是对军国主义气焰的宣扬。

3.铃声不能给公众传导错误信息

在海口市,曾经发生这样一件令人啼笑皆非的事。一位巡警在经过一辆豪华旅游车时,突然听到一阵急迫的呼救声:“抓贼呀,抓贼呀,抓偷手机的贼!”巡警急忙将这辆旅游车拦住,可上车一看,根本没有偷手机的贼,乘客们全都在呼呼大睡。忽然,“抓贼呀……”的“喊声”再次响起。官兵们循声找去,原来这“呼救”声是从一名熟睡的乘客手机里传出的。可想而知,如果这样的铃声到处都是的话,公众秩序要大乱了。

4.铃声要和身份相匹配

相对来说,过于个性化的铃声与年轻人的身份比较匹配,一些长者或者有一定身份的人如果选择与自己身份不太匹配的铃声,会损害自己的形象。一位女士参加一个级别很高的宴会。席间,一位部长出去处理问题,手机就放在餐桌上。一会儿,手机响了,里面的音乐是《月亮代表我的心》。偏偏部长半天不回来,打电话者又很执著,《月亮代表我的心》就一遍遍唱着。为了打破这尴尬局面,大家只好拿全桌这位唯一的女士开玩笑:“你看,部长特意出去,就是为了让你听这段音乐。”让这位女士心里不爽。这也好比是穿衣,20 岁的小姑娘穿上超短裙是一种美,50 岁的女士穿上超短裙就一定会成为笑柄。

5.铃声音量不能太大

无论是座机还是手机铃声,都不能调得过大,以离开座位两米可以听见为宜。有些人的铃声像是“凶铃”,在大家埋头干活时突然刺耳地响起,让人心跳都会加快。还有在医院、幼儿园等场所,过响的铃声会成为一种公害。

第三节　电报礼仪

电传(Telex),也叫用户电报。它是通过安装在用户电报网(简称用户网)上的电传机发送或接受信息。优点是:发送接受自动化程度很高,它具备自动呼叫、送光确认、立即发送、屏幕对话、警铃提出、信息储存、发报留底、屏幕打印、电报转发、一报多发、多报合并等多种功能。传送内容极为准确,电报内容打印清晰、传送速度快,在全球范围内,几分钟内即可到达收报人手中。缺点是:不能传递图案,只可传送汉字、字母、符号等文字信息,所有需传送的内容都需要从键盘敲入,操作较复杂,需要专人管理。

电报,这里指邮电局面向社会办理的电报业务。它是为解决广大群众无法用电话联系或是需要留存书面证据的一种通讯工具。它形成的通讯网叫做公众电报网(简称公众网),电报机设在邮电局。

一、电传礼仪

电传是一种可以将文字资料极其迅速地发往世界各地的通讯方式。其操作方法简单地说就是将文字输入终端机,用不了几秒钟对方就可以收到信号。

电传很适合传送业务联系信息、订单、报价单、指示或类似的文字资料。这些资料无论是白天还是夜晚都可以随时输入。这种通讯方式往往要求对方立即做出反应,所以,电传用户之间可以展开"交谈"。电传设备极易操作,其用户可以分为三个级别:

(1)需要大量发电传的公司,会将终端机安装在办公室内。

(2)公司的电脑通过电话网络同电传局连接,此种用户仍然可以在任何时间发电传。

(3)拥有终端机的电传局替那些临时用户收发电传。每次使用时,用户要交费。

电传的优越性就在于可以确保对方接收到你传送的信息,但只有当公司本身拥有电传设备才有可能接收别处发来的电传。

作为商务活动中重要的通讯设备,为发挥电传的高效率,使用电传时应注意以下几点:

(1)根据国际惯例,接收人应在第一时间阅读电传发来的信息。

(2)发电传的一方应本着表达准确、简单、明了的原则拟定电传文稿,并且应指名道姓地将电传发给某个特定的人。同时要在电传的文稿开头处交代清楚此份电传的主要意图。这是因为电传本身具有这种特性,表达了一定程度的紧迫性,应该立即采取某种必要的行动,否则的话,发电传就失去了意义。

(3)要熟练使用爱护电传设备。特别是本公司安装了电传设备,应安排专人负责。

(4)接收人在收到对方的电传后,应立即回发电传。因为这种通讯方式往往要求对方立即做出反应,否则,有失尊重。

二、国内电报礼仪

国内电报,是指邮电局将发报人交发的电文,通过我国大陆地区电报网络传递到收报人手中的电报。用户可就近到电报局或受理电报业务的邮电支局(所)办理拍发事宜。

1.书写格式

目前我们使用邮电部统一印制的、有统一格式的电报稿纸。如果电文较长,一张拍发电报稿纸容纳不下,可另取电报稿纸续写,一并交邮电局营业人员。注意续写的稿纸不必再写与内容无关的其他各项。

拍发电报时,应首先向邮电局购取上述电报稿纸,然后按规定填写。电报稿纸顶端左、右两小栏，以及大框内的第一栏，由邮电局的营业员、值机员填写，与发报人无关。从第二栏起，由发报人按规定填写。

(1)第二栏有两个内容，即“特别业务”与“收报人姓名地址”。特别业务，目前开放的有三种，即特急、加急、邮送。特急电报，只用于政务电报以及规定范围内使用的公益电报、公务电报。加急电报，适用于公益电、政务电、新闻电、公务电、银行汇款电及一般民用电报。邮送电报，适用于政务电报及一般民用电报。发往城镇的普通电报，自交发至送达收报人约需 6 个小时，加急电报约需 4 个小时；普通电报规定夜间停送，而加急电报夜间照送。发往未被电报网络覆盖的边远地区及山村乡间的电报，先由发报处发至收报点附近的邮电局(所)，再由该局(所)邮送，即改按信件寄出，需要 1 至 3 天或更长时间。发报人可根据实际需要写明特别业务的种类(加急电报按普通电报加倍收费)。普通电报可不填写。

这一栏的收报人姓名地址，是指收报人的具体地址和姓名。发往城镇的，应详细写明区、路(街)、巷(弄)、门牌、楼房号、单元号、室号及收报人姓名；发往农村的电报，应具体写明县、镇(乡)、村的名称和收报人姓名。书写收报人地址姓名时，应从“特别业务”后第二格起填写。

(2)电报稿纸的第三栏，即居中一栏，这里的“收报地名”，指的是收报人所在的大地名，也就是省、市、县。由于我国不同省内有同名县(市)，我国省内设同名县、市，如江苏省有南通市、南通县，安徽省有华阳县、四川省也有华阳县，江西省有东乡，甘肃省也有东乡，因此这一栏的填写不可忽视。

(3)电报稿纸的第四栏是电文，即“电报内容”。这部分是电报的灵魂，首先应写上对收报人要说的话，紧接着写上发报人的姓名。电报内容要写得明晰、准确，否则达不到发报目的。电报不同于一般信件，每个字都要收费，因此措辞要简单扼要，可有可无的字应略去。发报人的署名不可省略，否则会使对方丈二和尚摸不着头脑。当然，确认对方不会误解者，也可不署名。

(4)电报稿纸的下方，是发报人的姓名、地址、电话。这些内容，发报人(包括旅居出差者)也须详细填写，以便邮电局在必要时与发报人及时联系。这项内容不计费，也不拍发。

(5)书写电报稿纸的注意事项：书写电报稿纸，须用钢笔、圆珠笔或毛笔。应采用正规的字体，以国家公布并正式使用的简化汉字进行书写，字迹须端正清楚。应详细书写收报人的地址、收报单位和收报人姓名，避免因名址不详而投送不到。

电报稿纸中的每格写一字，标点符号占一格。阿拉伯数字 2 个占一格，计费 5 个数字按一字计算。

发给机关、厂矿的电报，应在收报人地址、姓名栏内详细填写。如该单位在电报局办理过“电报挂号”的，可直接写上“电报挂号”的号码，仅按一字收费，不必再详写名址。在汉字明语电报内使用的字母字组，用数码与符号书写的数目字，用数码

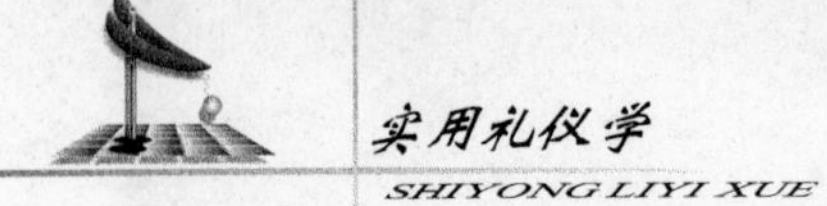

与符号、字母混合书写的字组，用数码或字母组成的电报挂号，均须加用括号。

2.加急电文

这种电报的特点是时间性强，发报人往往是事情急迫，要求电报局分秒必争迅速传递。如家庭、亲属发生重大不幸事件，或天灾人祸一类的大事。这一类电报一般应发加急电报提前加快处理，加急电报适合于各大城市市区投送范围内。它的收费按普通电报费加倍收取，在填写电报纸时，在“特别业务”标识旁注明“加急”，便于电报局及时按加急电文处理。

3.舟车旅馆电文

这一类电报必须说明车次、航次，电文还须写明是启程还是抵达，以免使对方将发车和抵达的时间搞错，以便接送。由于车易误点，船的航速常有变动，到站、到埠的时间不易掌握，所以最好写发车、开船的时间，接电人可向当地车站、码头询问该车次、轮班的到达时间。

4.情报电文

此类电文多用于个体户、专业户个人间的经济交易关系。由于双方交往中已有某种默契，所以电文中常使用一些代号略语，只要彼此能懂即可。

5.礼仪电报

在私人交际活动中，婚丧庆吊无疑是个重要内容。在进行这类活动时，电报便是一种常用工具，这是因为电报使用简便，传递迅速、准确。

庆贺电报的内容，主要有婚庆寿诞、节日问候，以及祝贺对方某一成就、荣升、乔迁等。

吊唁电报的内容，就是对逝者表示哀悼缅怀之情，称颂其生前业绩、高尚品德，对逝者家属谨致慰问等。

邮电部门已专门开办了庆贺电报和吊唁电报的特别业务。这类电报的电文撰写和交发手续，与一般电报相同。所不同的是，邮电部门设计印制了多种花式的专用电报函封及内笺，供人们选择使用。这样交发电报者只要略多花费二元，有喜事的对方，即可收到一封图画绚丽热烈、增添喜庆气氛的电报；办丧事的对方，则可收到一封图案素雅静穆、充溢着深深悼念之情的电报。其效果肯定比一般电报好得多。庆贺电报的特别业务标识为“GRT”，吊唁电报的特别业务标识为“CDL”，读者可根据实际需要选用。

6.用户电报

用户电报是目前国内、国际上普遍采用的一种通信方式，它具有使用方便、迅速、正确、收费低廉等优点，专用用户的电报只要在自己的办公地点安装一部电传机，经过电信局提供的电路和自动交换设备，瞬间就可与国内外任何装有用户电报设备的用户直接通报，交谈留下书面记录，即使对方没人它也能自动收录电报。各大宾馆、饭店均可安装公众用户电报设备，以供外宾、旅客使用。对安装海事卫星终端设备的船舶也可使用海事用户电报业务。

三、港澳台地区电报礼仪

大陆各地凡办理国际或港澳电报业务的各邮电局,也都受理发往台湾各地的电报业务。拍发这类电报时,可用中文(繁体字、简体字均可使用)或汉语拼音书写,也可用英文书写,但必须用明语。电报稿纸中的各项书写要求,与国内电报相同。

四、国际电报礼仪

从我国发往世界各地的电报一般都可以接收,个别国家或地区,或某一时期内不能收受的,拍发人可向当地邮电局咨询。

(1)拍发国际电报首先要注意对方国家使用何种语言。一般拍发英文较为普遍。目前收受使用中文四角编码电报的有日本、朝鲜、新加坡等国以及中国的香港、九龙、澳门、台湾等地区,其他国家和地区不开放。有的发电人曾把发往英国的电报用中文撰写电文内容,结果被对方退回,声称电文意思不明,无法投送。这样,在经济上和时间上都造成很大的损失。因此,发往不使用中文的国家和地区的电报要尽量翻译成英文或该地通用文字。

(2)国际电报的电报资费与国内不一样,计算方式也不一样,它以每 10 个数码或字母符号算一个字的报费,缩写字组可节约费用。一般可以缩写,也可以合成组合英文字母。

(3)拍发国际电报应将收报人姓名地址详细书写清楚。为了确保及时投送,每个收报人名址必须有两个字才能收受,第一个字表明收报人名址,第二个表明收报局名。

收报人名址必须包括收报人姓名、街道、大道、路等名称以及门牌号、楼层、室号。收报地名要写明国名、省名或洲名,例如英国伦敦 LONDON,如不写明英国,则世界有几十个(加拿大、美国、法国均有)名叫伦敦的地方,容易误投。

第四节 传真礼仪

目前,在人们的信息沟通过程中,经常需要将某些重要的文件、资料、图表即刻送达身在异地的交往对象手中。传统的邮寄书信的联络方式,已难以满足这一方面的要求。在此背景之下,传真便应运而生。

一、传真

传真,又叫传真电报。它是利用光电效应,通过安装在普通电话网络上的传真机，对外发送或是接收外来的文件、书信、资料、图表、照片真迹的一种现代化的通讯联络方式。现在，在国内的商界单位中，传真机早已普及成为不可或缺的办公设备之一。

利用传真通讯的主要优点是，操作简便，传送速度非常之迅速，而且可以将包括一切复杂图案在内的真迹传送出去。它的缺点主要是发送的自动性能较差，需要专人在旁边进行操作。有些时候，它的清晰度难以确保。

二、传真电报

传真电报是邮电局将发报人交发的相片、图表、合同、文件、报纸和一般文字等利用传真设备，按照原样传送到收报地点，这种传送方式适合我国文字书写的特点，可以减少电报反复复制的过程。

传真电报按其内容及业务性质可以分为四种：相片传真、真迹传真、文件传真、报纸传真。

近来发展迅速的用户传真（TELE-FAX），在一些发达国家已广泛使用，成为办公室内不可缺少的一种通信工具。

用户只要在自己的电话机上加装一台符合 CCITT 国际 G3 标准的三类传真机，通过国际国内长途线路，在几十秒钟内就能把凡可绘写在纸上的各种文字、照片、图表等资料传送到国际、国内拥有传真机设备的用户手里。对方用户即可收到如同复印机印出的一份副本稿件，用户也可预先输入程序，需要时也能让传真机在办公室无人值守时自动收录稿件。在使用这类传真时要注意以下三点：

(1)发送传真时，用户若是长途直拨有权用户，可使用直拨电话，若是普通人工挂号长途电话用户应向长途台挂号后使用。

(2)电话接通后听到传真信号，表示即可发送传真，如有人接电话，应通知对方有传真待发，等听到对方发出传真信号后才可发送传真。

(3)办公室无人值守时，可将传真机放入“自动”位置即可自动收录传真内容。为了保证传真传输质量，书写规格要求严格。相片传真使用面积长宽不能超过 18 厘米×18.5 厘米，每个汉字、字母、数码均要求不小于 0.8 厘米×0.8 厘米。文件书写面积不能超过 16 厘米×22 厘米，报纸传真不超过 55 厘米×39 厘米(4 开版)。字迹要求清晰，以黑白两色为限。

报纸传真，报社提供的报纸样板，必须纸质洁白平整，油墨浓淡均匀，文字笔画清晰、不虚、不断、不粘，网点扎实齐全。样版套红部分，应在该版面空白处圈注标明，加盖公章或随送套红样版。

三、商务传真礼仪

1.必须合法使用

国家规定:任何单位或个人在使用自备的传真设备时,均须严格按照电信部门的有关要求,认真履行必要的使用手续,否则即为非法之举。具体而言,安装、使用传真设备前,须经电信部门许可,并办理相关的一切手续,不准私自安装、使用传真设备。安装、使用的传真设备,必须配有电信部门正式颁发的批文和进网许可证。如欲安装、使用自国外直接带入的传真设备,必须首先前往国家所指定的部门进行登记和检测,然后方可到电信部门办理使用手续。使用自备的传真设备期间,按照规定,每个月都必须到电信部门交纳使用费用。

2.必须得法使用

使用传真设备通讯,必须在具体的操作上力求标准而规范。不然,也会令其效果受到一定程度的影响。本人或本单位所使用的传真机号码,应被正确无误地告之自己重要的交往对象。一般而言,在商用名片上,传真号码是必不可少的一项重要内容。对于主要交往对象的传真号码,必须认真记好。为了保证万无一失,在有必要向对方发送传真前,最好先向对方通报一下。这样做既提醒了对方,又不至于发错传真。发送传真时,必须按规定操作,并以提高清晰度为要旨。与此同时,也要注意使其内容简明扼要,以节省费用。单位所使用的传真设备,应当安排专人负责。无人在场而又有必要时,应使之自动处于接收状态。为了不影响工作,单位的传真机尽量不要同办公电话采用同一条线路。

3.必须依礼使用

在使用传真时,必须牢记维护个人和所在单位的形象,必须处处不失礼数。在发送传真时,一般不可缺少必要的问候语与致谢语。发送文件、书信、资料时,更是要牢记这一条。出差在外,有必要使用公众传真设备,即付费使用电信部门设立在营业所内的传真机时,除了要办好手续、防止泄密外,对于工作人员亦须以礼相待。人们在使用传真设备时,最为看重的是它的时效性。因此,在收到他人的传真后,应当在第一时间内即刻采用适当的方式告知对方,以免对方惦念。需要办理或转交、转送他人发来的传真时,千万不可拖延时间,耽误对方的要事。

第五节　网络礼仪

网络礼仪也称网络规则,它是用于规范因特网行为的基本社会协议。因特网通信过程必须遵循如下几个原则,以便和你的因特网友及服务提供商保持良好的关系。尽管网络礼仪规则不是法定的,但学习和掌握这些条令是极为重要的,它可以帮助你避免误解。随着依靠因特网通信进行事务处理和进入虚拟共同体的人数的增长,保持良好的人际关系,网络礼仪就显得非常重要了。

一、网上十大礼节

随着因特网的发展与变化,将出现新的网络礼仪规则。这里我们给你介绍网上十大礼节,使你成为一个富有礼仪修养的网民。

礼节一:记住人的存在。互联网给予来自五湖四海的人们交流的一个平台,这是高科技的优点,但往往也使我们面对着电脑荧屏忘了我们是在跟其他人打交道,我们的行为也因此容易变得更粗劣和无礼。因此网络礼节第一条就是"记住人的存在"。

礼节二:网上网下行为一致。在现实生活中大多数人都是遵法守纪,同样在网上也应如此。网上的道德和法律与现实生活是相同的,不要以为在网上与人交流就可以降低道德标准。

礼节三:入乡随俗。同样是网站,不同的论坛有不同的规则。在一个论坛可以做的事情在另一个论坛可能不能做。比方说,在聊天室打哈哈发布传言和在一个新闻论坛散布传言是不同的。

礼节四:尊重别人的时间和带宽。在提问题以前,先自己花些时间去搜索和研究。很有可能同样的问题以前已经问过多次,现成的答案随手可及。不要以自我为中心,别人为你寻找答案需要消耗时间和资源。

礼节五:给自己在网上留个好印象。因为网络的匿名性质,别人无法从你的外观来判断,因此你的一言一语成为别人对你印象的唯一判断。如果你对某个方面不是很熟悉,找几本书看看再开口,以便节约大家的时间。同样地,发帖以前仔细检查语法和用词。不要故意挑衅和使用脏话。

礼节六:分享你的知识。除了回答问题以外,还包括当你提了一个有意思的问题而得到很多回答,特别是通过电子邮件得到答案以后你应该写份总结与大家分享。

礼节七:平心静气地争论。争论与大战是正常的现象,但要以理服人,不要人身攻击。

礼节八:尊重他人的隐私。别人与你用电子邮件或私聊(ICQ/QQ)的记录应该是隐私的一部分。如果你认识某个人用笔名上网,在论坛未经同意将他的真名公开也不是一个好的行为。如果不小心看到别人电脑上的电子邮件或秘密,你不应该到处广播。

礼节九:不要滥用权利。管理员版主比其他用户有更多权利,应该珍惜使用这些权利。游戏室内的高手应该对新手"枪下留情"。

礼节十:宽容。我们都曾经是新手,都会有犯错误的时候。当看到别人写错字,用错词，问一个低级问题或者写篇没必要的长篇大论时，你不要在意。如果你真的想给他建议，最好用电子邮件私下提议。

二、网络礼仪常见问题解答

1. 网络礼仪的基本原则是什么？

网络虽然是一个不受制约的地方，但适当的规范是必需的，毕竟面对的也是和你一样的人。网络礼仪的基本原则是：自由和自律。

2. 如何正确使用电子邮件(E-mail)？

每天检查新邮件，并尽快回复；在书写英文时，不要全部使用大写字母。大写字母让人无法舒服地阅读以及大写字母表示大声喊叫；加入适当的感情符号，例如用:)来表达你当时的心情；回复信件时，请适当附带上原文，这样别人知道你是为什么而回复的。这里要注意，不要把原文全部附带，而只需要附带上回复的那段；正确及简短地书写邮件，而不要加入过多无谓的感情词句；每一封信，都要标明一个主题；发送邮件时，检查收件人的邮件地址；当要把信件发送到多个邮件地址时，最好能分别发送。千万不要利用邮件程序一次性地发送到多个地址，这样某一个收信人发现还有其他众多收信人时，将无法确认自己的身份。

3. 如何正确使用邮件列表(Mailing List)？

邮件列表(Mailing List)是目前个人站点及商业站点利用最多的宣传工具，但往往也是令收件人最反感的。所以利用该工具，要注意：不要擅自加入他人的邮件地址到邮件列表中；在发送的信件中，标明如何快速地取消订阅。如果必须发送信件到他人的信箱里，请标明道歉的词句，虽然还是无法避免别人的厌恶。这里还要注意，不要试图第二次再发送该类信件，这样会激起别人的强烈不满；不要发送全部是广告的信件到他人信箱；请尽量利用压缩工具把信件压缩，以加快收件人的收信时间。

4. 如何正确使用新闻组(News Group)？

阅读新闻组的FAQ(常见问题解答)；第一次参加某一个新闻组，请潜伏一周，看看别人是怎么说的；在发表言论时，不要使用过火的词句，因为这会引起其他人的不满；发表言论时，请检查自己的言论是否合适这个新闻组；尽量不要跨组发表言论；发表言论要附带上自己的联络方法，表示你将为该言论负责；回应别人的言论时，不要只写几个字，如不要只写“我同意”；签名不要过长，3～4行足够了。

5. 如何正确使用远程文件传输(FTP)？

利用FTP工具时，请仔细阅读FTP服务器的相关文档，其中包含了该服务器的容量大小，文件类型以及同时能容纳的上线人数；在传输完文件后，请立即断掉链接，以免妨碍其他人的使用。

6. 如何正确浏览WEB?

当我们浏览别人的WEB站点时,如果发现了站点错误,应立即与站点管理员联络;不要复制及使用站点标明版权的文字资料及图片;不要在站点的留言板上胡乱留言;不要试图攻击某一站点。

7. 如何与他人聊天(IRC)?

聊天一般是许多人在一起,所以你要注意:不要发表污秽的言论;不要发表过于长篇的言论;不要重复某一句话;针对某一个人时,要先标明对方的姓名或者邀请他到单独的聊天室。

8. 如何向他人询问问题?

向他人询问问题时,态度要诚恳;每次尽量只询问一个问题;不要笼统地写上问题,比如如何做网页;不要在对方暂时没有回复时,再次发送询问信件。

9. 如何正确地引用网络上的资讯?

复制及引用有版权的文字及图片时,要与版权人联络,取得同意后再用;不要任意修改网络上不属于自己的资讯;不要散发保密的信息;不要任意链接他人的站点,但对于他人首页可以不在对方同意下链接。

10. 在网络上愉快生活的守则?

彼此尊重;容许不同意见;宽以待人;保持平静;与他人分享;帮助新手;幽默;做出贡献。

三、网络语言的使用

网络语言汇总:

1. 符号网语::),:(等。

2. 数字网语:886,7456,9494。

3. 英文网语:e,i,@,.COM,.NET,BTW,copy,mail。

4. 语气用语:嘻嘻、哈哈、呵呵、嘿嘿。

5. 网站职位:CAO,CEO,CTO,CFO,COO,CZO。

6. 礼仪用语:hi,thx。

7. 拼音用语:xixi,cc,gg,jj,mm,plmm,dd,tnnd,kao。

8. ICQ/OICQ用语:QQ。

9. 聊天室用语:chat、chatroom、聊聊、踢人、自杀、隐形。

10. 网虫相关:网虫、网友、菜鸟、棍子手、四大杀手。

11. 论坛相关:版主、职业版主、巡坛版主、长老、坛主、灌水。

12. 编辑与作者:写手、过路客、匿名发言、黑名单、盗稿。

13. 技术用语:黑客、入侵、病毒、温酒吧、伊妹儿、竹页。

14. 称呼用语:美眉、恐龙、帅哥、青蛙。

网络语言,按照社会语言学的术语来说,属于一种社会方言。社会方言与地域方言不同,它是特定社会群体约定俗成,自我确认,互相认同的标志,是特定群体之间使用的交际工具。这种夹杂了数字代码、外语字母以及谐音假借文字写成的网语,简单方便,能快捷迅速地把思维和情绪变成语言符号。

但是,随着网络覆盖面的不断扩大和网络使用者日渐增多,网络语言必然要由在特定群体中的小范围流行,进入社会共同体共同使用的语言之中。当众多的网友在报纸杂志作文书信中使用这种语言的时候,它就会进入我们的全民语言,成为汉语言文字的组成部分。有人因此认为,这种网络语言很可能会带来汉语的革命,就像上世纪白话文取代文言文,简化字取代繁体字一样给汉语言文字带来巨变。

但是,网络语言影响的利弊需要全面分析。网络语言中的新词汇必然大量进入现代汉语的词汇库中,有许多形象生动、带有鲜明时代特色的词语会丰富汉语词汇。但最值得引起注意的是网络语言对在校学生使用汉字的影响。学生因为上网人数更多,对于新奇简便和身份认同情有独钟,而且小学生对于复杂的汉字确实还不太会写,于是,受网络语言影响的孩子们用数字、字母、谐音借代的办法使用语言文字。这种由好奇、方便而采用的书写形式,很可能成为他们今后难以改变的书写习惯。

汉字的形成至今已有6000年历史。作为表意文字的汉字在数千年演变中每个字都形成特定的本义和引申义,形成完善的记录语言的符号系统。汉字系统是中华民族的文明创举,这种语言文字系统能够适应社会发展变化的要求。相反,那些数字、字母和其他符号甚至谐音别字,要么没有确切的含意,要么属于临时假借,大量运用这些符号,使这些简便符号不能承受大量意义的重载,必将引起语言文字系统的紊乱,给语言文字作为交际的工具带来妨害,影响学生对知识的掌握。如果这样的书写模式因为使用者众多而进入全民语言,成为全民语言的一部分,必将对汉语言文字整个系统的完整性、科学性造成损害,进而损害民族文化。

因此,作为社会方言的网络语言尽管可以存在,但是它的应用范围就是在特定的网络空间。要进入大众语言环境,应持谨慎态度。正规的场合应该力求使用标准规范的语言文字,尤其在书写形式上应拒绝随意网络化,而网络语言尤其书写形式如果要进入全民语言,必须经过严格的筛选,这种筛选既需要专家学者的鉴别把关,也需经时间的检验和淘汰。

第十章

节日礼仪

节日礼仪是民俗文化中的一个重要组成部分，是以民族心理、道德伦理、精神气质、价值取向和审美情趣为底蕴，以特定时间、地域为时空布局，以礼仪活动为主题的社会现象。探讨节日礼仪活动的起源，讲究和尊重各民族节日的风俗习惯，通过庆祝和纪念现代节日的礼仪活动，对于弘扬民族文化、增强民族凝聚力、满足群众文化需要、促进地方经济发展有着十分重要的意义。

第一节　节日文化与礼仪

节日文化是在长期的历史积淀中保存发展下来的。为了继承和丰富这一文化遗产，每个民族都要利用节日展示本民族的文化艺术。在节日文化的舞台上，民间艺术家们纷纷将文化精品展现出来，从而使各种民间艺术形式交相辉映，精彩纷呈。在节日活动中，参与者尽情投入，观赏者自由选择，这样使民俗节日的内容不断演变，在吸取精华、去除糟粕的过程中，使民俗文化得以继承和发展，更好地为各族人民服务。

节日文化与礼仪都是通过群体活动而实现的。人们通过节日可以互相表达良好的祝愿，联络感情，增进友谊，加强团结。因此，节日是和谐人际关系，加强民族亲和力的润滑剂，是密切人际交往，维系人际情感的特殊的精神纽带。处在同一群体中的人，不论是达官显贵还是市井平民，节日里大家都怀着同样的民俗心理，参与同样的民俗活动，咀嚼同样的传统文化精神，这样自会产生一种民族向心力。如华夏子孙普天同庆的春节，则像一剂强力的粘合剂，粘合着中华民族。许多海外侨胞，虽置身于异国文化之中，但每到此时，便要引发思归之感，不会忘记自己是炎黄子孙。

在我国许多节日中，包括了吃和玩两部分内容，这就在一定程度上满足了群众的物质文化与精神文化需要。如过年的团圆饭，端午的粽子、油纹(麻花)，中秋的月饼,夏至的老姜炖鸡等,这些食品既隐含着一定的象征意义的,也能让人大饱口福。像节日里放风筝、划龙舟、玩龙灯、舞狮子、扭秧歌等活动,无不体现一个“玩”字。参与的人是那样兴高采烈、欢天喜地,观赏的人是那样欢快喜悦、心旷神怡。这种男女老少的群体娱乐,创造了一个热闹、祥和的气氛,人们从中得到了身心愉悦、传统文化的熏陶和审美性情的陶冶。

充分利用地方的节日民俗资源,可以促进经贸发展,繁荣地方经济。近年来,有些地方“民俗搭台,经济唱戏”,通过举办当地特有的民俗活动,吸引游客,招揽客商,如山东潍坊的“国际风筝节”,湖南岳阳的“国际龙舟节”,哈尔滨市的“冰雪节”等,都是以利用民俗资源为手段,与当地物资交流、商品展销、科技博览联系起来,吸引国内外各界人士前来观光考察、洽谈贸易,以此促进地方经济的发展。

正因为节日文化的作用如此之多,在全面构建社会主义和谐社会的今天,我们学习掌握节日礼仪就显得非常重要。

第一,作为个人,了解一些节日文化与礼仪,有助于促进与他人的交往,人们通过节日参与共同的活动,通过互相拜访、互相祝贺、互相馈赠礼品等方式,自然密切了彼此之间的关系。

第二,作为领导者,了解一些节日文化与礼仪知识,有助于更好地开展工作。领导可以利用节日安排组织相应的活动,丰富群众的生活,使群众在生动有趣的娱乐活动中受到教育。领导还可以在节日里拜访、慰问群众,关心群众生活,密切干群关系。

第三,作为公司或商人,可以利用节日人们的饮食文化习俗,生产经营传统的、迎合大众民俗心理的食品,以增加经济效益。

我国是一个多民族国家。俗话说,五十六个民族五十六朵花,每一个民族都有自己特有的节日和礼仪,再加上自古就是“五里不同风,十里不同俗”,因而随民族不同、地域不同,其节日也会不同,节日的内容也会有差异。这里我们重点就汉族影响大、流传广的节日及其礼仪作一些介绍。

我国汉族民间现行的主要节日,按时间先后顺序,一年中有元旦、春节、元宵节、三月三节、清明节、“五一”劳动节、端午节、夏至节、中元节、中秋节、国庆节、重阳节和冬至节。这些节日就其庆祝的主题内容来看,大致可以分为以下几种:一是以农业生产习俗为主题的农事节日,如夏至、冬至节等;二是由古时对日月星辰、风伯雨师、山林川泽、四方百物的祭祀中保留下来的节日,如重阳节等;三是对民族英雄、烈士先贤、已故亲友表示纪念的节日,如清明节、端午节、中元节;四是现代国家政治生活中法定的纪念节日,如“五一”节、国庆节等。这些节日从产生的历史时间看,一种是具有久远历史年代的节日,我们称之为“传统节日”;另一种是产生于近现代的节日,我们称之为“现代节日”。传统节日有着特定的丰富的民俗内容,有着繁杂的十分讲究的礼仪。现代节日是我们国家为了某种政治的需要而法定的节日,也有一些特定的活动。我们将从这两方面择其主要的节日分别进行介绍。

第二节 我国传统节日与礼仪

传统节日一般具有几个特点:第一,产生的年代久远,并周期性地一代一代重复,在长期的传承过程中演变而有所变异。第二,有固定的节期和特定的习俗内容。第三,节日习俗、节礼的背后有古老的民俗心理作支撑,大多数节俗活动背后均有古老的传说故事。第四,民族性、地域性很强,很少有各民族共同庆祝的传统节日,纵使同样的节日,不同民族其节日内容也不尽相同。

一、春节

春节是我国各族人民最为隆重的传统节日。春节古称元旦,南宋吴自牧《梦粱录·正月》中记载:"正月朔日,谓之元旦,俗呼为新年。一岁节序,此之为首。"其实春节不只指农历正月初一这一天。按照民间习俗,从腊月二十四日起至新年正月十五闹元宵止都称春节。现在春节的庆祝活动一般从大年三十(或二十九)开始到正月十五结束。

说起春节的来历,还有一个美丽的民间传说。远古时,有个叫万年的青年人聪明、勤劳、肯动脑筋。他在日常生活劳动中发现树影移动,泉水有节奏地下滴,这些使他受到启发。因为当时节令混乱,农时不准,影响生产。他想通过测日影、滴水计时的方法来把节令弄准。他经过精心观测,得到了草历:"日出日落三百六,周而复始从头来。草木荣枯分四时,一岁月有十二圆。"就在"旧岁已完,时又始春"时,万年请天子给定个节名。天子曰:"春为岁首,就叫春节吧!"万年认为自己拿出的仍是草历,还不准确,仍需继续观察、精心推算。寒来暑往,春回秋去,万年终于把太阳历定准了。当他把太阳历献给天子时,已是满面皱纹、白发苍苍的老者了。天子见此很感动,于是把太阳历命名为"万年历",封万年为日月寿星。后来,人们把春节叫"过年",每逢春节家家户户都挂寿星图,就是为了纪念这位德高望重的万年。春节是喜庆的日子,是民俗活动最集中的节日,新的一年从此开始,新的希望也从此燃起。

春节有许多富有浓郁民族色彩的习俗活动。春节传统的民间习俗,寄托了人们的美好愿望和憧憬。过去即使再穷,春节这天也要想方设法穿上新衣,盼望新的一年合家幸福、平安无事,盼望农业丰收、生活美满。

1.吃团年饭

吃团年饭取一家团圆之意。农历十二月的最后一天,要合家团聚吃一顿丰盛的、具有象征意义的年饭。凡在外地工作或学习的家人都会尽可能赶回家团聚。这顿饭要吃得欢欢乐乐、高高兴兴,菜肴吃食也具有吉利的象征意义,如鱼(年年有余)、整鸡(大吉大利)、青菜(清洁平安)、年糕(年年高)等。吃饭时,不要说丧气的、不吉利的话,不能失手打破碗碟杯盏(后来的"岁岁平安"即从"碎碎平安"引申而来),不要碰翻椅凳,因为这些会被视为不吉利的征兆。

2.守岁

在"一夜连双岁,三更分两年"的除夕之夜,我国许多民族都有通宵守岁的习俗,这一夜,灯火通明,家人围坐一起畅谈,小孩还可以从大人那儿得到压岁钱。人们认为这种"高堂摆长宴,红烛照通宵"的守岁,预兆来年家业兴旺、万事如意。

3.鞭炮迎新

"爆竹一声除旧,桃符万户更新"(《幼学珠玑·岁时》),说明除夕燃放鞭炮的历史非常久远。不过古人燃放鞭炮的目的是为了驱鬼祛邪,而现在则是表示吉庆欢乐,鞭炮炸得越响,被认为来年家庭财源越兴旺。但在现代居住拥挤、人口密度很大的城市,放鞭炮会增加噪音,破坏环境,带来火灾隐患等。因此,现在许多城市政府公告市民不准在城市随意燃放鞭炮,我们相信这种做法会被越来越多的市民所接受。

4.拜年

春节拜年是一种极富人情味的礼仪习俗。新年伊始,人们走亲访友,登门拜年互致节日祝贺,联络感情。拜年的习俗各地并不相同,一般来说初一上午不走亲访友,这时,基层单位领导或地方政府工作人员,可利用这一时间组织团拜活动,慰问烈军属或走访职工家庭。近年来,中央领导人通过电视向全国人民拜年,并提出新年的希望,这是十分有意义的。一般来说,出去拜年要穿戴整洁,出门遇到熟人、朋友要恭贺新年,说些吉利话,即使是遇见平时开惯了玩笑的人也不能随便开玩笑。走亲访友要携带礼物,做客吃饭要遵守"宴请礼仪"。随着经济社会的发展,拜年的方式也在不断更新,我们现在不再仅限于登门拜年,还可以通过打电话、发短信等形式拜年,且后者已是越来越普遍了。

在春节期间,过去民间有许多禁忌。如初一不能扫地,免得把财气扫出门;出嫁的女儿不能回娘家,怕吃穷;不能动刀剪,怕有口舌之争;饭桌上的鱼是必有的,但只看不吃,象征"年年有余";早上家长用草纸擦不懂事的小孩的嘴,孩子说出不吉利的话也就不算数了;下水饺时饺皮破了,只能说"挣了";等等。这些都反映了人们祈求一年平安无事的良好心愿。

二、元宵节

农历正月十五是新年的第一个月圆日,叫做"上元",古称"上元节"。这是春节庆祝活动的最后一天,也是掀起欢乐高潮的一天。现在元宵节有许多节俗活动。

1.舞龙灯

各村各镇组织龙灯队,从初三、初四开始走家串户地玩耍,元宵夜各队龙灯汇集一起举行表演赛,其内容更加丰富多彩。

2.观灯

按照“除夕火,元宵灯”的习俗,元宵夜家家户户挂灯放焰火,人们以观灯为乐。有的地方还制灯谜,人们观灯之时还可猜谜,增添了游乐兴致。有些单位组织灯会,场面盛大而壮观,我国北方还于这一日举办冰雕、冰灯展览,供游人欣赏。除了民间的观灯活动外,有些文化宫、文化馆还要举办元宵联欢灯会、灯谜会、演唱会、舞会等。近几年中央电视台每年都举办元宵文艺晚会,欢庆元宵节。

3.吃元宵

吃元宵,已有一千多年的历史了,宋代《岁时广记》中称“元宵”为“元子”,唐代叫“汤圆”。吃汤圆象征全家团圆,生活圆满幸福之意。

三、清明节

清明节又称踏青节,节期是每年冬至后的第106天,即公历4月5日前后。清明又是农业生产中24个节气之一,被民间演变为节日始于春秋时代,后来,逐渐与清明节前两日的寒食节融为一体,成为悼念先人的节日。清明节这一天,单位可以组织职工,学校组织学生到烈士陵园或烈士纪念碑进行祭扫活动,家庭则要给亡故亲人扫墓,去墓地献花、植树、除草、添土等等。参加扫墓活动时,要服饰庄重,态度严肃,切忌在祭扫过程中嬉笑打闹、吃零食、哼歌等。要服从组织者的安排,注意礼节。

四、三月三节

农历三月三是我国古代上巳节。传说这一天是西王母的生日,古时人们要在清水河边洗濯。《后汉书·礼仪志》上载:“是月上巳,官民皆洁于东流之上,曰洗濯祛除。”目的在于卫生保健。后来,便演变为水边饮宴、郊外春游的节日。现在,我国汉族及许多少数民族地区都保留有这个传统节日,只是原来“洗濯祛除”的意义已经省却。华南地区的汉族中保留有地菜煮鸡蛋的习俗。据说,吃地菜煮的鸡蛋去风湿,在洞庭湖一带至今流传有“三月三,吃了地菜煮鸡蛋,踩得鹅卵石头烂”的说法。北方有些地方过去要于此日举行盛大的庙会。现在三月三变成了一个休息、游乐、开展集市贸易活动的综合性节日。

五、端午节

端午节又称端阳节、重五节或天中节。端午节的节俗节礼一开始是围绕“除鬼驱邪”来展开的。因为,五月雨水多,湿度大,细菌病毒滋长。同时,正值长江、黄河汛期,常有水灾发生。真是“五月一天不完,祸害一天难免”。于是人们在端午节举行“驱邪”的活动。后来,因爱国诗人屈原于此日抱石自沉汨罗江后,五月五日的民俗活动主题便演变成了纪念屈原了。端午节的习俗大概有以下这些。

1.挂菖蒲、艾叶

民间特别是农村家庭,门窗上要挂菖蒲、艾叶,用以驱鬼避邪保平安。因艾叶、菖蒲具有杀虫、驱寒、消毒的作用,故这一习俗一直保留下来。城乡许多家庭都在这一日采集艾叶,以备常年家用。

2.吃大蒜头,喝雄黄酒

端午节,家庭要备一桌丰盛于平日的饭菜,全家共享。这一餐习惯上要吃大蒜头煮肉,喝雄黄酒。大人会在不能喝酒的孩子额头沾上雄黄,或画一个"王"字,去病消灾。这种习俗在现代城市已逐渐被人遗忘。

3.吃粽子

粽子又名角黍,端午吃粽是我国民间长久盛行的习俗。早在1300多年前的唐朝,吃粽成风,唐王李隆基曾写道:"四时花竞巧,九子粽争新。"关于吃粽子来源的说法很多,但主要还是为了纪念屈原。在湖南岳阳、益阳一带,端午还兴吃麻花,当地把它称"油绞",女婿去丈母娘家拜节,也要提一串麻花。据说,吃麻花也是为了纪念屈原。

4.划龙舟

划龙舟是端午节一项盛大活动,据说,龙舟赛是从屈原投江后,人们组织舟船,竞相划桨,寻找尸首演变而来的。经过历代相传,龙舟竞渡已成为了全国性节日竞技活动和体育活动。1984年国家体委把龙舟竞渡列为全国正式比赛项目。1985年成立了"中国龙舟协会",1991年在屈原投江的所在地湖南岳阳举办了国际龙舟赛。

5.互赠节礼

端午节,亲朋好友之间有送节礼的风俗,一般以粽子、咸蛋、猪肉等相赠,女婿要去给丈人、丈母娘拜节,当然孝敬泰山大人的礼物要丰富一些。

六、中元节

中元节是汉民族最大的鬼神祭祀日,从古历七月初一至七月十五半个月中均可给亡亲烧纸钱、纸衣,或带祭品去坟前、墓地祭奠。有些地方七月十五日晚上放河灯,给鬼魂引路,河灯多为竹篾编织的莲花灯笼,灯笼中点亮蜡烛,在水上漂流。放河灯时,河边上许多人观赏,这种习俗现在已演变成了一种地方娱乐性活动。中元节的迷信色彩较浓厚,相信经过具有现代意识的人们自由地筛选,那些迷信的内容会逐渐被淘汰或向娱乐性方面转化。

其中,农历七月初七这天也叫"乞巧节"。《荆楚岁时记》中说,七月七日的晚间是牛郎织女相聚之夜,妇女结彩缕穿七孔针,陈酒脯瓜果于庭中以乞巧。现在有人把七月初七(七夕)称为中国的"情人节"。

七、中秋节

每年的农历八月十五,是我国传统的中秋节。为什么八月十五叫中秋节?中秋

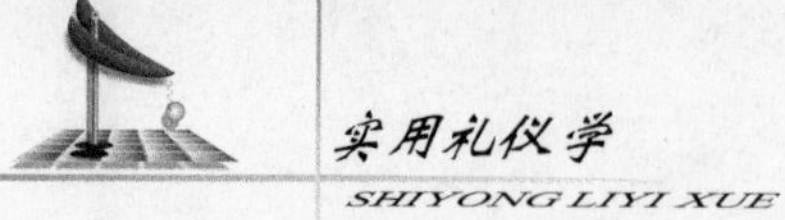

节又是怎么来的呢？原来一年分为四季，农历的七、八、九三个月为秋季，而八月十五正好在秋季的中间，所以便称为"中秋"。

关于中秋节的来历，民间流传着许多美丽动人的传说故事，其中最有影响的大概要数"嫦娥奔月"了。相传远古时候，有十个太阳出现在天空，晒得大地直冒烟，天下百姓难再活下去。这时，有个叫后羿的男子，力大无穷，他同情受难的百姓，一口气射下九个太阳。最后一个太阳认罪求饶，后羿才息怒收弓，严令太阳按时起落，为民造福。从此，后羿的名字传遍天下。后来，他娶了个妻子叫嫦娥，嫦娥非常美丽贤惠。夫妻相亲相爱，生活美满幸福。嫦娥心地善良，常把丈夫射来的猎物接济乡亲，乡亲们都夸后羿娶了个好媳妇。有一天，后羿狩猎途中，碰见一个老道士。这老道士赠给他一包不死药。这药吃后就能长生不老、成仙升天。可是后羿舍不得自己心爱的妻子和乡亲，不愿自己一个人上天。回家后他把不死药交给妻子藏在首饰匣里。那时候，有不少人跟着后羿学艺，其中有个叫逢蒙的人是个奸佞小人，想偷吃后羿的不死药。这一年的八月十五日，后羿又带着徒弟们出去狩猎了。天近傍晚，逢蒙偷偷地闯进嫦娥的卧室，威逼嫦娥交出那包不死药。嫦娥迫不得已，把不死药全部吞下。顿时，嫦娥身轻似燕，冲出窗口，直上云天。可她一心恋着丈夫，就飞到离地面最近的月亮上安了身。后羿回家后不见妻子，忙向侍女打听，才知道事情的经过。他焦急地冲出门外，只见天上的月亮比往常更亮更圆，就像妻子在看着自己。后羿思念妻子，心痛欲裂，默默流泪。他让侍女在院内月下摆上供桌，上面放上嫦娥最爱吃的各种水果，遥祭远去的妻子。乡亲们也在各家院内摆上供桌和水果，遥祭善良的嫦娥。以后年年如此，代代相传。因八月十五时值中秋，人们就把这一天定为中秋节。

中秋的节庆活动以及民俗心理极有情致、饱含诗意。虽然庆祝中秋的活动因各地各民族不同而习俗各异，但下面几项内容大致相同。

1.赏月吟诗

"花好月圆"是中秋节的一大特色。每当月亮升起，清辉洒满大地，人们在露天（有条件的可以摆在桂花树下）摆上桌凳，把圆形的果子（苹果、枣子）或圆形食品（月饼）供于桌上，全家人围桌而坐，共享明月清辉。文人雅士往往诗兴大发吟诗唱对。因工作、学习不能团聚的夫妻、情侣，望着圆圆的皎洁的月亮，自会勾起两地相思，苏轼"但愿人长久，千里共婵娟"的诗句是对天下能相聚的有情人的美好祝福。据说，之所以中秋赏月，是人们把中秋月作为团圆的象征，这是人们向往美满生活的表现。

2.品尝月饼

中秋有吃月饼的习俗。月饼形取月之圆，是过节的美点。吃月饼的习俗始于元代，据《辞源》记载："月饼，一种圆形有馅的饼饵。为农历中秋节应时食品，取团圆之义。元朝周密所著《武林旧事》六《蒸作从食》记载有'月饼'名。"后来，民间就以月饼作为中秋节的最佳食品。关于月饼的来历，在民间也流传着一些传说，其中流传较广的一种说法是：元朝末年，朝廷害怕老百姓起来造反，制定了许多苛刻的规定，严禁民间用铁制的武器，规定十家合用一把菜刀。朝廷的高压统治，使百姓恨之入骨。为了推翻元朝的残暴统治，江苏高邮人张士诚暗中串联，利用中秋节民间互相馈赠月饼的机会，在月饼里夹一张字条，约定中秋之夜举行起义。到八月十五的晚上，各家掰开月饼，看见字条，便纷纷夺取菜刀，揭竿而起。从此，中秋夜吃月饼的习俗就一直流传至今。

3. 馈赠节礼

中秋节，民间要走亲访友，互赠礼品。青年男子趁此节日拜会岳父母，礼物不拘轻重，可以是月饼、糖果、酒类、糕点等等，最好是成双成对。单位领导可以派人去慰问那些因工作需要，工作在外地的职工或他们的家属表示关心和慰问，体现领导的人情味儿。也可组织群众性的赏月活动，开中秋晚会，丰富职工们的生活。

八、重阳节

农历九月九日叫重阳节，又名重九节、茱萸节。"重阳"一词最早见于战国《楚辞·远游》："集重阳入帝宫兮，造旬始而观清都。"重阳节到汉代逐渐成为民间节日作兴起来。起初，重阳节俗的主题内容是"登高避难"。在一代代传承过程中，其内容不断增设，变得丰富多极。

九月，正处秋高气爽的季节，人们往往于重阳日扶老携幼，登高望远，饮酒赏菊，放风筝，吃重阳糕。这一天，单位可组织职工或退休老人进行爬山，举行登高比赛。

1986 年，根据东方健身长寿中心的建议，全国又将重阳节定为"老人节"。这一天，单位要开展敬老活动，发动全社会为老人创造一个良好的社会环境和生存环境。这是移风易俗之举，今后尊老敬老必将成为重阳节的一项重要的风俗内容。

九、腊八节

农历十二月初八为腊八节。十二月为"腊月"原为古人祭祀祖先和天地神灵的节日，称作"腊祭"。《说文》中有"冬至后三戌腊祭百神"，可见汉代的腊日是冬至后第三个戌日。但是《荆楚岁时记》以十二月初八为腊日。南北朝时期，佛教盛行，相传这一天也是纪念佛祖释迦牟尼成道的节日，便把两者合二为一。佛教寺庙于此日举行诵经仪式，并效仿佛成道前牧女献乳糜的传说，取香谷、果实等造粥供佛，称为腊八粥。这一习俗很快就流传到民间，人们也在这一天享用腊八粥。现在吃腊八粥已超越了佛教的意义，而成为庆祝五谷丰登的习俗。

此外，我国的少数民族除了与举国同庆的节日外，还有他们自己特有的民族节日，因后面"习俗礼仪"将有介绍，此处不再赘述。

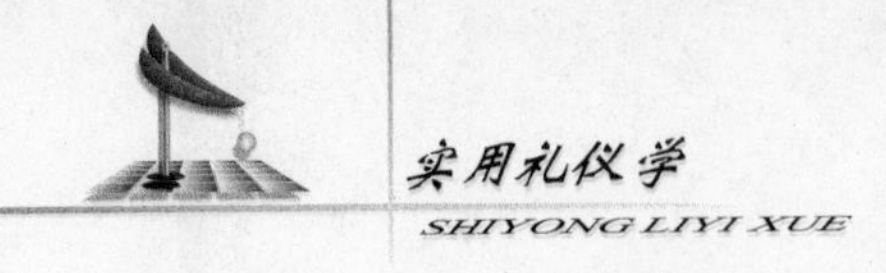

第三节　我国现代节日与礼仪

在我国众多的节日当中,有一部分节日是在近代、现代或当代产生的,我们把它称为现代节日。它与传统节日相比,具有这么几个特征:第一,形成周期性的固定节日的时间不很长。我国许多节日是在新中国成立后才成为固定节日的。像十一国庆节、七一建党节、八一建军节等均是在 1949 年 12 月由国家规定为法定节日的。而传统节日有年代久远的历史,如重阳节是由战国时期的祭祀活动演变过来的。第二,单一的纪念性。现代新生的影响广泛的节日,几乎都为纪念性节日。每一个节日背后有一个产生于近代或现代的确定的历史事件,如五一劳动节是为了纪念 1886 年 5 月 1 日美国芝加哥工人罢工游行。三八妇女节是为了纪念 1909 年 3 月 8 日美国芝加哥女士为争取自由平等举行的游行示威。而传统节日里,虽也有一些纪念为主题的节日,但它们起初往往掺和了别的内容,纪念主题则是在传承过程中渐渐演化过来的。第三,全民性。现代节日没有民族性,体现了全民性的特点。这些节日是全国性的,无民族、无地域之分。其中有的节日还是世界性的,节期也非常确定、统一,且节期均确定在公历日月里,节俗活动在各地各民族也大致相同。第四,政治性。现代节日均有确定的政治目的,如国际儿童节是为了保障全世界儿童的权利。三八国际妇女节是为了争取和平民主,妇女解放而斗争的节日。

我国的现代节日很多,有的尚未形成周期性,如国际风筝节、国际龙舟节等,有的形成了周期性但活动内容单一,影响不大。对此类现代节日我们均不作讨论。这里只就影响大、节日内容丰富的几个节日作一些介绍。

一、元旦

元旦在我国人民心中含有“一元复始”之意。“元旦”一词出自南朝萧子云《介雅》诗:“四气新元旦,万寿初今朝。”由此看出,那时候我国就把元旦看作新年的第一天了。

我国古代“元旦”使用并不统一,夏代为农历正月初一,商代为十二月初一,周代为十一月初一。秦统一六国后,以十月初一为“元旦”一直相沿至清朝末年。1912 年,民国成立,孙中山就任临时大总统,宣布中国改用世界通用公历,从此,农历正月初一称“春节”,公历一月一日为“新年”。1949 年 9 月 27 日,中国人民政治协商会议第一届全体会议将公历一月一日正式定为“元旦”。由于人们习惯把过年与春节联系在一起,公历元旦的节日观念尚不浓厚,广大农村几乎没什么大的活动,城市里一般单位会组织“团拜”活动。“团拜”在古代泛指“打圈拜”,现在泛指团体成员之间在元旦、春节时相聚在一起,互相表示祝贺之意。

如何安排团拜活动也有一些约定俗成的做法。一般有以下这么几种方式：

1.集会式

由所属单位全体人员或代表举行集会。基本仪式如下：

(1)会场布置简朴大方，且充满热烈的节日气氛。

(2)各位领导在主席台上就座，领导代表向全体到会人员作新年祝词，祝词要热情、真诚。

(3)群众代表发言，向领导祝贺新年，并表明来年更加努力工作的决心。

2.茶话会式

适用于企事业单位、统战部门及社会各界代表人物团拜时用。基本仪式如下：

(1)以圆桌会议形式进行，不设主席台，但也应突出主桌。桌上除茶水外，可略备水果、点心、瓜子之类。

(2)领导先向大家祝贺新年。

(3)在座人员开始座谈，内容以互勉提出希望为主。这种会议气氛热烈，能达到沟通思想、交流情感的目的。

3.晚会式

一般在节日前夕举行，由专业或业余的文艺团体演出节目。演出前，领导人员发表简短的新年祝辞。这种团拜形式，主要适用于各级地方政府向当地各界人士及人民群众祝贺新年。随着传播媒介的现代化，多借助于电视传播，效果更好。

二、五一节

五一节是国际工人阶级自己的节日。各基层单位除了张贴节日标语，在本单位正门上悬挂庆祝横幅、彩灯外，各单位还可以安排下面这些活动：

(1)召开纪念大会，表彰先进与劳动模范，这种纪念大会要求隆重、热烈。

(2)举行节日文体活动，各单位可以组织单位职工自演自娱为主的文艺晚会，组织开展各种比赛活动和文娱活动。

(3)在节日前和节日中，筹备举行各种成果展览，目的是弘扬工人阶级的创造精神。

(4)单位领导慰问家庭困难的职工，并尽量帮他们解决实际问题。

(5)五一节国家法定放假三天，对那些坚守岗位的职工，领导要深入车间、工地向他们表示节日的祝贺。

三、国庆节

十月一日是中华人民共和国成立的纪念日。我国人民习惯于一年一小庆，五年、十年要大庆。基层单位围绕国庆节，常常要举行系列庆祝活动。

(1)布置好节日环境。为迎接国庆节的到来，各单位要进行大扫除、张贴标语、挂彩旗，营造浓厚的节庆氛围。

(2)组织开展各种庆祝活动。丰富群众生活，开展爱国主义教育。组织的活动可以是联欢、舞会、游园、比赛、展览活动，也可以组织收看中央重大的庆祝活动的实况转播。有条件的单位还可以组织焰火晚会。

(3)举行慰问活动。国庆节国家法定放假三天，领导要对坚守岗位的干部职工、群众进行慰问。

除了上述节庆外，还有三八妇女节、五四青年节、六一儿童节、八一建军节等，我们都要积极组织和参与相应的庆祝活动，尤其要注意关心妇女儿童的生活，多为他们谋福利、送温暖。值得注意的是，近年来，一些外国节日在我国正呈升温趋势，越来越多的人钟情于圣诞节、情人节等，并相应开展了一系列的节日庆祝活动，一些商家还充分利用这些外来节日来进行商品促销，并取得了较好的经济效益。所以，对于中国人过洋节，我们认为无可厚非，因为这是多年来的中西方文化交流的必然结果。

第四节　外国节日与礼仪

世界上各民族、部落和地区都有自己的节日活动。这些狂热欢腾的节日是时代的镜子、社会的窗口、民族的风貌。它们的形成原因也是千差万别的，或有浪漫的神话般的传说，或反映惩恶扬善的良好愿望和美好追求，或反映人们为独立、自由作斗争的纪念，或反映独具一格的风俗习惯和生活情趣，或反映尊老爱幼的美德等等。所有这些名目繁多、各不相同的节日都是绚丽多彩的世界文化的组成部分。

1. 圣诞节

圣诞节是个宗教和非宗教的双重节日，在欧美各国普遍盛行，并在全世界颇具影响力。圣诞节设在每年12月25日，原先是基督教为纪念耶稣诞生而设立的节日。在节日期间，人们要在教堂里举行隆重的宗教仪式。如子夜时分在教堂举行“子夜弥撒”，庆祝耶稣降生。还要在家里举行丰富多彩的庆祝活动，如扮演圣诞老人，摆圣诞树，送圣诞贺卡，做圣诞食品，点圣诞蜡烛，烧圣诞柴，唱圣诞歌等。互赠礼品是圣诞节的沿袭。孩子们除了从父母那里得到向往已久的圣诞礼物，还热切渴望圣诞老人给他们带来玩具和礼品。

澳大利亚的圣诞节别具一格，独具特色。澳大利亚位于南半球，当西欧国家在凛冽的寒风中欢度圣诞节的时候，那里却是在阳光灼人的仲夏迎接圣诞老人。那炽热的阳光，人们身上汗涔涔的衬衣，与商店橱窗里的雪景，挂满雪花的圣诞树及大红袄圣诞老人形成强烈的对比，构成了世上独一无二的圣诞节日景象。圣诞弄潮也是澳大利亚圣诞节的一大活动，所以孩子们最希望得到的圣诞礼物是一副小水划。节日的晚上，人们到森林里举行“巴别居”野餐，在露天灶中煮一锅有香肠、牛肉、鲜鱼等食品的杂烩。大家在美味佳肴和欢乐的“迪斯科”或“袋鼠舞”中迎接新年的到来。

2.愚人节

愚人节是欧美各国的奇特节日，最早风行于法国，在每年4月1日这一天，人们可以随意造谣、说谎、互相欺骗，玩各种恶作剧以开心作乐。在这天被骗者被叫做“四月的鱼”，寓意就像小鱼一样容易上钩。

3.情人节

风靡欧美各地的情人节，不仅是情人间联络感情的纽带，也是其他人用以表达内心之爱和扩大爱的范围的一个机会。定于2月14日的情人节源于古罗马，最早是为了纪念一位叫瓦伦丁的基督教圣徒，所以又称“圣瓦伦丁节”，后来才逐渐演变为现今意义上的情人节。每当节日来临，青年们就忙着挑选礼物送给心爱的人。其中赠送得最多的礼物是象征爱情的圣瓦伦丁贺卡。

4.狂欢节

狂欢节是欧美各国的传统节日，它由古罗马的农神节发展而来。各国狂欢的节期不尽相同。有的始于圣诞节，但多数国家在二、三月春暖花开之际举行。其中世界公认的“狂欢节之乡”在拉丁美洲的巴西。巴西狂欢节时间定在每年二月中下旬，时间持续三天，是巴西最隆重的传统节日。其中最引人注目的是首都里约热内卢的狂欢节。在整个节日期间，全城披着节日盛装，彩旗飘扬，灯火辉煌。人们着奇装异服，和着桑巴舞旋律，在大街小巷表演各种精彩节目，欢歌笑语不绝于耳。难怪有人称巴西狂欢节为“地球上最伟大的表演”。

5.感恩节

感恩节是美国最古老的节日。它源自1620年一群濒临死亡边缘的英国新教徒，在普利茅斯受到印第安人的鼎力帮助，从死亡之中挣脱，学会了打猎、捕鱼和种植，并于次年获得丰收，为感谢“上帝的恩赐”和报答印第安人而形成的节日。每逢节日，散居在外的人都要赶回家团聚，家家户户吃火鸡、南瓜馅饼。总统和各州州长都要发表献辞，举行花车游行。感恩节至今已有380多年历史，但火鸡和南瓜馅饼仍是节日必不可少的食物。

6.万圣节

万圣节是美国传统的民间节日，时间在10月31日。在节日的这一天，商场的橱窗和住宅的窗前都装饰着假面具和精心刻制的南瓜灯。不让孩子失望是万圣节家喻户晓的传统习惯。在节日的夜晚，最活跃的是青少年和儿童，他们常穿着父母挖空心思缝制的外衣，挨家挨户去敲门，并大声吆喝：“不招待就捣蛋！”一般主人都会微笑着把糕饼和糖送到孩子手中。都说万圣节又叫鬼节，实际上它是快乐有趣的儿童节。

7.母亲节

母亲节是美国人民用来表达对慈母辛勤哺育的崇敬和感激之情。它是由一位

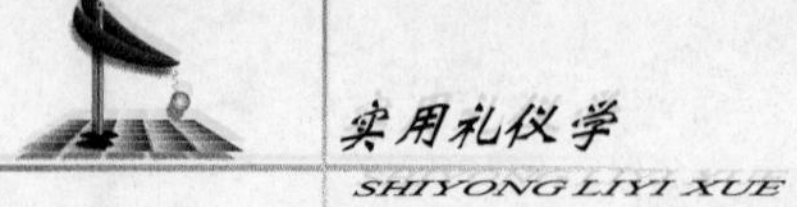

孤儿安娜·嘉维斯创立的。后来得到国会确认,定于每年5月的第二个星期天为母亲节。这天家庭成员都要做各种使母亲欢愉的事情,并向她赠送表达爱的各式礼物以表祝贺。母亲节现在已经成为世界上40多个国家的法定节日。

8.同龄节

同龄节是法国象征团结与友谊的传统节日。每年1月份的最后一个星期日,全市年满20、30、40整岁的男性公民聚在一起,举行游行庆祝活动。同龄人欢聚一堂,载歌载舞,饮酒作乐。他们身着礼服,头戴礼帽,并在帽上佩上表示年龄的不同颜色的彩带。那天,几乎所有市民都在街道两旁观看庆祝活动,同这一天的寿星们共同分享快乐。游行结束后他们举行会餐和舞会,一直狂欢到深夜。

9.阿维尼翁艺术节

阿维尼翁艺术节是法国闻名于世的艺术节之一。最早是为了让戏剧面向广大民众,由让·维拉尔倡导并创立的,每年7月12日至8月14日在阿维尼翁举行。艺术节期间,各国剧团和芭蕾舞团以及交响乐团都汇集在一起,切磋技艺。近几年,艺术节规模日渐宏大,汇集了越来越多的艺术流派,并吸引了爱好艺术的各国观众。

10.啤酒节

每年的九、十月交接之际,世界各地的游客都会云集慕尼黑,因为在这里将要举行隆重而盛大的"啤酒节"。这个有百余年历史的民间传统节日前后持续两周。节日那天中午12点起,慕尼黑市市长在十二响礼炮声中打开第一桶啤酒,拉开了啤酒节的序幕。之后,人们便开始开怀畅饮,而在此之前任何人都不能独自斟饮。

11.主升天节

主升天节是俄罗斯亚美尼亚人的重要民间节日。主升天节是一个宗教节日,但是亚美尼亚的姑娘除了例行的宗教活动外,还有自己的独特活动。她们在节日的前一天晚上把项链、珠子、胸饰等投入到陶罐中,再倒入七碗水,放进七朵鲜花,然后把它放在露天的星光下,以得到上帝的赐福。第二天清晨把纪念品掏出,每掏一件就一起叫声"万事如意"。

12.年节

过年是日本最热闹的节日,又称它为"御正月"。由于最早传自中国,所以其风俗深受中国的影响,但又有鲜明的民族特色。从年前半个月的寄贺年卡开始就笼罩着节日的气氛。人们在贺卡上写上祝贺词,寄给恩师、长辈、挚友、上司、同事等。邮局把年前所有贺卡集中起来,等元旦那天才送到收件人手中。但如果有亲属去世则不收发贺年卡,家人应提前告诸亲友,敬请免送贺卡。从12月20日开始,人们开始忙着准备做年糕。年糕在日本是一种象征幸运的吉庆食物。一家老少围着捣蒸熟的糯米,其乐融融,沉浸在节日的喜庆之中。但是他们很忌讳在29日做年糕,因为日语"九"的发音与"苦"相同,认为在这一天做的年糕会是带来痛苦的"苦饼"。与中国习惯很相似的是除夕夜,吃团圆年饭,围坐守岁。子夜之时,各寺庙鸣钟108响,人们称之为“除夕之钟”。据说这是为了驱除108个魔鬼。新年的一大早，人们陆续到附近寺庙或神社去做一年的第一次参拜，以求新年的好运气。通常人们向神佛捐些香资，烧香求签，以预测一年的年运。从初一开始的新年头三日便是忙碌的“三日贺”。人们要向上司、亲戚朋友、街坊邻居拜年，来来往往，十分热闹。到第五天为止，新年就算结束了，商店开门营业，公司正常办公。

年节在朝鲜是个最隆重的节日。因为与中国唇齿相依，它的许多风俗习惯与中国很相似。在除夕之夜他们贴年画、祭祖、做岁馔和守岁。第二天早上就举行“茶礼”(又称“祭礼”)，亲朋好友互相祝福。除此之外，他们还有两个特别的活动：“送鬼”和“烧发”。在年前扎好的稻草人的里面塞些钱，于年初一早上扔到十字路口，寓意送走魔鬼，迎来吉星，就是“送鬼”。“烧发”就是在初一这天把平常梳头时脱落的头发烧于门外，以避瘟邪。

13.女儿节

日本的女儿节早在江户幕府时期就作为全国五大节日之一被定下来。因为节日要祭偶人，所以又称“偶人节”。又因为日本人把小姑娘灿烂无邪的笑脸视若桃花，所以也称“桃花节”。祭偶人是女儿节的一个最重要的内容。在每年3月3日这一天，人们用土和纸制成偶人，按传统方式放在铺着红色天鹅绒的梯形架上，还配有各式小摆设。偶人的排列是男女成对的，一般取形于天皇、皇后、将军、夫人等，象征着夫妻和睦相处。还要举行形式不同的宴会或联欢会，大家举杯共饮，向女孩们祝贺节日快乐，还祝愿她们茁壮成长。

14.儿童节

5月5日是日本的儿童节，但人们习惯将它作为男孩的节日，所以又称“男孩节”。只要有儿子的家庭都要在这一天用竹竿挂起用尼龙布、纸或塑料制成的各式空心鲤鱼。挂几条鲤鱼旗，其中大的鲤鱼旗代表大男孩，小的代表小男孩，还在竹竿挂上五色彩带。节日的这一天，多数家门口的鲤鱼旗和彩带映着五月的蓝天，汇成了一幅幅动人的鲤鱼嬉水图。

15.宋干节

宋干节是泰国盛大的传统民族节日，定于每年4月13至15日。在节日里最重要的活动是“浴佛”盛典。那天清晨，善男信女提着鲜花、斋饭到寺院施斋。和尚们用桃枝蘸香水洒在人们头上。然后将佛像从宝座上搬到院子里用香水淋洒，浴佛，以去邪除恶，祈求吉祥。下午人们开始泼水比赛。将泡有花瓣的香水洒在手掌中，以祝长寿健康。每家每户都备有这种圣洁的水，每当行人路过，就泼水祝福，而且泼的水越多，祝福也越多。

16.水灯节

水灯节在泰国阴历12月15日举行。起初它是用来喜庆丰收、感谢河神的节日。节日的晚上，人们拿着五光十色的水灯和花束，从各地聚集江河两岸，漂放和观看水灯。在河上满载游客的船只穿梭其中,敲锣打鼓,好不热闹。现代的水灯节,还增添了新的寓意,不仅是人们庆丰收、谢河神,而且还是青年男女追求爱情和祈求佛祖保佑的好时机。

17.春节

春节在泰国既是民族节日,也是宫廷大典之一。泰国是一个农业国,十分注重农业生产。每年泰历5月,都要举行由国王亲自主持的春节,以求风调雨顺,农业丰收。春节的举行,首先是让披五光十色饰物的一对套犁耕牛选吃事先准备好的稻米、玉米、豆子、芝麻、酒、水和青草等七种食物,哪种食物被牛吃了,就预兆着哪种食物当年将要丰收。接着农业大臣耕田三圈,撒播种子。此时围观人们都抢着拾神圣的种子,拿回家去播种,以求丰收。

18.蒙面节

蒙面节是印尼亚西斯玛特人的重要节日。在节日里人们穿着奇异的服装。他们鼻上别猪骨针,头上插着鸽子羽毛,佩戴藤叶编成的耳环。在节日的序幕中,妇女可以用骨质匕首、鱼叉、棍棒追打男人,男人却不能做出任何反击行为,最后才派一代表向妇女求饶。节日的主要活动是三个人扮成鬼魂,在村子里挨户祈求食物。他们从头到脚都裹着藤条和棕榈叶编制的衣饰,据说这是象征着在争斗中死去的村民的鬼魂来看望家人。

19.努鲁兹节

努鲁兹节是伊朗的所有节日中最为隆重的,定于伊朗历的新年(公历3月21日)。因"努鲁兹节"是一年之始,又是春天的开始,所以历来为伊朗人所重视。在节日的喜庆氛围中,与东南亚许多国家过年的习俗相似,他们也要进行大扫除、穿新衣、拜年、守岁等传统习俗。与众不同的是他们还将苹果、绿色作物、醋、蒜、麦芽粉甜食、漆树属植物和沙枣秧等七种食物放在桌上或地毯上,来预祝在新的一年里幸福平安。在波斯语中这七种食品的名称均以字母"新"开头。

20.惠风节

埃及惠风节的时间定于每年春暖花开的四月。它在阿拉伯语中是闻、嗅和风的意思。在节日那一天,人们都是一家老少到郊外去踏青,呼吸清新的空气,享受春意盎然的阳光。人们着节日盛装在尼罗河畔、金字塔下、田野里、公园内尽情地唱歌跳舞,玩牌打球。年轻人还戴着彩帽,拿着纸风车,穿梭在众人之中,到处呈现一片节日欢乐的景象。按传统习惯,一般他们都要吃鸡蛋、大葱、腌鱼和生菜。埃及人视鸡蛋为神圣之物,在节日里吃鸡蛋,馈赠亲友,象征着吉祥。相传,假如不吃鸡蛋的话,眼珠就会凸出来。他们还视鱼为吉利之物,节日里吃顿鱼,将给家里带来一年的平安幸福。

第十一章

习俗礼仪

世界上各个国家和民族都有着自己独特的交际习惯，外来人一时很难了解。如果对方的礼节、习俗与你相去甚远，你将处于非常不利的地位，失礼与冒犯的可能性就会非常大，有时还会闹出笑话。据说有一位美国妇女参加美国和平队到多哥工作，她到市场上看到一串漂亮的珠子，就买下来并把它挂在脖子上，兴致勃勃地去参加当地举行的招待会。人们看到她脖子上挂着这串珠子项链，哄堂大笑起来，她自己却莫名其妙。通过了解才知道，原来当地人把这种珠子串起来是系内裤用的，不能用作颈部装饰，难怪人们会笑这位妇女，使她处于尴尬的境地。小的失礼也许不会带来什么麻烦，但是如果有大的失礼或者无意中侮辱了对方，你是不会受到宽恕的。因此，我们十分有必要来了解世界各国的一些礼节和风俗习惯。

早在17世纪，我国杰出科学家宋应星在《野议·风俗议》中说："风俗，人心之所为之。人心一趋，可以造成风俗；然而风俗改变，亦可以移易人心。是人心风俗，交相环转者也。"可见，民族风俗在社会生活中起着不可忽视的作用。第一，可以助团聚、促和睦、利互助、增礼仪，增进人与人之间的交往。如中国传统的中秋节，月圆之时万家团聚，促进了家庭的和睦相处。第二，可以巩固和强化家庭、民族、国家的观念。如图腾崇拜，就曾是维系民族的纽带。第三，"入境问俗，入国问禁"，在互相理解的基础上，促进了不同文化体系、不同生活习惯的民族之间、国家之间的交往与合作。

实际上，在不同的文化体系背景下产生的民族风俗，存在着极其巨大的差异。我们习以为常的事，在有的民族则是人们所忌的，而我们心目中的"陋习"在其他民族的人看来也许是天经地义的。因此，在公关活动中尊重各国各族人民的风俗习惯，实际上是尊重各国各族人民。

第一节　我国主要少数民族习俗礼仪

我国是个多民族国家。除汉族外，全国现有55个少数民族，分布区约占全国面

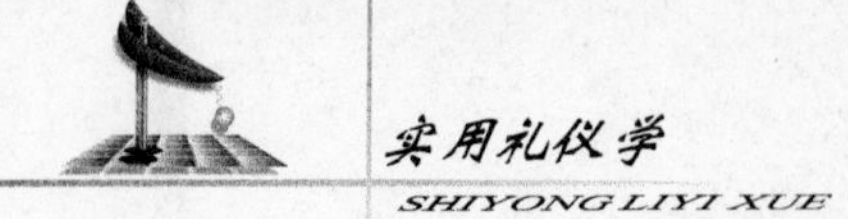

积的50%到60%,东北、西北、西南比较集中,多与汉族交错杂居。由于地理环境与社会文化两大因素的影响,每个民族仍保留着自己传统而独特的风俗习惯,甚至在同一个民族中,居住地区不同,发展进程不一,习俗也不完全相同。

一、东北内蒙地区习俗

目前,位于我国东北地区黑龙江、吉林、辽宁3个省份的少数民族主要有6个,分别是满族、朝鲜族、赫哲族、达斡尔族、鄂温克族和鄂伦春族等。蒙古族则主要居于内蒙古自治区内。满族、朝鲜族和蒙古族为我国东北、内蒙古地区内主要的少数民族。

1.满族

满族是一个历史悠久的民族,大部分聚居在东北3省。虽然由于长期与其他民族杂居使满族生活习俗有了较大的变化,但在一定程度上仍还保留着自己特有的生活习惯。

满族极重礼节,讲礼貌。平日相见都要行请安礼,若遇长辈,要请安后才能说话,以示尊敬。最隆重的礼节为抱见礼,即抱腰接面礼。一般亲友相见,不分男女均行此礼,以表亲热。家居内一般均设有“万字炕”(即房内西、南、北三面都是土炕),西坑被视为最尊贵之处,用以供奉祖宗,故不可随意乱坐。每家庭院的影壁后都立有一根四五米高的“索伦杆”,为每年祭祖时所用。挂旗也是满族盛行的一种风俗。旗亦叫门笺、窗笺。春节时家家户户都要在门楣上、窗户上挂旗,有的还贴上对联,以增添节日气氛。

满族由于生活环境的不同以及与汉族的频繁交流,饮食习惯与汉族有些相似,如吃大米、小米、面食等,但仍有自己的特点,如喜吃甜食。过节时吃“艾吉格饽”(即饺子),农历除夕时,要吃手扒肉等等。还保留了饽饽、汤子、萨其玛等有本民族特殊风味的食品。满族人忌吃狗肉,也不戴狗皮帽子。

2.朝鲜族

居住在我国境内的朝鲜族,主要分布在东北三省,多聚居于吉林延边朝鲜族自治州,少量散居全国各地。从19世纪中叶由邻国朝鲜陆续迁入我国后繁衍成一族,他们在服饰装扮、生活起居、文体活动等方面都独具特色。

朝鲜族自古就有尊老爱幼、礼貌待人的优良习惯。老人在家庭和社会上处处受到人们的尊敬,还有专门为老年人设立的节日,十分隆重、热闹,每年都要举行。在家庭内部,祖辈是最受敬重的,儿孙晚辈都以照顾体贴老人为荣。朝鲜族是一个能歌善舞的民族,尤其是在他们聚居的延边朝鲜族自治州,素有歌舞之乡的美称。每逢节假日和喜庆日,都可以看见朝鲜族群众载歌载舞、欢腾跳跃的活动场面。该民族的歌舞艺术具有悠久的历史传统和十分广泛的群众基础,无论男女老少,不仅能唱会跳,而且还十分酷爱传统体育活动。每逢年节,朝鲜族人民都要举行规模盛大的民族运动会，进行秋千、跳板、摔跤以及足球、排球比赛。最精彩的要数秋千和跳板两个项目，参加者都是本族妇女。

冷面、打糕、泡菜和明太鱼都是朝鲜族人十分喜爱的食物，另外他们还有喜吃狗肉的习俗。一种名叫"麻格里"的家酿米酒是朝鲜族常用来招待客人的，味似我国江浙所产的黄酒。

3. 蒙古族

我国的蒙古族人民世世代代生活在我国北部的大草原上，大多从事畜牧业，他们的生产、生活与草原和牛羊息息相关。

"大年"和"小年"是蒙古族比较重要的两个节日。"小年"是在腊月二十三日，又叫"祭灶"，是送火神爷的日子，家家户户要在灶神前烧香、敬贡。蒙古族的"大年"叫查干萨勒，意为白色的新年。按民族习俗，过"大年"时要拜两次年。守岁团圆饭和节日盛装是过"大年"时不可缺少的。然而蒙古族的传统盛会与节日要数每年七八月间举行的"那达慕"大会，其内容包括传统的射箭、赛马和摔跤比赛。届时，当地牧民都身穿节日盛装，带着蒙古包和各种食物，从四面八方赶去参加，场面十分壮观。

"敬古壶热"(鼻烟壶)是蒙古族一种古老的习俗。"古壶热"就是鼻烟壶，一般都系在腰带上，当知心朋友相见时，两人面对面跪坐，口里叫着"赛拜罗"(你好)！边握手边递给对方自己的"古壶热"。双方交换烟壶，吸过以后，再互换回来，以表示礼貌和友善。有贵宾到来时，蒙古族人必设整羊席款待之。

日常生活中他们的传统仪器分为白食(牛、羊、马的奶制品)和红食(牛、羊等牲畜的肉食品)两种，白食待客是最高的礼遇，因为在蒙古族，白色象征崇高和吉祥。此外，喝奶茶、吃炒米也是蒙古族饮食习俗之一。

二、西北地区习俗

西北地区有多个少数民族，大多集中于宁夏回族自治区和新疆维吾尔自治区境内，如维吾尔族、东乡族、土族、撒拉族、保安族、裕固族、哈萨克族、柯尔克孜族、锡伯族、乌孜别克族、俄罗斯族和塔塔尔族等，其中以维吾尔族、哈萨克族人数相对集中。

1. 维吾尔族

"维吾尔"是民族自称，系团结和联合之意。这个古老的民族主要聚居在我国新疆维吾尔自治区，其中有的维吾尔族人居住在南疆。他们的衣、食、起居等生活习俗具有独特的民族风格。

维吾尔族素有歌舞民族之美誉。优美、轻巧、快速、多变的歌舞是他们文化生活中不可或缺的重要内容。维吾尔族人民最喜爱也是最惊心动魄的体育技艺叫"达瓦孜"，即高空走大绳，要求表演者具有娴熟的技巧和超人的胆量。另一传统游戏"沙哈尔地"也极为流行，这种空中转轮游戏一般在每年的春秋或举办婚礼时进行。人随着轮子的转动忽高忽低，极为刺激，因而成了深受众人欢迎的活动。

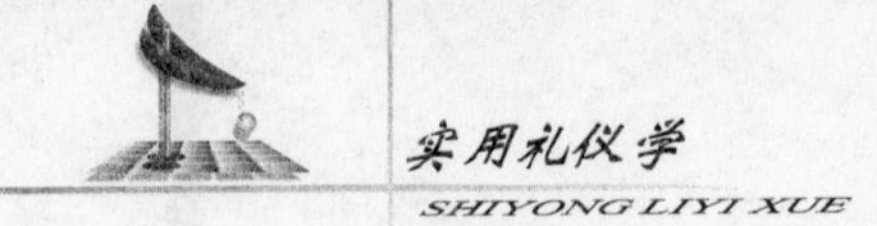

在节日或喜庆的日子里，维吾尔人总是以独具风味的民族食品——抓饭来招待客人。抓饭是用蔬菜、水果及肉类做成的甜菜饭，烤羊肉串则是维吾尔族最出名的风味小吃。

2. 哈萨克族

哈萨克族具有悠久的历史。全族主要分布在新疆维吾尔自治区，青海、甘肃两省也有一部分。哈萨克族牧民绝大多数过着游牧生活。他们信仰伊斯兰教，这对他们社会生活的方方面面都产生了较深的影响。

哈萨克人能骑善猎，能歌善舞，充满着乐观精神。每逢节日或喜庆日子，牧民们都要在草原举办"阿肯"(哈语，即民间歌手)弹唱会。这是一种具有哈萨克族独特风格的活动。弹唱会一般要进行好几天，会上当然少不了"姑娘追"、刁羊、赛马等传统活动。

哈萨克是个非常讲究清洁卫生的民族。他们没有席地而睡的习惯，主人的床不能随便坐卧。哈萨克族有许多良好的卫生习惯是很值得推荐的，诸如饭前便后洗手，喜欢冲洗、浇淋而不愿用脸盆、脚盆一类的器皿等。热情好客是哈萨克族的又一特点。对于所有来访者，他们都会以礼相待。哈萨克族还有许多特有的礼俗，如见面时，或右手抚胸躬身，或握手致意，道一声"夹斯克么"(哈语，问好)。吃东西前，主人会提一把"阿不都瓦壶"(一种长颈铜瓶)请你洗手。对那些用手拿着吃的东西，不能用鼻子去闻等等，规矩甚多。

三、西南地区习俗

西南地区是我国少数民族最为集中的地方。那里有藏族、门巴族、珞巴族、羌族、彝族、白族、哈尼族、傣族、傈僳族、佤族、拉祜族、纳西族、景颇族、布朗族、阿昌族、普米族、怒族、德昂族、独龙族、基诺族、苗族、布依族、侗族、水族、仡佬族等25个民族，散布于四川、云南和贵州三省及西藏自治区境内，一同组成了我国西南地区的民族大家庭。其中藏、彝、白、傣、苗、侗等民族的人口均已逾百万。

1. 藏族

历史悠久的藏族主要分布在西藏自治区以及与它邻接的四川、青海、甘肃和云南等省的部分地区。由于居住在高山地区，藏族的生活习俗多与高山环境有关，又因为大多藏民信奉喇嘛教，故他们的生活习惯等也受到喇嘛教的影响。

藏族献"哈达"、唱酒歌的礼节广为人知。在迎接宾客时，将白色的"哈达"(也有浅蓝或淡黄色的)赠送给对方，表示敬意和祝贺。送别时，则常要敬酚(一种用青稞酿成的酒)、唱酒歌，并将"哈达"围在对方的脖子上，同时相互亲切地碰额头，以示眷恋与祝愿。

藏族的节日很多，藏历年是其中最隆重的传统节日，好似汉族的春节。藏民们一般从藏历十二月初就开始做各种准备，大扫除、酿青稞酒、炸果子，摆上染色的麦穗和用酥油花塑的羊头等物品,忙至二十九日晚的团圆饭。按藏族的传统习惯,大年初一不外出,全家团聚举行家庭式的新年仪式,一起喝青稞酒、吃酥油煮熟的人参果,共度新年。过年期间,各地都表演藏戏,跳锅庄舞和弦子舞。还要举行角力、投掷、拔河、赛马和射箭等各种比赛活动。另外,雷顿节(也称藏戏节)、沐浴节也都是藏族传统节日,每年都吸引着数以万计的藏民前去参加。

藏族的饮食在牧区和农区稍有不同,但吃青稞面、酥油茶和牛羊肉、奶制品的嗜好都是共同的。

2.彝族

彝族是我国西南地区人口最多的一个少数民族,主要分布在云南、四川、贵州、广西等省(区)。四川凉山彝族自治州是最大的彝族聚居区。远在两千多年前,彝族的先民就在西南地区繁衍生息。在漫长的历史发展过程中,彝族人民创造了灿烂的文化。在农牧业和天文、历法、气象等方面都积累了丰富的知识和宝贵的经验,他们的生活习俗等亦有其民族的独特性。

"火把节"是彝族的传统节日。一般是在农历六月二十四日前后举行。四川大凉山一带的彝族人民过火把节要欢度三天。三天中各村寨都要杀牛宰羊,吃"坨坨肉",即将牛羊肉切成大小均匀的坨坨,然后煮熟了吃。彝族饮食习惯以粮食为主,爱吃各种面食,如包子油饼,也喜吃盐和红辣椒。

3.白族

白族自称"白尼"、"白子",即白人的意思。1956年正式定名为白族,主要聚居于云南省大理白族自治州。白族地区的大理三塔、大理三月街以及蝴蝶泉的神奇景观等都是闻名遐迩的。

大理三月街是白族人民的重大传统节日,当地人叫"街子"。每年农历三月十五日至二十日,人们装扮一新,欢天喜地地来到苍山脚下庆贺佳节。最初的三月街有宗教活动的色彩,现已成为大理地区各族人民的贸易盛会。赶街的除白族以外,还有彝、藏、傈僳、纳西、怒、回和汉族等许多民族的人民群众。届时人们涌向街场,纷纷选购自己需要的用品,也把自家的土特产带去出售。街场附近还设有电影、戏剧、球类等文娱场所。各族人民在盛会期间还要进行传统的赛马、射箭、舞蹈等活动。

白族人民在生活中很重"六"的礼俗。在他们的观念里,数字"六"有尊重吉祥之意。因此,相互馈赠都以"六"为标准。如男方的订婚彩礼无论是钱还是物,都需带"六"字,如60元、160元或360元,否则再多女家也会不高兴。

白族的饮食习惯与众不同,喜欢吃酸、冷、辣的食物。凡请客或过年过节时,有个规矩就是不分四季早晚,第一道菜一定要凉拌酸味菜。在过年过节时,白族还喜欢吃生肉,称之为吃生皮。有的地方还喜爱生吃螺蛳。此外,白族的饮茶习俗也很特别,他们爱喝色如琥珀、清香味醇的烤茶,每天早上和午间各饮一次。

4.苗族

苗族属于我国人口较多的一个少数民族,多数苗族人居住在贵州省境内,另外在湖南、云南、四川、广西、广东、湖北等地也有一部分。大杂居、小聚居是苗族分布的特点。由于地域的不同,苗族的一些生活习俗也不完全一样,生活习俗各有特色。

每年农历二月初二的敬桥节是苗族颇有意义的传统节日。敬桥节最热闹的活动之一要算踩芦笙。狂饮狂欢的人们以酒桶和芦笙队为中心,转成几圈,踩着芦笙的节奏一起踏脚摆手,以此为舞。一般从午后开始,持续到天黑结束。龙船节也是苗族村寨十分重视的节日。每个村寨都有自己的龙船,是由杉树独木舟制成的母船与子船相并而成的,做工十分精细,上面的彩绘也非常精美。农历五月间比赛时,鼓师敲起鼓点,水手们唱起龙船歌,在江中穿波破浪、奋勇争先。一条条龙船宛如真龙在江面飞掠前进,两岸的人群欢声雷动,助威声、欢笑声响彻天空,场面极为壮观。除此之外,苗族还有一些非常有趣的传统文体活动,如斗牛、爬坡杆、跳鼓和滚芦笙唢呐等。这些活动极受苗族人民的欢迎。

苗族历来有吃酸食的习惯。家家都备有酸坊,制作酸鱼、酸肉、酸菜及其他酸性食品,这些酸食还是他们待客的独特风味菜肴。

5.侗族

侗族人民主要居住在西南地区贵州、湖南和广西等省(区)毗邻的地方。那里山峦重叠。侗族的村寨就分布在那风光如画的山谷里。

侗族人民十分好客,用打油茶敬客是侗家特有的习俗。女主人将第一碗油茶递给贵客或年长者,以示敬意,然后分送给其他的客人,待主人说一声“请”之后,客人才能开吃,吃时只用一只筷子。按侗家的规矩,吃油茶每人至少三碗。若不足三碗主人会不高兴,认为是瞧不起他。当你吃够三碗不再要时,要把筷子架在碗上,否则女主人会不断给你盛来,直到你把筷子架到碗上为止。

每年农历二月初三“花炮节”由来已久。节日中的主要活动抢花炮,是侗族人十分喜爱的传统体育活动,一般在河滩或空旷的场地上举行。传统的抢花炮以队为单位参加,队数和人数均不限。比赛时间也不限,直至将铁环送回花炮台为止。先送到者为优胜。抢花炮不仅是侗族人民表达良好愿望的一种形式,而且能锻炼体质,培养集体主义精神,因而经久不衰。另一项传统体育活动哆毽,也是侗族男女青年所喜爱的。侗族的哆毽与汉族的打羽毛毽相似,但不用拍子,而是用手打。以打得最高最远、接得最稳、落地最少者为优胜。

侗族的饮食有自己特有的习惯。他们以大米为主食,但吃法较为特别,一般是煮熟以后用手边捏边吃,捏得越紧越久越好。喜食酸食也是侗族的一大饮食特点。腌鱼和腌肉是他们最喜欢的食品,也是侗家的风味菜。和许多民族一样,侗族人也非常喜欢饮酒,以自制的重阳酒最好。

四、中南东南地区习俗

我国中南东南地区的少数民族在种类上虽无法与西南地区相比，但它却拥有我国人口最多的少数民族——壮族。另外，瑶族、仫佬族、毛南族、京族、土家族、黎族、畲族、高山族的人民也在这片土地上生产生活，世代相传。除壮族外，这个地区还有土家、瑶、黎等族在人数上占有相对的优势。

1. 壮族

壮族是我国少数民族中人口最多的一个，其中90%以上的人口分布于广西壮族自治区。柳州、百色、河池和南宁是他们的聚居之地，另外还有少部分分布于云南、贵州、广东和湖南等省境内。该民族历史悠久，情趣多样，独具风采。

壮族素来喜爱唱歌。农历三月初三俗称“三月三”，是广西壮族举行歌圩的日子，因而这天被称为歌圩节。“歌圩”是外族人给壮族定的汉名，壮语叫“窝埠坡”，意思是到田间去唱歌。节日这天壮族青年男女盛装打扮，云集到山头旷野和竹林草坡，即兴对唱山歌。歌圩上，歌声此起彼伏，从白天到深夜，整个大地仿佛都沉浸在歌声笑语的海洋里。在对歌的同时，还举行抛绣球等有特色的活动，借之助兴。

壮族，喜欢吃糯米饭。每逢节日家家户户都要做一种叫“五色饭”的花糯米饭，并且相互馈送，以表示祝福。壮族人民在节日里还有做五色蛋的习惯，他们将染成红、黄、紫等五色的熟鸡蛋、鸭蛋或鹅蛋串成一串，挂在孩子们的脖子上，祝愿风调雨顺、五谷丰登。

2. 土家族

土家族主要分布在湖南省湘西土家族苗族自治州和湖北省的西南部恩施山区的一些地方。土家族虽然历史悠久，但由于受汉族的影响较早、较深，因此他们的风俗习惯等与汉族已大体相同，只是在一些较为偏僻的地方，还保留着本民族原有的一些习俗。

土家族也过年，但与汉族不一样的是，他们要过两个年，除了过年三十，农历腊月二十九也是过年的日子。按土家族习俗，全家在吃团圆饭时，一定要有坨坨肉和合菜，以示他们没有忘本，并以此敬奉他们的祖先。有的地方的土家族过年时还有一种有趣的习俗，就是给大公鸡献花，如湖南、广西相邻的土家山寨，春节正是映山红盛开之时，姑娘们都要采摘许多映山红美化居室，并要把最好看的一枝插在鸡窝上，送给每日司晨的大公鸡。

土家族过年叫玩年。玩年时，不仅要跳“社粑粑”，演“茅故事”，而且还要举行摆手舞会。摆手舞土家话叫“舍日巴”，这是土家族非常流行的一种古老舞蹈。每年春节的摆手舞会，从正月初三开始举行到正月十五为止。期间，众人聚集在摆手场，击鼓鸣锣，以摆手唱歌为乐。夜间，摆手场四角的熊熊火炬将场地照得通明，那种热烈的气氛是可想而知的。

3.瑶族

瑶族人分散居住在广西、湖南、云南、广东、贵州等省(区)的深山密林中,素有“五岭无山不有瑶”之说,被称为“登山唯恐山不高,入林唯恐林不密”的民族。该民族虽已有两千多年的历史,但至今仍保留着本民族所特有的生活习俗。

瑶族人民十分诚恳、朴实。他们素以拿别人之物为耻,路不拾遗的良好行为在瑶族触目皆是,这常常令外族人称羡不已。

达努节历来就是瑶族人民一年中最大的传统节日,节期为每年农历五月二十六至二十九日,最后一天最为隆重。节日盛装、鸡鸭牛羊和优质米酒是家家户户必备的。村村寨寨还要摆歌台,设铜鼓或对歌跳舞,或走村串寨访亲问友,热闹异常。“擂公”是瑶族人民在喜庆节日中必有的活动项目。“公”是瑶族独具风格的长腰鼓。擂公时,左手的短棍和右手的五指相继有节奏地拍击长鼓的两端,鼓声咚咚,情趣盎然。“擂公”是瑶族比较古老的传统舞蹈,又是瑶族人民喜闻乐见的民间体育活动。

瑶族款待贵宾常用鸟酢,即用鸟肉做成的食品。它是广西大瑶山地区瑶族的一种独具风味的佳肴,也是他们待客的山珍美味。

4.黎族

黎族全部居住在我国美丽富饶的海南岛上。其中有90%以上聚居在海南黎族苗族自治州境内。

勤劳的黎族人民能歌善舞,逢年过节,当地群众都要进行“跳竹竿”表演。表演开始时,在锣鼓和音乐声中,持竿的青年男女按节拍开合手中的竹竿,跳竿者随竹竿的开合在竿间欢快跳跃,动作舒展优美,围观者则不时鼓掌、呐喊助威,发出“捅考!捅考!”(即“加油!”)的叫声。许多年轻人把“跳竹竿”视为择偶求婚的好机会,从不轻易放过。

过去,黎族妇女一直保持着传统的黥面文身的习惯。除衣裙遮盖的部分以外,全身裸露处都要文。文身大都由村寨中比较有经验的老年妇女担任。据说这种黥面文身是黎族先民传袭的习惯,他们认为这是一种美的象征。对这种古老传统习惯,现在多数年轻人则不屑一顾。

嚼槟榔是黎族人的一种习惯,尤其是妇女,最为嗜好。黎族的不少习俗也与槟榔树有关。如生了孩子,要在门前种一棵槟榔树,这树是正直、高尚的化身。不仅如此,黎族以往还将槟榔视为男女青年的定情之物。

黎族不吃生的东西,对青蛙和蛇却有着特殊的偏好。还有一种男女老少都爱吃的传统菜叫“腩杀”,虽然此菜又咸又酸,但只有客人到来时才以此相待,平日黎族人自己还舍不得吃。他们认为这是祖辈传下来的生活方式,谁能吃才是黎家的知心人。

第二节 欧美国家习俗礼仪

一、英国

嗜茶是英国人饮食习惯中独具一格的方面。对于多数人来说，喝茶不过是一种生活需要，但英国人却认为，喝茶是一种必不可少的享受。每到上午11时、下午4时便是他们固定不变的“上午茶”和“下午茶”时间。只要这个约定俗成的时刻一到，无论是高官显贵，还是平民百姓，都会放下工作，然后手捧清茶一杯，慢慢地体味其中的乐趣。英国人不仅在约定的时间享受喝茶的乐趣，在其他的休息时间也是争分夺秒地喝茶，难怪有人称“英国人是最懂得享受人生的人”。

英国人的传统食品是布丁、鱼和馅饼。其中布丁是他们最喜爱的食物。在通常的宴席上，当布丁上桌时，人们都是立即动手吃掉，因为布丁趁热吃味道最佳。布丁的制作方法是将面粉、牛奶、鸡蛋、水果混在一起煮熟。布丁虽说是英国人最爱吃的，但鱼也是他们食谱中的常菜。在英国人的餐桌上，主料是鱼的菜肴可以说品种繁多，层出不穷，其中炸鱼加土豆片便是众多鱼制品中最著名的一种。另外，英国人还喜欢吃馅饼，有一种康瓦尔馅饼因其工艺绝佳，被人们以郡名来命名。

英国人还有一个传统爱好——饮酒。啤酒是英国人喝得最多的酒，而素有“液体金子”美称的威士忌更是让人畅怀痛饮。英国人对酒的偏爱，促进了酒店业的发展。为给这些饮酒爱好者提供方便，难以计数的酒吧、酒馆林立在街道两旁。独具匠心的各酒店招牌便成了英国大街上的一大特色风景。

男子穿裤、女子着裙是许多国家的通常习惯，而苏格兰男子却爱穿一种用花格子呢制成的短裙。这是一种有着历史意义的古老传统服装。这种从腰部到膝盖的短裙，布面被设计成连续而完整的方格，像我国妇女夏天穿的“百褶短裙”，只不过它在前面还带有一块椭圆形的垂巾和很宽的腰带。除了这种传统的短裙外，英国人一般穿做工精细的西服及适用于不同场合的礼服。英国人在服饰上不讲求新颖、奇异，所以在着装上缺少时尚的变化。但在量体裁衣上却堪称世界之最，其服装的做工之精，可以与法国服装相媲美。

与世界各国变化多端、色彩缤纷的女子服装相比，英国妇女的服装要略逊一筹，实用美观而又经济实惠是她们着装的出发点。英国前首相撒切尔夫人熨裙子的习惯就很好地说明这一点。虽然身为首相，但是着装却既美观又简朴。她每次熨套裙时，从不把褶熨死，以便下次变换式样时跟上流行节拍，从而节省新做一套的花费。

二、法国

中国人说“吃在广州”，而西方人则称“吃在巴黎”。可见，法国不仅历史悠久，而且还有誉满全球的美酒佳肴。著名的阿巴贡有这样一句名言:人活着不是为了吃饭。但法国人认为吃不好就不是生活,所以他们非常讲究吃,就餐是他们的一大快事。

法国素有"奶酪王国"之称。虽说奶酪在法国是极普通的食品,在蜚声世界的法国食品中,像安徒生童话中的丑小鸭似的不被重视,但它却是法国人最爱吃的食品,在食品消费总量中所占比例最高。在法国,其大菜闻名世界,花样繁多,但主食却较单一,主要是面包。当然面包的种类很多,有价廉物美的棍形面包、巧克力夹心面包、鸡蛋牛油面包。

都说英国人是饮酒好手,但在有"饮酒冠军"之美称的法国人面前就相对逊色了。在法国有一种蔚然成风的饮酒习俗,他们把酒作为饮料,就像英国人喝茶一样普遍,其喜爱喝酒的程度可以从谚语"酒已取出就得喝"中明显看出。但在什么条件下喝,餐前还是餐后,都有严格的讲究。比如波尔多红葡萄酒,饮用前必须先滗去沉淀,还要使酒瓶开着,使酒尽可能地与空气接触,直到与室温相同才饮用。

巴黎服装业由来已久,是欧洲服装业的时髦之都。它以精湛的设计艺术、高超的创作工艺和女模特儿的浪漫表演闻名于世。

法国人天生有一种罗曼蒂克精神,衣着对于法国人来说绝不是一件遮体布料。法国女装自一代名师保尔·布瓦列特提出"把妇女从紧身胸衣这个暴君中解放出来"以后,强调的是一种体现人体自然姿态,实用性、个性化和艺术性相结合的服饰。其服饰的样式日新月异,超短裙、嬉皮士服、皮茄克、圆领衫、牛仔服、羽绒滑雪服、太空服、宇宙服相继出现并流行于法国街头。这种纷繁的样式充分体现了法国人自由浪漫的艺术气质。但它的自由浪漫不同于美国人实用性的目的,它是建立在传统艺术的基础上的。

男装除以西装套服、燕尾服为正式礼服外,还有充分体现健与美的运动服,充满自然情趣的猎装,以及舒适随便的休闲服。

三、德国

德国人对吃不太讲究。他们的早餐、午餐都比较简单,晚餐才较丰盛。时逢节日或亲友来访,他们一般都要办宴席。宴席的饭菜非常丰富,一般包括主菜前的开胃小吃和甜烈酒,餐中有一道汤,鱼和葡萄酒,肉菜、白葡萄酒、红葡萄酒和葡萄汽酒,餐后甜点心,奶酪和水果,浓圆咖啡和甜烧酒。主菜前的小菜有一条规则,即汤前上凉盘,汤后上热菜。在餐桌上放置着的水果,一般是不能用手直接去拿,而应用叉子叉起来吃。

有趣的是德国人的国菜既非山珍海味,也不是精心烹制的,而是一锅杂烩。"杂烩",顾名思义,即可知它的制作方法,它是将肉块、土豆、蔬菜甚至面包片在一只锅里大煮特煮。若加上一条大香肠,那就更是锦上添花。有的美食家认为,过夜的杂烩加热后再吃,味道将更加鲜美。

德国人喝啤酒是世界上有名的。啤酒在他们看来是一种解渴饮料。他们对葡萄酒也很感兴趣,而且非常讲究吃的规则。如吃饭时应先喝啤酒,再喝葡萄酒,要是顺序反过来的话,就认为是有损于健康的。

德国人的服饰,其民族特色并不显著。只是少数几个地区在服装方面有些独特的风格。比如巴伐利亚州的民间服饰,头戴小呢帽,帽上插一枝羽毛,这是巴伐利亚州男子服饰的特征;妇女多着敞领上衣和以红、绿、白为主的彩色裙子。而北方的汉堡人,以戴一种小便帽为标志。联邦德国总理施密特常常戴着汉堡小便帽。

与服饰的民族特色不显著形成强烈对比的是德国人非常讲究整洁。人们工作时穿工作服,下班后也非得穿戴整齐后才上街。如果出去做客,那么对服装就更讲究了。去看戏剧,参加上层社会或社交界的正式宴会,女的要穿长裙,男的要穿礼服,如果不穿正式礼服,那么至少要穿深色服装。

四、俄罗斯

俄罗斯是个多民族的大国,不同地区的不同民族,其饮食习惯也存在差异。最具特色的是以下几个民族:

被人称为"吃土豆的人"的白俄罗斯人特别爱吃土豆,几乎每日三餐都离不开土豆。他们称土豆为"第二面包"。

生性豪迈、热情好客的亚美尼亚人,用制作讲究的烤羊肉来宴客。宴会上,宾主围着火堆,吃着味美肉嫩的羊肉,边喝边跳,以羊角装酒,相敬而饮,直至深夜而散。

布里亚特人的饮食习惯很奇特,他们用木碗盛饭菜,用手抓饭,而且木碗用完后,用舌头舔干净,以备下次盛用。

以牧羊为主的土库曼人,生活的许多方面都离不开羊。不管是做饭还是做菜都离不开羊肉及其制品。他们尤其珍视羊头、羊脚和脑髓,所以常以羊头、羊脚来招待尊贵的来宾和长者。

五、美国

想到美国西部牛仔那随便潇洒的穿着,可以想像美国人的饮食也是比较随意的。的确,随便是美国饮食最大的特点。

汉堡包久负盛名,作为美国人的主食之一,它最早却是出现在德国,于19世纪50年代随着德国移民漂洋过海到了美国大陆。在近百余年的演变中,汉堡包已成为美国餐业的"主角"。人们的通常吃法是在圆面包的两半中,夹些芥末、混合调味酱和其他调味品,并配以莴苣、洋葱、番茄、腌菜。另外,在餐桌上常见的奶酪包,其实也是汉堡的一种,但它的制作方法与汉堡包不尽相同。奶酪包是将溶化的奶酪涂在肉饼上,不过肉饼用的馅倒是与汉堡包十分相似,是用肉和剁碎的洋葱、香料和面包屑调味而成的。奶酪包与汉堡包皆属汉堡系列，但两者却各有特色，各有风味。还有经常出现在美国人餐桌上的食物——三明治，它以汉堡包中夹些肉片、奶酪为主要形式。由于三明治制作简便，易于携带，配方又变化无穷，种种的优点博得了美国人的喜爱。

还有一种颇能体现美国人饮食特点的凉拌菜叫色拉，以清凉著称。色拉品种繁多，有青菜色拉、蔬菜色拉、豆类色拉，还有最受美国人喜爱的菜肉丝色拉。因为色拉是一道很好的解乏开胃菜，所以在宴席上，通常以混合色拉作为第一道菜。美国人的日常饮食是早餐喝点牛奶、水果汁，再吃几片烤面包，中餐都比较随意，晚餐作为正餐，菜肴比较丰富。

一个民族的品格特点可以从多方面体现出来，而民族的服饰就是其中的一个方面。酷爱自由、洒脱不羁的美国人的着装最突出的特点是随意自然。但是自然中又透出几分潇洒，随意中也不乏标新立异。在美国，即使你穿着两只颜色不同的鞋子走在大街上，不会有人对你说三道四或评头品足。

美国人生性好动，所以他们喜欢美观大方、适用方便的服装。为了满足这种心理需要，美国人的着装从整体上形成了一种独特的风格：形式变化多样，不呆板沉闷，动感强。但不同的职业、不同的场合着装又各不相同，各具特点。职员、公务人员，工作时常穿工作服。工作由于其特殊的穿着环境，在选料用色方面有一定要求。一般选用蓝、灰、棕色和茶青色的毛料，由这些色调柔和的料子做成的制服，使着装者显得端庄、大方。他们在穿工作服时，常常变换衬衣的样式、颜色和领带的颜色，使工作服在端庄中不失俏丽、潇洒。美国大学生着装都较朴实。牛仔裤是他们四季常穿的裤子，上衣随季节而变化，夏天穿 T 恤衫，春秋天穿件毛衣，冬天穿夹克或大衣。而女大学生常常用块毛毯，中间开个洞，往头上一套就成了块墨西哥披肩，用于御寒。美国家庭妇女的穿着比其他国家妇女就显得简朴多了，她们上身穿件羊毛衫，下身穿条长裤，脚穿双平底鞋或半高跟鞋，这样的穿着是大多数妇女的装束。无论上街，还是在家，美国家庭妇女都以这样的装束来打扮自己。

美国人着装虽然非常随便自由，但不同场合穿不同衣服却还是有严格的规范和要求。如在办公室工作时不能穿运动服，白天不能穿晚礼服上街或逛店，更不能穿着睡衣见客或走到马路上。如果违反了这些禁忌，就会被认为是无礼行为，甚至会被认为是精神错乱的表现。

第三节　东南亚和阿拉伯国家习俗礼仪

一、日本

日本的饮食习惯在保持传统的基础上发生了巨大的变化。经历了近半个世纪的发展变化，日本的饮食由战前较单一的米食演变成了现代欧化式的米食和面食并重的形式。

日本的菜肴既使人大饱口福，又能让人大饱眼福，因为日本人希望他们的菜肴不仅要好吃，而且更要好看。为了达到外形美，他们很注重菜的摆放和餐具的使用，特别在餐具上下了很大的功夫，他们把餐具做成多种形状，有树叶形、鱼形、方形等。在宴席上，将色香味俱全的菜肴放入这些极富艺术魅力的餐具中，更能达到锦上添花的效果。如采用"究极心智"来形容日本人对菜肴的追求，实在不过分。难怪有人说："日本人的菜是用眼睛吃的。"

日本是个四面环海的岛国。蕴藏丰富的大海为这个国家提供了取之不竭的海鲜。特别对于鱼类，日本人是"情有独钟"，而且这个"彻底的食鱼民族"在鱼的吃法上更是自有一套，有生吃、熟吃和干吃。颇具特色的名菜"沙西米"，就是由高级生鱼片加工而成的。

享有"母亲手艺"之称的酱汤也是家庭中不可缺少的菜谱之一。它是以酱为主，与蔬菜、豆腐、香菇和海味煮制而成。在日本，有句俗语叫"傻瓜才喝三杯酱"，意思是说酱汤好喝却不可多喝，但奇怪的是许多日本人都心甘情愿地做傻瓜。由此可见酱汤的美味对日本人诱惑力匪浅。

茶道是日本传统的生活文化艺术，而且具有浓厚的民族特色。人们用"和、敬、清、寂"四个字来概括它的精神，对四个字可以解释为："酷爱和平，清心宁静。"一盏清茶，其中竟寓含着如此深奥的思想，不禁令人惊叹！因为茶道能陶冶性情，在日本很受人们的崇尚，并普及于千家万户。

日本对举行茶道有成套的习俗。首先，茶室的环境要幽雅和肃静。讲究的家庭在自家花园里建三间精致小屋，两两相连，其中一间就作为茶室之用。其次，茶室内的布置也要典雅别致，除放置风炉、茶具、炭和水缸之外，一般可以装饰一些书画、插花等艺术品，使人在饮茶的同时，也欣赏到了古色古香的艺术。客人在进茶室之前，要脱鞋躬身入内。在饮茶之前要吃精致的茶前点心。当主人用精致绿茶泡好后，应先敬首席，再敬其余客人。客人接茶时应举茶碗齐于额头，然后再饮，并在饮时要发出啧啧声，以示对茶的赞赏。

日本人的饮食习惯中还有许多的禁忌，招待客人用膳时，给客人盛饭不能过满，也不可只盛一勺；不能将筷子插在盛满饭的碗上；给客人盛饭，不能将整锅米饭一下子就分成一碗碗的份饭；吃饭时不能只吃一碗，因为他们认为只吃一碗是象征着无缘；吃饭时不能敲碗，他们认为敲碗要招来饿鬼；不能在糕上撒盐，也不能把糕点扯着吃；不能只吃一半饭菜或汤就剩下不吃了；不能往红豆饭上浇酱汤吃；供过神灵的食物禁止给女孩吃，据说这是怕给女孩的姻缘带来不吉祥；就餐时不能与离得较远的人大声讲话，不能含着食物讲话。有的习俗在其他国家看来是失礼的行为，但在日本却是一种应有的礼仪，比如吃饭或喝汤发出响声，在他们看来是表示对饭菜或汤的赞赏。

日本人的传统服装是和服，日语中称"着物"。宽袖、开襟、束腰、宽带是一般的流行式样。这种式样是与日本的环境有关的，由于日本地处岛国，气候潮湿，因此，衣服必须做得宽大才能使人舒适。

由于西服和时髦服装大量充斥日本市场，使穿和服的人日趋减少，但它并没有完全被人们所遗弃，在传统节日或举行婚丧仪式时往往有人穿和服。特别是妇女，她们比男人更喜欢和服。日本人在不同场合要穿不同式样的和服。在结婚典礼上，新娘穿的礼服，以白丝为主，十分讲究。已婚或中年妇女穿的叫"留袖"，黑边儿，底摆带花，有的还绣有家徽，既素雅又华丽。妇女外出时穿的和服，从肩到前身都带有美丽的花纹。年满20周岁的姑娘在成人节穿的和服叫"振袖"，中老年男子穿的带有家徽的和服叫"纹付"。

二、朝鲜

朝鲜的饭食很有民族特色。泡菜就是其中最具特色的冬季必备副食品。在朝鲜的菜肴中，泡菜充当着举足轻重的角色，无论是家庭便餐上，还是国家筵席上都可见泡菜。腌制泡菜的原料不限，一年四季的蔬菜都可制作，如萝卜、青菜、大白菜、菠菜、黄瓜、茄子等。

在朝鲜，还有一种风味独特的菜叫"神仙炉"，它与我国的什锦火锅很相似。这种菜是以山鸡肉、鳆鱼、虾、竹笋、蕨菜、水芹菜、白果等近30种菜为原料，佐以调味品，在锅中煮十几分钟后即可食用。当你揭开刚刚煮熟的"神仙炉"，呈现在面前的是一幅五彩缤纷的图案，红、黄、绿、紫、白各色菜漂浮在热气腾腾的汤中，品尝一口，鲜嫩可口，真是名副其实的色香味俱全。

朝鲜的传统民族服饰由古至今改变不大。虽然也受世界服装潮流的冲击，不少人开始穿西服，但由于传统民族服装的款式优雅，穿着方便，仍受男女老少的普遍喜爱。朝鲜人喜欢穿白色衣服，有"白衣民族"之称。

朝鲜的传统服装美观大方，很有特色。女服是短上衣，长裙子。上衣名叫"照格里"，前襟是偏襟，无扣，用丝带系紧；裙子宽大，飘逸，长至脚踝，五颜六色，十分鲜艳。男装上衣稍长，也叫"照格里"，外套淡青色背心；裤子宽大，叉开得很低，裤脚扎紧，裤子多是灰色的，冷时再加穿灰色外套。

三、泰国

泰国以稻米为主食，副食为鱼和蔬菜。泰国人喜爱吃辣，集甜、酸、辣、咸各味而成的"辣椒酱"每餐必备，他们爱吃的民族风味食品是"咖喱饭"，它是用大米、鱼片(或肉片)和青菜调以辣酱油做成的。

一种在泰国民间普遍的小吃叫"考依栫"，其意为用栫叶包裹用火烤熟而成的。

由于处于北回归线的泰国天气十分炎热,形成了泰国人爱喝冰茶的习惯。在沏好的热茶中放入冰块,茶水很快地冷却下来。在炎热的夏季美美地喝上一杯冰茶该多惬意呀!

泰国北部清迈的"康笃"晚餐,别有风味。一张小圆桌,参加宴会的人席地而坐,围成一圈。宴会开始时先喝饮料,然后上菜,糯米饭则装在竹篓中,用手抓着捏成团子吃。进餐时,有民间音乐和舞蹈助兴。在这种欢乐的气氛中,人们会感到"康笃"糯米饭饶有风味。无论主人还是客人,参加这种宴会都必须穿青色无领上装,男的腰间系一块围巾,进餐时,必须脱去鞋子。

泰国是个佛教圣地,上至皇亲国戚下至黎民百姓,无不参加佛教仪式。佛教对泰国人的生活、思想与文化有着极为深刻的影响,因此挂佛饰就成为泰国的一种习俗。他们挂饰的用意并不仅仅是为了装饰,而且是把佛饰视为神圣的标志,代表着神圣的力量,认为佛饰能够纳吉避凶。用于串连佛饰的链绳因人而宜,皇室贵族和商贾富豪多用金银项链,平民百姓多用一般金属项链,有的更为简单,不过是一根经住持或高僧念过符咒的小绳。泰国人对佛饰非常虔诚,买佛饰时严忌用"购买"之类的词语,必须用"求租"或"尊请"之类的词语,否则就被视为对佛饰的"大不敬"。

四、新加坡

新加坡华人多,在饮食风格方面保留着中国的气息,大多数新加坡人都喜欢吃粤菜就是其中的例证之一。但由于受英国的影响,某些习惯已经西化,如工程师、医生等知识分子的早点就是牛奶、面包、咖啡之类的。他们爱吃的菜肴有炒鱼片、炒虾仁、油炸鱼等。不信佛教者还喜欢吃咖喱牛肉。他们还以米饭和包子为主食,但不吃馒头。在下午时一般都吃点心。

在新加坡的印度人和马来西亚人吃饭用右手,值得一提的是在给他们递食物时应用右手,以示尊敬,如不得已用左手,要说声"请原谅,左手"。因为在他们看来,左手是肮脏的、不干净的。

他们的着装打扮与我国南方一些地区非常相似,女士们都喜欢穿裙子,特别是年轻姑娘,裙子的颜色特别艳丽,往往是洁白上衣配上薄薄的裙子,轻盈飘逸,颇为大方。老年妇女则讲究庄重,裙子颜色较淡素。学生上学都穿校服,男生白衬衫,黑裤子,女生白上衣红裙子,显得整洁大方,美观活泼。文职人员衣着较规范,一般白衬衫,西装裤,打着一条领带。

新加坡人的发型,男女老少有明显差别。未婚姑娘一般不烫发,而已婚妇女则多烫发,尤其老年妇女更喜欢烫发。男士多理西装头和平头。学生发型较为严格,男生不能留长发,女生不能烫发。在新加坡,男子留长发被认为是一种可耻的行为,会受到社会舆论的谴责。

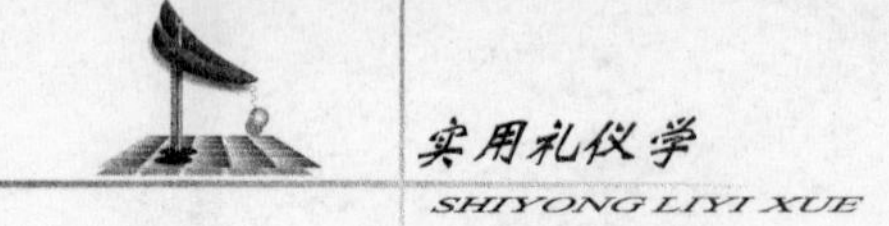

五、印度尼西亚

有“千岛之国”之称的印度尼西亚人爱吃大米和中国菜，早餐一般喜欢吃西餐，如三明治、面包、牛奶等。爱饮红茶、葡萄酒、香槟酒、汽水等，但一般很少饮烈性酒。在印度尼西亚，由于广东籍华侨很多，粤菜有一定影响。许多人还喜欢吃我国的烹、炸、烤、煎、爆等清淡带辣味的川菜。

在印度尼西亚的西伊里安的阿斯玛特人的主食很奇怪，他们的“面包”和“肉”是由西米椰树提供的。他们把大树砍倒，截成几段，再一一剖为两半，把树心捣碎，用水过滤，就得到了白面团一样的淀粉。他们还在砍倒的椰树上挖洞，放进甲虫产卵，6周后里面就长满了5厘米长的“西米蛆”。这种西米椰树为他们提供了面包，提供了肉，成为每户人家维系生存的必需品。

爪哇人是印度尼西亚最大的民族，爪哇男人平时都身裹“沙龙”，但在外出或参加庆典时腰间总挂着一把精致而漂亮的短剑，称为“格里斯”。“格里斯”有多种形状，最有名的是爪哇格里斯，长不足一尺。在独立以前，“格里斯”是社会地位的象征。达官显贵的“格里斯”工艺精良，款式别致，而且价格也很昂贵。

在印度尼西亚的加里曼丹南部的巴希尔族，至今过着原始生活，并有全身文身而赤身裸体生活的习惯。这种全身的文身，常使人误认为他们并未裸体，而是穿着一身紧身贴皮的薄纱刺花衣服，颇有以假乱真之趣。

在世界各民族众多的裙服中，印度尼西亚妇女的纱丽堪称别具一格。纱丽用料质地不一，多为丝绸织品。许多纱丽还缀有精美的刺绣。新娘出嫁时，往往身穿红色纱丽，鼻戴宝石，耳坠宝珠，额点吉祥点，颈挂项链，脚套响铃，大鼓乐声中缓缓迈步，纱丽轻轻抖动，给人以飘飘欲仙之感。

六、阿拉伯国家

阿拉伯人具有古老传统的烹饪技术，融会欧亚非等世界许多国家的烹饪技术于一炉，渐渐形成了风格独特的阿拉伯食品，人称“阿拉伯式”厨房。

阿拉伯人热情好客是久负盛名的，家有来客，总是要煮浓浓的、香香的咖啡招待，有时还在咖啡中加上芬芳的桂花、豆蔻或玫瑰水，使味道更甘美可口。

阿拉伯人的早餐十分讲究，色、味结合。早餐吃的干酪或酸乳酪要滴进金黄透绿的橄榄油，还要配上绿色和黑色的小橄榄作点缀。还有种不论贫富都愿食用的“国菜”叫“焖蚕豆”，就是将蚕豆、大蒜、洋葱拌好，添水后以文火煮熟，食用时加些柠檬汁、橄榄油等，吃起来十分可口。他们的中晚餐菜肴以蔬菜、水果为主。其中菜肴最大的特点是添加大量香料，如郁金粉、芫荽、生姜、丁香等等。还经常配上时新水果，秋冬的苹果、柑橘，春天的杏、草莓、樱桃和夏天的西瓜，使菜肴鲜嫩爽口，催人食欲。

沙特阿拉伯是阿拉伯国家中具有代表性的国家。由于大多数人信奉伊斯兰教，他们的饮食只能是素食(包括米、面、蔬菜、水果、豆类等)。其烹调方法很有民族特色。面食是沙特人和阿拉伯人的主食之一，他们是用面粉烤制成各种甜点和面包。但最普及也最有名气的还要数阿拉伯大饼了，其制作简单易行，就是把面粉调成面糊，摊在平底锅上，上下翻动一次即可。

沙特人以红茶或绿茶、咖啡为主要饮料，平时饮沙滤水、冰水，但含酒精的一切饮料均属禁品。沙特人和阿拉伯人吃饭习惯为席地而坐，用手抓饭吃。但近年来人们也开始用刀、叉、调羹和饭桌，尤其在招待外宾的正式场合。

在阿拉伯国家范围内，信仰伊斯兰教的穆斯林，都必须按伊斯兰教法的规定，禁食许多食物。

沙特阿拉伯的妇女，必须时时刻刻戴着面纱，并且要从头到脚全部蒙盖上。黑纱的两眼部，仅仅剪出眼睛大小的小洞，以供观物，面纱对当地妇女而言，比空气和水还重要，如果妇女不戴面纱，那么必被世人责为“大逆不道”或“伤风败俗”。

第四节　非洲和大洋洲国家习俗礼仪

一、非洲国家

在辽阔的非洲大陆上，民族众多，饮食习惯各异，每顿饭都离不开的主食也各有特色。

在西非，以“萨尼奥”为主食，这是一种近似中国高粱的耐旱作物。西非人将其米粒捣成粉末，倒入一个有许多细孔的葫芦瓢里，将瓢放在铁锅里，用水蒸气将粉蒸熟，用肉丸、菜汤拌着吃，十分鲜美。

东非和南非人爱吃烤玉米粒，也爱吃用玉米糊加牛奶烙成的大饼。在尼罗河上游的乌干达人，爱吃“马托基”饭。“马托基”饭的做法是：将香蕉皮剥下，包在“马托基”叶里煮熟，拌成香蕉泥，然后浇上汤汁味道清香鲜嫩。“马托基”营养丰富，含多种维生素。

北非的阿尔及利亚人喜欢吃一种叫做“库斯库斯”的食物。其做法是：用木臼把高粱、谷子捣碎，捏成小球，加上一些蔬菜、花生米、青豆等，煮成粥状，手抓而食。有的地方还用西红柿、西葫芦、茄子等蔬菜，加上些牛羊肉，煮成菜汤，俗称“菜汁”，浇在“库斯库斯”上。

中非人以木薯为主食，还有玉米、小米、芋头、芭蕉等。其中用木薯可做成很多形式的食物，如木薯团和木薯粽子。木薯团的做法是：将木薯粉慢慢撒入开水锅内，同时不断搅和，使之逐渐黏糊最后成面团状，取出后放入盆内即可食用。木薯粽子也是先把木薯去皮，略煮后捣成湿粉，用一种宽叶将湿粉裹成粽子样，煮熟后即可食。中非人吃饭时围成一圈，中间放一盆木薯团（有的部族更喜欢吃玉米团或小米团）和一盆菜，木薯叶、炖肉块、鱼块或菜肉杂烩。他们不用碗碟，主要用手抓饭，用右手拇指、食指和中指揪一小块木薯团，夹些菜，或蘸上汤送入嘴里。

非洲人的服饰有其独特的民族个性，它们以颜色艳丽、色彩对比强烈而著称。其服饰式样也是丰富多彩，既有长及踝部的，又有短至踝背的；既有可缠满全身的，又有只能遮羞的，其变化多端的服饰在世界服饰中独树一帜，点缀了居住在广袤土地上的非洲人。

地处撒哈拉沙漠的北非国家，如埃及、苏丹、摩洛哥等由于受外界环境的影响，那儿的人们经常穿一种宽大的长袍来抵挡漫天飞舞的沙尘。这种长袍长及踝部，有宽大的袖子，一般为白色或蓝色。当人们外出，碰到风沙来临时，常用长袍的宽袖子盖住头部，在沙漠中艰难行走。一旦夜幕降临，这种长袖还可成为露宿的夜行人的被子，发挥了一衣多用的功效。

在天气炎热的西非国家，人们的服饰相对而言比较简单。大多数男子穿的是一袭传统的长袍，它是一种无领无袖、裸露右肩右臂的衣服。颜色丰富，可为白色、蓝色、黄色、红色，在袍面上还有变化多端的图案设计。这种长袍显著不同于北非那种有领有袖可御风沙的长袍。由于样式宽松，透风纳凉，很适合于当地炎热的气候。西非的妇女一般都着色泽艳丽的罩衫和传统长裙，头戴艳丽的包头，在裙上还印有风格迥异、色彩纷繁的动物或人头像，让人感到清新、别致和大方。

在中非，乍得流行的长袍与北非、西非又有差异。它是一种用麻布、平纹布或绸料制成无领有袖的袍子，由于它的袖子可宽至两尺，布料的吸汗透风力强，以白色为主，所以在炎炎烈日下穿这种长袍既有招风纳凉之功，又能减少日晒，是一种很好的防暑服饰。

在东非的坦桑尼亚，当地妇女有其典型的装束。她们身穿“加乌尼”长裙，腰系“康加”，头上戴着纱巾。被命名为“加乌尼”的长裙其实是一种长长的无褶裙子，而“康加”则是一块印有椰树或田园风光的花布。

二、大洋洲国家

居住在众多岛屿上的大洋洲居民，其各具特色的服饰难以述尽。而居住在澳大利亚的土著人以其原始的装束、独特的饰物闻名于世。大多数土著人保持着原始部落的习惯，他们全身裸露，或着简单的衣服。如在南部的土著人用一条袋鼠皮毯子束身。相对于装束而言，他们的饰物就丰富多了。平时他们身上佩带腰带、臂环、项圈、鼻饰等。他们用兽毛编成带，用带穿上兽牙、兽骨、贝壳、种子等绕在腰间、臂上或颈项上，成为别具一格的饰物。鼻饰是从儿童时代就在鼻中隔或鼻翼上穿孔，插上木棒、羽毛或雕刻的兽骨，久而久之就形成了这种独特的饰物。那儿的居民还有一个与其他民族截然相反的习惯,土著族妇女并不精心梳头,而是任头发生长,成为很不规则的发型,而男子却在头发上大下工夫。每逢节假日,他们都要把头发做成各种形状,而且为了保持发型,还在发上涂抹红泥,有时还加脂肪。他们还用人头发或袋鼠毛编成的带子,系在额前作为包头,以避免把头发弄乱。

第五节 禁忌礼仪

各国的宗教信仰,形成了各个国家不同的风土人情、礼仪规范,也形成了各国不同的禁忌。禁忌不仅是人类社会中存在的一种普通的风俗习惯,它渗透在生产和生活的各个方面,而且它作为一种文化现象与人类文明紧密相关。随着社会的不断变化发展,禁忌的内容也有了一些消亡或转化,但禁忌本身并没有被消除,而是在相当的范围内继续传承。在现代社会生活中,在风俗、习惯、信仰中表现出来的传统禁忌仍然扮演着重要的角色,任何人都不可避免地遇到它,无论人们是否愿意,是否意识到,禁忌总是告诉人们该做什么,不该做什么。禁忌在某些方面左右着人们的生活。

禁忌是关于社会行为、信仰活动的某种约束限制观念和做法的总称,它有两个方面的意义:一是对受尊敬的神物不许随便使用,遵循这一禁忌会带来幸福,违反这种禁忌会招致不幸;二是对鄙视的贱物,不洁、危险之物,不许随便接触,否则同样会招致不幸。

一、数字的习俗与忌讳

在科学的数字世界中,秩序是严谨的,但在人们心灵中的数字世界就完全不同了。由于宗教信仰、民族风俗的差异,许多数字都有着极其丰富的内涵和外延。

国际上规定,在篮球比赛时,禁忌“1”、“2”、“3”号运动员出场,这是因为裁判员要用手势 1、2、3 来示意罚球、两分、“三秒钟”等球场上比赛情况,容易引起误解,因此篮球运动员编号从 4 号开始,有的国家忌讳“4”,就从 5 号开始。

“3”是个非常幸运、受尊敬的数字,基督教有三位一体(圣父、圣子、圣灵)之说,基督教的三种美德是忠诚、希望和仁爱。佛教中“3”也尊贵无比,代表着天、地、人三尊。伊斯兰教有三大圣地,即麦加、麦地那和耶路撒冷,这三大圣地一直为全世界穆斯林所崇敬。日常生活中人们有三催三请、三个愿望、事不过三、三次机会,所以“3”在东西方各国都受到尊重,认为“3”是尊贵、吉祥、有神性的数字。但是,忌讳“3”的人也有,非洲贝宁人忌讳“3”,认为是巫术。西方人忌讳一火点三支烟,认为这是不吉利的。

“4”是不祥之数。由于“4”与“死”发音相似(中国、日本等),所以在东方的一些国家(日本、韩国等国)忌讳“4”,不少人把“4”视为预示厄运的数字,有“4”组成的数

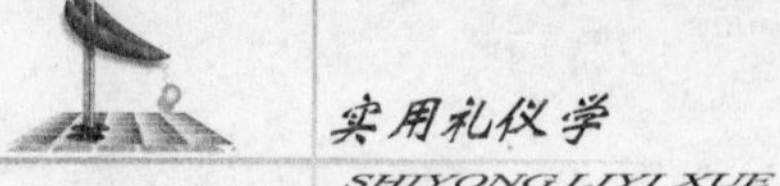

字也同样避讳，尤其是韩国饭店、办公楼等高层建筑，没有14层、4楼、4门、4号，军队里编制没有第四军……第4班，遇到4的情况，由其他代号指明。饮酒时，人们不喝四杯，也避免双数，如果他们喝了两杯之后，一定会再喝第三杯，而如果喝完了第三杯，绝对不会喝第四杯的，其他人最好也就不要再劝。日本也对“4”很敏感。在日本的医院里，没有这个数字的病区、病房，探视病人，也不要提及“4”。数字忌讳的习俗甚至影响到经济贸易方面。美国一家生产高尔夫球的工厂，为打进日本市场特设计一种新的包装形式，每盒装4个高尔夫球。不料，球到日本后，无人问津，后来才知道问题原来出在装盒的数字上，改用日本喜欢的数字，5个一盒包装后，非常畅销，由此可知，了解各国的风俗习惯是多么重要。

“6”、“7”、“8”、“9”这几个数字中，中国人认为“6”、“8”、“9”是吉利数字，尤其台、港、澳和海外华侨格外重视，因为“6”与“禄”、“8”与“发”发音相似，是大吉大利的数字，再加上“9”、“久”，吉利长久更是喜爱。

“7”与世界宗教有着密切联系，基督教认为，上帝用了7天创造了世界万物，因而一周有7天，星期日为安息；伊斯兰教认为天堂分为7层，第7层是最高天堂；佛教传说释迦牟尼面壁7天终成正果。在日常生活中人们也常用到“七”，人有七情，面有七窍，彩虹有七色，西方人认为“7”能给人带来幸福和快乐。

但是在加纳，“7”、“11”、“13”是不祥之兆；在贝宁“7”是巫术；肯尼亚忌讳“7”，以为“7”或“7”结尾的数字都是不吉利的。

日本人忌讳“6”、“9”和“42”，因为日语中有个词与“6”的发音有关，而这个词的意思是二流子、无赖等，所以忌讳“6”。“9”与苦同音，若送礼给日本人，要避讳“9”这个数字，否则会被误认为，你把他当作了强盗。日本的剧场、影院、医院等需要发号的地方都没有“42”号，因为他们忌讳“42”，但对“13”却毫不在意。

世界上许多国家都忌讳“13”这个数字，他们认为“13”是个灾难的数字。宴会不能“13”人一桌，也不能“13”道菜。门牌、楼层及各种编号都要避开“13”这个数字。究其原因，众说纷纭，这里主要介绍两种说法供大家参考。

1.北欧福话传说

有一次天国为了追悼阵亡将士的英灵而举行宴会，出席者共12人，突然没有得到邀请的凶神罗基闯了进来，他是第十三人，他刚刚坐下，在座的最高之神奥丁之子、光神鲍尔德就死去了，后来众天将在与众恶魔搏斗中，也处处失利，所以说，第十三人是凶神，是带来厄运之神，“13”是不吉利的。

2.基督教

达·芬奇的名画《最后的晚餐》，基督耶稣和弟子们共餐，参加晚餐的第十三人便是耶稣的弟子犹大，他为了30个银币，将耶稣出卖给了统治者，并为捉拿耶稣的人带路，致使耶稣被钉死在十字架上。这个故事流传很广，影响很深，西方人憎恶犹大，也把“13”当作不幸的象征。

他们忌讳"13",尤其是当13日又恰逢星期五时,赶上这天,人们不写信,不接待客人,有的人连门都不出,床都不起,以免发生不吉利的事。近年来,美国学者为了破除这个洋迷信,做了近百年来"13号星期五发生的事故灾难"调查。最后指出,在整个西方世界,没有一例空难、火车相撞、沉船等事故发生在13日星期五。时至今日,西方有些球队已开始使用"13"作为队员的编号,有些大的团体也敢在13日星期五执行新的计划,但阴云并没有完全消散。

二、颜色的习俗与忌讳

颜色自然属性的奥秘已被人们认识,但对颜色的社会属性的认识却远远没有结束。这是因为这个问题本身相当复杂,它因地域、国家、民族的不同而异。这当中有宗教、信仰、审美观点的因素,也有自然条件、地理环境的因素。这种种因素的综合作用,使得颜色的社会属性比颜色本身更丰富多彩,更错综复杂,而且它的多重的正面和反面涵义时刻都在变,永远都在变。

1. 白色

在一些民族的心目中,白色是光明、纯洁、幸福和坦率的象征。日本、埃及、土耳其、罗马尼亚、欧美等普遍认为白色象征纯洁。但在另一些民族,白色还被赋予某些反面的涵义,如印度、柬埔寨、摩洛哥忌讳白色,认为白色是悲哀或贫困的象征。

2. 黑色

黑色的正面涵义,通常是表示庄重、隆重、谦虚,反面的涵义是悲伤、罪恶和死亡。白俄罗斯、俄罗斯、哥伦比亚、哈萨克、吉尔吉斯、柬埔寨、美国、乌兹别克,乌克兰、匈牙利、蒙古、伊拉克、智利、希腊等国家忌讳黑色,认为黑色是丧葬的颜色。

3. 黄色

黄色是所有色彩中明度最高、光亮最强的色彩,它的正面涵义是辉煌、高贵、明朗、欢快、期待、智慧和宁静,反面涵义是叛逆、嫉妒、怀疑、忧郁。比利时、白俄罗斯、法国、巴西、墨西哥、马来西亚、巴基斯坦、埃及忌讳黄色,认为黄色是不幸的颜色。在法国叛徒的门上均被涂上黄色,有些国家的犹大总是全身或半身穿黄色衣服。埃塞俄比亚人哀悼死者时穿淡黄色的衣服,出门做客绝对不能穿黄色衣服。我国也是用黄纸黑字表示对死者的哀悼。曾有人对"哪种颜色最难看"做过民意测验,百分之八十五的欧美人认为栗色最难看,黄色次之。

4. 红色

红色象征庄严、热烈、刺激、兴奋、勇敢,使人联想到火、血、革命。反面涵义则为恐怖、暴躁、傲慢、危险。日本人喜欢红色,德国人不喜欢红色及掺有红色或红黑相间的颜色。在日常生活中,红色又表示危险,红十字、红灯、汽车尾灯,都有警示的意思,让人惊心。

5.其他颜色

绿色象征生命、青春、希望、丰饶、充实和平静。穆斯林们很喜欢绿色。但绿色也表示绝望、悲伤和衰退。日本人忌讳绿,认为绿是不祥之色。英国人的裹尸布是橄榄绿色的,所以英国人忌讳绿色,画家也常用绿色表示反面人物、尸体,表现阴暗。

蓝色像水一样清凉,给人以宁静、安定、纯洁、清白的感觉,对中国人来说象征着不朽。对西方来说,象征着信仰。捷克斯洛伐克人视蓝色为积极向上的颜色,法国人至少有一半的人喜欢蓝色,但比利时人忌讳蓝色,认为蓝色是不吉利的,同时也忌讳墨绿色,法国人也忌讳墨绿色,这可能跟当初纳粹军服曾用过这种颜色有关系。伊拉克人认为蓝色是魔鬼的颜色。

哥伦比亚、墨西哥、智利忌讳紫色,认为紫色是丧气的颜色。乌拉圭忌讳青色,认为青色是令人懊丧的颜色。土耳其忌讳花色,喜欢白、绿等素色。

三、送花的习俗与忌讳

花草树木作为自然物,本身既没有语言也没有感情,但是由于它们伴着人类历经沧桑,以自己特有的本质给人以各种影响,引起人们的注意和思考,久而久之,它们便成了人们思想感情的一种载体。人们赋予它们各种意义和象征,于是花草树木就有了自己的"语言",而这种语言,由于产生的国家、地域或民族不同,又具有差异性,这种差异性,造成人们在许多方面的禁忌。在许多国家,赠送亲友的花卉的颜色、数量、品种都应因人、事和场合不同而有所不同,如若送的不得当,不仅不能增进友爱,反而招来误会、麻烦或不幸。

首先,要注意数量,不能送忌讳的数字。在罗马尼亚除生日外,一律送单不送双。南斯拉夫看望病人只能送单数,不能送双数,结婚纪念日或送恋人也只能送一支花表示感情专一。在波兰也必须送单数,哪怕送一支也好,但绝不能送双数。男子胸前最好佩戴白色康乃馨,白天一支,夜间两支。

其次,颜色除串花外,花色、种类不要太杂。白色的花是礼花,不能随便送人。婚礼用红缎带扎花束,丧礼用白缎带扎花束。紫色的花丧气,很多国家忌讳,不能乱用。欧洲人认为黄色的花不吉利,也要避免送黄色花。送恋人的花最好是红色的。但在墨西哥除忌讳黄色的花以外,还忌讳红花,认为红花会给人带来晦气。波兰人也不喜欢送红玫瑰,因红玫瑰花为浪漫爱情的信物。英国人不喜欢白色和红色的花。

再次,送花的种类有讲究,有许多国家如波兰、比利时、意大利、阿根廷、德国及拉丁美洲一些国家忌讳菊花,视其为悲伤的象征,在这些国家,寝室一律不得摆放菊花,也绝不用于观赏,更不用作礼物,只在葬礼上才使用菊花。但日本人酷爱菊花,很多家庭都用盆栽菊花点缀。而日本对荷花犯忌,送礼也不用山茶花和仙客来,尤其看望病人不能送山茶花,因为山茶花凋谢时整个花头都掉下来,很不吉利。德国除忌讳菊花,还和白俄罗斯一样忌讳黄色蔷薇。英国忌讳百合花,认为它象征死亡。

法国人不喜欢丁香,爱百合花。

另外,汤加人忌讳以鲜花作为礼品送人,欧美地区的人们在悲伤的场合里,送无香味的花。

四、对动物的喜好和忌讳

花木有情,动物有意,人们爱花,也爱动物。人有人言,兽有兽语。在自然界人与动物的和谐相处,构成了温馨、祥和的美丽图画。

猫狗是我们日常生活中可以饲养宠爱的小动物。西方人通常认为猫尤其是黑色的猫,可以给人带来好运气。但匈牙利、美国人认为黑色不祥,只有白猫才表示喜事。瑞典人忌讳人们伤害鸟类及猫狗,认为这些是应该保护的动物。埃及也是尊敬和宠爱猫的国家。但希腊人忌讳猫,认为猫是不祥动物,能将人引向阴间。比利时、苏丹人忌讳狗,认为狗肮脏,会给人带来厄运、瘟疫和灾难。比利时和苏丹等北非一些国家都不喜欢狗,也忌讳用狗作商品的商标。

日本人喜欢乌龟和鹤,认为是吉祥、长寿之物(埃及人也喜欢仙鹤),忌讳狐狸和獾,认为狐狸狡猾、贪婪,獾狡诈。新加坡、印度尼西亚忌讳乌龟,认为它不吉祥。马来西亚人除忌讳乌龟外,还忌讳狗,也认为狗会带给人厄运和瘟疫,令人生厌。印度、尼泊尔、缅甸等敬黄牛,称为"神牛"、"圣牛",忌讳水牛、公羊、公鸡,认为它们是邪恶的象征。

俄罗斯人不喜欢兔子、怯弱的小动物,尤其是兔子从自己眼前跑过,他们认为是不祥的兆头。秘鲁人忌讳乌鸦,认为乌鸦是不吉祥的鸟,遇到了它要遭厄运。柬埔寨忌讳孔雀,认为不吉祥。巴布亚新几内亚忌讳猫头鹰。

在太平洋埃利斯群岛上,有这样一个民族,他们视猪为幸福、吉祥的生灵,当作美好、高贵和善良的象征。

尼日利亚菲蒂人敬马如人,惜马如命,他们从来不吃马肉,马死了,全家人会像失去亲人一样悲伤,请来四邻,当众将马尾割下,举行隆重葬礼仪式,把马身埋入专修的墓中,最后将马尾挂在屋里最显眼的地方,天天为之祈祷,一直持续3年。白象在泰国被视为国宝和吉祥的象征,泰国有"白象王国"的美名。北美井美辛人和日本人崇拜熊,视熊为神圣。

中国俗话"老鼠过街,人人喊打",但在印度却是"老鼠过街,人人喜爱"。德萨努克人甚至为老鼠修庙,1927年印度各地鼠疫流行,死者无数,唯独德萨努克地区没有鼠疫发生,幸免于难。于是人们更崇拜老鼠,认为这是敬鼠的善报,鼠是神圣的使者,不可侵犯。印度除敬牛、鼠以外,还特别尊敬蛇。印度等国有许多地方建有许多蛇庙,蛇在印度人的心目中有崇高的地位。西非蒂夫人喜欢文身,图案是蛇,衣服是蛇花纹的样子,因为他们崇拜蛇为神灵。意大利的酋洛市是闻名的"蛇城",每年有"蛇节",到时家家放蛇,任其爬行,人们遇到蛇或蛇爬到家中,则被认为"蛇到福之将至"。

五、其他禁忌

埃及是文明古国,因古习相传,一般埃及人对针都十分避讳,直至现在。每日下午3至5点钟,各商店都不肯卖针,即使平时向埃及人借针也是十分忌讳的事,在非借不可的情况下,出借人就把针插在面包里递给借针人,借针人接过面包,也要用其他方法将针取走,而不敢直接拔取。市面上,往往出售一种无眼的针,相传可以驱魔避邪。

埃及和汤加崇尚肥胖,忌讳苗条,因为苗条形态似针,是忌讳的原因之一。如果一个身体窈窕的女人被另一个丰盈体态的女人骂为针时,那便是奇耻大辱,往往由此闹出血案。

人们往往习惯称赞别人家的孩子长得漂亮,尤其是那双美丽动人的大眼睛,更是人们赞美的重点。但伊朗人忌讳谈论婴儿的眼睛,他们对婴儿的眼睛特别敏感,外来人千万不要轻易议论婴儿的眼睛,若出言不慎,婴儿的母亲会出钱让人挖掉婴儿的"邪眼"。

西班牙女人上街必须佩戴耳环,如果没有戴耳环,简直就像正常人没有穿礼服一样会被人笑话的。在沙特阿拉伯拜访人家时,千万不要去主人没有领你去过的房间,在那里男性用房和女性用房是有严格区别的,女人一般不准在陌生人面前露面。如果你好奇到处钻,他们会非常生气的。泰国、约旦、科威特等国家忌讳将脚底朝向别人,因此坐下时,不要两脚交叠,露出脚底板,也不能用脚踢门或用脚指东西,认为这是有伤风化和不礼貌的行为。

哥伦比亚认为人体右端是罪恶之源,无论做什么事都只用左手,禁用右手。信仰佛教的国家和民族忌讳别人用手抚摸别人的头部,除和尚外,任何人不能随便触摸别人的头,否则就是对他们的一种极大侮辱。他们也不愿有人拿着东西从自己头上掠过,所以递接物品从低处,不要从人家头上递过去。他们认为头是不可触摸的,即使是头巾,也不能随便玩弄。

在风俗习惯中,禁忌是人类社会最普遍的现象,对任何人都一样,禁忌总是伴随一生的,它无时不在,无所不在,特别是干系苦乐、生死、婚嫁等重大事项上,更是如此。人们几乎就生活在一个充满禁忌的世界里,无论本人是否愿意,是否意识到了,外部环境如何宽松,人们依然不能随心所欲,依然不能充分享有自由,依然会觉得受到这样或那样的约束,而这种约束大多不是来自外部,而是出于人们自身的意识,因为人们作为子女、父母、家人、朋友、公民或其他社会成员要参与社会活动,必须遵守、尊重社会公德和风俗习惯。

第十二章

涉外礼仪

第一节　涉外通则

一、维护形象

在国际交往中,人们普遍对交往对象的个人形象备加关注,并且都十分重视按照规范的、得体的方式塑造、维护自己的个人形象。个人形象在国际交往中之所以深受人们的重视,主要是基于以下四个方面的原因:第一,都真实地体现着他的个人教养和品位。第二,都客观地反映了他个人的精神风貌与生活态度。第三,都如实地体现了他对交往对象的重视程度。第四,都是其所在单位整体形象的有机组成部分。当人们不知道某一个人的归属时,他个人形象方面所存在的缺陷,顶多会被视为个人方面存在着某些问题。但是,当人们确知他属于某一单位,甚至代表着某一单位时,则往往将其个人形象与所在单位的形象等量齐观。

每一个人的个人形象,在国际交往中还往往代表着其所属国家、所属民族的形象。

基于以上原因,在涉外交往中,每个人都必须时时刻刻注意维护自身形象,特别是要注意维护自己在正式场合留给初次见面的外国友人的第一印象。

个人形象在构成上主要包括六个方面。这六个方面也称个人形象六要素:第一,仪容,指一个人个人形体的基本外观。第二,表情,通常主要指一个人的面部表情。第三,举止,指的是人们的肢体动作。第四,服饰,是对人们穿着的服装和佩戴的首饰的统称。第五,谈吐,即一个人的言谈话语。第六,待人接物,指与他人相处时的表现,即为人处世的态度。

二、不卑不亢

不卑不亢,是涉外礼仪的一项基本原则。它的主要要求是:每一个人在参与国际交往时,都必须意识到自己在外国人的眼里,是代表着自己的国家,代表着自己的民族,代表着自己所在的单位。因此,其言行应当从容得体。在外国人面前既不应该表现得畏惧自卑,低三下四,也不应该表现得自大狂傲,放肆嚣张。

周恩来同志曾经要求我国的涉外人员"具备高度的社会主义觉悟、坚定的政治立场和严格的组织纪律,在任何复杂艰险的情况下,对祖国赤胆忠心,为维护国家利益和民族尊严,甚至不惜牺牲个人一切"。江泽民同志指出:涉外人员必须"能在变化多端的形势中判明方向,在错综复杂的斗争中站稳立场,再大的风险也能顶住,在各种环境中都严守纪律,在任何情况下都忠于祖国,维护国家利益和尊严,体现中国人民的气概"。他们的这些具体要求,应当成为我国一切涉外人员的行为准则。

三、求同存异

在国际交往中,应当如何对待中外礼仪与习俗的差异性?到底应当遵守何种礼仪为好呢?

一般而论,目前大体有三种主要的可行方法。

其一,是"以我为主"。所谓"以我为主",即在涉外交往中,基本上采用本国礼仪。

其二,是"兼及他方"。所谓"兼及他方",即在涉外交往中基本上在采用本国礼仪的同时,适当采用一些交往对象所在国现行的礼仪。

其三,是"求同存异"。所谓"求同存异",是指在涉外交往中为了减少麻烦,避免误会,最为可行的做法,是既对交往对象所在国的礼仪与习俗有所了解并予以尊重,更要对国际上通行的礼仪惯例认真地加以遵守。

四、入乡随俗

"入乡随俗",是涉外礼仪的基本原则之一,它的含义主要是:在涉外交往中,要真正做到尊重交往对象,首先必须尊重对方所独有的风俗习惯。之所以必须认真遵守"入乡随俗"原则,主要是出于以下两方面的原因:

原因之一,是世界上的各个国家、各个地区、各个民族,在其历史发展的具体进程中,形成各自的宗教、语言、文化、风俗和习惯,并且存在着不同程度的差异。这种"十里不同风,百里不同俗"的局面,是不以人的主观意志为转移的,也是世间任何人都难以强求统一的。

原因之二,是在涉外交往中注意尊重外国友人所特有的习俗,容易增进中外双方之间的理解和沟通,有助于更好地、恰如其分地向外国友人表达我方的亲善友好之意。

五、信守约定

作为涉外礼仪的基本原则之一，信守约定，是指在一切正式的国际交往之中，都必须认真而严格地遵守自己的所有承诺。说话务必算数，许诺一定要兑现，约会必须如约而至。在一切有关时间方面的正式约定中，尤其需要恪守不怠。在涉外交往中，要真正做到“信守约定”，对一般人而言，尤需在下列三个方面应身体力行，严格要求自己。第一，在人际交往中，许诺必须谨慎。第二，对于自己已经做出的约定，务必认真地加以遵守。第三，万一由于难以抗拒的因素，致使自己单方面失约，或是有约难行，需要尽早向有关各方进行通报，如实地解释，并且还要郑重地向对方致歉，主动地承担按照规定和惯例因此而给对方所造成的损失。

六、热情有度

热情有度，是涉外礼仪的基本原则之一。它的含义是要求人们在参与国际交往，直接与外国人打交道时，不仅待人要热情而友好，更为重要的是，要把握好待人热情友好的具体分寸；否则就会事与愿违，过犹不及。

中国人在涉外交往中要遵守好“热情有度”这一基本原则，关键是要掌握好下列四个方面的具体的“度”：第一，做到“关心有度”。第二，做到“批评有度”。第三，做到“距离有度”。第四，做到“举止有度”。

七、不必过谦

不必过谦的原则的基本含义是：在国际交往中涉及自我评价时，虽然不应该自吹自擂，自我标榜，一味地抬高自己，但是也绝对没有必要妄自菲薄，自我贬低，自轻自贱，过分对外国人谦虚、客套。

八、不宜先为

所谓“不宜先为”原则，也被有些人称作“不为先”的原则。它的基本要求是，在涉外交往中，面对自己一时难以应付、举棋不定，或者不知道到底怎样做才好的情况时，如果有可能，最明智的做法，是尽量不要急于采取行动，尤其是不宜急于抢先，冒昧行事。也就是讲，若有可能的话，面对这种情况时，不妨先按兵不动，然后再静观一下周围之人的所作所为，并与之采取一致的行动。

“不宜先为”原则具有双重的含义。一方面，它要求人们在难以确定如何行动才好时，应当尽可能地避免采取任何行动，免得出丑露怯。另一方面，它又要求人们在不知道到底怎么做才好，而又必须采取行动时，最好先是观察一下其他人的正确做法，然后加以模仿，或是同当时的绝大多数在场者在行动上保持一致。

九、尊重隐私

中国人在涉外交往中,务必要严格遵守"尊重隐私"这一涉外礼仪的主要原则。一般而论,在国际交往中,下列八个方面的私人问题,均被海外人士视为个人隐私问题:其一,是收入支出;其二,是年龄大小;其三,是恋爱婚姻;其四,是身体健康;其五,是家庭住址;其六,是个人经历;其七,是信仰政见;其八,是所忙何事。

要尊重外国友人的个人隐私权,首先就必须自觉地避免在对方交谈时,主动涉及这八个方面的问题。为便于记忆,亦可简称为"个人隐私八不问"。

十、女士优先

所谓"女士优先",是国际社会公认的一条重要的礼仪原则,它主要适用于成年的异性进行社交活动之时。"女士优先"的含义是:在一切社交场合,每一名成年男子都有义务主动自觉地以自己实际行动,去尊重妇女,照顾妇女,体谅妇女,关心妇女,保护妇女,并且还要想方设法,尽心竭力地去为妇女排忧解难。倘若因为男士的不慎,而使妇女陷于尴尬、困难的处境,便意味着男士的失职。

"女士优先"原则还要求,在尊重、照顾、体谅、关心、保护妇女方面,男士们对所有的妇女都一视同仁。

十一、爱护环境

作为涉外礼仪的主要原则之一,"爱护环境"的主要含义是:在日常生活中,每一个人都有义务对人类所赖以生存的环境,自觉地加以爱惜和保护。

在涉外交往中,之所以要特别地讨论"爱护环境"的问题,除了因为它是作为人所应具备的基本的社会公德之外,还在于,在当今国际舞台上,它已经成为舆论备加关注的焦点问题之一。

关于这一方面,在国际交往中需要特别注意的问题有以下两点:

第一,要明白,光有"爱护环境"的意识还是远远不够的。更为重要的是,要有实际行动。

第二,与外国人打交道时,在"爱护环境"的具体问题上要好自为之,严于自律。具体而言,中国人在涉外交往中特别需要在"爱护环境"方面备加注意的细节问题,这又可分为下列八个方面:其一,不可毁损自然环境;其二,不可虐待动物;其三,不可损坏公物;其四,不可乱堆乱挂私人物品;其五,不可乱扔乱丢废弃物品;其六,不可随地吐痰;其七,不可到处随意吸烟;其八,不可任意制造噪声。

十二、以右为尊

在正式的国际交往中,依照国际惯例,将多人进行并排排列时,最基本的规则是右高左低，即以右为上，以左为下；以右为尊，以左为卑。

大到政治磋商、商务往来、文化交流，小到私人接触、社交应酬，凡有必要确定并排排列时的具体位置的主次尊卑，"以右为尊"都是普遍适用的。

第二节　日常礼仪

一、着装礼仪

在与外国人打交道时，对于每一个涉外人员衣着的基本礼仪要求是：得体而应景。主要需注意两个方面的问题。

1.依照自己所处的具体场合选择相应的服装

根据涉外礼仪的规范，在国际交往中，涉外人员所接触的各种具体场合，大体可以分作三类，即公务场合、社交场合和休闲场合。

(1)公务场合，指的就是涉外人员上班处理公务的时间。在公务场合，涉外人员的着装应当重点突出"庄重保守"的风格。

我国的涉外人员目前在公务场合的着装，最为标准的，主要是深色毛料的套装、套裙或制服。具体而言，男士最好是身着藏蓝色、灰色的西装套装或中山装，内穿白色衬衫，脚穿深色袜子、黑色皮鞋。穿西装套装时，务必要带领带。女士的最佳衣着是：身着单一颜色的西服套裙，内穿白色衬衫，脚穿肉色长筒丝袜和黑色高跟皮鞋。有时，穿着单一颜色的连衣裙亦可，但是尽量不要选择以长裤为下装的套装。

特殊场合需着装工作服，如涉外医院、宾馆、餐饮行业等，并佩戴中英文工作胸牌。

(2)在社交场合，涉外人员的着装应当重点突出"时尚个性"的风格，既不必过于保守庄重，也不宜过分地随便邋遢。

目前的做法是，在需要穿着礼服的场合，男士穿着黑色的西装套装，女士则穿着单色的旗袍或下摆长于膝部的连衣裙。其中，尤其以黑色套装与单色旗袍最具有中国特色，并且应用最为广泛。

在社交场合，最好不要穿制服或便装。

(3)在休闲场合，涉外人员的着装应当重点突出"舒适自然"的风格。没有必要衣着过于正式，尤其应当注意，不要穿套装或套裙，也不必穿制服。那样做，既没有任何必要，也与所处的具体环境不符。可穿休闲服，尤其在国外旅游或陪外宾观光旅游时，休闲服饰较为适合。如我国某高校访问团在近年出访某国时，出色完成公务事宜之余，邀请方安排了爬山观光大瀑布，某成员就穿着西装皮鞋爬山，此地是旅游胜地，各个国家的游客很多，当他们看到中国人穿着西装皮鞋爬山笑道："看！穿着西装皮鞋爬山！太滑稽了！"当时，此人就比较尴尬。如果穿了旅游服和旅游鞋就很恰当了。

2.应当使自己的衣着得法

其一，是要了解并遵守着装的正确方法。

穿西装时，要注意的问题有：在穿西装之前，务必要将位于上衣左袖袖口上的商标、纯羊毛标志等拆除，它们并非与西装的档次、身价有关。在一般情况下，坐着的时候，可将西装上衣衣扣解开；站起来之后，尤其是需要面对他人之时，则应当将西装上衣的衣扣扣上。穿西装时，不要在西装里面穿开领的和花哨的羊毛衫，特别是不要一下子同时穿上多件羊毛衫。

穿长袖衬衣时，需要注意的问题有：下摆在正式场合时要束在裤腰或裙腰之内。袖管不仅不可以挽起来，而且袖扣还一定要扣上。不穿西装上衣，或是穿上衣未打领带时，领扣则通常可以不扣。

其二，是要了解并遵守着装的搭配技巧。

在国外，对于男士在正式场合的着装，有必须遵守"三色原则"的要求。所谓"三色原则"，是指全身上下的衣着，应当保持在三种色彩之内。对于女士在正式场合的着装的评价，人们往往关注于一个细节，即她是否了解不应该使自己的袜口暴露在外。不仅在站立之时袜口外露不合适，就是在行走或就座时袜口外露也不合适。穿裙装的女士，最好穿连裤袜或长筒袜。

二、用餐礼仪

1.在设宴和赴宴时应当注意的主要事项

以东道主的身份设宴款待外国客人时，需要注意的问题主要有菜单的选定、就餐的方式、宴会的位次、用餐的环境等等。

(1)确定宴请的菜单。不宜宴请外国人的菜肴主要有下列几类：一是触犯个人禁忌的菜肴。对此一定要在宴请外宾之前有所了解。在宴请多名外宾时，对每个人的个人禁忌都要有所了解。二是触犯民族禁忌的菜肴。比如说，俄罗斯人不吃海参、海蜇、墨鱼、木耳，英国人不吃狗肉和动物的头、爪，法国人不吃无鳞鱼，德国人不吃核桃，日本人不吃皮蛋。三是触犯宗教禁忌的菜肴。在所有的饮食禁忌之中，宗教方面的饮食禁忌最为严格，而且绝对不容许丝毫有所违犯。

哪些菜肴适宜宴请外国友人？按照一般规律，可用以宴请外国人的菜肴基本上可以分成下列四类：一是具有民族特色的菜肴，如春卷、元宵、水饺、龙须面、扬州炒饭、清炒豆芽、鱼香肉丝、宫爆鸡丁、麻婆豆腐、咕老肉、酸辣汤，等等。此类具有中华民族特色的菜肴，往往受外国友人的欢迎。二是具有本地风味的菜肴。在饮食方面讲究的是"南甜，北咸，东辣，西酸"。各地的菜肴，风味不同。上海的"小绍兴三黄鸡"，天津的"狗不理包子"，西安的"老孙家羊肉泡馍"，成都的"龙抄手"、"赖汤元"，开封的“灌汤包子”，广西的“过桥米线”，西双版纳的“菠萝饭”，都在国内久负盛名，可用以款待外国友人。三是自己比较拿手的菜肴。餐馆有餐馆的“特色菜”，各家有各家的“看家菜”。主人还须细说其有关的典故，并且郑重其事向客人们进行推荐。四是外宾本人喜欢的菜肴。在宴请外宾时，在有条件的时候，在以中国菜为主的同时，上一些对方所喜爱的家乡菜。

(2)选择就餐的方式。世界上主要存在三种就餐方式：一是用筷子就餐，二是用刀叉就餐；三是用右手直接就餐。

使用筷子就餐时，可细分为下列四种具体形式：一是“混餐式”就餐方式，也叫“合餐式”就餐方式。二是“分餐式”就餐方式，人们亦称之为“中餐西吃”。三是“自助式”就餐方式，通常也叫自助餐。四是“公筷式”就餐方式。

(3)排定宾主的座次。对于宴会的组织者来讲，宴会的座次问题，又可以进一步地分为座次的排列与座次的通知等两个方面。

国内所通行的宴会座次排列方法，一是“居中为上”，即各桌围绕在一起，居于正中央的那张餐桌应为主桌。二是“以右为上”。三是“以远为上”。四是“临台为上”。在排列每张桌子上的具体位次时，主要有“面门为主”、“右高左低”、“各桌同向”等三个基本的礼仪惯例。所谓“面门为主”，是指在每张餐桌上，以面对宴会厅正门的正中座位为主位，通常应请主人在此就座。所谓“右高左低”，是指在每张餐桌上，除主位之外，其余座位位次的高低，应以面对宴会厅正门为准，右侧的位次高于左侧的位次。所谓“各桌同向”，则是指，在举行大型宴会时，其他各桌的主陪之位，均应与主桌主位保持同一方向。

在排定宴会的座次之后，应及时地采用一切行之有效的方法向全体应邀赴宴者通告，通告宴会的座次有下列四种常规方法：一是在请柬上用中英文注明每一位赴宴者所在的桌次；二是在宴会厅入口处附近悬挂宴会桌次的中英文示意图；三是在现场安排引位员，负责对来宾，尤其是贵宾的引导；四是在每张餐桌上放置桌次牌以及每一位用餐者的姓名卡(外宾写明英文全名)，以便大家“对号入座”。人们在安排宴会时，必须对环境、菜单、举止、音乐等四个最重要的环节加以认真的准备。

(4)安排涉外宴请的用餐环境，主要需要注意四点：第一，环境要幽静；第二，环境要雅致；第三，环境要整洁；第四，环境要卫生。

以来宾的身份涉外宴请时，需要注意的主要问题，大致上包括宴请的类型、付费的方法、点菜的规矩、用餐的餐序、就餐的举止、进餐的技巧等。

宴请的类型分为宴会、招待会、工作餐三种类型。其中，宴会是一种最正式、最隆重的宴请，可在早、中、晚举行，并以晚宴档次最高。举办宴会时，要提前发出请柬，届时，不仅宾主要发表讲话，乐队要演奏音乐，就连餐具、酒水、菜肴道数、餐厅陈设、用餐者的装束、侍者的仪态等，都要详尽规定。一般情况下，宴会分为国宴、正式宴会、便宴、家宴等四种具体形式。

付费方法主要有下列三种:一是不必付费;二是定额付费;三是各自付费。需要付小费时,应注意两条:一是应该付多少;二是应该如何付给。

点菜规矩:一是告诉对方,自己完全"客随主便";二是恭敬不如从命,但是只点一道即可。

需要大家掌握的正规的餐序主要有:一是西餐正餐的常规菜序。一顿正规的西餐正餐,大体上应当依次包括开胃菜、汤、海鲜、主菜、甜品、水果、红茶或咖啡等几道菜式。二是西餐便餐的常规菜序。一顿正规的西餐便餐,大体上应当依次包括头道菜(开胃菜)、汤、主菜和甜品等几道菜式。三是西式自助餐的常规菜序。享用自助餐时,其正规的用餐顺序,依次应当为冷菜、汤、热菜、点心、甜品和水果。四是酒水与菜肴的常规搭配方式。在国外,西式宴会上的主角是酒水。

就餐应举止文明、礼貌、规范,讲究卫生。

2.就餐的到场时间

在西方国家,用正餐的时间比中国要晚。请柬上注明两个时间:晚 7:30 到场,8:00用餐(7:30 for 8:00p.m.),意即 7:30 到场,8:00 晚宴开始。在此情况下,可在上述两个时间之间到场。如果请柬上只写一个时间,便应在该时到场。晚宴开始前通常备有淡酒,一般是鸡尾酒或雪梨酒。这时,应邀的宾客边饮酒,边走动,与人交谈,等到宣布晚宴开始时便步入餐厅入座。

3.餐桌上的禁忌

(1)打嗝。在席间打嗝是非常不礼貌的,若真是无法控制,则可以喝水、屏息方式使症状减轻,若仍无效,则最好去洗手间打个够,等废气消了后再返回座位。

(2)打喷嚏。若只是暂时性之喷嚏当然可以以餐巾掩口的方法,将污染减至最低。若是喷嚏不断,则最好离席至他处进行处理,若真的无法处理则不妨先行离席,没有任何人会介意的。

(3)补妆。补妆应该在洗手间或是人较少之处进行。公开场合补妆就好比是在梳头发、穿衣服等是不妥的。

(4)吸烟。几乎所有的餐厅均划分"吸烟区"和"非吸烟区"。瘾君子最好尽力克制烟瘾,如果真的烟瘾太大则可利用正餐用完,在场人士已开始使用甜点、咖啡时再离席前往室外吞云吐雾,如此既不算失礼,也不会妨害别人健康。

(5)剔牙。剔牙也要注意,相当恶心,真的要吐也请以餐巾纸掩口,吐在纸巾上。牙签用完放在盘中即可,千万不要口中咬着一根牙签与人交谈,形似流氓无赖状,非常难看。有些人甚至用完餐后,口中仍叼着牙签到处走动,那更是离谱的举止了。

(6)刀叉掉落。进餐时若刀叉不小心掉落地面,此时只需告之服务人员换一干净的即可,不必自行清理掉了的刀叉,更不可以用餐巾擦拭过再继续使用。

(7)其他:挖鼻孔、抓头皮、整理服装、打哈欠等,简单地说,凡是会给他人不良感觉的事情在餐桌上都最好别做。

三、住店的礼仪

在为外国来宾安排住宿的具体过程中，首先，必须充分了解外宾的生活习惯。不同的国家有不同的风俗，每一个人也有自己独特的生活习惯。一般而论，外宾对于个人卫生大都十分重视。对于他们而言，随时可以洗热水澡的浴室，单独使用的干净清洁的卫生间，都是自己的临时居所应具备的基本条件。

其次，必须慎重选择外宾的住宿地点，通常应当安排条件优越、设施完备的涉外饭店住宿。在一般情况下，因公正式接待的外国来宾，不应被安排到住宿条件较涉外饭店稍逊一些的旅馆、招待所里住宿。除了需要照顾外宾的个人生活习惯，尊重其特有的风俗、满足其特殊的要求之外，尚有如下几点应当注意：一是为外宾安排住宿所需的经费预算状况；二是拟住宿地点的实际接待能力；三是拟住宿地点的口碑与服务质量；四是拟住宿地点的周边环境；五是拟住宿地点的交通条件；六是拟住宿地点距接待方及有关工作地点的距离的远近；七是必须热情照顾外宾的生活需要。

"宾至如归"，体贴入微，善解人意理当在接待人员的身上发扬光大。应当注意的是，对外宾的关心、照顾，应以不妨碍对方私生活为准，并以不限制对方个人自由为限。

四、出行礼仪

与外国人进行交往应酬时，不能不涉及到有关行的礼仪。在涉外场合，目前有关行的礼仪，主要是乘机的礼仪。

涉外人员应遵守乘机的礼仪。在所有正规的交通工具之中，飞机最为舒适，其档次也最高。在乘坐国际航班时，除了要认真遵守常规的乘机礼仪外，还应遵守航班国的习俗。

主要来讲，应当在维护乘机安全，从严要求自己等两方面多加注意。

一是上机时不得违规携带有碍飞行安全的物品。通常规定，任何乘客均不得携带枪支、弹药、刀具以及其他武器，不得携带一切易燃、易爆、剧毒、放射性物质等危险物品。小的水果刀应提前放入随机托运的行李。国际航班行李一般允许每人托运一大件行李，随身携带一到两小件行李，总重量一般不超过40公斤。

二是登机时应当认真配合例行的安全检查。在进行安全检查时，每位乘客都要通过安全门，而其随身携带的行李则需要通过监测器。如有必要，对乘客或行李使用探测仪进行检查，或手工检查。不应当拒绝合作，或无端进行指责。把护照、登机牌和机票随身携带以便安检、登机入关和填写相关的出境、入境登记单。

三是飞行时务必要遵守有关安全乘机的各项规定。当起飞或降落时，一定要自觉地系好自己的安全带，并且收自己所使用的面前的小桌板，同时将自己的座椅调直。当飞机受到高空气流的影响而发生颠簸、抖动时,也要将安全带系好,而切勿自行站立、走动。在飞行期间,移动电话、手提电脑、激光唱机、微型电视机、调频收音机、电子式玩具、电子游戏机等电子设备均严禁使用。违反者要受到法律制裁。长途的国际航班上,通常有闭路电视和耳机音乐,在不影响别人休息的情况下可以使用。

四是乘机时需要对安全设备有一定程度的了解。在飞机起飞前,所有的客机均会由客舱乘务员或通过播放电视录像片,向全体乘客介绍氧气面罩、救生衣的位置及正确的使用方法,以及机上紧急出口所在的位置及疏散、撤离飞机的办法。在每位乘客身前的物品袋内,通常还会备有上述内容的图示,对此一定要洗耳恭听,认真阅读,并且牢记在心。切勿乱摸、乱动机上的安全用品。偷拿安全用品或私开安全门,不仅有可能犯法,而且还有可能危及自己和其他机上乘客的生命安全。在从严要求自己方面,则应当注意处处以礼律己,处处以礼待人,应表现得彬彬有礼。对乘务员的热情服务要表示感谢:谢谢!(Thanks!)上下飞机时,要注意排队依次而行。在机上放置自己随身携带的行李时,与其他乘客要互谅互让。不要当众脱衣、脱鞋,尤其是不要把腿脚乱伸放。当自己休息时,不要使身体触及他人,或是将座椅调得过低,从而有碍于人。与他人交谈时,说笑声切勿过高。不要在机上吸烟,或者乱吐东西。呕吐时,务必要使用专用的清洁袋。对待客舱服务员和机场工作人员,要表示理解与尊重。不要蓄意滋事,或向其提出过高的要求。跟身边的乘客可以打招呼、或是稍作交谈,但应不影响到对方的休息。不要盯视、窥视素不相识的乘客,也不要与其谈论令人不安的劫机、撞机、坠机事件。

第三节　迎宾礼仪

一、迎接的礼仪

迎接外国来宾的礼仪准备,大致包括以下五个具体方面:

第一,需要确定邀请规格。在正式对外方发出邀请之前,必须首先明确邀请的规格。按惯例,这主要要兼顾来宾的具体身份与来访的主要目的。在一般情况下,发出正式邀请时,要讲究规格对等。其基本含意是:在正式向外国来宾发出邀请时,我方出面进行邀请的人士的职务、地位、身份应当大体上与被邀请者的职务、地位、身份相仿。我方出面进行邀请的人士职务、地位、身份既不必较被邀请者为高,但也不应低于被邀请者。例如,邀请外国政府首脑来华进行访问,一般应由我国国务院总理正式向对方发出邀请。邀请外国部长级官员来华进行访问,则须由我国国务院对口的部长出面向对方发出邀请。周总理说过:“外事无小事。”涉外人员要时时以此提醒自己。

第二，需要排定礼宾序列。礼宾序列又称礼宾次序，指的是在同时接待来自不同国家、不同地区、不同单位的外国团体或个人时，必须按照国际惯例和本国的常规做法，来排定其尊卑先后的具体顺序，并且据此给予对方以相应的礼遇。目前，我国在排列礼宾序列时一般采用下列做法：一是依照来宾的具体地位的高低来排列其次序。在正式的政务、商务、科技、学术、军事交往中均可采用此种方法。若外国来宾系组团前来，则应按照团长的具体地位来排列其先后次序。二是依照来宾所在国家或地区名称的拉丁字母的先后来排列其次序。在举行大型国际会议或体育比赛时，通常可以采用此种排列方法。三是依照来宾抵达现场的具体时间的早晚来排列其先后次序。当各国大使同时参加派驻国的某项活动时，一般采用此方式。四是依照来宾告知东道主自己决定到访的具体时间的先后来排列其次序。在举办较大规模的国际性招商会、展示会、博览会时大都可以采用这一排列方法。五是不排列。所谓不排列，其实也是一种特殊的排列方法。当上述几种方法难以应用时，便可采用这种排列方法。在礼宾实践中，上述五种方法可以交叉采用。但是，不论采用何种排列方法，均事先向外国来宾进行通报。

第三，必须慎重悬挂国旗。为了维护本国的国家尊严，任何主权国家均不允许在本国国境内随意悬挂或摆放外国国旗。除国际法有关规定之外，我国目前仅允许下列五种场合悬挂或摆放外国国旗：一是外国国家元首、政府首脑正式到访；二是外国贵宾访问期间我国举行重要的礼仪活动；三是国际会议在我国举行；四是重大的国际活动在我国举行；五是在我国进行的国际经济的重要项目而举行的庆典或仪式。在我国境内悬挂外国国旗，是我国给予对方的一项礼遇。依照国际惯例，我国规定：在中国境内悬挂外国国旗时，必须同时升挂中国国旗。在同时悬挂时，其高度要相等，其面积要大致相似，以示彼此平等。悬挂或摆放中、外国旗的常规是：如并排升挂两国国旗，应以国旗自身向为准，以右为上，以左为下。例如，我国举行国宴时，一般将外国国旗悬挂在右侧，而将我国国旗悬挂在左侧。并排升挂三面或三面以上国旗时，依然讲究以右为上。应当按照序列，自右而左，依次升挂。通常，东道国国旗往往居于末尾，即左侧。不过在举行国际会议时，按惯例并无宾主之分，因此东道国国旗不必居后。应当强调的是，因为国旗象征着国家，因此在涉外交往中升挂国旗，绝不容许将任何一方的国旗弄错或挂错。此外，按惯例不允许使用污损的国旗，不准倒挂国旗，不准在墙壁上交叉悬挂或竖挂国旗。

第四，需要拟定接待计划。在接待外国来宾之前，应当认真草拟一份周详的接待计划，以便使接待工作减少周折，可以按部就班地进行。在拟订之前，要充分了解来访者有无特殊的要求。本着互助互利、交往对等的原则，在力所能及的情况下，应当尽可能地满足来访者一切正当合理的要求，并将其列入接待计划之中。在一般情况下，一份外事接待活动的计划，就是指南和行动纲领。这包括膳宿安排、交通工具、会见会谈、参观访问、文娱活动、异地游览、新闻报道、记者招待会、安全保卫、突发事件、礼品准备、人员配备、经费预算等基本内容。正式的接待计划一旦拟定,应尽快报请上级主管部门批准。此后,应立即报送与接待工作有关的外事、公安、安全、新闻、接待等具体工作部门。在必要时,还须告之我驻外机构。与此同时,亦应将我方接待计划的主要内容通报给外方,并听取建议、意见或要求。

第五,需要掌握人员状况。接待方必须尽可能地对其中主要人物的基本情况有所了解,如对方的姓名、性别、年龄、婚否、籍贯、民族、宗教信仰、政治倾向、所属党派、职务级别、学历学问、业务能力、专长爱好、主要禁忌等。若来访者以前曾经来华进行过访问,则最好对当时我方的接待规格、接待方案进行必要的借鉴。另一方面,则应当对我方负责接待工作的人员进行精心的选择。在准备接待工作时,必须确定专门负责此事的工作人员。如有必要,还须组成专门的接待班子,负责此事。在挑选接待人员时,尤其是那些直接面对外国来访者的迎送人员、翻译人员、陪同人员、安全保卫人员以及司机时,要优中选优,切勿滥竽充数。除了仪表堂堂、身体健康、政治可靠、业务上乘之外,还应将反应敏捷、善于交际、责任心强列入用人的基本条件。

二、会见的礼仪

在涉外交往中,不论是在正式场合还是在非正式场合同外国友人相见,都应遵守一定的见面礼仪。根据常规,在涉外交往中应遵守的见面礼仪,主要涉及介绍、行礼、互换名片以及座次的排列等四个方面的内容。下面将分别对其重要的环节进行较为详尽的说明。

1.见面时介绍的礼节

在涉外交往中,当交往双方不相识时,有必要通过介绍,使其彼此相识。所谓介绍,指的是通过一定的方式使交往双方相互结识,并且各自对对方有一定程度的了解。通常,介绍又可分为自我介绍与介绍他人等两种情况。

自我介绍,一般指的是主动向他人介绍自己,也包括应他人的要求而对自己的情况进行一定程度的介绍。它的特点,主要是单向性和不对称性。

在涉外交往中进行自我介绍,通常需要重视以下两个方面的问题:其一,是要注意作自我介绍的具体时间。它又包括两层含意:一是进行自我介绍时,先要在具体时间上于己于人彼此方便,这样才会发挥正常,并且易于为对方所倾听。二是进行自我介绍时,一定要把握好时间,最好宁短勿长,将一次自我介绍的时间限定在一分钟甚至是半分钟以内。其二,是要注意自我介绍的主要内容。在不同的场合,所作的自我介绍在内容上理当有一定的差别。在涉外活动中自我介绍可分为两种:一种是应酬型的自我介绍,其内容仅包括本人姓名这一项内容,这多用于应付泛泛之交;另一种则是公务型的自我介绍,其内容包括本人的姓名、工作单位、所在部门、具体职务等四项内容。因公进行涉外交往时,只宜采用这一类型的自我介绍。

介绍他人,通常指的是由某人为彼此素不相识的双方相互介绍、引见。主要特点是双向性和对称性。在涉外交往中介绍他人时,一般应注意以下四个方面的问题:一是要注意介绍者的身份。在正式交往之中,对介绍者的身份有着一定的讲究。在外事访问中,介绍者一般应为东道主一方的礼宾人员。在社交活动里,介绍者通常应当是女主人。在多方参与的正式活动中,可由各方负责人将己方人员一一介绍给其他各方人士。二是要尊重被介绍者的意愿。介绍者在有意为他人相互引见时,最好先征求一下被介绍者双方的个人意愿。如果贸然行事,会好心办坏事。三是要遵守介绍时的先后次序。正规的做法,是要先介绍身份较低的一方,然后再介绍身份较高的一方,即先介绍主人,后介绍客人;先介绍职务低者,后介绍职务高者;先介绍男士、后介绍女士;先介绍晚辈、后介绍长辈;先介绍个人,后介绍集体。在接待外国来访者时,若宾主双方皆不止一个,则为其双方进行介绍时,要先介绍主人一方,后介绍来宾一方。不过在介绍各方人士时,通常应当由尊而卑,按照其职务的高低,依次而行。四是要重视介绍时的表达方式。在介绍双方时的主要内容应基本对称,大体相似。切勿只介绍一方而忘记另一方;或者在介绍一方时不厌其详,而在介绍另一方时则过分简单。

2.见面时行礼的方式

在交往应酬之中,与外国人相见时,尤其是与之发生正面接触应酬时,往往要向对方行礼致意。根据目前的涉外活动实践,中国人在对外交往中与外国友人互行见面礼时,特别要注意问候的进行与礼节的选择等问题。问候,又称问好、问安或打招呼,它是以语言或动作向他人询问安好,进行致意,是向对方表示关切或友好的一种常规方式。

向外宾进行问候时,一是要慎选问候的具体内容。由于国情的不同,中国人过去常用的一些问候内容诸如:"吃过饭没有"、"身体怎么样"、"正在忙什么"等,在涉外交往中并不适用。一般而言,在问候外国人时,可问候对方"您好",或者说"很高兴认识您","见到您很高兴"。具体问候对方"早安"、"午安"、"晚安",也是可以的。二是要注意问候的先后次序。在交往双方相见时,通常应由身份较低的一方首先向身份较高的一方问候。若同时需要问候许多人时,要以由尊而卑或者由近而远,依次而行。当他人率先问候自己时,应立即予以回应。三是要重视问候的态度表现。在交际场合与他人相见时,一定要主动而热情地问候对方。要真正做到这一点至少要注意以下三条,即一定要面含真诚的微笑,一定要神态大方地正视对方的双眼,一定要发出清晰而爽朗的声音。

在涉外交往中,选择何种具体的见面礼节,颇有讲究。对中国人而言,既可以沿用自己的习惯做法,也可以比照交往对象的特殊做法,对其加以模仿。当前,中国人在日常生活中所采用的见面礼节,主要有握手礼、拱手礼、举手礼、脱帽礼、注目礼、起身礼等。其中握手礼尤其适用于涉外交往活动。

握手需要关注以下三点:第一,要专心致志。在一般情况下握手时应当面含笑意,起身站立,用右手与对方右手完全相握后,上下晃动两三下,用力不重不轻,时间大约三至五秒钟。最重要的是握手时务必要正视对方的双眼,并与对方稍事寒暄。第二,要留意次序。基本规则是:应由握手双方之中身份为尊的一方首先伸出手来,即职务高者与职务低者握手时,应由职务高者首先伸手;女士与男士握手时,应由女士首先伸手;长辈与晚辈握手时,应由长辈首先伸手。当来宾抵达时,应由主人首先伸手;而当来宾告辞时,应由来宾首先伸手。第三,要回避禁忌。一是不要戴着手套握手,二是不要戴着墨镜握手,三是不要用左手握手,四是尽量不要用双手与初次相识的异性握手,五是不要在多人握手时交叉握手。

3. 互换名片时的注意事项

在涉外交往时,与外国人互换名片,通常在下述几个方面必须严格地遵守礼仪规范。一是参加涉外交往时,应随身必备名片。按照惯例,在外事活动中,一般不宜主动向外国友人索取名片。然而,当对方主动提议互换名片,率先将名片递送过来,或是我方有必要进行较为周详的自我介绍、在拜访国外人员需要由他人代为通报时,都需要使用自己的名片。因此参加涉外活动前,即应将本人的名片装入专用的名片包,或是放在上衣口袋之中,以供随时取用。二是递送本人名片时,应当彬彬有礼。需要将本人名片递交给外国友人时,应当起身站立,走向对方,面含笑意,以右手或双手捧着或拿着正面面对对方的名片,以齐胸的高度,不紧不慢地递送过去,与此同时嘴里应当说明:"请多关照","请多指教"或是"希望今后保持联络"。向多人递送本人名片时,可由尊而卑或近而远,依次而行。三是接受他人名片时,应当毕恭毕敬。当他人主动将名片递给自己时,一定要表现出自己的恭敬、重视之意。首先要起身站立,迎上前去,口中称"谢谢"。然后,务必要用右手或双手并用将对方的名片郑重其事地接过来,捧到面前,仔细默念一遍。最后,应将对方的名片收藏于自己的名片包或是上衣口袋内,并随之递上自己的名片。四是参与国际交往,应当熟知名片的特殊用途。在国际交往中私人名片还可以发挥下列几种特殊作用:第一,可以之代替私人书信;第二,可以之代为引荐他人;第三,可以之代替送礼时专用的礼单;第四,可以之在拜访时代为通报或代替留言;第五,可以之向亲朋好友通知本人的有关变动。

4. 座次排列时的规范做法

与外国友人相见时,往往不可避免要涉及宾主双方座次的排列问题。在涉外交往中,会见、谈判、举行签字仪式、进行合影留念时,各自都有自己特殊的位次排列方法。会见,也叫礼节性会晤,一般所用时间较短,宾主双方仅是出于礼貌而与对方应酬。正式的涉外会见,最好安排在专门的会客室或会见厅之内举行。其位次排列的方法,主要有以下三种:一是相对式,指宾主双方会见时面对面而坐,便于进行交流。

一般应以会客室的正门为准，面对正门的一方为上，应请来宾就座；背对正门的一方应由东道主就座。若宾主双方均不止一个人，则除主人与主宾之外，双方其他人员均应按照具体身份的高低，由尊而卑，自右而左依次排列在主人或主宾两侧。二是并列式，指宾主双方会见时面对会客室或会见厅的正门并排而坐，可显示双方的平等与亲密。它的具体排列是主人在左，主宾在右。宾主双方的其他人员按照具体身份的高低，依次在主人、主宾的一侧排开。三是自由式，即请宾主自由就座。在举行多边会见时，此种方法尤为适用。

第四节　交谈与谈判礼仪

一、拜访礼节

到外国人住所、宾馆或办公室，均应预先约定、通知，并按时抵达。如无人迎候，进门前先按门铃或敲门，以主人应允后方得进入。如无人应声，可再次按门铃或敲门(但按门铃时间不要过急过长)。无人或未经主人允许，则不得擅自进入。

进入室内，如说话所需时间较短，则可不必坐下，事毕也不要逗留，如所需时间较长，则要在主人邀请之下方可入座。在没有预先安排的情况下，谈话时间尽量不要过长。如需洽谈，应安排在宾馆其他合适的场所进行。

二、交谈的礼仪

在涉外交往中与外国友人进行交谈，仅凭自己的常规经验肯定是行不通的。更重要的，是要了解并遵守有关交谈的国际惯例。简而言之，涉外人员应当掌握的有关交谈的礼仪规范，主要涉及交谈的态度、称呼的使用、内容的选择、电话的常规等四个方面。这里着重介绍前两个方面：

1.交谈的态度

交谈的态度，指的是一个人在与别人交谈的整个过程中的举止表情，以及由此而体现出来的个人修养和对待交谈对象的基本看法。从某种程度上讲，交谈的态度有时甚至比交谈的内容更为重要。在涉外交往中，尤其是在与一个外国人初次打交道时，交谈的态度通常会更受对方的关注。

对每一位参与涉外活动的中国人来讲，要想使自己交谈的态度符合要求，就必须注意以下五个基本要点。

其一，要注意语言。与外国人进行交谈时，选择何种语言，是大有讲究的。在一般情况下，可以使用通行于世界的英语，或是直接采用交往对象所在国的国语。而在正式的官方活动中，为了体现一个主权国家的尊严，则只能使用自己国家的国语，然后再通过译员进行翻译。有些时候,不一定非要精通交往对象所在国的国语,在非正式场合哪怕是现学上几句,也可以令对方备感亲切。需要注意的是,不要对交往对象使用低级、庸俗、不文明的语言,或者是对方根本听不懂的语言。

其二,要注意语态。此处所谓的语态,特指交谈时的神态,即表情与动作。与外国友人交谈时,在神态上要亲切友善,以舒展自如。在自己讲话时,要注意不卑不亢,恭敬有礼。在对方讲话时,则要专心致志,洗耳恭听。不论是自己处于"说"的位置上还是处于"听"的位置上,都不要表现得心不在焉,敷衍了事,或是态度夸张,咄咄逼人。特别要注意自己的眼神与手势,不要举目四顾,双眼不敢与交谈对象对视;也不要张牙舞爪,指手画脚,对对方指指点点,拍拍打打。

其三,要注意语音。在国际交往中,人们普遍对交往对象的语音十分重视。语音不仅被视为一个人教养与素质的直接体现,而且与对交往对象的尊重与否直接挂上了钩。在语音方面的基本礼仪规范是:与别人进行交谈时,尤其是在大庭广众之前与别人进行交谈时,必须有意识地压低自己说话时的音量。说话的声音最好是低一些,只要交谈对象可以听清楚即可。在交谈时,特别是在公共场所与别人交谈时,如果粗声大气,不仅有碍于他人,而且也说明自己缺乏教养。

其四,要注意语气。与别人交谈时,讲话的口气不可不慎,此即所谓语气问题。同外国友人交谈时,在自己的语气方面,一定要注意平等待人,谦恭礼貌。在交谈中,在不故作姿态的前提下,应当尽量多使用一些谦词、敬语和礼貌用语。既不要在交谈时表现得居高临下,盛气凌人,装腔作势,对对方呼来唤去;也不宜在语气上显得奴颜婢膝,阿谀奉迎,一味讨好对方、迁就对方、附和对方,而不顾自己的国格人格。

其五,要注意语速。在交谈之中,自己的语速是否合乎常规,往往直接同自己交谈的效果联系在一起。在对外交往中,不论是使用自己的母语,还是使用某一种外语,都要保持正常的语速,即快慢适中、舒张有度,以令其在一定的时间内保持匀速。也就是说,语速应当相对保持稳定。这样做,不仅可以使自己的语言清晰易懂,而且还可以显示出自己成竹在胸,有条有理。语速过快、过慢,或者忽快忽慢,都是应当力戒的。

2.称呼的使用

称呼,指的是人们交谈时所使用的用以表示彼此关系的名称。有时,它亦被称为称谓。在涉外交往中,称呼的运用与对待交往对象的态度直接相关,对此千万不要马虎大意,随心所欲。

与外国人进行交往应酬时,尤其是在比较正式的场合,应当选用的称呼主要有如下几种:

其一,是泛尊称。它几乎适用于任何场合,主要包括"先生"、"小姐"、"夫人"、"女士"。应当强调的是,在称呼一位妇女时,最好根据其婚否,分别以"小姐"或"夫人"相称。若一时难以判断,则可称之为"女士"。在有的国家,"阁下"这一尊称也可以使用。许多时候,泛尊称可与姓名、姓氏或行业性称呼分别组合在一起使用。例如,"布什先生"、"撒切尔夫人"、"普里马科夫先生"、"史密斯小姐"、"议员先生"、"秘书小姐"等等。它们一般使用于较为正式的场合,或是初次应酬之时。

其二,是荣誉性称呼。在人际交往中,若交往对象拥有在社会上备受重视的学位、学术性头衔、专业技术性头衔、军衔、爵位,例如"博士"、"教授"、"医生"、"律师"、"法官"、"工程师"、"将军"、"公爵"等等,均可用作称呼。有时,这类荣誉性称呼还可以与姓氏、姓名分别组合在一起使用,例如,"马歇尔教授"、"黑格将军"等等。

其三,是公务性称呼。在公务活动中,一般可以直接以对方的职务相称。例如可称其为"部长"、"总理"、"经理"、"总裁"、"科长"、"主任"等等。不过,有的国家并不习惯采用此类称呼。平时,此类公务性称呼,可以分别与尊称、姓氏、姓名组合在一起使用,例如,"利济科夫部长"、"施密特总理"、"桥本龙太郎首相"等等。

其四,是一般性称呼。它适用普通场合,即直接称呼他人的姓氏或姓名。例如,"叶利钦"、"麦当娜"、"塞缪尔·亨廷顿"、"亨利·米勒"等等。

其五,是特殊性称呼。它主要是指对于王室成员或神职人员的专门性称呼,例如,"陛下"、"殿下"、"教皇"、"大主教"、"神父"、"牧师"、"阿訇"、"拉比"等等。

必须强调,在涉外交往中自称或称呼他人时有两类称呼切勿使用。一是不要使用容易产生误会的称呼,例如,"爱人"、"同志"、"老黑"、"鬼子"、"洋妞"、"老毛子"、"老外"等等。另外请注意,若与对方仅为一面之交,一般不宜直呼其名。

三、交谈禁忌

(1)交谈中不要涉及令对方不愉快的事情。不愉快的事情包括"敏感事"和"隐私"。病亡、穷困、身体缺陷等都是让对方较为敏感的事,俗话说"当着矮人不说短话",这类话题不提为好。随着社会的进步,交往中对人们的隐私越来越尊重,在交谈中凡涉及个人隐私的一切问题均应回避。如:不询问女士的年龄、婚姻状况,不应径直询问对方的履历、工资收入、家庭财产,不询问住址、电话等。

(2)要杜绝在背后说他人的短长。与人交谈时不说他人的坏话,也不传闲话,这不仅是礼仪的需要,也是交往成功的保证。富兰克林在谈到他成功的秘诀时曾说:"我不说任何人的坏话,我只说我所知道的每个人的长处。"背后对人说长论短,这是最令人厌恶的事情。

(3)与女士交谈时不论及对方美丑胖瘦、保养得好与不好等。但在社交场合,有时对对方,特别是女士的衣服、发型、气色可表示真诚而适度的称赞。

(4)与不熟悉的人交谈时不问对方衣服的质量、价格,首饰的真假等。如果在社交场合问及对方这些问题,会使人难以回答,甚至陷入难堪境地。

(5)社交场合不以荒诞离奇、耸人听闻、黄色淫秽的内容为话题,也不开低级庸俗的玩笑,更不能嘲弄他人的生理缺陷,那样只会证明自己的格调不高。

(6)在涉外场合,一般不要谈论当事国的政治问题,也不应随便议论他人的宗教信仰,对某些风俗习惯、个人爱好也不要妄加评议。

四、谈判的礼仪

谈判,亦称会谈,指的是有关各方为了各自的利益,通过接触与磋商,就某些问题达成协议或者妥协。

各类谈判,都有很高的礼仪要求,目前,我国所采用的谈判的位次排列方法,主要有三种:一是相对式,主要适用于双边谈判。具体又分为两种情况:其一,谈判桌横放,客方面对正门而坐,主方背对正门而坐。其二,谈判桌竖放,以进门时面向为准,右侧为上,请客方就座;左侧为下,请主方就座。在谈判时,双方的主谈者应居中而坐,其他人员应遵循右高左低的惯例,依照各自实际身份的高低,自右而左分别就座于主谈者的两侧。按惯例,各方的译员应就座于主谈者的右侧,并与之相邻。二是主席式,主要适用于多边谈判。届时,可在谈判厅内面对正门设置一主席台,其他各方人员均应背对正门,分片就座于主席台的对面。在谈判进行中,各方发言者须依次走上主席台,面对大家,阐述自己的见解。其状况,犹如大会发言。三是圆桌式,也适用于多边谈判。在谈判现场仅设置一张圆桌,由各方人员不分座次,自由就座。举行签字仪式,是合约、协议生效的必经步骤,也是礼仪性极强的一项活动。

1.谈判准备

商务谈判之前首先要确定谈判人员,与对方谈判代表的身份、职务要相当。

谈判代表要有良好的综合素质,谈判前应整理好自己的仪容仪表,穿着要整洁正式、庄重。男士应刮净胡须,穿西服必须打领带。女士穿着不宜太性感,不宜穿细高跟鞋,应化淡妆。

谈判前应对谈判主题、内容、议程做好充分准备,制订好计划、目标及谈判策略,并准备好相应的中英文材料,请好翻译人员。

2.谈判之初

谈判之初,谈判双方接触的第一印象十分重要,言谈举止要尽可能创造出友好、轻松的良好谈判气氛。

见面时双方可互相问好,稍作寒暄,以沟通感情,创造温和的气氛。作自我介绍时要自然大方,不可露傲慢之意。被介绍到的人应起立一下微笑示意,可以礼貌地道:“Hello, everyone.(大家好)”,“Nice to meet you (幸会)”之类。询问对方要客气,如“May I have your name ? (请问尊姓大名?)”等。如有名片,要双手接递,并看数秒钟。介绍完毕,可选择双方共同感兴趣的话题进行交谈。

谈判之初的姿态动作也对把握谈判气氛起着重大作用,应目光注视对方,目光应停留于对方双眼至前额的三角区域正方,这样使对方感到被关注,觉得你诚恳严肃。手势自然,不宜乱打手势,以免造成轻浮之感。切忌双臂在胸前交叉,那样显得十分傲慢无礼。

谈判之初的重要任务是摸清对方的底细,因此要认真听对方谈话,细心观察对方举止表情,并适当给予回应,这样既可了解对方意图,又可表现出尊重与礼貌。

3.谈判之中

这是谈判的实质性阶段,主要是报价、查询、磋商、解决矛盾、处理冷场。

报价——要明确无误,恪守信用,不欺蒙对方。在谈判中报价不得变化不定,对方一旦接受价格,即不再更改。

查询——事先要准备好有关问题,选择气氛和谐时提出,态度要开诚布公。切忌气氛比较冷淡或紧张时查询,言辞不可过激或追问不休,以免引起对方反感甚至恼怒。但对原则性问题应当力争不让。对方回答查问时不宜随意打断,答完时要向解答者表示谢意(Thanks for your attention)。

磋商——讨价还价事关双方利益,容易因情急而失礼,因此更要注意保持风度,应心平气和,求大同,存小异。发言措辞应文明礼貌。

解决矛盾——要就事论事,保持耐心、冷静,不可因发生矛盾就怒气冲冲,甚至进行人身攻击或侮辱对方。

处理冷场——此时主方要灵活处理,可以暂时转移话题,稍作松弛。如果确实已无话可说,则应当机立断,暂时中止谈判,稍作休息后再重新进行。主方要主动提出话题,不要让冷场持续过长。

4.谈后签约

安排签字仪式,首先应做好文本的准备工作,有关单位应及早做好文本的定稿、翻译、校对、印刷、装订、盖火漆印等项工作,同时准备好签字用的文具、国旗等物品,与对方商定助签人员,并安排双方助签人员签约的有关细节。

参加签字仪式的,基本上是双方参加会谈的全体人员。如一方要求让某些未参加会谈的人员出席,另一方应予同意,但双方人数最好大体相等。不少国家为了对签订的协议表示重视,往往由更高或更多的领导人出席签字仪式。签约仪式上,要准备好双方签约人员的座位牌,双方参加谈判的全体人员都要出席,共同进入会场,相互致意握手,一起入座。双方都应设有助签人员和翻译人员,分立在各自一方代表签约人的外侧,其余人员排列站立在各自一方代表身后。

我国举行的签字仪式,一般在签字厅内设置长方桌一张,作为签字桌。桌面覆盖深绿色台呢,桌后放两把椅子,为双方签字人员的座位,主左客右。座前摆的是各自保存的文本,上端分别放置签字文具,中间摆一旗架,悬挂签字双方的国旗。

双方参加人员进入签字厅。签字人员入座时,其他人员分主客各一方按身份顺序排列于各自的签字人员座位之后。双方的助签人员分别站立在各自签字人员的外侧,协助翻揭文本,指明签字处。双方代表各在已方的文本上签字,然后由助签人员互相交换,代表再在对方文本上签字。

签字完毕后,双方应同时起立,交换文本,并相互握手,祝贺合作成功。其他随行人员则应该以热烈的掌声表示喜悦和祝贺,并合影留念。在国内有时签字后,安排宴请以表示庆祝;在国外有时签字后,备有香槟酒,共同举杯庆贺。

5.谈判注意事项

同外商或外国朋友、华侨、港澳台同胞的谈判参加人员应注意下列问题:

首先,应具备坚定的政治立场,严格遵守组织纪律,执行请示报告制度,保守国家机密,维护国家利益。

其次,每次谈判前都应确定与对方主谈人职位大致相等的主谈人。其他谈判人员在谈判中非经我方主谈人同意,不得随便发言或向对方提意见。有意见可书面提交主谈人。若几个单位参加同一谈判,应事先统一意见。在谈判中的不同意见可会后研讨,不得当场争论;谈判中要维持主谈人的意见。

再次,谈判前应充分准备所谈的问题,可制定不同方案,避免因仓促上阵造成失误。如果外商是熟人,不必介绍,仅上前握手问候即可。如果外商是初次晤面且又互不相识,接待人员应主动上前询问并做自我介绍;如果迎接的是大批客人,则需事前准备标牌或小旗,让客人在远处就能看到并主动前来接洽。

另外重要的一点是,签约时应准备中英文合约文本一式两份,由双方项目负责人或合约文本法人代表互换签字。

第五节　馈赠礼仪

在涉外交往中,交往双方往往会遇上对方以礼相赠的情况。在许多场合,“礼尚往来”也是十分必要的。在涉外交往中,赠送给外国友人的礼品,意在表达我方对对方的尊敬友好之意。而要争取到这一点,就不能不遵守有关赠送礼品的礼仪规范。

一、赠送礼品的礼仪

一般而言,赠送礼品的礼仪主要包含礼品的挑选、馈赠的方法两个方面的内容。

1.礼品的挑选

在馈赠行为当中,主角自然非礼品莫属。倘若挑选礼品时不讲章法,敷衍了事,要想使馈赠取得成功肯定就是空谈。挑选赠送给外国友人的礼品时,一般在指导思想上必须恪守四项基本原则。

其一,要突出礼品的纪念性。在涉外交往中,送礼依然要讲究“礼轻情义重”。有时,“江南无所有,聊赠一枝梅”,往往更受对方的欢迎。因为在许多国家里,都不时兴赠送过于贵重的礼品。反之,则很可能会让受礼者产生受贿之感。

其二，要体现礼品的民族性。有人曾说："最有民族特色的东西，往往就是最好的。"向外宾赠送礼品，其实也是一样。中国人司空见惯的风筝、二胡、笛子、剪纸、筷子、图章、书画、茶叶，一旦到了外国人手里，往往便会备受青睐，身价倍增。

其三，要明确礼品的针对性。送礼的针对性，是指挑选礼品应当因人、因事而异。因人而异，指的是选择礼品时，务必要充分了解受礼人的性格、爱好、修养与品位，尽量使礼品受到受礼人的欢迎。因事而异，指的则是在不同的情况下，向受礼人赠送的礼品应当有所不同。比方说，在国务活动中，宜向国宾赠送鲜花、艺术品。出席家宴时，宜向女主人赠送鲜花、土特产和工艺品，或是向主人的孩子赠送糖果、玩具。探视病人时，宜向对方赠送鲜花、水果、书刊、CD等。

其四，要重视礼品的差异性。向外国人赠送礼品，是绝对不能有悖对方的风俗习惯的，因此务必要将此视为送礼时的头等大事，此即涉外礼品的差异性问题。要解决好这一问题，就要通过对受礼人所在国风俗习惯的了解，在挑选礼品时，主动回避对方有可能存在的下述六个方面的禁忌：一是与礼品品种有关的禁忌，二是与礼品色彩有关的禁忌，三是与礼品图案有关的禁忌，四是与礼品形状有关的禁忌，五是与礼品数目有关的禁忌，六是与礼品包装有关的禁忌。这六个方面的禁忌，有时亦称"择礼六忌"。

为外国友人挑选礼品时，除了应当严守以上四项基本原则之外，还应当了解，下列八类物品一般不宜被选作送给外国人的礼品。

第一类，是一定数额的现金、有价证券。不少国家规定，在交往中拒收现金与有价证券。因为人们普遍认为，这么做的人，难免有行贿之嫌。

第二类，是天然珠宝与贵金属首饰。究其原因，与前者大体相似。

第三类，是药品与营养品。在国外，身体健康状况乃属个人隐私，因此将药品与营养品赠送给外国人，通常都是不受对方欢迎的。

第四类，是广告性、宣传性物品。将带有广告词、宣传用语或明显的公司标志的物品送给外国人，往往会适得其反，被对方误解为是在利用对方，或是借机进行宣传。

第五类，是易于引起异性误会的物品。向关系普通的异性送礼时，千万不要弄巧成拙，误送示爱的物品或对对方不恭的物品。

第六类，是为受礼人所忌讳的物品。在送礼时，若礼品有违受礼人的宗教禁忌、民族禁忌或个人禁忌，也会功亏一篑。

第七类，是涉及国家机密或商业秘密的物品。若将此类物品随意赠予外国人，不管自己有意还是无意，都有损于国家利益，而且还有可能触犯法律。

第八类，是不道德的物品。将不道德的物品送给别人，不但坑人，而且也会害了自己，因而是绝对应当禁止的。

以上八类不宜送给外国人的物品，亦可称之为"涉外交往八不送"。

2. 馈赠的方法

向外籍人士赠送礼品，不仅要重视具体品种的选择，而且一定要注意赠送礼品时的方式方法。根据礼仪惯例，注意涉外交往中馈赠的方法，具体是指礼品的包装、送礼的时机、送礼的途径等三个方面，必须表现得中规中矩，不乱章法。

第一，是要重视礼品的包装。以前，中国人送礼是只重货色，不重包装的。不管多么高档的礼品，大都“赤条条来去无牵挂”，或者顶多用报纸一包，硬纸盒一装了事。这种做法，是不符合国际惯例的。在国际交往中，礼品的包装是礼品的有机组成部分之一，它被视为礼品的外衣，送礼时不可或缺。否则，就会被视为随意应付受礼人，甚至还会导致礼品自身因此而“贬值”。有鉴于此，送给外国友人的礼品，一定要事先进行精心包装。对包装时所用一切材料，都要尽量择优而用。与此同时，送给外国人的礼品的外包装，在其色彩、图案、形状乃至缎带结法等方面，都要与尊重受礼人的风俗习惯联系在一起考虑。

第二，是要把握送礼的时机。在涉外交往中，由于宾主双方关系不同，具体所处的时间、地点以及送礼的目的不同，送礼的具体时机自然也不能以不变应万变，千篇一律。依照国际惯例，把握送礼的最佳时机，最重要的，是要对具体情况进行具体的分析。在会见或会谈时，如果准备向主人赠送礼品，一般应当选择在起身告辞之时。向交往对象道喜、道贺时，如拟向对方赠送礼品，通常应当在双方见面之初相赠。出席宴会时向主人赠送礼品，可在起身辞行时进行，也可选择餐后吃水果之时。观看文艺演出时，可酌情为主要演员预备一些礼品，并且在演出结束后登台祝贺时当面赠送。游览观光时，如果参观单位向自己赠送了礼品，最好在当时向对方适当地回赠一些礼品。为专门的接待人员、工作人员准备的礼品，一般应当在抵达当地后尽早赠送给对方。作为东道主接待外国来宾时，如欲赠送一些礼品，可在来宾向自己赠送礼品之后进行回赠。也可以在外宾临行的前一天，在前往其下榻之处进行探访时相赠。

二、接受礼品注意事项

在涉外交往中接受外国友人赠送的礼品，大致上有如下四个方面的问题需要注意。

第一，要欣然接受。当外国友人向自己赠送礼品时，一般应当大大方方、高高兴兴地接受下来。没有必要跟对方推来推去，过分地进行客套。在接受赠送的礼品时，应当起身站立，面含笑容，以双手接过礼品，然后双方握手，并且郑重其事地为此而向对方道谢。在接受礼品时，面无任何表情，用左手去接礼品，接受礼品后不向送礼人致以谢意，都是非常失礼的表现。

第二，要启封赞赏。在国际社会，特别是在许多西方国家里，受礼者在接受礼品时，通常大都习惯于当着送礼人的面，立即拆启礼品的包装，然后认真地对礼品进行欣赏，并且对礼品适当地赞赏几句。这种中国人以前难以接受的做法，已经逐渐演化为在接受礼品时必须讲究的一种礼貌。在许多国家里，接受礼品之后若不当场启封，或是暂且将礼品放在一旁，都会被视为失礼之至。在涉外交往中接受礼品时，对此务必要予以注意。

第三，要拒绝有方。一般而言，外国人赠送的以下五类物品不宜接受：一是违法、违禁物品，二是有辱我方国格人格的物品，三是可能使双方产生误会的物品，四是价格过于昂贵的物品，五是一定数额的现金、有价证券。如果不能接受外方赠送的礼品，应当即向对方说明原因，并且将礼品当场退还。可能的话，最好不要在外人面前这么做。若对方并无恶意，在退还或拒绝礼品时，还须对对方表示感谢。

第四，要事后再谢。接受外方人员赠送的礼品后，尤其接受了对方所赠送的较为贵重的礼品后，最好在一周之内写信或打电话给送礼人，向对方正式致谢。若礼品是由他人代为转交的，则上述做法更是必不可少的。以后有机会再与送礼人相见时，不妨在适当之时，再次当面向对方表示一下自己的谢意。或者是告诉对方，他送给自己的礼品，自己不仅十分喜欢，而且经常在使用。这种令对方感到他的礼品"物有所值"、备受重视的做法，会令对方极其开心的。

三、不同场合赠送礼品的礼仪

经常与外国客户打交道的公司不免要赠送礼品，如探望病人或参加婚礼、生日的时候，送上一束鲜花。相处较长的外宾离别时，赠送一两件小纪念品等，则是一种友好、祝愿或者感谢的表示。

涉外文秘要学会挑选礼品。礼品的价值不在于是否名贵，而在于适宜。一份适时宜人的礼物就会赢得友情。选择礼品时，宜选一些物美价廉、具有纪念意义，有民族特色并有一定艺术欣赏价值的物品，例如受礼人喜爱的小艺术品、小纪念品、食品、花束、书籍、画册或一般日用品等。

赠送的礼品一般要用礼品纸(花色、彩色纸)包装。即使礼品本身装在盒子里，也要另加包装，然后用彩带系上漂亮的蝴蝶结、梅花结等。

礼品一般应当面赠送(参加婚礼或送别可预先送去)。祝贺生日、赠送年礼，可派人送上门或邮寄，并随礼品附上送礼人的名片，也可书写贺词，装在大小相当的信封内。信封上写清楚受礼人姓名(不写地址)。

1. 圣诞礼品

人们最盛行在圣诞节赠送礼品。送给孩子的通常是各种新奇玩具，大人们之间一般互相赠送书籍、文具、巧克力糖或盆景等。

2. 生日礼品

西方人送生日礼品大都是一块大的蛋糕。青年男女之间送领带、书籍、文具、室内的陈设品、手提包及其他装饰品。在赠品上大抵要附上一张名片，写上一句客气的话。送生日礼品时,英国人常写:Wishing you many happy returns of the day.(福寿无疆,长命百岁!)美国人则常写:Happy birthday.(生日快乐。)

3.结婚赠品

结婚赠品只要在新家庭中用得着,无论什么都可以。如银器、花瓶、果盆、瓷器、地毯、家具、刺绣、食器、餐具、床毯等都是很普通的礼物。

跟中国人喜事尚红色的习俗不同,西方人尚白色。新娘穿白衣,所以送礼时也要用白纸包,系一白绸带,或加一个绸花。绸带上附一张名片,可用笔写上一些祝贺语,如:All good wishes.(良好祝愿!)Wishing you happiness.(祝你愉快!)

4.探病的礼品

探视病人通常送鲜花或盆景。如果要花店代为赠送的话,需附上一张名片,在名片上写:To inquire!(祝早日康复!)

5.赠别礼物

凡友人有远行时,也常赠送礼物以表心意。通常赠送鲜花、点心、水果或书籍杂志等,所附名片上写:Best wishes for your journey.(一帆风顺!)如送一本书作纪念,在扉页上则写一些祝福的话,如:In remembrance of many days we spent together.(以作多日欢聚之纪念。)

6.宴会赠品

参加大型宴会不需要带礼品。参加个人宴会时,常常送上一束鲜花。可提前让花店送到主人家,也可等到宴会结束后送。参加宴会的当天,本人带去也可以,但这不太时兴。按照西方人的习俗,赠送礼品时,送礼人一般说:I wish you'd like it.(希望你能喜欢。)

西方人送礼时不像中国人那样说"薄礼一份,请笑纳"之类的客套话。收到礼品时一定要当着送礼人的面打开礼品欣赏或品尝食物(如果对方送的是食品的话),并立即向送礼人致谢。道谢的话除了普通的 Thank you very much indeed.(非常感谢!)或 It's very nice of you to bring me such…(真好!你带给我这么好的……),还可以说:I shall remember you whenever I eat them (or use it).(每次当我吃/用它的时候,我都将会记起),西方人送的礼物虽然不一定贵重,但讲究包装。至于礼品的数目,西方人以1个、3个等单数为吉利,不像中国人讲究"好事成双"。

第六节 娱乐礼仪

在涉外交往中,往往会特意为交往对象安排一些文娱活动。不论是组织还是应邀参加此类活动,都应当掌握有关的礼仪规范。下面,将重点介绍一下有关文艺晚会、交谊舞会的礼仪规范。

一、有关文艺晚会的礼仪

文艺晚会,简称为晚会,一般是指在晚上举行的以综艺性文艺演出为主要内容的联欢性集会。在国际交往中,特别是在接待外国贵宾时,为其专门组织一场文艺晚会,不仅是项娱乐活动,而且也是给予对方的一种礼遇。有关文艺晚会的礼仪规范,主要涉及节目的安排、座位的选择、晚会的程序、出席须知等四个方面。

为外宾所组织的文艺晚会,必须事先精心安排好节目。安排节目的基本原则:一是要考虑外宾来访的性质,二是要兼顾双方的相互关系,三是要尊重外宾的风俗习惯,四是要照顾外宾的特殊爱好,五是要宣传本国的传统文化,六是要符合己方的实际能力。一般而言,晚会上演出的节目,应以具有本国特色的音乐、歌曲、戏剧、舞蹈为主。必要时,可以加演一两个来宾所在国家的知名节目或来宾本人喜爱的节目。为了保证质量,避免问题,应在正式演出前组织专人审看节目。在演出时,还应印制专门的节目单,人手一份。在节目单上,最好对节目的内容略作介绍,以便外宾有所了解。

为了便于外宾欣赏节目,有必要为其选择好观看演出时的座位。选择座位时,重点应当兼顾四个方面:其一,要便于安全保卫。此乃头等重要之事。其二,座位位置应当最佳。一般而言,在正规的剧场内观看文艺演出,通常最好的座位在第七排至第九排之间,并以中间的座位为佳。其三,应当使宾主集中就座,分散就座,或者请外宾自己观看,而无人作陪和无人翻译是不合礼仪的。其四,外宾的进场与退场应当比较方便。倘若上述选择座位的条件难于满足,则宁肯不作安排,也不要勉强凑数。

为重要的外宾安排的专场文艺晚会,一般情况下,大致应当包括下列程序:一是在外宾抵达时,礼宾人员与陪同人员应在剧场门口迎候。二是宾主一起进入休息厅,稍事休息与交谈。三是主人陪同外宾步入剧场就座,其他观众起立鼓掌欢迎。四是演出结束,主人可陪同外宾一起走上舞台献花,并且与主要演职人员见面、合影。五是主人陪同外宾退场,演职人员与其他观众一起欢送。以上几项程序,有时亦可酌情予以增减。

出席涉外性质的文艺晚会时,通常应当注意以下五点:第一,穿着打扮应当文雅大方。一般不允许身着便装,穿着过于随意。第二,必须提前进场就座。演出一旦开始,便不准再进场寻找座位,在演出期间也不得提前退场。第三,观看演出时不准制造任何噪声。交谈、走动、吃东西、打电话,都是有碍演出效果的。第四,未经准许,不准拍照、摄像。否则,不但会影响其他人的观看,而且还有可能会侵犯演出方的专利。第五,要充分尊重演员的劳动。不允许在观看演出时乱喊乱叫,乱鼓掌乱跺脚,乱扔东西,乱对演员或节目加以评论。

二、有关涉外交谊舞会的礼仪

交谊舞会,又称交际舞会,它是指以社交为主要目的而举办的舞会。在国际交往中,它一向被视为高雅而重要的社交联谊活动形式之一,因此涉外人员有必要对舞会礼仪有所了解。其中最重要的,包括以下三点:

第一,是舞会举办的时间。在一般情况下,涉外性质的交谊舞会既可以单独兴办,也可以作为宴会、晚会的压轴节目。比较而言,单独举办的交谊舞会显得更加正式一些。根据国际惯例,交谊舞会应当安排在晚间举办。每场交谊舞会的具体时间长度,一般以两个小时左右为宜。普遍认为,晚上七点至九点,或者八点至十点,是最适合举办交谊舞会。时间不宜长于四个小时,而且也不应当延续到子夜时分。

第二,是舞会参加的人员。组织一场交谊舞会,必须对具体的参加人员进行精心的选择。一般而论,参加交谊舞会的人员,大致可以分为三个部分:一是来宾,二是主人,三是工作人员。

决定来宾的名单后,应提前向对方发出正式的请柬。根据惯例,邀请每位来宾时,同时允许其再邀请一位异性一同前来。之所以这样做,主要是为了确保舞会的全体参加者在性别上基本保持比例均衡。

任何一场正式的交谊舞会,都必须有一位名义上的主人。因公举办交谊舞会时,应以举办单位的正职负责人为舞会的主人。因私举办交谊舞会时,大都由男主人充当舞会的主人。在任何情况下,舞会的主人都不应当是单身。无论如何,都要约请一位异性届时与之一同合作,担任男主人或女主人。

舞会的工作人员主要包括礼宾人员、接待人员、安全保卫人员、舞曲演奏人员、音响与灯光工作人员,等等。倘若应邀参加交谊舞会的来宾多为单身时,还可酌情约请一些异性,临时充当对方的舞伴。

对于全体舞会的参加人员,都要提前一一予以落实。特别重要的是,在向全体来宾发出约请时,一定要考虑舞会举办场地的实际容纳能力。来宾人数过多或过少,与舞场的大小不相称,都会令人扫兴。

第三,是舞会临场的表现。参加交谊舞会时,不论自己身为主人还是身为来宾,均需自己的临场表现合乎礼仪,令人称道。

一是要注意服饰仪表。参加舞会前,一定要换着一套干净整洁的服装,男士应当梳理好头发,剃去胡须;女士则应当在做好发型的同时,进行认真的化妆,服饰可以是晚装、裙装。大家都要剪好指甲,并在必要时剪短鼻毛,最好提前洗一次澡。

二是邀约舞伴要得法。在涉外舞会上,邀约舞伴一定要合乎国际惯例,通常,应由男士主动邀请女士,但女士可以婉拒。女士也可以邀请男士,但男士不得拒绝。同性一般不宜共舞。在舞会上,头一支舞曲必须同自己约请参加舞会的异性共舞。此后即应通过交换舞伴,去扩大自己的交际面。邀请舞伴时,要征得其同意。不要让对方勉强,更不能争抢舞伴或是跳舞中途换人。一曲舞完毕,按国际惯例,共舞者互谢对方如“谢谢!(Thank!)”。

三是要尊重异性。在舞会上遇到熟人,要争取邀请对方或与己一同参加舞会的异性共舞一次。来宾最好请一次主人,主人则务必要请一次重要的来宾。最好不要回绝他人的邀请,非这么做不可时,应当婉言相告。与他人共舞时,言行一定要检点,不可失敬于对方。对舞姿与双方身体之间的距离,尤其要注意。一曲之后,男士应将女士送回原处,并向其道谢。此外,当乐队奏完一支舞曲后,全体跳舞者须先在原地立定,面向乐队鼓掌致谢后,方可离去。

第十三章

礼仪文书写作

礼仪文书是指人们在社会交往、礼仪活动中，用来调整、改善、发展人与人之间、人与组织群体之间、组织与组织之间相互关系的书面材料与文字。它是开展礼仪活动和社会交往中传播信息、交流感情、融洽关系、相互联络的重要传播媒介，是必不可少的社交工具。因此，在现代社会写好、用好礼仪文书，对于增进友好关系、促进事业成功、获得幸福生活等都是非常重要的。

第一节　概　　述

一、礼仪文书的作用

在人际交往过程中，人们常常需要借助礼仪文书来调整、改善、发展相互之间的关系，联络感情，沟通信息，增进友谊。因此，礼仪文书在融洽和密切主客体关系上发挥着重要作用。例如：

个人之间，机关、企事业单位及社会团体之间时常发生各种交往，有时就用书面形式进行沟通、联络。邀请客人出席招待会、开业典礼、座谈会、宴会、交易会、沙龙、学术讨论会时要用请柬。迎来送往、欢送告别、喜庆场合要用欢迎辞、答谢辞、欢送辞、祝酒辞等。重要纪念日、节假日要用贺信、贺卡、电子礼仪短信等。

礼仪文书的具体作用如下：

1.沟通协调

这是礼仪文书写作的重要目的和作用。人们需要运用交际、协调手段，建立广泛的社会联系，创造“人和”的环境。

2.弥合补救

在现代社会，单位或个人所面对的是复杂的内外公众和不断变化着的内外环境，难免会招致他人的误解、不满，而借助礼仪文书，如一封书信，及时地进行诚恳的道歉或解释，就能起到弥合补救作用。

3. 塑造形象

单位或个人要在公众心目中树立良好的形象，扩大知名度、提高美誉度，就必须大力开展与此相关的一系列活动。礼仪文书写作正是其中重要的形式或手段之一。

4. 信息传播

信息是礼仪文书写作的基础，传播是上情下达、下情上达、共享信息的桥梁。而礼仪文书正是承担这种“桥梁”作用的重要形式。

二、礼仪文书写作的特点

礼仪文书写作的特点主要有：礼仪性、体式性、针对性、情感性、文化性、实效性、综合性等。

1. 礼仪性

作为社会交往、礼仪活动的文体，礼仪文书主要用来表达交际双方（有时可能是多方）的愿望、喜好、情感，反映的是一种“双边”关系。因此，礼仪文书注重“以礼相待”，强调因人、因事、因地、因时地待人接物。例如，对人生的各种美好祝愿，多在全社会通行的人生重大礼仪活动（如婚嫁礼仪、生辰寿诞礼仪、丧祭礼仪、节日庆典礼仪）中予以表达；在日常交际应酬中，如迎来送往、寻求访见、宴请聚会、答谢辞行、邀约请托、问候抚慰、致谢道歉、勉励规劝等等，大多是用书面的文字材料加上礼仪活动，来充分地展示丰富的礼仪内容。

2. 体式性

在规格上，礼仪写作对于书写形式的要求乃至载体（如纸的质地和尺寸）的要求，基本上是统一的。在格式上，礼仪文书一般分为文头、正文和文尾三个部分。在行文对象上，礼仪文书大部分文稿都有比较具体明确的阅读对象，因而，对不同对象的用语和方式有所不同。

3. 针对性

礼仪文书的大部分文稿都有比较具体明确的阅读对象，在写作中要注意对象的性别、年龄、职业、身份、学识、爱好、习惯、辈分等，应注意针对不同对象的用语和方式。对书信、请柬、题词等，一定要弄清所写给对象的详细情况，甚至于情感、打算及喜好。有针对性地进行写作，才能使内容名副其实，写得恰到好处，贴切、确切、亲切、关切。

4. 情感性

在语言上，礼仪文书的语言具有礼貌、晓畅、准确、简洁、规范等特点。如果是题辞，还要注重音韵节律，从而使整体内容达到协调一致。在感情上，礼仪文书应具有很强的感染力，语言要体现浓厚、真诚的感情。要做到文理结合、情理交融、文情并茂，在字里行间洋溢出一种尊重、诚挚、理解、沟通、团结的气息。

5.文化性

礼仪文书要能体现出它的文化内涵。书写时，不仅在文词上，而且在书法款式、用笔用墨、书写印刷材料上都要有文化意蕴。措辞要符合对象、场景、时令及情谊深浅等。书写款式要大方、自然、得体；用纸用料、笔黑颜色也很有讲究，应既美观又符合实际效用，并能从中体现出有关交际中的礼节、礼貌要求。例如，写信函，以蓝黑色笔墨为宜，不能用其他颜色，否则会不严肃；若以红色写信，就意味着是绝交信。在制作时，一般都比较讲究质地与硬度，还常常配以一定的装饰，以反映礼仪文书内在的文化涵养。

6.时效性

礼仪文书必须讲求及时写、及时发、及时办理。

7.综合性

礼仪文书写作要求人们不仅要掌握社会交际礼仪的专门知识，还要学习和掌握普通的、基本的写作知识及技能技巧，更需要有良好的心理素质及道德修养，因此具有综合性的特点。

三、礼仪文书写作的主体

人品与文品相联，人格与文风相通。礼仪文书写作水平的高低与其写作主体素质的高低密不可分。

礼仪写作主体应该：慎思明辨，言信行果，坦荡至诚，圆融中和，敬业乐群，服务社会。慎思明辨、言信行果，与写作的构思、写作的意志相关；坦荡至诚、圆融中和，与写作的文风、写作的胸襟相连；敬业乐群、服务社会，与写作的作用、写作的效果密不可分。

每个人都是写作者，人生就是一篇每个人都要写的大文章。作为一名礼仪文书写作者，应该用饱蘸激情的如椽大笔，慎思明辨、言信行果，以高尚的道德情操、良好的文字修养，在人生道路上，在事业工作中，写出最新最美的文字，以利于我们的人生，促进我们事业的发展。

四、礼仪文书写作的材料

礼仪文书写作的材料，是指为了某一写作意图，从现实生活和文献资料中选取和使用的全部事实、依据等的统称。获取材料的途径有以下几种：

1.观察

观察是获取第一手材料的方法，它有助于作者真实地反映客观对象，有助于促进作者的思考、记忆与想像，有助于真实反映作者意图。观察者必须注意：明确观察目的，确定观察对象；要客观、细致地观察事物；观察后要善于比较；要掌握观察的方法:观察事物,要有一定的角度、一定的顺序,或由面到点,或从整体到部分;学会写观察笔记,记录现实生活,特别是人际交往中的某个片段、某件小事。

2.调查

调查是获取写作材料的重要途径,应该做到:拟好总的调查提纲,明确每次调查的具体问题;了解被调查者的情况;要尊重客观事实;千方百计搜寻和扩大有关线索,尽可能多地占有相关的材料;采用适当的方法,讲究访谈技巧、谈话艺术等。

3.查阅资料

(1)剪贴资料。应做到:第一,广泛阅读,只有广泛阅读,才能见多识广;第二,善于分类,面对广泛的资料要科学、细致地进行分类,以利于选用;第三,注明出处,凡剪贴的资料,都应在空白处注明出处,即报刊名称、出版时间、所在版面等等,以备日后使用时查对、核实;第四,勤记感受,在剪贴时必有所感,对这些“感受”应十分珍惜,及时捕捉,当即记下,这是日后使用资料的“钥匙”,能开启写作者创造性思维的闸门。

(2)妥善保存。每一份剪贴资料,应粘贴平展,规格一致,分类成册,装订整齐。每册资料的表皮都要注明资料类别、装订号码。扉页要编写目录、页码,以便查阅。

(3)建立卡片。建立卡片是积累材料最方便、最常用的方法之一。建立卡片应有的项目是:分类题目、内容摘要、其他项目。

(4)收藏文书。收藏文书是指对自己和他人的一些很有参考价值又准许复印、誊抄的各类礼仪文书,分门别类地加以保存。这些资料对日后的写作无论在内容上、格式上还是语言上、方法上都有一定的参考借鉴作用,有些还可能成为珍贵的历史资料。

(5)网上浏览。网上浏览是指利用电脑与互联网相连,检索与礼仪文书相关的网站、网页,了解有关信息。

五、礼仪文书写作的立意

立意是行文写作的首要环节。礼仪文书写作与写其他文体的写作一样,要有明确的主题。

1.立意的作用

立意即确定主题。主题在全文中起统帅作用、灵魂作用。所有材料的选择、体式的安排、语言的运用都是为主题服务的。考虑“写什么”的问题,这就是立意问题,而立意又是与命题直接联系在一起的。礼仪写作的立意常常是从命题开展的,命题是立意的出发点。

2.立意的要求

(1)目的明确。礼仪文书写作是为解决实际问题而进行的。为了达到解决问题的目的,应当尽可能在文章开头就把主题明确提出,使人一目了然,并能够引人入读。

所谓"立片言以居要,乃一篇之警策",即要求把问题提得集中,说得明确,针对性强,用极简要的文句和盘托出全文的目的、要求或结论,以唤起读者注意,使对方明白你的意图,不产生歧义或误解,以利于问题的解决。

例如,协调沟通是礼仪工作者的重要职责,在进行相关礼仪文书写作时,就必须明确目的,有针对性地确定主题,要充分了解双方关系是处于和谐状态,还是不和谐状态,或是不明朗状态。了解之后,要根据各自的情况和条件来确定主题,这样才能有的放矢,达到协调沟通的目的。

(2)观点明晰。一篇礼仪文书的观点,必须明明白白、清清楚楚,不能模棱两可、含糊其辞,让人不知所云。

礼仪文书对主题的要求是明白显露,直书不曲,要开门见山地提出要点、表露意图,这与文学作品表现主题的手段截然不同。礼仪文书写作一般都采取"和盘托出"的方法,落笔入题,简洁明朗,直陈文中,表露于外。

总之,现代礼仪文书写作的主题要提得明确、明白,或亮出观点,或表明态度,或提出措施,都要直截了当,开宗明义,使人一目了然,一读即明。切忌隐讳曲折,半遮半掩。

(3)主旨专一。一般来说,一篇文章只能有一个主题,否则就会枝乱叶蔓,扰乱了文章的中心或妨碍了人们对中心的准确把握。尤其是礼仪文书短文,主题必须高度集中、单一明了。要求主题简明、单一是为了使问题明朗化,便于说深说透,增强主题的表达效果。要做到主旨专一,应当坚持"一文一事"。当然,要求主题单一、一文一事,并不是机械呆板地遵循,而是要掌握分寸,简练得体。

(4)立意新颖。文学创作强调主题新颖,要求标新立异,不俗不凡,现代礼仪文书写作也重视这一点。

六、礼仪文书写作的选材

要围绕礼仪文书写作的主题进行选材,凡是与主题有关并能有力说明或突出主题的材料,就要决意入选。

用于礼仪文书写作的材料要真实、确凿。如果在一篇礼仪文书中,居然有几个虚假数据或编造出子虚乌有的高学历,无论从写作的角度,还是从道德的角度讲,都是令人不能容忍的。

材料要有针对性。礼仪文书写作时必须根据目的、意图来选择紧扣主题和突出观点的材料。首先,要针对礼仪文书文种的性质选材。其次,要针对行文目的选材。再者,要针对受文对象选材。

材料要新颖、生动。新颖是说材料要有新鲜感;生动是说材料以及对于材料的具体表述要有感染力。

七、礼仪文书的结构

礼仪文书写作的结构,就是讲怎样组织材料。礼仪文书的结构是由特定的内容和实际需要所决定的。其特点是单纯明了,格式规范,并相对固定。要根据不同文书各自的特点,从所写内容的实际情况出发,采用恰当的结构方式,将内容与形式有机地统一起来。

礼仪文书的结构主要由标题,开头和结尾、正文组成。

1.标题

标题也叫题目。标题可以引导读者去理解文章的内容,可起到画龙点睛的作用,先给读者以鲜明深刻的印象。礼仪文书标题因文种不同,大体上分为三种类型:

一是直接点明主题,体现观点,揭示文章的中心内容,例如,《迈向21世纪绿色生活行动倡议书》;二是常用的三要素标题,即机关名称(领导人)、主要事由、文种,例如,《国务院副总理兼卫生部部长吴仪致全国护理工作者的慰问电》;三是直接、单纯地标明文种的性质,例如《贺信》。

礼仪文书标题总体要求:在内容上简明扼要,精练概括。在形式上构词匀称,排列得体。根据内容的需要,可采用大标题和副标题等形式。大标题,也称主标题、正题或母题,它主要是与文章中的小标题、子题相对而言的。大标题用于揭示主题,点明主要内容,表明文种,是文章标题的主要形式。副标题,也称子题、辅题,是相对母题、正题而言的。它用来补充正题,或标明内容的范围,或补充交代事实,或点明主题的来源、依据等。

2.开头和结尾

精彩的开头能引人入胜,特别是开幕词、闭幕词、欢迎词等的开头。结尾和开头同等重要,好的结尾可保证礼仪文书整体结构的完美。虎头蛇尾,不了了之,草草收笔,这是写作礼仪文书非常忌讳的。礼仪文书在结尾上的写法是比较明确、也比较固定的。但由于行文目的不同,所用的文种不同,结尾的形式也是多样化的。像书信、请柬、聘书一类文稿的结尾,有约定俗成的格式和惯用语。

3.正文

正文部分是礼仪文书的主干,分行文结构、过渡和照应。

(1)行文结构。常用的行文结构有横式结构、纵式结构和纵横交错式结构三种。

①横式结构是按照材料的性质和类型,按照客观事物的不同侧面安排层次,按条款、条文分门别类地安排材料,因而眉目分明,一目了然。

②纵式结构是按照时间前后的顺序,按照事物发展的过程和内在联系安排结构。

③纵横交错式结构是指根据行文需要,将以上两种结构形式综合进行运用来安排的结构。从表现内容上看,有主有从,有因有果,有总有分。在段落层次的排列

上，体现了由浅到深、由小到大、由轻到重的递进顺序，脉络清楚，顺理成章。

(2)过渡与照应。过渡是指段落与段落或层次与层次之间的衔接或转换形式。照应是指内容上的前后关照。照应有三种类型：

①首尾呼应。即开头和结尾呼应，给人以首尾圆合之感。

②照应题目。又称行文与标题照应，照应题目可以增强读者的印象，进一步突出文章的主要内容。

③行文中处处照应。这种方法可以使结构更加紧凑，主旨更加突出。

八、礼仪文书的语言

语言是一门艺术，运用得是否正确，文字表达得是否畅达，都直接关系到礼仪活动的成效。成功地运用礼仪文书语言，能够畅通信息传播，协调人际关系，影响公众态度，激发公众行为，塑造良好形象，改善人际关系。

礼仪文书的语言特点如下：

1.准确、规范

所谓准确，是指用词、用语含义清楚，概念明确，不发生歧义误解。所谓规范，是指遣词造句要符合语法，要按照社会约定俗成的语言去写作，不生造词语。

2.简明、晓畅

简明就是简洁明了，言简意赅。晓畅就是内容明晓，行文畅达。应做到文字虽少，内容精要，叙事完备；篇幅虽短，短而不漏，结构完整。

3.委婉、得体

语言要确切、得体、庄雅、谦恭。礼仪文书最忌讳生硬的语言和绝对化的语言，而讲求一种委婉的语言。文雅、礼貌、含蓄、亲切的语言，能创造平等、轻松、和谐的氛围让人感到轻松愉快，令人乐于接受。在礼仪文书写作中，凡是要求别人做的，要用请求、商量的语气；对别人的请求，要用诚恳爽快的语言，哪怕是在拒绝对方的要求时，也必须委婉地作出合理的解释。

所谓确切，就是要做到切时、切地、切人、切己和切题。切时，即切合时间，不先不后，恰到好处。切地，即注意场合，在不同的场合运用最合适的语言。切人，即认准说话对象，以便选择最恰当的语言让对方乐于接受。切己，即切合自己的身份，以免说出失礼、失度的语言。切题，即语言紧紧围绕主旨，不要言不及义。

所谓庄雅，是指行文庄重、礼貌、文雅。礼仪文书的写作，关系到个人与组织的形象，遣词造句都要庄重、得体，不能粗俗，尤其要特别注意讲求文明礼貌。

用语要合乎礼节、礼貌规范。无论是称谓、问候，还是请求语、要求语、欢迎语、祝贺语、征询语等等，都要根据不同的场合和需要选择礼貌用语。这样，才能表现出应有的修养，使对方感到欣慰和愉快。

九、礼仪文书的表达方式

礼仪文书常用的表达方式主要有:叙述、说明和议论。

1.叙述

叙述,又称记叙、记述,是指对人物的活动、行为或事情发生、发展、变化的过程所作的概括的或具体的交代和陈述。叙述的基本要求是:

(1)人称明确。常用的叙述人称有两种,即第一人称和第三人称。第一人称,即作者以"我"或"我们"的口吻或角度展开叙述。礼仪文书中的信函等,都可以用第一人称。第三人称,即以"他"或"他们"的口吻或角度展开叙述。这时,作者站在客观立场上,以第三者的身份从旁叙述人物经历和时间经过,如悼词等礼仪文书就是采用第三人称来叙述事实。

(2)线索清楚。线索是作者组织材料的思路在行文中的反映,是把全部材料贯穿成一个有机整体的脉络。作者要抓住贯穿全文的主要线索,并围绕它来组织材料,有条不紊地叙述。

(3)交代明白。即时间、地点、人物、事件、原因、结果等要交代清楚,要根据写作的需求来决定直接交代还是间接交代,是全部交代还是部分交代。

(4)详略得当。叙述要详略得当,不能不分主次地平均使用笔墨。详叙用在作者要着重告诉对方的地方。

2.说明

说明就是用简洁明确的语言解释、介绍事物的成因来源、形态结构、性质特点、功能作用,或人物的一般情况,或事理的概念、规律、定理及应用范围、性能等。说明的基本要求:说明要简洁、明白、清楚、确切;被介绍、解释、阐述的对象,可以是实体事物,可以是人物,也可以是抽象事理;介绍的角度、要点,因事、因人、因理而异。说明的作用主要有:介绍作用;分析、解释作用;补充、交代作用。

3.议论

议论就是议事论理。议论的侧重点是讲道理,辨是非。议论的主要特点是:运用概念、判断、推理等逻辑方法来阐明事理,说出作者赞成什么、反对什么、主张什么。议论的目的是取得以理服人、使人信服的效果。

十、礼仪文书的起草和修改

礼仪文书的写作过程是一个准备——构思——完成——完善的过程,其中起草与修改是整个过程的关键环节。

1.起草

起草又叫拟稿,是写作过程中最主要的环节。起草文稿时,应注意以下几点:

(1)要打好腹稿。腹稿是指作者根据提纲安排的次序,把文稿的内容在头脑中一段一段想清楚,要做到胸有成竹。

(2)要注意文脉的贯通。文稿上下承接要顺畅,成为一个整体。

(3)要写好文章的开头。开头如何,将直接关系到文稿思路的展开和行文的顺畅,所以一定要下工夫写好开头。

(4)要正确地使用好关联词语以及过渡句、过渡段。起连接作用的关联词以及过渡句、过渡段使用得怎样,直接影响到文稿是否思路清晰、文脉贯通。因此,行文时要十分注意句子、句群、段落、层次之间的衔接和过渡。

(5)要掌握文书停笔、续写的方法。一般来说,文章在写得比较顺利时停笔较好,这样文脉不至于割断和阻塞。否则,在无法写下去的时候停笔,下次续写时文脉就会中断,接榫处也不易圆润。另外,在续写时重读几遍上次写的内容,文脉容易连贯。这样做,就是多次写成的文稿也能顺畅通达、浑然一体。

2.修改

修改,是对文章起草后的一项加工、整理、提高的工作。它是文章由初稿到定稿的环节之一,是写作过程不可缺少的一个重要环节。

(1)修改文面。文面是文稿的外表,文稿形式的视觉化。它具体包括行款格式、文字书写、标点符号、修改标记诸因素。修改文面时特别要注意格式的正误,即礼仪文书不同种类的不同项目、内容、位置等的不同要求。

(2)修改内容。修改可用四个字来概括,即增、删、改、调。增,即增加内容或成分,对初稿的不足进行充实补充,或词、句、段,或观念,或事实材料,即增词句、增看法、增材料。删,即删减内容或成分。对初稿中可有可无的、繁杂累赘的、观点重复的内容或成分,应下决心删除,力求使文稿从内容到语言精益求精,简洁干练。改,即改动变更。对初稿中表达不准确、不科学、不严密的地方,进行改词、改句、改段或改提法、改材料、改逻辑顺序等。调,即调整移动位置,包括层次段落的移动,结构布局的移动,词句成分的移动等。通过移动调整文句段落或逻辑顺序,达到通畅顺当,合情合理。

(3)修改的方法。常用的修改方法主要有:读改法,即一边读一边修改。通过反复阅读,发现内容不妥、词语不顺、衔接不紧、节奏不协调、词不达意或难理解等问题,进而给予适当修改。看读法,即作者将完成的初稿从头到尾仔细阅读一遍,大到整体、小到细节,随后将初稿搁上几天,让极度兴奋的头脑冷静下来,然后再反复看,看一遍思索一番,看初稿有无不妥之处。如此反复,不断加工锤炼,文稿定会改得更好。抄改法,即边抄写边修改。

总之,修改主要是:核查、增添、删减、调换、改动、理顺。

第二节　信函类礼仪文书

一、贺信和贺电

1.贺信、贺电的概念

贺信、贺电又称祝贺信、祝贺电。它们是对受贺方所取得的成就或突出贡献表示庆贺、赞扬、表彰的专用信函。

2.贺信

(1)标题。在信笺或纸张的上端居中书写"贺信"二字,也可在标题中写出祝贺者与受贺者,或者写明祝贺的事由等。个人之间的贺信可以不加标题。

(2)称谓。在标题之下,顶格书写受贺单位的名称或受贺个人的姓名、称呼,并在后面加冒号。

(3)正文。正文另起一行空两格写。一般的写法是直接写明为了什么事情而表示祝贺之意。根据实际情况,正文也可以分成以下几部分:

①开头。首先应简略地交代当时的背景或其他有关情况,并表示祝贺,为颂扬成绩作铺垫。

②主体。这是贺信的中心内容,应充分肯定和热情赞扬对方所取得的主要成就,以及取得成就的根本原因和重大意义,并作出肯定性评价。如果是祝贺会议,应概括地写出会议的主要内容和重要性。如果是祝贺寿辰,应简要地说明被祝贺者的突出贡献和高贵品质。

③结尾。一般应再一次表示祝贺,也可以号召别人向受贺者学习,还可以提出希望和要求,以利其发扬成绩,戒骄戒躁,更上一层楼。

(4)祝颂语。正文结束后,按照信函写作的规范格式,写上相关的、恰当的祝颂语。

(5)署名、日期。在祝颂语的右下方,写明祝贺单位或个人姓名,接着在下一行写明写信的日期,年、月、日须写清楚,不可省略。

(6)写作贺信的注意事项。贺信的写作要注意做到感情充沛、饱满,字里行间要洋溢着喜庆、热烈的气氛,给人以热情和鼓舞。贺信中常常使用排比、对偶、比喻等修辞手法和成语,形成比较优美、文雅的风格,但又切忌堆砌华丽的词藻。写贺信要实事求是,对成绩和贡献的评价要恰如其分,赞美和颂扬不能过分。夸大其词,过分渲染,则会适得其反。贺信要注意文面美,一是文字秀丽;二是使用的信纸、信封要美观大方。贺信的写作、寄发要及时,以增添喜庆的气氛。

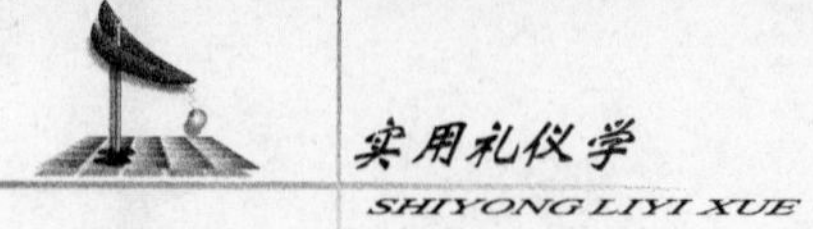

3.贺电

普通电报是一种利用电讯通信技术,在短时间内可以传往千万里以外的文字通信方式。它是我们日常生活中使用率很高、传递速度快且易学易写的一种文书。

(1)普通电报的格式与写作。

①电报头栏,这部分由电信局营业员填写,与发报人无关。

②收报人住址、姓名,这部分由发报人填写。先在印有"收报地名"栏填写收报人所在的省、市(县)的名称,然后从第一行填写收报人的住址和姓名,每个小方格内只写一个汉字。

③电报内容和署名,由发报人填写电报正文。正文后紧接着写上发报人的姓名,以便对方知道是谁发的电报。正文内容必须字字斟酌,简明扼要。这不仅可以节省电报费用,而且可以提高工作效率。但是,应注意选词用字的准确,不能产生歧义。如果电文中有数字,要用阿拉伯数字填写,并把数字写在一个小方格内,用括号括住。署名可用简称。

④发报人姓名、住址、电话,在电报稿纸下面,由发报人填写。这部分内容不拍发,仅供电信局参考。

(2)贺电的格式与写作。

贺电又叫庆贺电。它是领导机关、单位或领导人以个人名义发给有关单位、集体、个人,以表示祝贺、赞颂的电报。贺电的格式与写作介绍如下:

①标题。在第一行正中写"贺电"二字,有的贺电也可以不写标题。

②称谓。在第二行顶格写收电单位或个人的称呼。

③正文。正文部分直接写明祝贺的内容、成就、意义。

④结语。写表示热烈的祝贺和寄予希望的话语,可以紧接正文写,也可另起一行。

⑤署名和日期。在右下方写发电单位名称或个人姓名,下边写上年、月、日。

二、感谢信

1.感谢信的概念

感谢信是组织或个人,为感谢收信人一方的关心、帮助、支持而写的一种专用信函。其目的是感谢对组织或个人工作、学习、生活等的合作与支持,从而进一步沟通感情,增进团结,加深友谊。

2.感谢信的格式

(1)标题。感谢信的标题有以下两种写法:一种是单行标题,即在信笺或纸张的上端正中书写"感谢信"或"致×××的感谢信"。一种是双行标题,即先用引题(眉题)说明"因为什么事"及"给谁的"等内容,再用正题写出"感谢信"。

(2)称谓。在标题之下,顶格书写受谢单位的名称或个人的姓名、称呼,并在后加冒号。如果受谢者涉及面广、人数多,难以一一提及,则可以采用两行标题法,概括出全部受谢者,不另称呼。

(3)正文。一般的写法是感谢原因和激动心情——具体事实——表示谢意。首先,交代表示感谢的原因,写出对方的感人行为和事迹,即在什么时候、因为什么事情得到了对方哪些具体的帮助,事情有了什么好的结果和影响;其次,针对对方的所作所为,赞扬他们的好品德、好作风、可贵精神以及影响;最后,写上表示敬意、感激的话语,即表明感激之情及致谢者向对方学习的态度和决心,必要时还写明为感谢对方将采取的具体行动。

(4)祝颂语。按照信函写作的规范格式,写上相关恰当的祝颂语。

(5)署名、日期。落款处署明致谢单位名称或个人姓名,接着在下一行写明写信的时间。

写作的注意事项:

第一,要把被感谢的人物、时间、地点、原因、结果及事情的经过叙述清楚,便于别人了解和学习。

第二,在向对方致谢时,感情要真挚、诚恳。叙述感谢对象的事迹时,可以将叙述与议论、抒情结合在一起,以增强感谢信的感染力。切忌弃感谢的具体内容,不着边际地空发议论。

第三,感谢的话语要符合双方的身份,用词要确切、恰当,不要夸大、吹捧。表示谢意的决心和行动要符合实际,切实可行。篇幅不宜太长。

三、慰问信和慰问电

1.慰问信、慰问电的概念

慰问信(电)是以组织或个人的名义,在节日、纪念日或遇到某种特殊情况时向有关单位或人员表示安慰、问候、鼓励及亲切关怀而写的专用信(电)。它满含深情厚谊,能给人以继续前进的信心、克服困难的勇气。慰问信(电)根据内容特点,可划分为以下类型:

一是向取得重大成绩和有突出贡献的集体或个人表示慰问,鼓励他们发扬成绩,再接再厉,戒骄戒躁,继续前进,争取更大的胜利。

二是向遭受自然灾害或非常事故等不幸或遇到重大损失、技术困难的集体或个人表示同情和安慰,在精神上给予温暖,以鼓励他们增强战胜困难、努力改变现状的勇气。

三是在重大节日、纪念日到来之际,向有关人员、离退休职工、有突出贡献者、节日在岗职工、解放军武警战士等表示慰问,致以敬意,也可以向全体员工、社会公众表示节日慰问。

2.慰问信

(1)慰问信的格式。

①标题。慰问信的标题有三种形式:一是直接用“慰问信”作为标题;二是由受文对象和文种构成;三是由发文单位名称和受文对象名称及文种构成。个人之间的慰问信不用加标题。

②称谓。要写明被慰问的单位或个人的称呼;单位名称要写全称;个人姓名前往往加上“尊敬的”、“敬爱的”,姓名后加上“同志”、“先生”等,以表示对被慰问者的尊重。

③正文。正文由三部分构成:

第一,开头。写明慰问信的背景及原因,表示问候、安慰,语言要简明概括,态度要明朗。

第二,主体。概述对方的先进事迹、忘我的工作态度及其作出的贡献,或是遇到困难时所表现出的不怕牺牲的可贵品质和高尚风格,并分析形势,指出光明前途。

第三,结尾。提出希望,表示共同的决心,或表明来自各个方面的关心和谢意,以及将要采取的支援行动等。

④祝颂语。按照信函的规范写法,根据慰问对象及事由,使用恰当的祝颂语。

⑤署名、日期。祝颂语右下方署明慰问单位名称或个人姓名,发文单位或个人不止一个时,可一一写上。下行写明致信的年月日。

(2)慰问信写作的注意事项。应根据慰问对象的情况确定写作重点;如果慰问对象是有贡献的集体和个人,内容应侧重于赞颂他们的成绩和奉献精神;如果慰问对象是遇到困难的集体和个人,内容就应侧重于向他们表示关怀、支持和慰问。总之,慰问信要有针对性地对对方的辛勤工作进行慰问,使对方感到亲切。

(3)慰问信的写作要求。对象明确,目的清楚,内容切实;措辞生动,用语恰当,语气质朴,情真意切;做法切实可行,不说空话,文字简练,篇幅不宜太长。

3.慰问电

慰问电的格式如下:

(1)标题。在慰问电的上方正中写“慰问电”三个字或“××致×××的慰问电”,字体稍大。

(2)开头。顶格写被慰问的单位或个人的全称或尊称,后面加冒号。

(3)正文。另起一行空两格写慰问电的内容:先写明慰问的原因,接着写表示慰问的话,如“致以节日的祝贺和亲切的慰问”或“致以崇高的敬礼”等;简要回顾过去取得的成绩和受电方的先进事迹、高尚的风格及战胜困难的意志;指出今后的奋斗方向,向受电方表示慰问和学习。

(4)结尾。表示愿望和决心,指出希望和前途。

(5)署名。单位名称或个人姓名。署名下方写年月日。

四、表扬信

1.表扬信的概念

表扬信是用来表彰有突出贡献者和颂扬好人好事的一种专用信函。如果是领导机关或社会组织表彰所属单位或个人,就可以在表扬信中直接予以表彰;如果是个人或单位要通过间接方式表扬其他单位或个人,则可以在表扬信中提出建议。

表扬信最大的特点是公开性,一般可用大红纸抄写出来,张贴在被表扬的单位或个人所在地或公共场所,也可以通过报纸、广播等媒介传播,还可以在相应的大会上宣读。

2.表扬信的格式

(1)标题。标题写在上方正中,书写“表扬信”或“表扬”即可,字体要区别于正文。在外面张贴的表扬信,其标题宜用醒目大字。

(2)称谓。称谓要顶格书写,称呼后面加冒号。称谓可分为三种情况:第一,领导机关或社会团体写给所属单位或个人,就可直接写上被表扬单位的名称或个人的姓名及称呼。第二,个人或单位写给上级有关部门或领导,则写明有关上级部门的名称或有关领导的称呼。第三,写给报社、电台编辑部的,可写上编辑部的名称或编辑的称呼。

(3)正文。表扬信的正文要写有表扬的具体内容。首先要陈述事实,以说明表扬的缘由,叙述中既要交代全面,又要抓住重点,特别要突出事实的本质意义。然后要加以评价,予以表扬,或提出希望和建议。如果是上级写给下级,则要对下级所取得的成绩予以表扬,并对今后的工作提出希望或要求;如果是个人写给单位或单位写给单位的,则要表明态度,顺致谢意,并请求或建议有关方面给予表彰。

(4)祝颂语。按照信函的规范格式写上习惯使用的祝颂语,如“顺致谢意”、“致以最诚挚的敬礼”等。上级给下属单位的表扬信,一般不用祝颂语。上级给下属个人的则可视表扬内容,恰当使用祝颂语,以示尊重。

(5)署名、日期。在正文结束后的右下方签名,即写上单位名称或个人姓名。以个人名义写的表扬信,应详细写明发信人的地址,在签名下方注明年月日。

3.表扬信的写作要求

内容真实,准确无误,评价恰如其分;叙述清楚,详略适宜;措辞讲究,注意礼仪。

要注意表扬信与感谢信的区别:①感谢信侧重于感谢,表扬信侧重于表扬。②感谢信往往用于不相隶属的单位与个人、单位与单位之间,或个人与个人之间。表扬信则可用于上级机关对下级部门或领导、组织对个人之间。③感谢信在陈述对方事迹之后,多要揭示其事迹的高尚意义,说明自己的感谢之情,并由此而表明自己的态度和决心,语言的感情色彩是崇敬。表扬信在陈述对方的事迹之后,多要揭示其事迹的模范意义,说明自己的欣慰之感,并由此而表明对表扬对象的奖赏之情,语言的感情色彩重在嘉勉。

五、公开信

1.公开信的概念

公开信就是将一些无需保密的内容或需要让更多人知道的有关事项公之于众,并通过各种传播媒介进行广泛宣传的一种专用信函。公开信的内容一般应具有积极的思想意义和教育意义,同时也应有重大的和良好的宣传效果。公开信无论领导机关、社会团体、会议代表还是群体和个人都可以使用。公开信可以印刷分发,也可以书写张贴,还可以登报、广播。

2.公开信的格式

(1)标题。公开信的标题较为特殊,一向有以下几种写法:

第一,直接用"致×××的公开信"作为标题,如《致市民的公开信》、《致全省公安民警家属的公开信》等。

第二,由发信单位及有关问题和"致×××的公开信"组成,如《中共中央关于控制我国人口增长问题致全体共产党员、共青团员的公开信》。

第三,由主题和副题构成,主题中写出公开信内容的要点、主旨,副题中写出"致×××的公开信",如《擦干眼泪,奋起直追——致全国足球爱好者的一封公开信》。

(2)称谓。标题下方空一二行顶格写明对象的称呼,后面加冒号;要根据对象的身份特征及人数多少来决定如何称呼;公开信的受信人大多是集体,一般写法是对象定语或修饰语之后加"同志们"、"朋友们"等泛称,如"亲爱的同志们"、"尊敬的朋友们"等。

(3)正文。正文部分包括以下内容:

第一,开头。或问候、致意,或说明致信缘由,提出问题。

第二,主体。可根据内容的多少,采用一段或分段表述的方法。主体部分或分析问题,阐明道理,说明解决问题的办法,或陈述情况,交代事情的来龙去脉,让人豁然开朗。具体内容应根据不同种类的公开信有所区别,表达时通常采用摆事实、讲道理和夹叙夹议的方式。

第三,结尾。根据需要,或总结观点,提出建议;或表明态度,分清褒贬;或提出希望,予以鼓励;或请求帮助,给予宣传;或表示决心,发出号召和倡议。

(4)祝颂语。按照信函的规范写法,选择恰当的祝颂词写在正文之后。

(5)署名、日期。另起一行,在右下方署上发信单位名称或个人姓名。如果题目中有了组织名称,结束时可以不再署名。在署名的下一行注明年月日。

3.公开信的写作要求

提出的建议和主张,必须是受信对象普遍关注但又没有很好解决的问题,应做到问题确切、实在、有的放矢,而且力求观点新颖,并具有代表性;全文中心要突出,表述明确，要一事一议，简洁流畅，逻辑性强，说理透彻充分；要根据不同对象选用不同的语气，使受信人感到亲切、自然、实在，以便受信人接受公开信的观点，并产生共鸣和积极响应。

六、倡议书

1. 倡议书的概念

倡议书是由个人、集体、单位发起或倡导开展某项活动、完成某项任务或做有意义的事情的一种专用信函。

2. 倡议书的格式

(1)标题。倡议书的标题有以下几种写法：

第一，在信笺或纸张上方正中书写“倡议书”三字即可。

第二，在“倡议书”之前加上倡议的对象范围，如“给全市礼仪协会工作者的倡议书”等。

第三，在标题中点明倡议者、倡议事由，再标明文种名称，如“团委会关于抗击‘非典’的倡议书”等。

第四，主题加副题的写法，即在主题中概括倡议书的主旨，再用副题说明由何单位发出的倡议书，如“遵守交规，珍爱生命”为主标题，“公交车队发出倡议”为副标题。

第五，引题加上主题的写法，即在引题(眉题)中概括倡议书的主旨，主题只写文种名称，如引题为“开展‘植一棵树，绿一方土’大型活动”，而主题是“倡议书”三个字。

(2)称谓。在标题下方另起一行顶格书写有关对象的称呼，后面用冒号。倡议的对象一般都是泛指名称，如“亲爱的同行们”等，根据实际情况可以写称谓，也可以直书正文。

(3)正文。这部分是倡议的主体，主要陈述发起倡议的背景、目的、意义，写明倡议的主要内容和具体事项，包括具体措施和方法。一般写法是：

①开头。交代倡议的背景、根据和目的，说明意义。这是倡议的根本，一定要明确、深刻、概括，行文简练，具有说服力。

②主体。写出倡议的具体内容、具体事项。一般采取分条列项的写法，陈述所倡议完成的任务，开展活动的具体内容、指标要求等。

③结尾。表示决心，提出希望和要求。倡议书一般不写礼节性的惯用语。

(4)署名、日期。正文结束后的右下方写上倡议者的名称或姓名。如果倡议者已写进标题，可以不再署名。署名的下一行写清发出倡议的时间。有时，还可以在日期之后写上发出倡议的地点。

3.倡议书的写作要求

倡议的内容要有时代感,充分体现时代精神,要紧密结合当前形势和国家的方针、政策;要具有普遍意义,能引起更多人的共鸣和附议。倡导事项要清楚,既要有先进性、时代感,又要实事求是,切实可行。有些很先进、很有价值的建议,如果一时做不到,就不要急于提出来,绝不能搞假、大、空,以免成为一纸空文。要注意各条各款内容上的逻辑关系,做到主次分明、层次清楚;理由充分,合情合理;内容具体,留有余地;语言精练,感染力强。

七、推荐信

1.推荐信的概念

推荐信是推荐某人或某物,以便对方接纳或接受的一种专用信函。社会组织及个人有时就用推荐信的形式来推荐产品或推荐人员。推荐人的推荐信有自荐和他荐两种。写各种推荐信,要实事求是地写清楚被推荐者的基本情况和值得推荐的理由。

写到国外的推荐信:通常,推荐人应在前面作自我介绍,写明自己的姓名、工作、单位、通讯地址、职称、主要成就、与被推荐人的关系等。然后,再介绍被推荐人的情况,即被推荐人的条件,包括:①基本情况:姓名、性别、年龄、学历、职务、职称等;②特长:工作经历、业务专长及成果;③工作目标:适合在什么岗位、适合做什么性质的工作等。

写到国内的推荐信,可在信中顺便作自我介绍,也可不作介绍,但在信中应反映出推荐人与被推荐人的关系。

2.推荐信的格式

(1)标题。在信纸上方中央写上“推荐信”三字,也有的不写标题。

(2)称谓。标题下方左侧顶格写上受信单位名称或个人姓名。如果是个人,常在姓名后面加上“同志”、“先生”等敬辞。称呼后用冒号。

(3)正文。写给单位的推荐信,一般是开门见山,直接写明被推荐人的有关情况及推荐的理由;写给个人的推荐信,通常先要写几句客套话,然后再介绍被推荐人的有关情况,最后还可提出请求,如希望对方早日赐复等。推荐信的结尾一般都有祝颂性和祈请性的惯用语。

(4)落款。正文结束后,其右下方写上推荐人姓名和日期。

3.推荐信的写作要求

写推荐信一般都是受友人、熟人之托,写信时要避免情感因素;介绍被推荐人情况时要实事求是,既不作溢美之词,也不故意隐瞒某些缺点和不足;要抓住推荐要领,表达应简明扼要,尤其要写清推荐理由。

八、求职信

1.求职信的概念

求职信是求职者向有关单位举荐自己,希望得到任用的一种专用书信。它与自我推荐信有很多相似之处,其作用基本一致。

2.求职信的写作格式

(1)标题。在第一行中间写上“求职信”三个字,也有些求职信不写标题。

(2)称谓。独占一行,从左侧顶格处写起,称呼应体现尊重。如果知道用人单位领导人的名字,可以采用“尊敬的××先生”,如果不知道的话,可以用“××公司负责人”等方式称呼。称呼后用冒号。

(3)正文。正文是求职信的核心部分,包括三方面内容:

首先向对方致以问候,然后作一简要的自我介绍和为什么要来应聘。其次,必须说明两项内容:一是自己的个人简历,包括自然条件、身体状况、户口所在地、学历、工作经验、主要技能及已经取得的成果等。二是表明自己对所谋求具体的工作或职务的兴趣、态度及所具有的优势条件,必要时也可提出自己应聘所要求的待遇。为了表明自己对得到该职位的强烈兴趣,如“请予以考虑”、“请考虑录用”等,最后用礼仪用语作结。

(4)落款。在正文结束后右下方签上求职者姓名。通常,在姓名后面加上“敬上”、“敬启”等字样,以示礼仪。在姓名下方写上发信日期及通讯地址、电话等联系内容。

(5)附件。根据需要及用人单位要求,附上身份证、毕业证、学位证、奖励证书等的复印件及照片。

3.求职信的写作要求

介绍自己时要符合实际,不能自吹自擂;实事求是地客观介绍,往往能打动对方;陈述求职具体要求时,不宜过多地强调物质要求;语言简明扼要,篇幅不宜太长,有些具体情况可以拟成表格附在信后;书法较好的求职者最好用手写体,如果是打印件,务必清晰美观,但不必作过多修饰。

九、辞却信

1.辞却信的概念

辞却信是指在社交活动中,用以传达对某种请求事项(如对方的邀请、聘用、求职等)不予应允的一种专用信函。

2.辞却信的格式

(1)标题。在第一行中间写上“辞却信”三字,也可不写标题。

(2)称谓。写称谓要注意:写法要显得郑重;合乎尊重对方的礼貌要求;绝对不能在称谓上流露出居高临下或随随便便的感觉；称谓名称应和邀请信、应聘信、求职信等落款署名一致。如果对方是以单位名义邀请，则辞却信中的称谓也就是单位名称。若对方是以个人名义邀请，则辞却信中的称谓也应是个人。

(3)正文。正文部分是辞却信的主体部分，一般写法如下：

第一，向被辞却人表示真诚的谢意，如感谢应聘者的支持、厚爱，或感谢对方的盛情邀请等等。

第二，委婉地陈述辞却的理由。要注意：①理由的陈述应以事实为根本，具体实在，让人信服，使人感到这样的辞却决定是合乎情理的，让人可以接受。②切忌以三言两语的官腔敷衍了事，或玩弄外交辞令。③不要罗列众多理由，以免让人产生乱找借口、拒人千里之外的感觉。④陈述理由时的语言最好选择诸如“遗憾的是”、“令我们为难的是”等委婉的语句，这样可以产生较好的效果。

第三，应向对方表明自己是经过多方努力和反复研究才作出最终辞却的决定。这样，既表明了自己慎重、认真的态度，也使被辞却者感到其价值被肯定、受到重视的愉悦，同时又留有日后合作的余地。

第四，再次诚恳致歉，请求对方谅解，并表达今后有机会继续合作或联系之类的愿望。

3.辞却信的写作要求

陈述难以应允的理由要可信、具体，切忌笼统；表达要委婉，处理要讲究技巧，在婉拒应聘或求职时，切忌简单轻率，要尽可能将对方的不快化成遗憾，应给一时的落选留有将来的希望；诚恳真挚，以情感人，文风朴实，篇幅不宜过长。

总之，一封成功的辞却信，不但可以争取对方谅解，避免误会，尽可能地将因希望落空而产生的不愉快降到最低程度，甚至还可以使本不了解你的人产生深刻的印象和某种好感，能提高自身的信誉度，塑造良好的形象，取得良好效果。

第三节　致辞类礼仪文书

一、致辞

1.致辞的概念

致辞，是指在社交活动中为了增进双方友谊，洽谈有关事宜，发展对外关系，主客双方要在一定的场合进行接触，在这种特定场合中，双方发表的礼仪性讲话。致辞，也可写成致词。致辞的使用是十分普遍的。比如，在组织支持的各种赞助会上，开业或周年庆典会上，召开的新闻发布会上，以及组织主办或协办的各种各样的展览会、宴会、舞会等，都需要有关领导或相关人员作简短的致辞。

2.致辞的特点

致辞是讲话文稿,但它与讲话稿、演讲稿相比有着明显的区别,具有其自身的特点。

(1)容量小、篇幅短。致辞不应长篇大论,不宜作复杂深刻的阐述与论证,内容容量比较小。一般多是进行介绍,表示祝贺,交流沟通感情。这是由致辞的地位决定的。致辞大部分用于各种活动、各种会议的开场白,它在整个事件中只是个引子或开头,真正的主体部分是后面的专门报告或活动。致辞在整个过程中仅仅是个"配角",不能太多、太长;否则,会喧宾夺主,引起公众的反感和厌恶。

(2)注重场景气氛。致辞与演讲不同,它不着重于分析论理,其应酬交际的特点比较突出。它十分注重与交际环境的一致,要适应环境气氛。比如,大会致辞的庄重典雅;宴会、舞会致辞的轻松愉快;答谢、告别致辞的热烈亲切、依依不舍;等等。

(3)格式、写法较固定。致辞与演讲稿相比有相对固定的格式。不同类别的致辞,各有自己比较固定的写法。比如祝酒辞,一般是在宴会开始,由主人向客人致意时的讲话,它常采用的结构顺序是:①开头是泛指的称呼语;②接着是说明祝酒的缘由;③结束语往往是举起酒杯说一些"我提议,为……干杯"的话。

3.致辞的写作要求

致辞的写作要求,除了一般写作的要求之外,还有一些特殊的要求。这些写作要求,是根据致辞的特点而提出的。

(1)短小简练。致辞不宜过长,这是由其在活动中的地位决定的;致辞的场合大都在聚会、宴请、典礼或仪式上进行,有较强的时限性;要求简明扼要地表达致辞者要表达的内容,内容点到为止,不作详尽论证;意思高度概括,文字简洁明快,恰如其分;表现出致辞者的精明、干练、果断。

(2)感情真挚。字里行间表现出一片真情实意;情感要真诚,是一种自然流露的感情,不是虚假地做给宾客看;要平易近人,树立尊重宾客的观念,改变"讲话"、"布置工作"的传统习惯,抛掉官气和傲气,一定要让宾客感到亲切;使用客套话要恰到好处,不能过分或过滥,切忌媚俗和虚假之言。

(3)语气委婉。一般只讲相关事物的原则和基本点,不涉及或直接涉及双方有争议的观点和看法;如果一定要在致辞中阐明各自的观点或见解时,必须选择委婉的语气和词语;避免出现针锋相对、互不相让的尴尬场面,以取得双方互相理解、谅解,为进行合作与交流奠定基础。

(4)口语化。致辞要讲究口语化,让人一听就明白;口语化的优点是简洁、明快;语言要幽默、生动、富于哲理,使听众既感到美的享受,又感到意味深长;口语化也要有针对性,面对不同层次的对象,口语化的含义也有所不同。如果面对的是具有较高文化层次的对象时,就应考虑是否对致辞语言进行适当的修饰,以展示自己的学识、风度。总之,口语化是致辞语言的基本要求。

二、祝寿辞

1.祝寿辞的概念

祝寿辞,即在老年人寿诞庆典上表示祝贺的文辞。按我国的传统习惯,祝寿的对象都是老年人。对年轻人一般不称祝寿。尽管日常生活中有贺 10、20、30、40 岁的习俗和仪式,但那不称为祝寿,而说成是"过生日"。虽然也有生日祝辞,但不是祝健康长寿,而是祝"健康成长"、"快乐幸福"、"事业有成"等等。祝寿辞中既要祝愿老年人健康长寿,也称颂老人的品德、贡献和声望。一般选用吉祥语言祝贺,从而给寿庆活动增添喜庆气氛。

2.祝寿辞的写作格式

(1)标题。祝寿辞的标题有三种写法:可以直接写上"祝寿辞"三个字;也可以使用如"为祝贺×××80 大寿的祝辞";可以使用"×××给×××的祝寿辞"。致辞时不宣读标题。

(2)称呼。标题下方左侧顶格写上祝寿的对象;通常在祝寿对象名称前面加上尊称,如"敬爱的",后面加上"同志"、"先生"或"女士"等称呼,以示尊重。称呼后用冒号。

(3)正文。一般先要写上祝寿对象的寿诞岁数并表达自己的祝贺心情;然后主要讲对方的贡献、成绩、品德,也可概述其经历;最后是表达自己的良好祝愿语和希望语。

(4)落款。正文结束后要写上祝贺人的姓名和祝贺日期;如果标题中已写上祝贺人姓名,可在最后直接写上日期;在致辞时不宣读落款。

三、祝酒辞

1.祝酒辞的概念

祝酒辞,即在酒会、宴会上的祝贺辞。酒本身不是祝贺对象而是以酒助兴,借酒言欢。把酒作为交往的媒介来进行祝愿,以此表达对人的祝愿和欢迎。在正规重要的社交活动中,应事先写好祝酒辞底稿,然后在宴会开始时照稿宣读。

2.祝酒辞的写作格式

(1)标题。标题有三种写法:一是直接写上"祝酒辞"三个字;二是在其前面加上事由,即"在欢迎××先生宴会上的祝酒辞";三是再加上致辞人姓名,如"×××在欢迎×××先生宴会上的祝酒辞"。通常,致辞人宣读祝酒辞时不读标题。

(2)称呼。祝酒辞的开始要首先称呼欢迎对象,还要提到主要欢迎对象之外的其他宾客。欢迎对象通常是主宾名称在前,然后是"女士们",最后是"先生们"、"朋友们"等泛称。称呼要注意次序性、层次性、包容性。

(3)正文。首先要表达致辞人的心情;其次是说明祝贺欢迎对象及原因,以及致辞人所代表的是个人还是集体；再次是叙述有关的具体内容，如访问的意义、聚会的目的、真诚的希望和祝愿等。

(4)结尾。结尾较为特殊，通常都要另起一行，写上“最后我提议”、“现在我提议”、“我提议”或“请允许我举杯”等；再另起一行写明为谁、为什么而干杯等的表示祝愿的话；然后再写上“干杯”两字作为结尾，“干杯”两字也常常独占一行，且用感叹号。

四、欢迎辞

1.欢迎辞的概念

欢迎辞是一种在迎接宾客的仪式上，主人对宾客表示热情欢迎的讲话。它多用于国内外单位、企业或个人的往来交际。其使用的范围较广，从重大的国事欢迎会，对来访的商业伙伴的欢迎会，到机关、部队、企业的参观、交流欢迎会，以及新兵入伍、校友返校、新员工报到上班的欢迎会等，都要用到欢迎辞。欢迎辞用来表达主人的心意和情感，从而增强双方的了解和友谊。

2.欢迎辞的写作格式

(1)标题。标题有三种写法：一是直接写上“欢迎辞”三个字；二是在“欢迎辞”前边加上欢迎会的名称；三是再加上致辞人的姓名或职务。欢迎辞的标题不宣读。

(2)开头。先写明称呼。在标题下行顶格写上被欢迎的宾客的名字。出于礼貌的需要，称呼要用全名。应在姓名后加上职务或头衔，在姓名前可加上“尊敬的”、“亲爱的”等字样。在接下来表示欢迎之情时，既要突出主宾，又要兼顾陪同人员。欢迎辞有特定的情境，常常是在交际场合下对着所有在场的人宣读，所以在主要宾客名下，还要用泛称如“女士们”、“先生们”、“朋友们”等，以表示对所有到场者的尊重。

(3)正文。在表达欢迎辞时，要从实际出发，认真选择内容；双方互访，既是工作的需要，也是增进友谊、融洽关系的需要，因此，在表达欢迎之意时要有不同的侧重，或因工作，或因友谊，或因联营等；根据欢迎对象、具体场合而行文，一般包括如下内容：①有感情地对来宾表示欢迎。如果欢迎对象比较广泛，且又需要分别表示欢迎时，则可分成若干段落来写。②简要介绍。可写来访的意义、作用，也可叙述彼此之间的交往、友谊，还可介绍相互之间友好合作的成就等。

(4)结尾。可再一次表示欢迎，也可对今后的往来提出展望和期待；结尾主要是表示良好友善的祝愿，双方若在此次访问中进行商务活动，应着眼于此，预祝商务活动圆满成功，双边互利。

五、欢送辞

1.欢送辞的概念

欢送辞是在送往宾客的告别仪式上,主人对宾客的离去表示真诚欢送的讲话。欢送仪式有许多,如欢送外宾回国,欢送代表团结束访问,欢送与会代表踏上归程,欢送学生毕业等等。在这些场合主人都应出面对客人表示惜别深情和衷心祝愿。欢送辞不像欢迎辞那样热情洋溢,一般需要真挚恳切,谦虚朴实,可以委婉表达照顾不周的歉意,简要叙别和传达希望宾客再访的愿望。

2.欢送辞的写作格式

(1)标题。欢送辞的标题通常有两种写法:第一,直接写上"欢送辞"三个字;第二,可在"欢送辞"前面加上致辞人姓名、职务、事由等限定性词语。

(2)称呼。其具体写法可参照欢迎辞。要体现出礼貌上的尊敬,人名要用全名,不宜省略;要在前边加上敬辞,后边加上头衔或"先生"、"女士"之类;对外国元首,还应加上"阁下"、"殿下"等等。既要突出主要人物,又要包括所有在场者,其排列顺序是女士在先、男士在后;客人在前,主人在后。

(3)正文。欢送辞的正文一般分为开头、主体、结尾三部分。

①开头。写明致辞人代表谁向谁表示欢送、感谢、惜别之情,措辞上既要突出被欢送的主要人物,也要顾及其他随行人员。

②主体。一般是回顾欢聚的美好时光,对双方彼此之间真诚的友谊表示珍惜,积极肯定双方建立、维护和发展友好关系的重大意义、影响及双方为之作出的努力和对方的贡献;表明发展友好关系所持有的原则立场和良好愿望;可以以积极的姿态、委婉的方式指出彼此之间存在或出现的不可回避的分歧或矛盾;必要时,还应对共同关注的其他重大问题表明立场和看法。

③结尾。再一次表示欢送、感谢或祝愿与希望。祝愿的对象是主要宾客以及所有随行人员,还可以包括其他在场或不在场者。

六、答谢辞

1.答谢辞的概念

答谢辞是指宾客对主人的盛情款待表示感谢的礼节性致辞。它常常用于酒宴、招待会上。当主人发表开场白以后,客人应作礼节性的答谢。答谢辞也可以在客人专门举行的答谢招待会上进行。主办人(客方)说明答谢意图,向来宾(主方)表示欢迎和感谢。

2.答谢辞的写作格式

(1)标题。写"答谢辞"三个字;也可在其前面加上致辞人姓名、职务、事由等限定性词语;也可不写标题。

(2)称呼。具体写法可参照欢送辞；人名要用全名，前加敬词，后加头衔或“先生”、“女士”之类；对象是外国元首，应加“阁下”、“殿下”等；做到既突出主要人物，又兼顾所有在场者。

(3)开头。写明致辞人代表谁向谁表示感谢、惜别之情。

(4)主体。主要是回顾欢聚的美好时光；表述所受到的热情接待；简谈双方所获得的合作成果；热忱真诚地向主宾表示感谢。

(5)结尾。再一次表示感谢，并发出美好祝愿与希望。注意答谢的对象是主宾以及所有随行人员。

七、告别辞

1.告别辞的概念

告别辞是指客人离开之前向主人表示告别和感谢之情的礼节性致辞。告别辞与答谢辞有相似之处，都有表达谢意，进一步发展友谊、进行交往的意愿，都有美好的祝愿。它们所不同的是：告别辞在客人离别主人之前使用；而答谢辞可以在离别前，也可以在访问中使用；告别辞可以在公开场合面对面使用，也可以用函电的形式发出，而答谢辞通常是面对面地使用。

2.告别辞的写作格式

(1)标题。可不写标题，也可只写“告别辞”三个字，还可在“告别辞”前加告别事由、告别对象等词语。

(2)称呼。写法参照欢送辞。用全名写主宾的姓名，一般前加敬辞，后加头衔或“先生”、“女士”之类。告别对象是外国元首，应加“阁下”、“殿下”等。既突出主要人物，又兼顾所有随行者。

(3)开头。写明访问、活动等即将圆满结束，致辞人代表谁向谁表示真切的告别之情。

(4)主体。主要简要回忆访问、活动中的成果；感谢接待的盛情；向主宾、单位、地区、国家等表示告别深情；热切期待再次相聚。

(5)结尾。再一次表示重逢、相聚愿望；顺致崇高敬意。

第四节　外事礼仪文书

一、外事礼仪文书写作概述

外事礼仪文书，应当准确、适当地表达出礼仪上的要求，要根据不同的时机和对象，力求把文(电)写得恰如其分、恰到好处。有时候，还可根据具体情况写进一定的

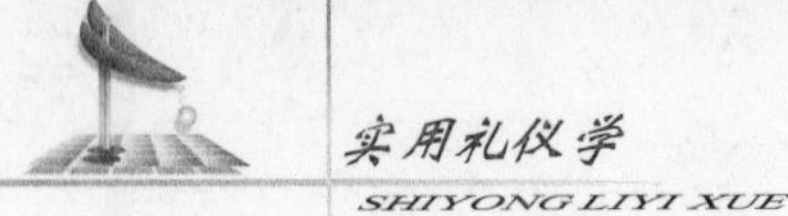

实质内容,以便使礼仪文书达到更好的效果。文书中涉及的时间、地点和其他有关资料,均应经过核对,做到翔实可靠。不应把礼仪文书仅仅视为"应景文章",简单抄袭套用现成的格式,否则,就会写成"打官腔,不能用"的文书。

外事礼仪文书在格式上、用语上、文字上,以至用纸、用印上都应当合乎规范,注意国际惯例;形式上要美观大方,还要注意时效。

二、外事礼仪文书简介

1.贺函、贺电

在国家独立、国庆日、建国节等节日,领导人就任、国王登基,建交周年、友好条约签订周年、友好城市建立日、国际会议开幕日、重大工程竣工日等,各国领导人、有关部门、有关团体的负责人,可视相互关系的情况,向对方的相应人员表示祝贺。

贺函和贺电是最常用的祝贺方式。国家领导人、外长、驻外使节一般采用外交函件、外交电报或正式照会的方式发送贺函、贺电。领导人的贺电可通过有关驻外使馆转递,也可通过电报局或经电传直接拍发。其他部门或群众团体负责人可用对外函件或对外电报,直接发送。

2.感谢信、感谢电和感谢公告

在访问某国结束的时候、在收到贺信或慰问信的时候、在收到友人馈赠或得到支援和协助的时候,应当向对方表示谢意,可以写信或致电表示感谢,有时候,也可以采取公告的方式致谢。

3.邀请函、电和复函

邀请的内容十分广泛:邀请外宾参加各种性质不同的集会、庆祝活动,或典礼;邀请外宾来我国进行友好访问、考察访问或讲学;邀请外宾来华演出、举办展览或参加交易会;等等。邀请函既要表达邀请的盛情,有时还要就活动的时间、方式、费用等有关事项作出必要的说明(也可另行专门协商),以便相互间达成一致和谅解。

复函首先要表示对对方的邀请表示感谢,而后说明可否应邀。若应邀,要写明具体的时间等;若不能应邀,要简单说明原因,并表示歉意和遗憾之情。

4.慰问函、慰问电

遇有天灾或其他意外的不幸事故或重伤、重病等,友好国家的政府、有关组织或友好人士,常致函、致电有关国家的政府、有关组织、受伤者和重病者本人或亲属,表示同情和慰问。

5.唁函、唁电

唁函、唁电可视情况发给相应的机关、团体或死者的亲属,也可发给治丧机构。

6.国书、全权证书、授权证书等

国书是国家元首为了派遣或召回使节向接受国元首发出的正式文书,分为派遣国书和召回国书两种。目前,由于礼节的简化,在外交实践中,已可将召回国书合并于派遣国书之中。我国即采取此种做法。

全权证书是授予代表以全权，由其代表国家或政府对外进行谈判，签署条约、协定，或出席国际会议的证件。它由政府首脑或外交部长签署。

授权证书是政府部门首长指派代表，由其代表本部门对外进行谈判、签署条约性文件或出席国际会议的证件。它由政府有关部门首长签署。

领事任命书和领事证书是关于领事职务的证件。

委任书是委派国家特使或政府特使，参加驻在国特定活动的证件。它由国家元首签署。

委托书是委托驻外使节代表政府部门签署协议的证件。它由政府有关部门首长签署。

以上都是进行有关外交活动的必备证书。

7. 有关礼仪事项的通知等

有关礼仪一项的通知，例如使节的到离任，某些礼仪程序的安排，某些有关礼仪的规定等，可以使用照会、函件、备忘录、通告等各种方式通知有关机关或个人。

三、外事礼仪文书写作注意事项

1. 外事礼仪文书中的国名

文书中的国名应使用全称，若同一国名出现数次，至少首次出现时应用全称。如果习惯用简称，可使用正式简称。某些特殊国家，如多米尼加共和国、多米尼加联邦等，不可使用简称。文中的单位名称，第一次出现也应使用全称。对方的职衔、姓名在作为抬头出现时，也要用全称。

2. 外事礼仪文书的格式

文书格式要合乎规范，不要用错。非外交机构一般不使用照会的格式，可使用对外函件进行交往。人称要与文书格式相适应，并前后统一。例如，普通照会一般只用第三人称，但不注意时容易出现“贵方”、“我方”等称呼，造成混乱不清，签署者与受文者要相适应，应人对人，单位对单位。如果系人对人，则双方身份要相当。

3. 外事礼仪文书中的称呼

文书中对人的称呼要合乎礼仪习惯。致意语的用法要取决于不同场合与习惯。例如，外交照会的开头，常有“向×××致意并荣幸地……”的引文，而这在一般对外函件中不使用。在吊唁、慰问等信函中不要用“荣幸地……”等词句。文尾的致意语，向外交部或大使馆发照会可用“顺致崇高的敬意”；向全代办处发的照会不用“最”字。非外交机关使用对外文书，可视不同的发文和受文者选用“最崇高的敬意”、“崇高的敬意”、“最良好的祝愿”、“良好的祝愿”、“最亲切的问候”、“顺致敬意”、“顺致问候”等。

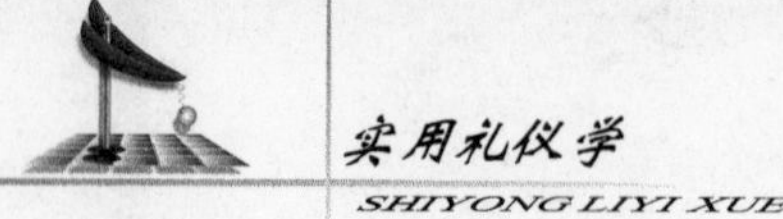

4.关于译文

对外文书应以中文为正本,必要时,附以外文译文。译文本,应用不带机关衔的白纸,并在右上角注明“译文”字样。译文应考虑外文的惯用格式,不应套用中文格式。我驻外机构,在外文水平较高,有把握、有力量的情况下,凡纯属一般事务性的函件,可只用外文(指驻在国文字或通用的外国文字);对申请签证、身份证及一般外交人员的调职、离任等普通照会,亦可只用外文。

5.对外文书的打印

对外文书的打印应注意:抬头处,受文人的职衔、姓名和称呼应在第一行顶格排列(如果排不下,也可将职衔单列一行不加标点,而把姓名称呼另排一行),然后在下一行前面空两格排正文。如果文书较短,不宜把文字都挤在信纸的上半部分,而要留足够的天头,使文件美观大方。盖章的位置要适当,一般以骑年压月、上大下小(如是带国徽的印章,国徽应在机关衔之上)为宜。用纸要合乎规定。

6.其他有关事项

要有严密的校对制度。如果发现文书中有错字或格式不对,均应重新打印,不得涂改。收发文应有签收手续,收到涉外文书应及时处理,不要延误。

参考文献

1.钟敬文.中国礼仪全书.合肥:安徽科学技术出版社,2000
2.刘毅政.实用礼仪大全.呼和浩特:内蒙古人民出版社,1998
3.张玉平.现代礼仪.北京:东方出版社,1998
4.李莉.实用礼仪教程.北京:中国人民大学出版社,2002
5.杜培.现代礼仪学.北京:中国工人出版社,1997
6.胡锐,边一民.现代礼仪教程.杭州:浙江大学出版社,2004
7.宋全成.现代社交礼仪教程.济南:山东大学出版社,1997
8.赵景卓.现代礼仪.北京:中国物资出版社,1998
9.胡正奎.现代社交礼仪.长沙:湖南人民出版社,1999
10.孙正浩.社交礼仪艺术.北京:中国书籍出版社,2000
11.申剑等.当代家庭礼仪交往.北京:当代中国出版社,1998
12.王雯,洪涛.中国学生十万个怎样做·社交礼仪卷.南京:南京大学出版社,2001
13.张燕彬.国际商务礼仪.沈阳:辽宁教育出版社,2001
14.杨志刚.中国礼仪制度研究.上海:华东师范大学出版社,2001
15.侯印浩,刘传玺.大学生社交礼仪.济南:山东大学出版社,2001
16.徐国庆.医学生礼仪(各专业通用).北京:人民卫生出版社,1999
17.周光明,陈伟.现代交际礼仪.重庆:重庆大学出版社,1998
18.潘薇.公关礼仪.北京:中国经济出版社,1998
19.谭敏,唐苓.国际社交礼仪.北京:中信出版社,1990
20.罗国杰等编著.伦理学教程.北京:中国人民大学出版社,1996
21.张宪周,张泽琪主编.中外节庆大观.南昌:江西高校出版社,1996
22.张怡主编.涉外礼仪.上海:中国纺织大学出版社,1996
23.沈永曦,王玉香编著.现代家庭交际礼仪.济南:泰山出版社,1998
24.齐冰等.现代实用公关交际礼仪.北京:中国物资出版社,1998
25.[美]罗杰·E·阿克斯特尔编著,吕佩英译.礼仪与禁忌.上海:上海译文出版社,1998

26.金正昆.社交礼仪教程.北京:中国人民大学出版社,1998
27.李鸿军.交际礼仪学.武汉:华中理工大学出版社,1999
28.李天明.现代国际礼仪知识:怎样进行对外活动.北京:世界知识出版社,1999
29.左慧.新编现代礼仪现用现查.呼和浩特:内蒙古人民出版社,2002
30.丛杭青.公关礼仪.北京:东方出版社,1997
31.王世平.社交礼仪.北京:冶金工业出版社,2000
32.蒯大申,祁红.中国民俗精粹.合肥:安徽少年儿童出版社,1998
33.刘桂英.护理礼仪.北京:人民卫生出版社,2003
34.肖京华.医护礼仪与形体训练.北京:科学出版社,2003
35.梁银悔.现代护士礼仪素养.长沙:湖南科学技术出版社,2001
36.丁人.护士素质修养.北京:人民军医出版社,1992.
37.许虹.实用中西医护理技术操作.杭州:杭州出版社,2002
38.王晶.实用护理美学问答.北京:科学普及出版社,2004
39.佘焱生.大学礼仪读本.桂林:广西师范大学出版社,2004